Verrechnungspreise in Spartenorganisationen

Europäische Hochschulschriften

Publications Universitaires Européennes
European University Studies

Reihe V

Volks- und Betriebswirtschaft

Série V Series V

Sciences économiques, gestion d'entreprise
Economics and Management

Bd./Vol. 318

PETER D. LANG
Frankfurt am Main · Bern

Hans-Hermann Bruckschen

Verrechnungspreise in Spartenorganisationen

PETER D. LANG
Frankfurt am Main · Bern

CIP-Kurztitelaufnahme der Deutschen Bibliothek

Bruckschen, Hans-Hermann:

Verrechnungspreise in Spartenorganisationen /
Hans-Hermann Bruckschen. - Frankfurt am Main ;
Bern : Lang, 1981.
(Europäische Hochschulschriften : Reihe 5, Volks-
u. Betriebswirtschaft ; Bd. 318)
ISBN 3-8204-6930-3
NE: Europäische Hochschulschriften / 05

"D 82 (Diss. Th. Aachen)"

ISBN 3-8204-6930-3

Vorwort

An dieser Stelle möchte ich meinem verehrten Lehrer Professor Dr. Erich Frese für die Anregung zu dieser Arbeit über "Verrechnungspreise in Spartenorganisationen" herzlich danken. Durch seine stete Bereitschaft zur Diskussion hat mir Professor Frese geholfen, viele Aspekte der Themenstellung besser zu erfassen. Ebenso gilt mein Dank Herrn Privatdozent Dr. rer. pol. Horst Glaser und Herrn Diplom-Kaufmann Helmut Mensching, die beide mit viel Geduld in Diskussionen dazu beigetragen haben, daß ich bestimmte Aspekte der Arbeit klarer erkennen und ausarbeiten konnte. Verschiedene Anregungen habe ich auch von Professor Dr. Richard Köhler und Professor Dr. Franz Eisenführ erhalten, denen ich ebenso zu Dank verpflichtet bin. Literaturverzeichnis und Fußnoten wurden von Herrn cand. math. Bert Middelkoop, die Zeichnungen von Herrn stud. ing. Arie Middelkoop überarbeitet; ihnen gilt mein Dank für die gelungene Ausführung ihrer Arbeit.
Zum Schluß möchte ich nicht versäumen, mich für die freundliche Aufnahme durch alle Interviewpartner in den verschiedenen Industriebetrieben, die ich besuchen durfte, zu bedanken.

Soweit die vorliegende Arbeit in Form und Inhalt Fehler oder Mängel aufweist, gehen diese alleine zu Lasten des Autors.

Hans-Hermann Bruckschen
Kranzerhof
Moers-Kapellen
im März 1981

Inhaltsverzeichnis Seite

Seite

Seite

Seite

Erster Teil: Einleitung

A. Aktualität der Diskussion um Verrechnungspreise

Das Konzept der Sparten-Organisation - auch als Profit-Center-Konzept oder Divisionalisierungskonzept bekannt - scheint in Deutschland weiterhin großes Interesse zu finden. Anfang der siebziger Jahre haben bekannte Unternehmungen, wie u. a. BASF[1], Henkel[2], Siemens[3], AEG[4], Hoechst[5], Chemische Werke Hüls[6], Bertelsmann[7] und Felten & Guilleaume[8], die Spartenorganisation eingeführt.

Jüngstes Beispiel für diesen Trend ist die Klöckner-Humboldt-Deutz AG in Köln, die mit Beginn des Jahres 1978 drei weitgehend selbständige Produktsparten gebildet hat.[9] Andere Unternehmungen versuchen, ihre neue Struktur zu konsolidieren oder gar in noch reinerer Form zu verwirklichen. So setzte die PWA Papierwerke Waldhof Aschaffenburg AG, München, ihre Politik der rechtlichen Ausgliederung von Geschäftsbereichen fort.[10] Empirische Erhebungen zur Reorganisation von deutschen Unternehmungen weisen einen hohen Verbreitungsgrad der Spartenstruktur - insbesondere

---

1) Vgl. Selinger [BASF].

2) Vgl. Meller [Funktionenorganisation]; vgl. ebenso Vellmann [Verrechnungs-System]; vgl. Vellmann [Spartenerfolgsrechnung].

3) Vgl. o. V. [Siemens].

4) Vgl. Wilde [AEG-Telefunken].

5) Vgl. Drenkard [Hoechst].

6) Vgl. o. V. [Chemische Werke Hüls].

7) Vgl. o. V. [Bertelsmann].

8) Vgl. Riedel [F & G].

9) Persönliche Mitteilung an den Verfasser.

10) Vgl. o. V. [Manager].

bei großen Unternehmungen - nach. So nennt Kirsch[1] folgende Zahlen: Von den Betrieben mit 100 - 900 Beschäftigten haben 38,0 % und von den Betrieben mit mehr als 1000 Beschäftigten haben 46,7 % eine Spartenstruktur. Strutz[2] findet bei seiner soziologisch-empirischen Erhebung zum Wandel industriebetrieblicher Organisationsformen in Nordrhein-Westfalen eine branchenspezifische Verteilung "neuer Organisationsformen"; es handelt sich dabei in den meisten Fällen um produkt- bzw. produktgruppenorientierte Organisationsformen. Von den 314 befragten Unternehmungen hatten in der Chemie-Industrie 30 %, im Maschinenbau 19 % und in der eisenschaffenden Industrie 0 % reorganisiert.[3]

Zu ähnlichen Ergebnissen über die Verbreitung der Spartenorganisation kommen Köhler und Uebele:[4] Insgesamt waren 44,6 % der Unternehmungen der von ihnen untersuchten Stichprobe divisionalisiert. Jedoch vermuten die Autoren eine größere Verbreitung dieser Struktur als der Prozentsatz von 44,6 aufweist, da nur Sparten als rechtlich unselbständige Einheiten innerhalb rechtlich selbständiger Unternehmungen erfaßt wurden. Ähnlich wie Strutz finden sie beim Vergleich einzelner Branchen eine unterschiedliche Verbreitung dieser Organisationsform.

In vielen Fällen wird die Spartenstruktur eingeführt, ohne daß die koordinationstechnische Voraussetzung[5] der Spartengliederung - die weitgehende Ressourcentrennung - erfüllt

1) Kirsch [Planung], S. 200; Kirsch [Reorganisationsprozesse], S. 7 und S. 12 ff.; vgl. Mayer - Gabele [Divisionalisierung].

2) Strutz [Umweltveränderungen].

3) Vgl. dazu Strutz [Umweltveränderungen], S. 305

4) Köhler - Uebele [Planung], S. 48 ff.

5) Vgl. Frese [Entscheidungen], S. 231 und S. 233; Frese - Glaser [Verrechnungspreise].

ist. Zur rechentechnischen Abgrenzung[1] der Sparten müssen daher Verrechnungspreise eingeführt werden. Hirshleifer[2] bezeichnet die Verrechnungspreise daher auch als Nebenprodukt ("by-product") der Spartenbildung. Ähnlich äußert sich Drumm: "Man möchte in erster Linie die Spartenorganisation, um gegenüber den zuvor bestehenden organisatorischen Strukturen größere Transparenz der Leistungsprozesse innerhalb der Unternehmung zu gewinnen, betrachtet jedoch die Verrechnungspreise als mehr oder weniger unangenehme Folge der Spartenorganisation."[3] Diese Vorgehensweise bei der Reorganisation führt häufig zu Schwierigkeiten bei der Anwendung von Verrechnungspreisen in Spartenorganisationen.

Die Tatsache, daß es ein Verrechnungspreisproblem gibt, läßt sich durch Hinweis auf folgende drei Schwerpunkte der literarischen Diskussion belegen:

1. die Auseinandersetzung um die Aussagefähigkeit des Opportunitätskostenprinzips,
2. Erfahrungsberichte der Management-Praxis über Probleme bei der Festlegung von Verrechnungspreisen,
3. empirische Forschungsergebnisse im Rahmen des "Behavioral Accounting" über die verhaltensbeeinflussende Wirkung von Informationen des Rechnungswesens.

Zu 1.: Opportunitätskostenprinzip

Der Theorie der Verrechnungspreise ist der Nachweis gelungen, daß Verrechnungspreise existieren, auf deren Grundlage Entscheidungsträger autonomer Teileinheiten Entscheidungen

---

1) Welche Ziele mit dieser "rechentechnischen Abgrenzung" verfolgt werden und wie sie in Abhängigkeit von den Zielen der Unternehmungsleitung gestaltet werden sollten, wird im weiteren Verlauf dieser Arbeit erörtert.

2) Hirshleifer [Pricing], S. 27.

3) Drumm [Stand], S. 106.

treffen können, welche die Zielfunktion der Gesamtorganisation maximieren. Die Lösung dieses Ansatzes, der auf der ertragsorientierten Faktorbewertung[1)] - dem Opportunitätskostenprinzip - basiert, führt allerdings zu einem organisatorischen Dilemma: Verrechnungspreis und Lösung der Entscheidungsprobleme (in der Regel: Bestimmung der mengenmäßigen Zusammensetzung des Produktionsprogramms) ergeben sich simultan. Die Vorgabe von Verrechnungspreisen für organisatorische Teileinheiten wäre unter diesen Umständen überflüssig. Es stellt sich dann die Frage, welche Zwecke die Praxis mit der Anwendung von Verrechnungspreisen verfolgt.

Zu 2.: Management-Praxis

In Berichten der Management-Praxis wird bei der Auseinandersetzung mit der Problematik von Verrechnungspreisen vor allem auf mögliche dysfunktionale Wirkungen hingewiesen. Verrechnungspreise veranlassen Spartenleiter in manchen Situationen zu falschem Verhalten; sie sind Ursache für Konflikte zwischen Geschäftsleitung und Spartenmanagern oder sie belasten die Beziehungen der Spartenleiter zueinander.[2)] Der Konflikt entzündet sich häufig an der durch die Wahl des Verrechnungspreises beeinflußten Gewinnzurechnung auf die einzelnen Sparten; sie wird oft als falsch und ungerecht empfunden. Dies veranlaßt die Spartenleiter, das Verrechnungspreissystem abzulehnen oder zu manipulieren, wie die folgenden Berichte aus der Praxis zeigen.

Larson[3)] beobachtete bei den von ihm untersuchten Firmen, daß die Setzung der Verrechnungspreise von den Sparten-

1) Vgl. Adam [Kostenbewertung], S. 53.

2) Vgl. zu Hinweisen auf Verrechnungspreiskonflikte und dysfunktionale Wirkungen von Verrechnungspreisen Dearden [Pricing]; Dean [Measurement]; Dean [Decentralization]; Larson [Investigation]; Fantl [Transfer Pricing], S. 46; Okpechi [Conflict], S. 13 ff.; Solomons [Conflict], S. 1 ff.; Burns [Accounting], S. 224 - 232.

3) Vgl. Larson [Investigation], S. 151 ff.

managern subjektiv als relativ willkürlich empfunden wurde, wenn es sich bei dem Zwischenproduktmarkt nicht um einen reinen Wettbewerbsmarkt handelte. Es kam zu Konflikten zwischen Spartenmanagern und der Unternehmungsleitung sowie zu verschlechterten Beziehungen innerhalb der Gruppe der Spartenmanager. Als Konsequenz verzichteten die meisten von Larson untersuchten Firmen auf den Beurteilungsmaßstab "Gewinn"[1] und zogen statt dessen Abweichungen vom Budget als Kriterium vor, die nicht vom Verrechnungspreis beeinflußt wurden. Über eine andere Variante zur Lösung von Verrechnungspreisproblemen berichtet Dean.[2] Nach heftigen Konflikten über die Höhe des Verrechnungspreises wurde in einer großen amerikanischen Ölgesellschaft das Verrechnungspreissystem gänzlich abgeschafft.

Welche bedeutende Rolle der "Gewinn" in der subjektiven Leistungseinschätzung - und damit für den persönlichen Status - spielt, illustriert der folgende Bericht von Fantl.[3] Aus steuertaktischen Gründen wurden Verrechnungspreise manipuliert, um für eine ansonsten sehr erfolgreiche Sparte einen Verlust ausweisen zu können. Obwohl die gesamte Gruppe der Spartenmanager des Konzerns die Gründe für den Verlustausweis kannte, weigerte sich der Leiter der betroffenen Sparte, an einem gemeinsamen Treffen aller Manager teilzunehmen, da er glaubte, einen Gesichtsverlust erlitten zu haben.

Allerdings erkennt man in der Praxis auch, daß es sinnvoll ist, die Bedeutung des Beurteilungskriteriums "Gewinn" zu verringern, wenn Verrechnungspreise nicht in sinnvoller

---

1) Hier ist mit "Gewinn" der durch die Wahl des Verrechnungspreises manipulierte Gewinn gemeint.

2) Dean [Decentralization], S. 64.

3) Fantl [Transfer Pricing], S. 44.

Weise ermittelt werden können. Dies heißt in der Regel, gleichzeitig auf die Anwendung des Profit-Center-Konzeptes[1] zu verzichten und andere Kriterien zu wählen, wie die folgenden Ausführungen zum innerbetrieblichen Leistungsvergleich zwischen den einzelnen Niederlassungen der Dresdner Bank zeigen.

Diese Vergleiche werden nicht auf der Basis von Profit-Centers durchgeführt, da man auf dem Standpunkt steht, daß ein gerechter Verrechnungspreis im Bankensektor nicht zu ermitteln ist. Man hat daher alle Niederlassungsleiter darauf hingewiesen, daß Vergleiche nicht mehr auf der Basis des Betriebsgewinns durchgeführt werden, weil dieser zu stark von der Ermittlung des Verrechnungspreises abhängig ist. Die Steuerung findet vielmehr über die Segmente des Gewinns - Volumenentwicklung, Konditionen, Personal- und Sachkosten und Ausschöpfung des Marktpotentials - statt.[2] An die Stelle des Profit-Centers tritt das "Assessment-Center". Nicht ein einzelner Maßstab wird zum alleinigen Ziel- und Beurteilungskriterium erhoben, sondern eine Vielzahl erfolgsrelevanter Größen.[3]

Geht man von der realistischen Einschätzung der Grenzen des Verrechnungspreises bei der Dresdner Bank aus, so kann man nur mit Überraschung die weite Verbreitung des Prinzips der Erfolgsverantwortung unter Anwendung von gewinnbeeinflussenden Verrechnungspreisen in der Chemischen Industrie betrachten.[4] Diese Branche ist durch eine starke techno-

---

1) Vgl. zur Abgrenzung des Profit-Center-Begriffes vom Spartenbegriff S. 62 dieser Arbeit.

2) Vgl. Bleicher [Dresdner Bank], S. 259.

3) Vgl. zum Begriff des "Assessment-Center" Hayes [Contingency].

4) Vgl. Selinger [BASF]; Drenkard [Hoechst]; zu den vermuteten Motiven der Divisionalisierung in der Chemischen Industrie vgl. Frese [Entscheidungen], S. 233.

logische Verflechtung der einzelnen Erfolgsbereiche gekennzeichnet. Es werden Halb- und Vorprodukte ausgetauscht, für die kein echter, externer Markt existiert. Verrechnungspreiskonflikte scheinen hier programmiert zu sein.

Zu 3.: Theorie der Verhaltenswirkung

Im weitesten Sinne können alle Ansätze zum "Behavioral Accounting"[1] gerechnet werden, die den Zusammenhang von Rechnungsweseninformation und Verhalten der Empfänger dieser Information beschreiben. Begründet wurde diese Forschungsrichtung vor allem durch die Untersuchungen von C. Argyris.[2] Im Hinblick auf den Verrechnungspreis stellt Ijiri in diesem Zusammenhang fest: "Insgesamt haben uns die Diskussionen dieses Symposions zu der Oberzeugung geführt, daß der Gebrauch von Daten des Rechnungswesens zur Leistungsbeurteilung effektiv ist, aber wir wissen nicht genau, <u>welches</u>[3] Verhalten durch die Rechnungswesendaten beeinflußt wird oder <u>wie</u> das Verhalten durch diese Daten stimuliert wird. Bezeichnend für den Stand der Dinge ist die Diskussion um den <u>'richtigen Verrechnungspreis'</u> bei der Leistungsbeurteilung."[4] Auch im deutschsprachigen Raum gibt es Anregungen, Lösungen für das Verrechnungspreisproblem im Bereich des verhaltensorientierten Rechnungswesens zu suchen. Es wird vorgeschlagen, sich bei der Diskussion über motivierende Kostenwertvorgaben von der Theorie der wertmäßigen Kosten zu lösen. Statt dessen sollten die Theorie der Budgetierungsprozesse und der verhaltensorientierten Unternehmungsplanung auf ihre Brauchbarkeit zur Lösung des Verrechnungspreisproblems untersucht werden.[5]

---

1) Eine Einführung in das Gebiet des "Behavioral Accounting" und ausführliche Literaturangaben finden sich in Shackleton [Accounting]; Steiner [Phänomene].

2) Argyris [Budgets].

3) Unterstreichung durch den Verfasser.

4) Ijiri [Discussion], S. 328.

5) Vgl. Kappler [Kostenwertvorgabe].

Albach[1] schlägt vor, Verrechnungspreise nicht isoliert, sondern als Teil eines organisationspolitischen Instrumentariums zu betrachten, mit dessen Hilfe die Ziele und Interessen der Mitglieder von Großunternehmungen auf das Ziel der Gesamtorganisation ausgerichtet werden können. Motivation, Information und Kontrolle bilden für ihn die drei organisationspolitischen Instrumente. Verrechnungspreise werden in diesem Zusammenhang als Problem der Unternehmungs- und Organisationsphilosophie aufgefaßt.

Daß Schmalenbach[2], dem Begründer der Verrechnungspreistheorie, solche Gedanken nicht fremd waren und er durchaus keine "eindimensionale" Sicht der Anwendung von Verrechnungspreisen hatte, beweisen seine Aussagen zu den Zwecken der Verrechnungspreisbildung: "Man will die Produktionskosten ermitteln, um die Betriebsgebarung zu erkennen. Man will sehen, ob der Betriebsleiter mit Materialien und Löhnen haushälterisch arbeitet. Dieses ist in den meisten Fällen der vornehmste Zweck der rechnerischen Verselbständigung von einzelnen Betriebsabteilungen."[3] "Man will aufgrund der Ergebnisse spezielle Tantiemen der Unterbetriebsleiter berechnen."[4] "Die rechnerische Verselbständigung der Abteilungen geschieht, um die Abteilungen in ihrer Arbeitsdisposition selbständig zu machen. Das Prinzip besteht darin, daß man es den Abteilungsvorstehern überläßt, wie sie arbeiten, ob sie diesen oder jenen Weg beschreiten, dieses oder jenes Material benutzen. Ihre Sorge muß nur sein, ein möglichst gutes Resultat in ihrer Betriebsrechnung zu erzielen."[5] Schmalenbach hat jedoch auch erkannt, daß

---

1) Albach [Lenkpreise], S. 229 f.

2) Die erste deutsche Veröffentlichung zum Thema Verrechnungspreise stammt von Schmalenbach. Vgl. Schmalenbach [Verrechnungspreise]. In der Fußnote 2 dieses Artikels weist Schmalenbach darauf hin, daß der Aufsatz auf seiner unveröffentlichten Habilitationsschrift aus dem Jahre 1903 fußt.

3) Schmalenbach [Verrechnungspreise], S. 169 f.

4) Schmalenbach [Verrechnungspreise], S. 170.

5) Schmalenbach [Verrechnungspreise], S. 170.

der Verrechnungspreis die Funktionen der Lenkung und der Gewinnzurechnung[1] nicht in allen Fällen gleichzeitig erfüllen kann.[2] Daher bleiben nur zwei Wege zur Lösung dieses Dilemmas:

i. Anwendung des "richtigen" Verrechnungspreises und Verzicht auf Leistungsbeurteilung der Abteilungsleiter anhand der Betriebsergebnisse;

ii. Anwendung von Verrechnungspreisen, die eine Einkommensverteilung ermöglichen, ergänzt durch zentralistische Anordnungen wie Bezugs- und Abnahmezwang.[3]

In beiden Fällen muß die Verwendung des Verrechnungspreises durch Einsatz weiterer organisatorischer Mittel ergänzt werden, um funktionsfähig zu sein. Es stellt sich die Frage, welche der beiden Vorgehensweisen (i oder ii) besser ist und welche zusätzlichen Mittel sinnvollerweise hierfür herangezogen werden können.

Die Berichte der Management-Praxis deuten an, daß eine Weiterentwicklung der Verrechnungspreistheorie notwendig scheint, um dysfunktionale Wirkungen, die von Verrechnungspreisen ausgelöst werden, abbauen zu können. Forschungsergebnisse aus dem Bereich des "Behavioral Accounting" geben einen Hinweis, daß durch Einbeziehung der Verhaltenswirkung von Verrechnungspreisen in die Auseinandersetzung um die Wahl des "richtigen" Verrechnungspreises neue Erkenntnisse für die Anwendung von Verrechnungspreisen in Spartenorganisationen gefunden werden können.

---

1) Die Gewinnverteilung bezeichnet Schmalenbach in Anlehnung an die Preislehre der Volkswirtschaft auch als Einkommensverteilung. Vgl. Schmalenbach [Verrechnungspreise], S. 182.

2) Vgl. Schmalenbach [Verrechnungspreise], S. 182.

3) Vgl. dazu auch Albach [Lenkpreise], S. 219.

B. Ziel der Arbeit

Diese Arbeit behandelt ein Teilgebiet aus dem Gesamtkomplex der Koordination interdependenter Entscheidungen. Für Spartenorganisationen soll untersucht werden, welchen Beitrag Verrechnungspreise aus entscheidungslogischer und verhaltentheoretischer Sicht zur Koordination der Entscheidungen von Spartenleitern leisten. Zur Beantwortung dieser Frage sollen folgende Teilaspekte betrachtet werden:

1. Inwieweit ist die Wirkungsweise theoretischer Verrechnungspreismodelle mit dem Gestaltungsziel des organisatorischen Prinzips der Spartenstruktur vereinbar?

Der Spartenstruktur werden bestimmte Vor- und Nachteile im Hinblick auf die Realisierung des Gesamtunternehmungsziels zugeschrieben. Ein Verrechnungspreissystem sollte die Effizienz der Spartenorganisation nicht verringern und sich nicht im Widerspruch zu den Gestaltungsprinzipien dieser Organisationsform befinden.

2. Inwieweit decken sich die Prämissen theoretischer Modelle mit den Entscheidungs- und Handlungsgrundlagen der Praxis?

Die theoretischen Modelle sollten einen gewissen Realitätsgehalt haben, um überhaupt in der Praxis anwendbar zu sein. Besteht nicht ein Mindestmaß an Isomorphie[1] zwischen theoretischer und praktischer Struktur, so können keine Handlungsanweisungen für praktische Gestaltungsmaßnahmen abgeleitet werden. So kann sich die Annahme, mit dem Konzept des Knappheitspreises sei ein leistungsfähiges Koordinationsinstrument zur Lösung kurzfristiger Engpaßprobleme entwickelt worden, als wenig nützlich erweisen, da in der

---

1) Vgl. zum Problem der Isomorphie zwischen Modell und Realität Kern [Planungsmodelle].

Praxis Engpässe durch eine entsprechende Planung berücksichtigt werden oder wegen der Starrheit moderner, kapitalintensiver Produktionsanlagen gar keine kurzfristige Anpassung möglich ist.

3. Welche Gestaltungsabsichten und Motive liegen der Bildung von Verrechnungssystemen in der Praxis zugrunde? Welchen Zwecken sollen diese Verrechnungspreismechanismen dienen?

Es fällt auf, daß die Praxis kaum die in der Theorie entwickelten Verrechnungspreismodelle anwendet. Erkenntnisse über die Funktionen, die ein Verrechnungspreissystem in der Praxis erfüllt, und über Motive, die der Gestaltung dieser Systeme zugrunde liegen, könnten helfen

i. theoretische Verrechnungspreismodelle an die Erfordernisse der Praxis heranzuführen,

ii. andere Koordinationsmechanismen zu entwickeln, welche die den Verrechnungspreisen zugeschriebenen Funktionen eventuell besser erfüllen oder ergänzen.

4. Können Verrechnungspreise als eigenständiges Koordinationsinstrument bezeichnet werden, oder handelt es sich bei ihnen nur um die spezielle Ausprägung einer allgemeinen Klasse von Koordinationsarten?

Kieser und Kubicek weisen darauf hin, daß es sich bei Verrechnungspreisen, die auf geplanten Kosten- und Gewinnanteilen basieren, um eine Koordination durch Planvorgabe handelt. Werden Verrechnungspreise ausgehandelt, so liegt eine auf ökonomische Größen reduzierte Koordination durch Selbstabstimmung vor.[1] Die Autoren bescheinigen daher dem Koordinationsinstrument "Verrechnungspreis" nur geringe Bedeutung: "Berücksichtigt man die Gesamtheit aller Koordi-

1) Vgl. Kieser - Kubicek [Organisation], S. 99 f.

nationsinstrumente über alle Bereiche hinweg, so kann eine Koordination durch Lenkpreise nur unwesentlich zu einer Reduzierung der anderen Koordinationsinstrumente beitragen."[1)]

Die Betrachtung des Verrechnungspreises als Mittel zur Realisation verschiedener Koordinationsarten - Koordination durch Planvorgaben oder Selbstabstimmung - scheint ein plausibler Ansatz zu sein. Hieraus kann aber nicht gefolgert werden, daß daher Verrechnungspreise per se nur wenig zur Lösung von Koordinationsproblemen beitragen können. Vielmehr scheint es sinnvoll, Verrechnungspreise in ihrer "Mittler-Funktion" genauer zu analysieren und zu fragen, wie sie zur Effizienz der genannten (und anderer) Koordinationsarten beitragen können. Interessant ist in diesem Zusammenhang der Vorschlag von Okpechi, zu untersuchen, in welchem Ausmaß Verrechnungspreise Konfliktgeneratoren oder Konfliktmoderatoren sind.[2)] Der Grundgedanke dieses Ansatzes stammt von Pondy.[3)] In Konfliktsituationen dienen nach seiner Ansicht Verrechnungspreise als Mittel zur Lösung von Konflikten. Der Verrechnungspreis selbst ist also nicht Konfliktursache, sondern - neben möglichen anderen - eine Methode zur Bewältigung des Problems.

C. Vorgehensweise

Die Analyse organisatorischer Grundtatbestände im zweiten Teil dieser Arbeit soll zu einem Kriterienkatalog führen, der die Beurteilung und Einordnung einzelner Verrechnungspreissysteme in Bezug auf die Spartenorganisation ermöglicht.

1) Kieser - Kubicek [Organisation], S. 100.

2) Vgl. Okpechi [Conflict], S. 102.

3) Vgl. Pondy [Conflict].

Unter Anwendung des Kriterienkataloges werden die im dritten Teil dargestellten theoretischen Verrechnungspreissysteme auf ihre Verträglichkeit (Kompatibilität) mit dem Spartenkonzept untersucht.

Die Darstellung der praktischen Lösung im vierten Teil soll Anknüpfungspunkt für die Analyse der Gestaltungsziele sein, welche die betriebswirtschaftliche Praxis verfolgt. Zugleich können diese Ergebnisse auch zur Weiterentwicklung des im zweiten Teil dargestellten Kriterienkataloges dienen.

Nach dieser Grundlegung wird versucht, im fünften Teil das Konzept eines erweiterten Verrechnungspreisansatzes zu entwerfen. Unter Einbeziehung von Verhaltensannahmen, die aus einem Motivationsmodell abgeleitet werden, wird ein mehrdimensionaler Ansatz für die Gestaltung von Verrechnungspreissystemen in Spartenorganisationen dargestellt. Anhand einer eigenen empirischen Studie des Verfassers in neun Unternehmungen wird der Versuch unternommen, die entwickelten Hypothesen auf ihren Aussagegehalt zu prüfen.

In der vorliegenden Arbeit werden zwei Bereiche, in denen Verrechnungspreise auch eine wichtige Rolle spielen, weitgehend ausgeklammert: Verrechnungspreise in multinationalen Unternehmungen und Verrechnungspreise zwischen rechtlich selbständigen Konzerngesellschaften im Inland. In beiden Bereichen unterliegt die Verrechnungspreisbildung Rechnungslegungsvorschriften staatlicher Institutionen und ist außerdem an der Minimierung von Abgaben (z. B. Steuern und Zölle) orientiert und dient weniger der Steuerung der Unternehmungen. Diese Tatbestände reduzieren den Gestaltungsspielraum für die Verwendung von Verrechnungspreisen zur Lösung innerbetrieblicher, organisatorischer Probleme so stark, daß sie in den beiden genannten Bereichen wahrscheinlich kaum als brauchbares Instrument organisatorischer Strukturierungsmaßnahmen dienen können.

Zweiter Teil: Organisatorische Grundtatbestände

A. Arbeitsteilung, Koordination und Motivation

In dieser Arbeit werden Organisationen "als zielgerichtete Handlungssysteme mit interpersonaler Aufgabenteilung"[1] verstanden. Solche Systeme können unter entscheidungslogischen und verhaltenstheoretischen Gesichtspunkten analysiert werden.

I. Entscheidungslogischer Aspekt der Koordination

1. Modell der Entscheidung

Die entscheidungslogische Diskussion folgt der Darstellung von Frese[2]; sie geht hier von einem vereinfachten Modell der Entscheidung aus, das nur so weit differenziert wird, wie es für die weitere Auseinandersetzung mit der Koordination in Spartenorganisationen notwendig scheint.

Die Auswahl zwischen alternativ möglichen Handlungen wird als Entscheidung bezeichnet. Dabei wird unter Handlung eine Verhaltensweise verstanden, die einen gegebenen Zustand der Realität (Ausgangszustand) in einen veränderten Zustand (Endzustand) überführt (siehe Abb. 1). Die Ausführung der Handlung heißt Realisation; sie wird durch die

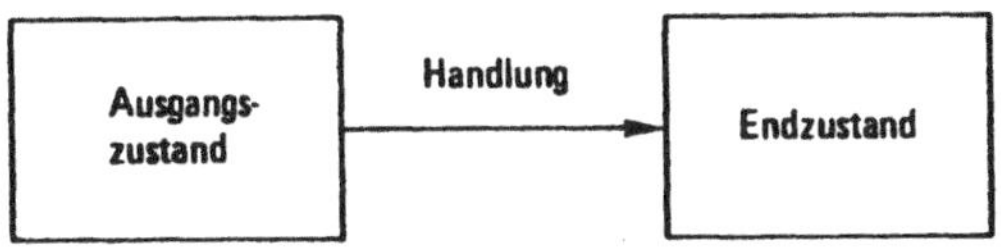

Abb. 1: Grundelemente der Handlung

1) Vgl. Frese [Struktur], S. 1.

2) Frese [Grundlagen], S. 59 ff.; vgl. zu einer anderen Darstellung eines Entscheidungsmodells Hax [Koordination], S. 22 ff.

ihr vorgelagerte Entscheidung determiniert (vgl. Abb. 2).

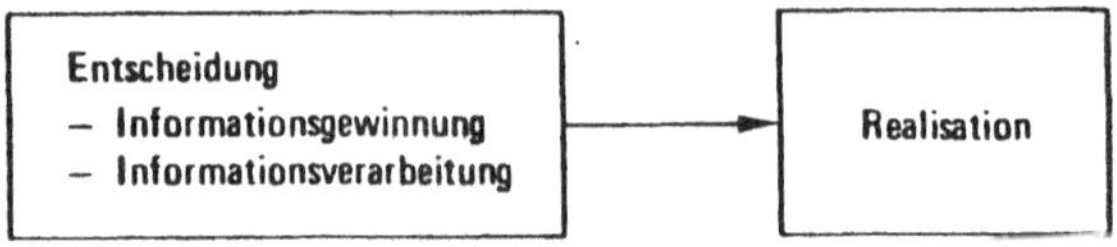

Abb. 2: Zusammenhang von Entscheidung und Realisation

Die Entscheidung besteht aus den folgenden Entscheidungskomponenten:

a) Entscheidungsfeld
b) Handlung
c) Handlungskonsequenz
d) Entscheidungsziel

a) Entscheidungsfeld

Das Entscheidungsfeld bildet den Ausgangszustand im Handlungszeitpunkt ab. Bezogen auf die betriebliche Entscheidungssituation lassen sich ein interner und ein externer Bereich des Entscheidungsfeldes unterscheiden.[1] Der interne Bereich bildet die vom Entscheider beeinflußbare Ressourcensituation und seine interne Umwelt - z. B. interne Angebots-/Nachfragesituation von Zwischenleistungen - ab, während der externe Bereich die Umweltbedingungen außerhalb der Unternehmung - z. B. die Marktbedingungen für Endprodukte - widerspiegelt.

b) Handlung

Handlung kann als Kombination von Ressourcen interpretiert werden. Die Kenntnis des Entscheiders über vorhandene Ressourcen und ihre Kombinationsmöglichkeiten bestimmt seine Handlungsalternativen.

1) Vgl. Frese [Kontrolle], S. 33 f.

c) Handlungskonsequenz

Als Konsequenz aus einer Handlung bei gegebener Ressourcen- und Umweltsituation ergibt sich ein bestimmter Endzustand. In der Regel erlauben die Ressourcen- und Umweltsituation die Ausführung verschiedener Handlungen, die zu unterschiedlichen Endzuständen führen.

d) Entscheidungsziel

Die Wahl zwischen einzelnen möglichen Endzuständen und somit zwischen den einzelnen Handlungsalternativen erfolgt anhand des Entscheidungsziels, das sich in Formal- und Sachziel einteilen läßt.[1)]

Das Sachziel beschreibt die Menge aller Endzustände, die der Entscheider anstrebt. Durch die Vorgabe des Sachziels wird die Menge der möglichen Handlungen auf solche Handlungen beschränkt, die bei möglichen Umweltzuständen zur Erreichung des Sachziels beitragen.

Das Formalziel leitet sich aus der Nutzenfunktion des Entscheiders ab und bildet die Grundlage für die Formulierung von Auswahlregeln, die es dem Entscheider gestatten, seine Präferenz für alternative Handlungsmöglichkeiten auszudrücken.

Die Entscheidungskomponenten lassen sich zu dem in Abb. 3 wiedergegebenen Entscheidungsmodell zusammenfassen. Das Modell gliedert sich in Feld-, Handlungs- und Zielkomponente.

---

1) Vgl. zur Einteilung des Entscheidungsziels in Formal- und Sachziel Kosiol [Erkenntnisgegenstand], S. 130; vgl. zu der hier verwendeten Definition Frese [Grundlagen], S. 61.

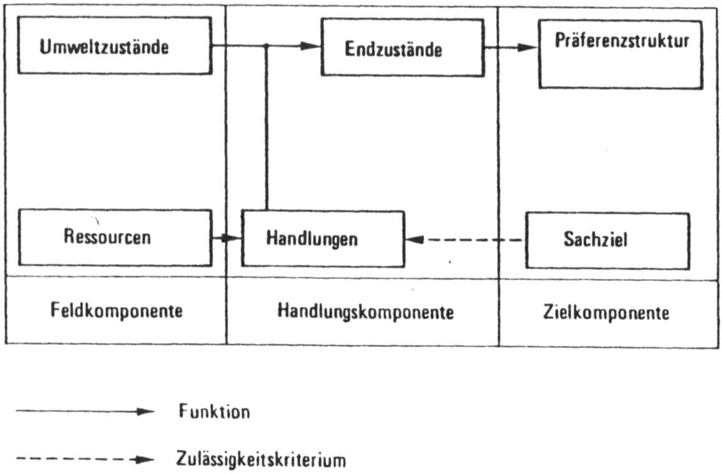

Abb. 3: Modell der Entscheidung

Die Feldkomponente bildet für gegebene Ressourcen und mögliche Umweltzustände das Entscheidungsfeld ab. Die Handlungskomponente umfaßt alle für ein gegebenes Sachziel zulässigen Handlungen, die aufgrund der Ressourcensituation technisch möglich sind, und alle Endzustände, die bei gegebenen Umweltzuständen und zulässigen Handlungen als Handlungskonsequenzen eintreten können. "Aus der Struktur des vorgegebenen Sachziels und dem Charakter der vorhandenen Ressourcen ergeben sich Zulässigkeitskriterien, die von den einer Entscheidung zugrunde gelegten Handlungen erfüllt sein müssen: Die Handlungen müssen aufgrund der gegebenen Ressourcen durchführbar und im Hinblick auf das Sachziel relevant sein."[1)]

1) Frese [Grundlagen], S. 62.

2. Entscheidung und Arbeitsteilung

Sowohl Realisations- wie Entscheidungsaufgaben können in der Regel in ihrer Gesamtheit nicht von einer Person durchgeführt werden.[1] Dies scheitert aus qualitativen und quantitativen Gründen. Zweck der Entscheidungsaktivitäten (Informationsgewinnung und -verarbeitung) ist die Ableitung realisationsreifer Entscheidungen und damit die Festlegung des Ressourceneinsatzes für den Realisationsprozeß.[2] Überschreitet die Menge der zu verarbeitenden Informationen die Kapazität des Entscheiders, so liegt ein quantitativer Engpaß vor. Qualitative Restriktionen treten auf, wenn dem Entscheider ausreichende Sachkenntnisse zur Transformation der Daten über Ressourcen und Umweltzustände in Endzustände fehlen. Die Organisationslehre kennt eine Reihe von Maßnahmen, diesem Problem zu begegnen: Zuordnung von Stäben, weitere Aufteilung der Entscheidungsaufgaben und Spezialisierung seien nur als Beispiele genannt. Letztlich streben alle organisatorischen Gestaltungsversuche die Lösung der sich aus der begrenzten Kapazität des Entscheiders ergebenden Probleme an. Das Entscheidungsproblem der Gesamtunternehmung kann durch einen globalen Entscheidungsvektor - bestehend aus Feld-, Handlungs- und Zielkomponente - dargestellt werden. Um zu realisationsreifen Entscheidungen zu gelangen, muß der globale Entscheidungsvektor genauer determiniert werden. Da diese Strukturierungsaufgabe einen Entscheidungsträger aus den genannten Gründen überfordert, ist Arbeitsteilung notwendig. Frese[3] hat gezeigt, daß die Zerlegung und fortschreitende Strukturierung der globalen

---

1) Wir betrachten in dieser Untersuchung arbeitsteilige Systeme. Ausgenommen sei daher z. B. der Fall eines einzelnen Handwerkers, der selbständig alle Teilaufgaben der Entscheidung und Realisation durchführt und nie mehr Aufträge annimmt, als er gerade während seiner Arbeitszeit erledigen kann.

2) Vgl. Frese [Entscheidungen], S. 219.

3) Vgl. Frese [Struktur], S. 51 ff. und S. 70; Frese [Organisation], S. 406 f.

Entscheidungsaufgabe die Form eines hierarchischen Prozesses hat. Ausgehend von der Unternehmungsleitung werden Komponenten des Entscheidungsvektors nach bestimmten Kriterien auf nachgeordnete organisatorische Einheiten übertragen. "Entscheidungen äußern sich in Organisationen aus dieser Sicht im Beitrag einer Einheit zur stärkeren Strukturierung eines gegebenen Entscheidungsvektors."[1)]

Zwei Dimensionen - Segmentierung und Strukturierung - bestimmen den Charakter der Kompetenz einer organisatorischen Entscheidungseinheit.[2)]

Die Strukturierung und Vorgabe des Entscheidungsvektors verringert den Lösungsraum und schränkt den Spielraum für die Entwicklung von alternativen Handlungsmöglichkeiten auf nachgelagerten Stufen ein; hierdurch wird die Entscheidungskompetenz einer organisatorischen Einheit bestimmt. Der jeweilige Strukturierungsgrad des Entscheidungsvektors kann auch als Maß für den Entscheidungs-Spielraum der Entscheidungseinheit dienen.[3)]

Die Strukturierung bezieht sich auf alle Komponenten des Entscheidungsvektors. Sie kann so weit gehen, daß dem Entscheidungssubjekt für alle möglichen Situationen die jeweils notwendigen Handlungen genau vorgeschrieben sind. Die Vorgabe von Entscheidungstabellen[4)] wäre eine mögliche Form der weitgehenden Strukturierung einer Entscheidungs-

---

1) Frese [Entscheidungen], S. 219.

2) Vgl. Frese [Grundlagen], S. 74.

3) Zum Begriff des Entscheidungsspielraums vgl. Morgenstern [Prolegomena], S. 25; man kann den Entscheidungsspielraum auch als Autonomiegrad bezeichnen, vgl. Frese [Struktur], S. 11 f.

4) Vgl. zum Begriff der Entscheidungstabelle Schmidt [Organisation], S. 220 ff.; Elben [Entscheidungstabellentechnik].

aufgabe; sie läßt sich nur bei Aufgaben durchführen, die programmierbar[1] sind und stellt die extreme Form einer "expliziten Verhaltensnorm"[2] dar. Der Verzicht auf die totale Strukturierung der Komponenten des Entscheidungsvektors wird als Delegation bezeichnet.[3]

Die Segmentierung des Entscheidungsvektors kann auf verschiedenen Prinzipien beruhen. In der klassischen Managementliteratur existiert unter dem Begriff des "departmentation"[4] eine Reihe von Einteilungskriterien:

Zahl, Zeit, Funktion, Gebiet, Produkt, Absatzweg.[5]

Letztlich dienen diese Einteilungskriterien der Segmentierung einzelner Komponenten des Entscheidungsvektors. Die Zerlegung der Sachzielkomponente in disjunkte Teilziele führt zu den Einteilungskriterien: Produkt, Markt, Region. "Durch die Zuordnung der für die Realisierung des jeweiligen Ziels notwendigen Handlungs- und Feldelemente entstehen dann sachzielbezogene Entscheidungskompetenzen."[6] Dieses Segmentierungsprinzip soll in Anlehnung an Frese als "Spartenprinzip" bezeichnet werden.[7] Das Spartenprin-

---

1) Vgl. zur Programmierbarkeit von Entscheidungsaufgaben Frese [Entscheidungsstrategien], S. 285 f.

2) Vgl. zum Begriff der expliziten Verhaltensnorm Hax [Koordination], S. 74 f. und S. 76 f.

3) Vgl. Hill - Fehlbaum - Ulrich [Organisationslehre], S. 175; diese Zuordnung von Entscheidungskompetenzen in Form der vertikalen Abtretung von Entscheidungskompetenzen wird in der angelsächsischen Literatur häufig als "decentralization" bezeichnet; vgl. dazu Pugh [Scheme], S. 304.

4) Vgl. zum Begriff des "departmentation" Koontz - O'Donnell [Management], S. 299 ff.

5) Vgl. zu den Auswirkungen verschiedener Einteilungskriterien u. a. Drucker [Management], Chapters 41-44; Stieglitz [Structure]; Goggin [Structure]; Walker - Lorsch [Choice]; Hanan [Markets].

6) Frese [Entscheidungen], S. 220.

7) Frese [Entscheidungen], S. 220.

zip kann auch als Objektzentralisierung[1] (in Bezug auf Produkte) und als Funktionsdezentralisierung (in Bezug auf die Verrichtungen) aufgefaßt werden.

Neben der Teilung der Sachzielkomponente bietet sich die Gliederung der Handlungskomponente als weitere Segmentierungsmöglichkeit an. Durch Zusammenfassung gleichartiger Handlungsarten und Zuordnung der für die jeweiligen Handlungen wichtigen Sachziel- und Feldbereiche des Entscheidungsvektors entstehen handlungsbezogene Entscheidungskompetenzen. Frese[2] führt für dieses Gliederungskriterium den Begriff "Funktionsprinzip" ein. Es entsteht eine Zentralisierung in Bezug auf gleichartige Handlungsklassen.

Als drittes mögliches Gliederungskriterium soll hier das "Ressourcenprinzip" eingeführt werden. Elemente der Feldkomponente werden nach dem Kriterium ihrer Gleichartigkeit zusammengefaßt. Durch Zuordnung von Handlungselementen und Sachzielen entstehen ressourcenbezogene Entscheidungskompetenzen.[3]

3. Interdependenzen zwischen Entscheidungen[4]

Durch Strukturierung und Segmentierung des globalen Entscheidungsvektors entstehen Teilentscheidungen; die zwi-

---

1) Zentralisierung wird als Zusammenfassung von Teilaufgaben, die in Bezug auf ein Merkmal gleich sind, aufgefaßt, Dezentralisierung als Trennung von Teilaufgaben mit gleichen Merkmalen. Vgl. dazu Kosiol [Organisation], S. 81.

2) Frese [Entscheidungen], S. 220.

3) Vgl. Frese [Grundlagen], S. 81 und S. 91 f. Allerdings ist es fraglich, ob dem Ressourcenprinzip als Segmentierungsart ähnliche Bedeutung zukommen kann wie dem Sparten- und Funktionsprinzip. Schwierig wird insbesondere die definitorische Abgrenzung zwischen Ressourcen- und Sachzielkriterium.

4) Vgl. zu den folgenden Ausführungen Frese [Grundlagen], S. 76 ff.

schen ihnen auftretenden Beziehungen heißen Entscheidungsinterdependenzen. Zwei organisatorische Einheiten, A und B, die nicht in einer hierarchischen Beziehung zueinander stehen, werden als "interdependent" bezeichnet, wenn die Realisation der Entscheidung von A das Entscheidungsfeld der Einheit B zielrelevant verändert (vgl. Abb. 4).

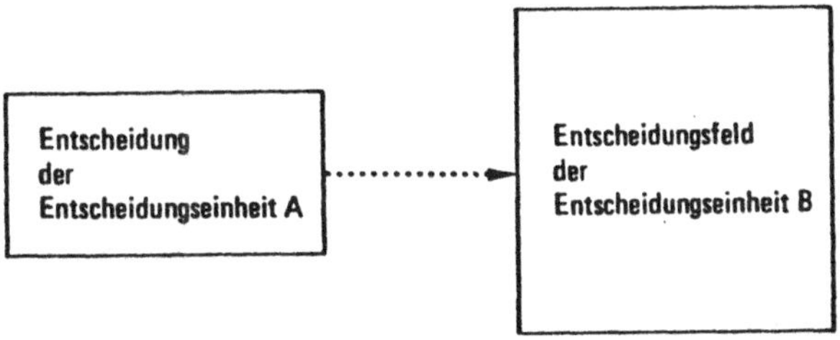

Abb. 4: Interdependenz zwischen zwei Entscheidungseinheiten

Verursacht werden Entscheidungsinterdependenzen durch die sequentielle Verknüpfung der von den betrachteten Einheiten festzulegenden Realisationsprozesse oder durch die Überschneidung von Entscheidungsfeldern.

a) Sequentielle Verknüpfung von Realisationsprozessen

Sequentielle Entscheidungsinterdependenzen werden durch innerbetriebliche Leistungsverflechtungen hervorgerufen. Dabei verändern die Entscheidungen einer Einheit zielrelevant die interne Umwelt (Angebots- und Nachfragesituation) einer anderen Einheit. Anhand der Leistungsbeziehung zwischen einer Produktionseinheit A und einer Absatzeinheit B (vgl. Abb. 5) soll diese Realisationssequenz beschrieben werden.

Abb. 5: Beispiel für eine sequentielle Interdependenz

Durch Entscheidungen über die herzustellende Zwischenproduktmenge verändert die Produktionseinheit A zielrelevant das Entscheidungsfeld der Absatzeinheit B (die interne Angebotssituation von B) (vgl. Abb. 6).

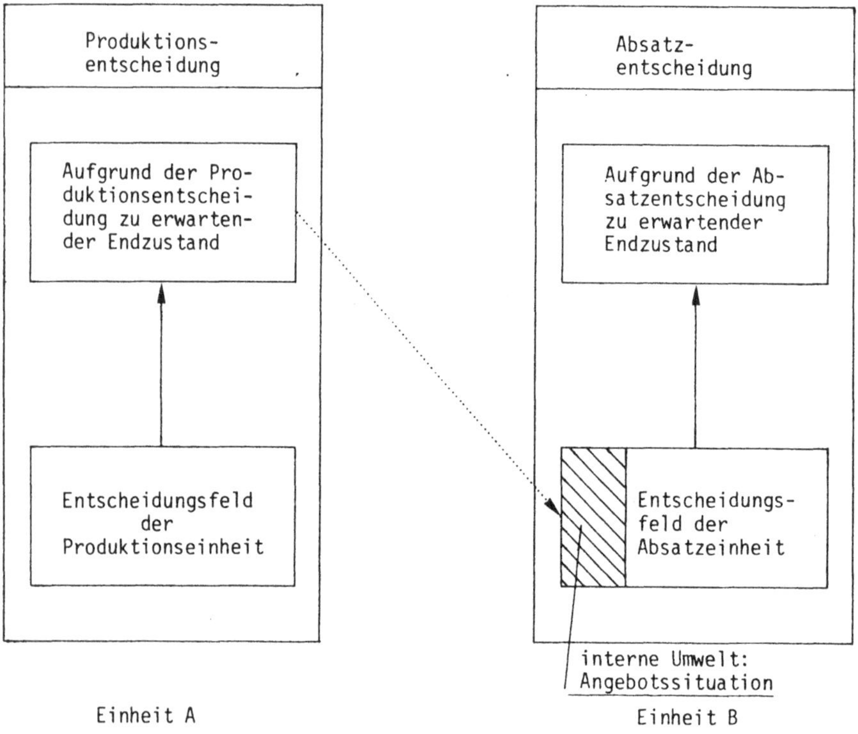

Abb. 6: Sequentielle Entscheidungsinterdependenz[1] in Richtung des Leistungsflusses

Eine Entscheidungsinterdependenz wird gleichfalls in der dem Produktfluß entgegengesetzten Richtung begründet, da eine Entscheidung der Einheit B über die Änderung der Abnahmemenge die interne Nachfragesituation der Einheit A

1) Vgl. dazu Frese [Grundlagen], S. 78.

- d. h. das Entscheidungsfeld von A - zielrelevant beeinflußt (vgl. Abb. 7).

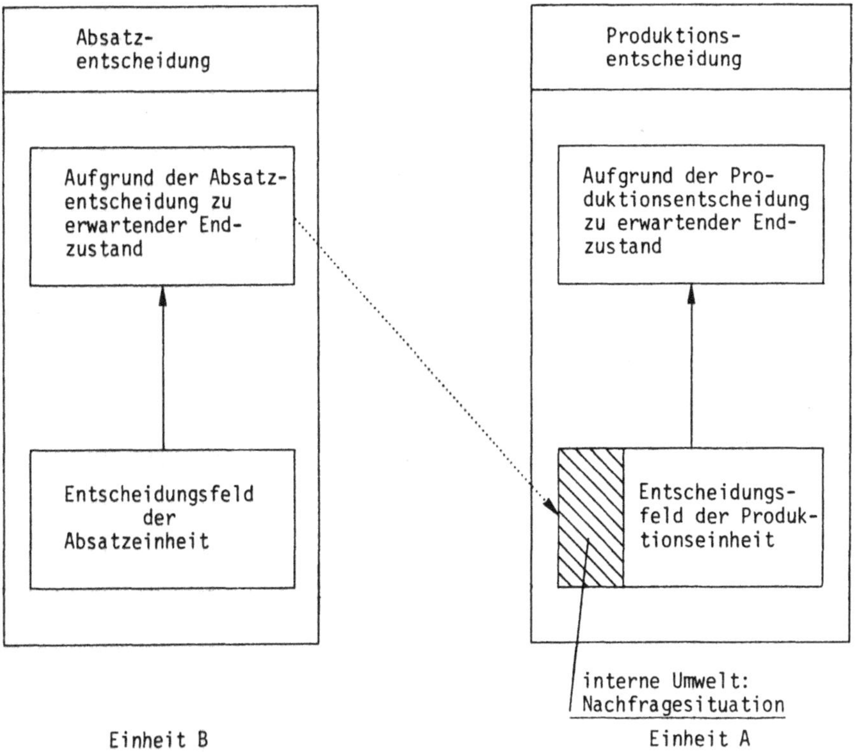

Abb. 7: Sequentielle Entscheidungsinterdependenz entgegengesetzt zum Leistungsfluß

b) <u>Überschneidung von Entscheidungsfeldern</u>[1)]

Wenn Bestandteile des Entscheidungsfeldes einer Einheit zugleich Bestandteil des Entscheidungsfeldes einer anderen Einheit sind, so liegt eine Überschneidung von Entscheidungsfeldern vor (vgl. Abb. 8). Führen Entscheidungen einer

1) Vgl. zu den folgenden Ausführungen Frese [Grundlagen], S. 79 ff.

Einheit zu zielrelevanter Veränderung des Entscheidungsfeldes einer anderen Einheit, so werden in dieser Situation Entscheidungsinterdependenzen hervorgerufen.

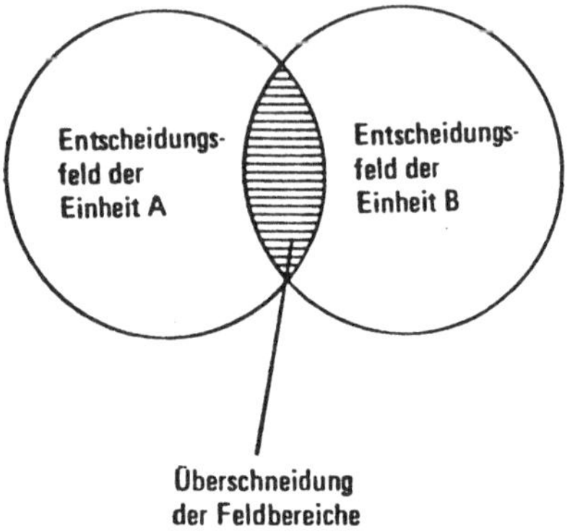

Abb. 8: Überschneidung von Entscheidungsfeldern

Überschneidungen können in Bezug auf die drei Feldbereiche Ressourcen, "externe Umwelt" und "interne Umwelt" auftreten. Entscheidungsinterdependenzen aufgrund von Ressourcenüberschneidungen entstehen, wenn zwei Entscheidungseinheiten durch Beanspruchung gemeinsamer, knapper Ressourcen - wie z. B. Kapital oder Produktionskapazitäten - das Entscheidungsfeld der jeweils anderen Einheit verändern.

Beliefern zwei organisatorische Einheiten das gleiche Marktsegment, so können absatzpolitische Maßnahmen der einzelnen Einheiten zur Veränderung des Entscheidungsfeldes der jeweils übrigen Einheiten führen; es handelt sich in diesem Fall um eine Marktüberschneidung (Marktinterdependenz).

Bei Überschneidungen hinsichtlich der internen Angebots- und Nachfragesituation liegt eine Interdependenz in Bezug auf die interne Umwelt der organisatorischen Einheiten vor. Liefern z. B. zwei Produktionseinheiten A und B die gleichen Zwischenprodukte an einen internen Abnehmer - die Vertriebsabteilung -, so handelt es sich um eine Überschneidung in der internen Nachfragesituation (vgl. Abb. 9).

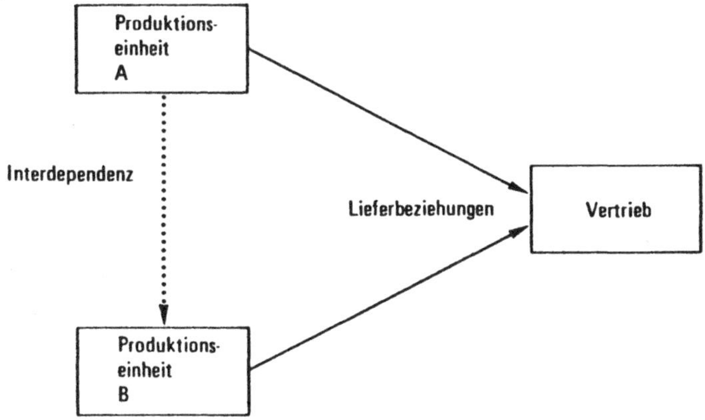

Abb. 9: Überschneidung in der internen Nachfragesituation

Bei gegebener Nachfragemenge der Vertriebsabteilung führt eine Änderung der Liefermenge von A (bzw. B) zu einer mittelbaren Veränderung des Mengenanteils von B (bzw. A) an der Gesamtnachfrage; dies stellt eine zielrelevante Veränderung des Entscheidungsfeldes der jeweils anderen Einheit dar. Die entscheidungslogische Grundstruktur entspricht dem Fall der Marktüberschneidung.

Die Entscheidungsinterdependenz infolge von interner Angebotsüberschneidung soll anhand der in Abb. 10 dargestellten Leistungsbeziehungen erläutert werden.

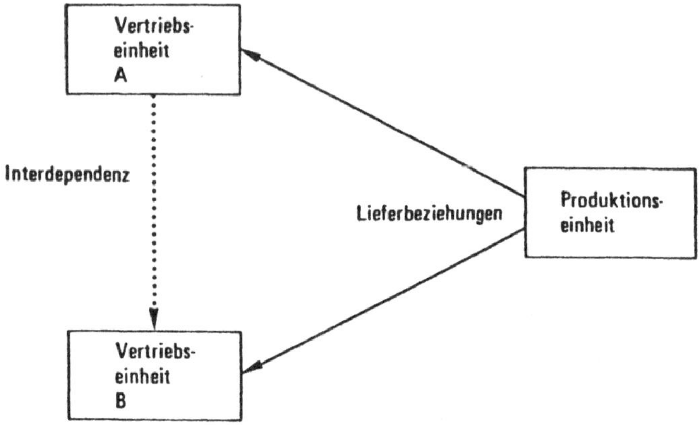

Abb. 10: Überschneidungen in der internen Angebotssituation

Zwei Vertriebsabteilungen A und B greifen auf eine gemeinsame Produktionsanlage zurück. Bei gegebener Angebotsmenge der Produktionseinheit führt die Veränderung der Nachfrage nach Zwischenprodukten durch eine Einheit zu einer mittelbaren Veränderung des verfügbaren Angebotes für die andere Einheit, deren Entscheidungsfeld dadurch verändert wird.

Überschneidungen in der internen Angebotssituation und Ressourcenüberschneidungen sind beide Folge der Knappheit einer gemeinsam zu nutzenden Ressource; sie werden unter dem Begriff "Ressourceninterdependenz" zusammengefaßt. Unterscheiden lassen sich die beiden Formen an der Zugriffsmöglichkeit der organisatorischen Einheiten auf die knappe Ressource: Im Fall der Angebotsüberschneidung können sie nur mittelbar über die Ressource verfügen, während sie im Fall der Ressourcenüberschneidung unmittelbar auf die knappe Ressource zugreifen können.

Folgende Interdependenzformen werden somit in dieser Arbeit betrachtet:

1. Sequentielle Interdependenzen

2. Ressourceninterdependenzen aufgrund von:
   - Ressourcenüberschneidungen
   - Überschneidungen in der internen Angebotssituation

3. Marktinterdependenzen aufgrund von:
   - Überschneidungen in der externen Nachfragesituation
   - Überschneidungen in der internen Nachfragesituation

Die Existenz von Interdependenzen hat entscheidungslogische Konsequenzen: Besteht zwischen zwei organisatorischen Einheiten Entscheidungsinterdependenz, so entsteht für die betroffene Einheit ein Prognoseproblem, da sie nicht weiß, in welcher Weise ihr Entscheidungsfeld durch Entscheidungen der anderen Einheit beeinflußt wird. Diese Unvollkommenheit des Informationsstandes läßt sich nur durch den Austausch von Informationen zwischen den interdependenten Einheiten - d. h. durch Kommunikation - beheben. "Entscheidungsinterdependenz und Kommunikation sind damit zwei eng verknüpfte Tatbestände in einer Organisation."[1)]

4. Koordination von Entscheidungen

Der Organisator des gesamtbetrieblichen Entscheidungsprozesses steht nicht nur vor dem Wahlproblem, den globalen Entscheidungsvektor in Teilvektoren zu zerlegen, die einzelnen organisatorischen Stellen zugeordnet werden können, er muß auch gleichzeitig Verfahren zur Abstimmung der so gebildeten Entscheidungseinheiten finden. Im weitesten Sinne kann diese Aufgabe des Organisators als Koordinationsaufgabe aufgefaßt werden.

Zwei wesentliche Arten von Koordinationsmitteln lassen sich unterscheiden:[2)] Kompetenzzuordnung und Kommunika-

---

1) Frese [Grundlagen], S. 82.

2) Vgl. zu anderen Gliederungsformen von Koordinationsmitteln z. B. Kirsch [Koordination], S. 61 - 82; Kieser - Kubicek [Organisation], S. 82 ff.; Galbraith [Organization], S. 49 - 74; Meier [Koordination], Sp. 893 - 899.

tion.[1] Beide Instrumente sind nicht unabhängig voneinander; "die Art der Zerlegung eines komplexen Entscheidungsproblems in Teilprobleme bestimmt bis zu einem gewissen Grade die Kommunikationsbeziehungen"[2] (vgl. auch Abb. 11).

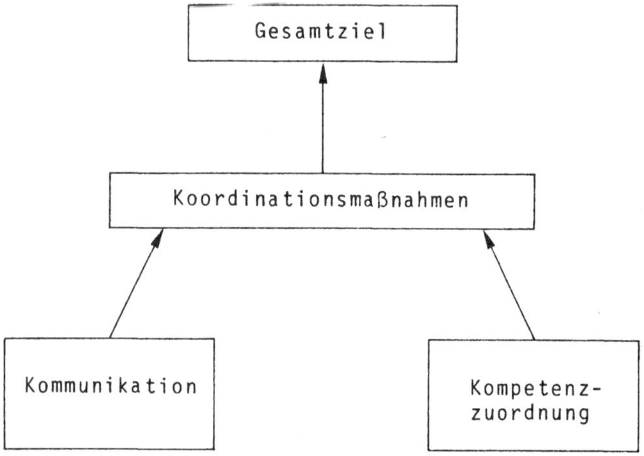

Abb. 11: Koordinationsmaßnahmen[3]

a) Kompetenzzuordnung

Eine Entscheidungskompetenz kann durch Feld-, Handlungs- und Zielinformationen festgelegt werden.

Feldkomponente

Durch Zuweisung von Elementen der Feldkomponente - Zuteilung von Ressourcen und/oder Zuweisung von Umwelt- bzw. Marktsegmenten - werden Entscheidungskompetenzen formuliert.

---

1) Vgl. zum Zusammenhang von Koordination und Kommunikation March - Simon [Organizations], S. 162; Coenenberg [Die Kommunikation], S. 103 ff.

2) Frese [Grundlagen], S. 86.

3) Vgl. Frese [Sparten-Organisation], S. 15.

Eine besondere Variante der Koordination über die Feldkomponente stellt die Ressourcentrennung zwischen Teilbereichen nach dem Spartenprinzip dar. Durch physische oder organisatorische Trennung der Ressourcen werden Entscheidungseinheiten gebildet, die bezüglich ihrer Ressourcen völlig unabhängig voneinander sind.[1] Marktinterdependenzen lassen sich so allerdings nicht immer aufheben. Es gibt jedoch Vorschläge, eine Segmentierung der Feldkomponente nach Marktsegmenten vorzunehmen[2], dies könnte allerdings wieder eine Ressourceninterdependenz bedingen.

Handlungskomponente[3]

Durch Festlegung zulässiger und nichtzulässiger Aktivitäten läßt sich über die Handlungskomponente eine Entscheidungskompetenz bestimmen. Eine besondere Form der Konditionierung von Handlungen stellt die Vorgabe von Entscheidungsprogrammen[4] dar. Durch Regelung der Programmauslösung und Programmdurchführung[5] wird das Entscheidungsverhalten der organisatorischen Einheit gesteuert. Dabei sind Informationen zur Programmauslösung dem Kommunikationssystem zuzuordnen.

Die Vorgabe von Programmen bedeutet für eine Entscheidungseinheit im Vergleich zur Vorgabe von Zielen einen relativ starken Eingriff in den eigenen Entscheidungsspielraum. Die

1) Vgl. hierzu Frese [Entscheidungen], S. 222.

2) Vgl. hierzu Hanan [Markets], S. 63 - 74. Die Einrichtung der Stelle des Market-Managers stellt eine Vorstufe dieser Entwicklung dar.

3) Vgl. Frese [Grundlagen], S. 89.

4) Vgl. Simon [Science], S. 6. Er definiert ein Programm als eine detaillierte Vorschrift oder Strategie, welche die Folge von Reaktionen eines Systems auf eine komplexe Aufgabenumwelt steuert.

5) Vgl. zur Unterscheidung dieser beiden Komponenten March - Simon [Organizations], S. 146.

freie Wahl der Mittel und Verfahren zur Zielerreichung kann durch Entscheidungsprogramme weitgehend eingeschränkt werden. Die Aufgaben der Stelleninhaber können dabei bis auf eine rein rechentechnische Handhabung des Entscheidungsprogramms reduziert werden; Entscheidungsautonomie existiert nicht mehr.

Zielkomponente[1)]

Die Vorgabe von Zielen strebt eine indirekte Festlegung von Handlungen an. Die Entscheidungseinheit kann selbständig Mittel und Verfahren zur Zielerreichung auswählen. Dabei umreißt die Sachzielkomponente die materielle Struktur des Endzustandes, während die Formalzielkomponente innerhalb des durch das Sachziel abgesteckten Bereiches dem erwarteten Realisationsergebnis einen Nutzenwert zuordnet. In erwerbswirtschaftlich orientierten Organisationen wird der Nutzenwert in Form ökonomischer Größen gemessen; dem bewerteten Ressourceneinsatz (Kostenkomponente) werden die durch ihn realisierten Marktleistungen (Erlöskomponente) gegenübergestellt. Erlösgrößen lassen sich nur für unmittelbar marktbezogene Einheiten formulieren. Kostengrößen können dagegen für alle Entscheidungseinheiten ermittelt werden. Die Schaffung interner Märkte durch Einführung interner Preise stellt den Versuch dar, auch für nicht unmittelbar marktorientierte Einheiten bzw. für Teile ihres Leistungsprogramms Erlöskomponenten zu konstruieren, um die Vorgabe einer Zielgröße zu ermöglichen, die Erlös- und Kostenkomponenten umfaßt.

Die Vorgabe eines Sachziels ist die notwendige Voraussetzung, um eine Koordination über die Zielkomponente zu ermöglichen, da zur arbeitsteiligen Bewältigung einer Aufgabe jede Einheit Informationen über die Art des Leistungsprogramms benötigt. "Der Verzicht auf die explizite Vorgabe des Formal-

---

1) Vgl. Frese [Grundlagen], S. 90.

ziels führt unter Umständen zu Entscheidungen, die dem Prinzip der Wirtschaftlichkeit nicht genügen - der Verzicht auf die explizite Vorgabe des Sachziels schließt die arbeitsteilige Lösung eines komplexen Problems überhaupt aus."[1)]

b) Kommunikation

Neben der Kompetenzzuordnung stellt die Kommunikation[2)], die von der gegebenen Kompetenzstruktur ausgeht, ein weiteres wichtiges Koordinationsinstrument dar. Die Darstellung der Formen der Kompetenzzuordnung hat gezeigt, daß die Anwendung dieses Koordinationsinstrumentes durch eine Regelung der Kommunikationsbeziehungen zwischen den organisatorischen Einheiten ergänzt werden muß.

In der Praxis kann die horizontale Kommunikation eine Vielzahl von Formen annehmen: Kollegien[3)], Ausschüsse[4)], Teams und Integratoren[5)] sind Möglichkeiten zur Institutionalisierung horizontaler Kommunikationsbeziehungen.

An dieser Stelle sei bereits darauf hingewiesen, daß zur Beurteilung von Verrechnungspreissystemen sowohl der Umfang der Kompetenzen der beteiligten Stellen wie auch der Inhalt der Kommunikationsbeziehungen betrachtet werden müssen. Eine eingehendere Untersuchung dieser Aspekte erfolgt im dritten Teil dieser Arbeit.

---

1) Frese [Grundlagen], S. 90.

2) Vgl. zum Begriff der Kommunikation Hax [Kommunikation], Sp. 825 - 831.

3) Vgl. Kosiol [Entscheidung]; Kosiol [Kollegien].

4) Eine Darstellung verschiedener Koordinationsorgane findet sich bei Bleicher [Koordinationsorgane].

5) Die Rolle von Integratoren und ihren Beitrag zur Konfliktlösung durch horizontale Kommunikation beschreiben Lawrence - Lorsch [Organization], S. 54 f.

II. Verhaltenstheoretischer Aspekt der Koordination

Arbeitsteilung und Koordinationsmaßnahmen in Form von Kompetenzzuordnung und Einrichtung von Kommunikationsbeziehungen bleiben nicht ohne Auswirkung auf das Verhalten der betroffenen Mitglieder der Organisation. So lassen sich Beziehungen zwischen den drei Gestaltungsmöglichkeiten betrieblicher Strukturen durch Festlegung von Feld-, Ziel- und Handlungskomponente und der Motivationsstruktur der Organisationsmitglieder aufzeigen. Die Motivation soll dabei nicht als eigenständige vierte Komponente zur Gestaltung von Koordinationsmaßnahmen aufgefaßt werden, ihre Bedeutung tritt vielmehr im Zusammenwirken und der Ausgestaltung der drei Komponenten zutage. Neben dem entscheidungslogischen Aspekt der Koordination muß ihr motivationaler[1], personenbezogener Aspekt als Gestaltungsprämisse berücksichtigt werden.

Mit Hilfe eines Motivationsmodells soll ein Bezugsrahmen entwickelt werden, innerhalb dessen mögliche Verhaltenswirkungen organisatorischer Gestaltungsmaßnahmen diskutiert werden können. Dieses Motivationsmodell dient bei dem folgenden Versuch, Beziehungen zwischen Organisationsstruktur und dem individuellen Verhalten von Organisationsmitgliedern aufzuzeigen, als Bindeglied zwischen diesen beiden Größen (vgl. Abb. 12).

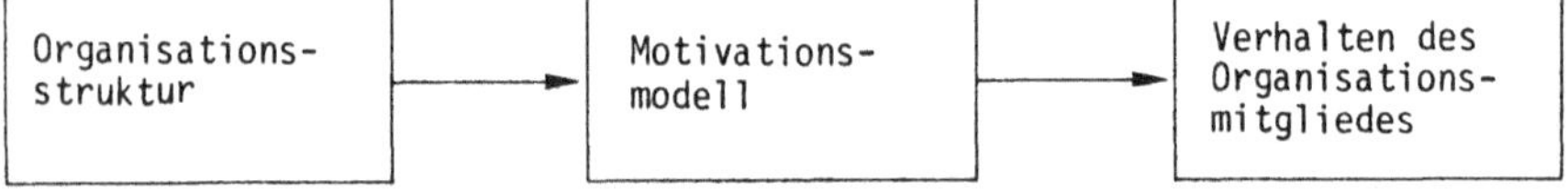

Abb. 12: Zusammenhang von Organisationsstruktur und Verhalten des Organisationsmitgliedes[2]

---

1) Ein Überblick über verschiedene Motivationsmodelle und Literaturangaben findet sich bei Reber [Motivation]; vgl. auch Lawler [Motivierung].

2) Vgl. zu dieser Art von Modellbetrachtung auch Campbell - Dunette - Lawler - Weick [Behavior], S. 11.

1. Ein Motivationsmodell

Da noch kaum empirisch gesicherte Aussagen über das Verhalten von Managern in gehobenen Führungspositionen existieren und zudem wenig Einigkeit darüber besteht, welches von den vorgeschlagenen Verhaltensmodellen am ehesten das reale Verhalten dieses Personenkreises beschreibt, ist jede Wahl eines bestimmten Motivationsmodells mit einer gewissen Willkür behaftet.

Zwei Arten von Motivationsansätzen lassen sich unterscheiden: Prozeßorientierte und inhaltlich orientierte Ansätze.[1)] Prozeßorientierte Modelle bemühen sich um die Erfassung und Beschreibung von Variablen, die das Leistungsverhalten von Individuen bestimmen. Im Vordergrund stehen dabei Fragen nach dem Zusammenhang der einzelnen Variablen zueinander und ihre Prognosefähigkeit in Bezug auf Richtung, Dauer und Intensität der Leistungsanstrengung. Inhaltlich orientierte Modelle suchen dagegen die Entstehung bestimmter Bedürfnisse (z. B. Streben nach Sicherheit, Anerkennung, Autonomie oder Selbstverwirklichung[2)]) zu erklären. Auf dem Wege über Voraussetzungen oder Grundannahmen finden diese Bedürfnisse Eingang in Prozeßmodelle.

Für die hier beabsichtigte Auseinandersetzung mit dem Zusammenhang zwischen Verhalten und der Anwendung von Koordinationsinstrumenten wird auf das Modell von Porter und Lawler[3)] unter Berücksichtigung der modifizierenden Darstellung von House und Wahba[4)] zurückgegriffen. Darüber hinaus werden - abweichend von der Darstellung des Motivations-

---

1) Vgl. zur Unterscheidung von prozeßorientierten und inhaltlich orientierten Motivationsmodellen Campbell - Dunette - Lawler - Weick [Behavior], S. 340 ff.

2) Vgl. hierzu Maslows bekanntes Modell der Hierarchie der Bedürfnisse als Repräsentanten für die Gruppe inhaltlich orientierter Modelle; Maslow [Motivation].

3) Vgl. Porter - Lawler [Attitudes], S. 7-40 und S. 163-166.

4) Vgl. House - Wahba [Expectancy].

modells bei Porter - Lawler und House - Wahba - weitere Variablen eingeführt, die eine eingehendere Analyse der Messung des Leistungsergebnisses ermöglichen. Das Modell ist prozeßorientiert und gehört zur Klasse der E x V-Modelle (Expectancy x Valence)[1], die in der Organisationstheorie bisher eine weite Verbreitung und Anwendung gefunden haben.[2] Das Modell wurde ausgewählt, weil

- es einer empirischen Überprüfung zugänglich ist, da schon viele Einzelbeziehungen einem empirischen Test unterzogen wurden,
- es bereits häufiger in verschiedenen Beziehungszusammenhängen erfolgreich benutzt und empirisch getestet wurde.[3]

---

1) Motivationsmodelle, die auf der multiplikativen Verknüpfung von Erwartung (expectancy) und Valenz (valence) beruhen, werden als E x V-Modelle bezeichnet. Valenz (valence) bezeichnet den Nutzen, den ein Individuum einer Belohnung, die es erhält, beimißt. Man kann den Nutzen auch als Wert (W) einer Belohnung (B) kennzeichnen: $W = f(B)$ bzw. $W = W(B)$. Vgl. dazu auch S. 47 f. dieser Arbeit. Vgl. hierzu außerdem die Darstellung der verschiedenen Erwartungstheorien bei Lawler [Motivierung], S. 70 ff.; Atkinson [Motivationsforschung], S. 441 ff. Als Beispiel für die Anwendung eines E x V-Modells auf Probleme des Rechnungswesens sei der Artikel von Ronen und Livingstone angeführt. Die Autoren benutzen das E x V-Konzept als Rahmen zur Integration und Neuinterpretation verschiedener Budgettheorien. Vgl. Ronen - Livingstone [Expectancy]. Zur Bevorzugung der E x V-Theorie gegenüber anderen Theorien bei der Beschreibung des Verhaltens von Managern vgl. Porter - Lawler [Attitudes], S. 12 ff.

2) Vgl. dazu Georgopoulos - Mahoney - Jones [Pathgoal]; Vroom [Work]; Galbraith - Cummings [Investigation]; Campbell - Dunette - Lawler - Porter [Attitudes], S. 122 - 142; Hackman - Porter [Expectancy].

3) Ein Beispiel für eine solche Vorgehensweise stellt die Untersuchung von Rockness (1977) dar. Er hat das Ronen-Livingstone-Budget-Modell (1975), das auf dem E x V-Modellansatz von House - Wahba (1972) fußt, einem experimentellen Test unterzogen. Vgl. dazu im einzelnen die Arbeiten von Rockness [Expectancy]; Ronen - Livingstone [Expectancy]; House - Wahba [Expectancy], S. 7 ff.

Im Mittelpunkt des Modells[1] (vgl. Abb. 16) steht die von einem Individuum in einer gegebenen Aufgabensituation geplante Leistungsanstrengung (L) und das in Folge der Leistungsanstrengung (L) hervorgebrachte Ergebnis[2] (E). Zur weiteren Analyse des Verhaltens eines Individuums scheint es sinnvoll, die Variable Leistungsergebnis (E) weiter aufzugliedern. Das Ergebnis (E) einer Leistungsanstrengung (L) läßt sich nur in einer einfachen Aufgabensituation leicht abbilden oder messen. So sind bei der einfachen Aufgabe "Weitsprung" das tatsächlich erzielte Ergebnis (E^T) und das abgebildete Ergebnis (E^B)[3] gemessen in Metern identisch, da die Aufgabe durch die Dimension "Länge" eindeutig abgebildet wird. Ergebnisse komplexer Aufgabensituationen, wie sie bei der hier betrachteten Position des Spartenmanagers vorliegen, lassen sich nur durch eine Vielzahl von Dimensionen abbilden. Dabei steht man vor zwei Problemen: erstens ist nicht sichergestellt, ob alle relevanten Dimensionen zur Beschreibung herangezogen wurden (Kriterium der Vollständigkeit), und zweitens läßt sich nicht vermeiden, daß die zur Abbildung verwendeten Dimensionen den zugrunde liegenden Tatbestand nur unzureichend beschreiben (Eindeutigkeit der Abbildung).

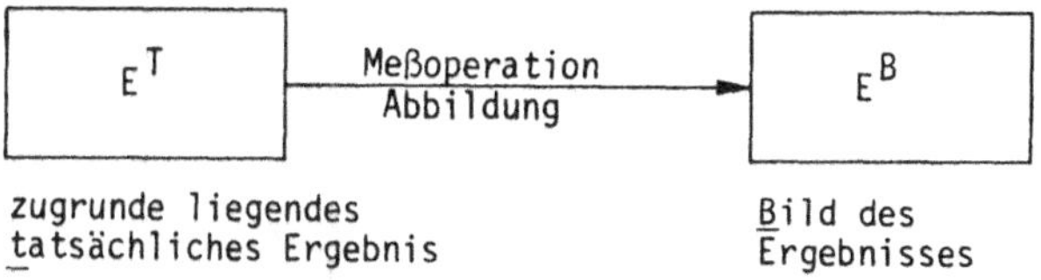

Abb. 13: Darstellung des Ergebnisses

1) Eine graphische Darstellung findet sich auf S. 52 dieser Arbeit.

2) Die Begriffe Ergebnis und Leistungsergebnis werden in dieser Arbeit synonym verwendet.

3) E^T = Ergebnis tatsächlich; E^B = Ergebnis Bild.

Dabei können sich zwei verschiedene Betrachter vom gleichen Ergebnis (E^T) unterschiedliche Bilder (E^B) machen. In der weiteren Diskussion wird zwischen Bildern aus der Sicht des Individuums (z. B. Spartenmanager) und solchen aus der Sicht der Organisation unterschieden. Die Sicht des Individuums wird als subjektives Ergebnis (E_S), die der Organisation als "objektives" Ergebnis (E_O) bezeichnet (vgl. Abb. 14).

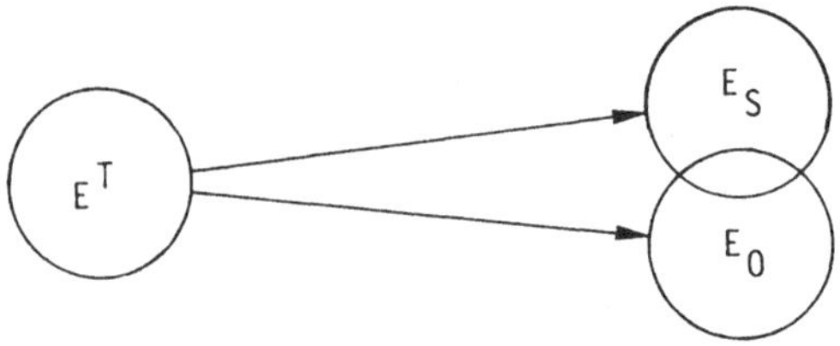

Abb. 14: Tatsächliches Ergebnis (E^T) aus der Sicht der Organisation und aus der Sicht des Individuums (es gilt $E_S \subset E^B$ und $E_O \subset E^B$)

Die Übereinstimmung von E_S und E_O kann durch die Qualität der Leistungsmessung, durch Verbesserung der Kommunikation in der Organisation und durch Schulung im Hinblick auf eine gemeinsame Begriffbildung für Mitglieder der Organisation erhöht werden.

Das von der Organisation gewünschte, aufgabenbezogene Leistungsergebnis wird als Ziel (Z) dem Individuum vorgegeben. Auch bei der Darstellung des tatsächlich gewünschten Ziels kann es zu unterschiedlichen Wahrnehmungen durch die Organisation (Z_O = "objektives" Ziel) und das Individuum (Z_S = subjektives Ziel) kommen.

Mithin steht die Organisation bei der Abbildung und Darstellung von Leistungsergebnissen (E) und Zielen (Z) vor dem Problem, Ergebnisse (E) richtig zu messen und Ziele (Z) richtig zu erläutern (vgl. Abb. 15).

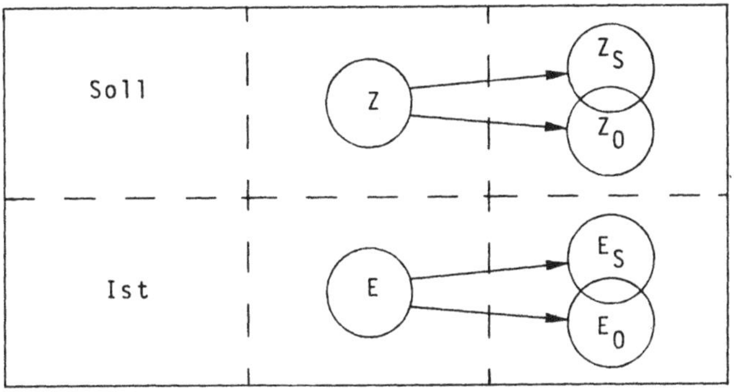

Abb. 15: Verschiedene Aspekte der Messung und Wahrnehmung von Leistungsergebnissen (E) und Zielen (Z)

Angestrebt wird die Übereinstimmung von Z mit E.

Das Leistungsergebnis (E) wird beeinflußt durch die Größen Rollenverständnis (R), Fähigkeiten (F) und Leistungsanstrengung (L). Einige Autoren vermuten eine multiplikative Verknüpfung dieser Größen[1)] (vgl. Gleichung 1):

---

1) Vgl. Porter - Lawler [Attitudes], S. 33; Lawler [Motivierung], S. 20; Vroom [Work], S. 203. "It follows from such a formula that, when ability has a low value, increments in motivation will result in smaller increases in performance than when ability has a high value. Furthermore, when motivation has a low value increments in ability will result in smaller increases in performance than when motivation has a high value."

(1) $E = R \times F \times L$

Darüber hinaus sind noch das individuelle Anspruchsniveau (A) des Individuums und die Höhe der Zielvorgabe durch die Unternehmung (Z_0) für die Leistungsanstrengung (L) und damit auch für das Leistungsergebnis (E) von großer Bedeutung. Dieser Aspekt der Leistungsbeeinflußung wird im Anschluß an die Darstellung des Motivationsmodells erörtert, um die Darstellung nicht unnötig zu komplizieren.[1)]

Besitzt ein Individuum nicht die notwendigen Kenntnisse und Fähigkeiten zur Aufgabenerfüllung oder versucht es die Aufgabe infolge falschen Rollenverständnisses (R) in unangemessener Weise zu erfüllen, so kann auch die größte Anstrengung zu keinem Leistungsergebnis führen. Die Rollenperzeption hängt u. a. von organisatorischen Maßnahmen der Strukturierung und Segmentierung des Entscheidungsvektors ab, mit dem der Manager konfrontiert wird.[2)] Die Fähigkeiten eines Mitarbeiters lassen sich nur langfristig durch Aus- und Weiterbildung oder Auswahl geeigneter Personen ändern.[3)] Die Bereitschaft des Individuums, sich zur Erzielung eines Ergebnisses einer Leistungsanstrengung[4)] (L) zu unterziehen, hängt ab

---

1) Vgl. S. 54 ff. dieser Arbeit.

2) Vgl. zur Auswirkung der Aufgabenstruktur auf die Rollenperzeption die klassische Untersuchung von Dearborn - DeWitt - Simon [Perception], S. 142 "... each executive will perceive those aspects of situation that relate specifically to the activities and goals of his department."

3) Vgl. zur Auswahl geeigneter Divisionsmanager Poensgen [Geschäftsbereichsorganisation], S. 125 ff.

4) Die Variable "Motivation" wird hier nicht verwendet. Porter und Lawler betonen, daß nach ihrer Ansicht "Motivation" (die Kombination des Wertes der Belohnung mit der wahrgenommenen Wahrscheinlichkeit für den Eintritt der Belohnung infolge von Anstrengung) stärker mit Maßen der Anstrengung (L) als mit Maßen des Leistungsergebnisses (E) korrelieren wird. Vgl. Porter - Lawler [Attitudes], S. 21 f.

- von der Erwartung, ob es das Ziel (Z_S) aus seiner Sicht erreichen kann, d. h. ob $Z_S = E_S$ sein wird,
- von der Erwartung, ob seine Leistung von der Organisation erkannt wird, d. h. ob $E_S = E_O$ sein wird,
- von der subjektiven Erwartung, ob eine Belohnung eintreten wird, und dem Wert, den das Individuum dieser Belohnung beimißt.

Vorstellungen über den Schwierigkeitsgrad einer gegebenen Aufgabe, die Qualität der Leistungsmessung in der Organisation und die Art der Belohnungen und ihre Eintrittswahrscheinlichkeit hat das Individuum aufgrund vergangener Erfahrungen mit ähnlichen Aufgabensituationen. Dieser Zusammenhang wird in der graphischen Darstellung des Modells durch Rückkopplungsbeziehungen (gestrichelte Linien) dargestellt.

Als Folge seiner Leistungsanstrengung (L) erwartet das Individuum ein subjektives Leistungsergebnis (E_S), dessen Eintrittswahrscheinlichkeit durch eine subjektive Erwartung (p_1) ausgedrückt wird.[1] Mit dem Leistungsergebnis (E) sind Belohnungen (B) verbunden, denen das Individuum gemäß seiner Präferenzordnung einen Nutzen oder Wert der Belohnung ($W = W(B)$) zuordnet. Im folgenden wird zwischen intrinsischen Belohnungen (IB) und extrinsischen Belohnungen (EB) unterschieden. So folgen aus dem subjektiven Leistungsergebnis (E_S) intrinsische Belohnungen[2] (IB); sie bezeichnen die Belohnungen, bei denen ein Individuum unmittelbaren Nutzen aus seiner Tätigkeit in Form persönlicher Befriedigung W(IB) bezieht.[3] House und Wahba[4] schlagen die Ein-

1) Vgl. dazu auch S. 70 dieser Arbeit. Für p_1 gilt $0 \leq p_1 \leq 1$.

2) S. a. Fußnote 1 auf S. 42 dieser Arbeit.

3) Es gilt W(IB) = IB, d. h. Wert der intrinsischen Belohnung und intrinsische Belohnung stellen eine Identität dar, weil unmittelbar mit dem auslösenden Ergebnis dem Individuum die intrinsische Belohnung in Form persönlicher, innerlicher Befriedigung zuteil wird.

4) House - Wahba [Expectancy], S. 13.

führung zweier Arten intrinsischer Belohnungen vor: rollenbezogene intrinsische Belohnungen (IB_R) und auf das Leistungsergebnis (E) bezogene intrinsische Belohnungen (IB_S).

Die Ausübung einer bestimmten Tätigkeit oder das Ausfüllen einer Rolle im Berufsleben kann bereits als unangenehm oder angenehm empfunden werden, ohne daß zunächst das Leistungsergebnis eingetreten ist. Stolz auf den eigenen Berufsstand oder der Grad des "Ego-Engagement" (ego involvement) sind Beispiele für IB_R. Diese Art der internen Belohnung kann auch einen Beitrag zur Befriedigung der Grundmotive, wie sie in den inhaltlich orientierten Verhaltensmodellen auftreten, leisten. So läßt sich durch die Ausstattung einer Stelle mit weitreichender Entscheidungskompetenz u. U. das Streben eines Individuums nach Autonomie befriedigen. Eine Verbindung zwischen prozeßorientierten und inhaltlich orientierten Ansätzen ist auf diese Weise möglich.

Intrinsische Belohnungen, die als Folge des Leistungsergebnisses (E_S) eintreten, werden als IB_S bezeichnet; als Beispiel sei "Stolz auf die vollbrachte Leistung" genannt. Allen intrinsischen Belohnungen ist gemein, daß sie unmittelbar mit dem sie hervorrufenden Ereignis eintreten.

Es läßt sich vermuten, daß von einem hohen Grad an Übereinstimmung zwischen subjektivem und "objektivem" Leistungsergebnis intrinsische Belohnungen ausgehen, da ein Individuum sicherlich positiv reagiert, wenn seine Leistung erkannt wird, unabhängig davon, ob ihm auch noch eine extrinsische Belohnung zuteil wird.

Die Qualität der Leistungsmessung bestimmt u. a. die Erwartungen des Individuums, daß die Organisation seine Leistung erkennt; diese subjektive Erwartung sei mit p_2[1] bezeichnet.

---

1) Es gilt $0 \leq p_2 \leq 1$.

Als Belohnung für ein "objektives" Leistungsergebnis (E_0) empfängt das Individuum extrinsische Belohnungen (EB). Diese Belohnungen erhält das Individuum von anderen Individuen bzw. durch die Organisation, wie z. B. Beförderung, Bezahlung oder Anerkennung durch Dritte. Ein "objektives" Leistungsergebnis (E_0) kann also eine Reihe von extrinsischen Belohnungen (EB_j) ($j = 1,...,n$) hervorrufen. Ob diesen Belohnungen ein Wert zugemessen wird, hängt von den subjektiven Nutzenvorstellungen ($W = W(EB)$) des Belohnungsempfängers ab.

Extrinsische Belohnungen folgen nicht stets auf ein gemessenes Leistungsergebnis. Es besteht lediglich eine subjektive Erwartung ($p_{3,j}$), daß ein Leistungsergebnis zur extrinsischen Belohnung (EB_j) führen könnte. Die Größe der subjektiven Erwartung läßt sich u. a. durch klar definierte Leistungsprämien positiv beeinflussen, d. h. die positive Rückkopplung wird verstärkt.

Die Variable "Wert der Belohnung" (W) gibt die subjektive Nutzeneinschätzung ($W = W(B)$) für die verschiedenen Belohnungsarten IB_R, IB_S und EB_j wieder.[1] So kann es vorkommen, daß bestimmte Arten von Belohnungen für ein Individuum keinen Nutzen haben, z. B. könnte eine Erhöhung der Bezüge eines Managers mit bereits sehr hohem Gehalt völlig ohne Wirkung bleiben, jedoch könnte die Aussicht auf einen Aufstieg in der Hierarchie des Unternehmens seinen Nutzenvorstellungen entsprechen. Jede Art der Belohnung (B) hat somit u. U. einen anderen Wert ($W = W(B)$).

Wie ein Individuum einzelne Belohnungen subjektiv bewertet, hängt davon ab, welche für seine Tätigkeit vergleichbaren Belohnungen (B_V) es kennt. Die Differenz zwischen dem Wert der ihm tatsächlich zugeteilten Belohnungen und dem Wert der aus seiner Sicht vergleichbaren Belohnungen ($W(B_V)$)

---

1) Für die Belohnung (B) gilt $B \varepsilon \{IB_S, IB_R, EB_j | j = 1,...,n\}$.

bestimmt seine Zufriedenheit (C), die über eine Rückkopplungsbeziehung wiederum den Wert der Belohnung, d. h. die Höhe der einzelnen $W(IB_R)$, $W(IB_S)$ und $W(EB_j)$ beeinflußt; diese beeinflussen ihrerseits die Leistungsanstrengung (L). Die Leistungsanstrengung hängt mithin ab von den Erwartungen (p): p_1, p_2, p_3, die auch als "Expectancy" bezeichnet werden, und vom Wert der Belohnungen $W(IB_R)$, $W(IB_S)$ und $W(EB_j)$, die auch als "Valences" bezeichnet werden. Formal lassen sich diese Zusammenhänge in der folgenden Weise darstellen:

(2) $$L = f(p \times W(B))$$

mit

(3) $$E = R \times F \times L$$ folgt:

(4) $$E = R \times F \times f(p \times W(B))$$

Das hier beschriebene Modell basiert auf einem Lernprozeß. Zum Zeitpunkt der Entscheidung über die einzusetzende Leistungsanstrengung legt das Individuum zur Beurteilung der einzelnen Modellvariablen die ihm aus ähnlichen, vergangenen Situationen bekannten Erfahrungswerte zugrunde. Im Anschluß an den Entscheidungsprozeß und nach Eintritt des Ergebnisses kann je nach Art des erreichten Ergebnisses eine neue Bewertung der Variablen erfolgen. Mathematisch läßt sich die Entscheidungssituation unter Berücksichtigung des Lernprozesses wie folgt beschreiben:

(5) $$E_t = R_{t-T} \times F_{t-T} \times f(p_{t-T} \times W_{t-T}(B_{t-T}))$$

Das Ergebnis (E_t) zum Zeitpunkt t der Entscheidung hängt ab vom Rollenverständnis, von den Fähigkeiten, den Erwartungen, der Bewertung der Belohnungen, den vergleichbaren Belohnungen und der Zufriedenheit[1)] vor dem Zeitpunkt t.

---

1) Vergleichbare Belohnungen und Zufriedenheit werden als intervenierende Variablen betrachtet.

Zu welchen Zeitpunkten t-T [1] vor dem Zeitpunkt t sich der Wert der einzelnen Variablen gebildet hat, soll hier nicht weiter betrachtet werden. Zur Vereinfachung der Darstellung werden im folgenden die Zeitindices t und t-T weggelassen, und es wird definiert, daß alle Variablen ihren Wert vor dem Zeitpunkt t angenommen haben.

Beschränken wir uns im folgenden auf die ausführliche formale Beschreibung der Leistungsanstrengung, so läßt sich L schreiben als: [2]

(6) $$L = W(IB_R) + p_1[W(IB_S) + p_2 \sum_{j=1}^{n} p_{3,j} W_j(EB_j)]$$

Will man die Leistungsanstrengung (L) in Bezug auf alle Tätigkeiten i(i = 1,...,m), die innerhalb einer gegebenen Stelle (Rolle) zu erfüllen sind, darstellen, so ließe sich dies durch Gleichung (7) ausdrücken:

(7) $$\bar{L} = \sum_{i=1}^{m} W_i(IB_{R,i}) + \sum_{i=1}^{m} p_{1,i}[W_i(IB_{S,i}) + p_{2,i} \sum_{j=1}^{n} p_{3,j,i} W_{j,i}(EB_{j,i})]$$

Hier bedeutet $\bar{L}$ die Leistungsanstrengung, die bezogen auf alle Teiltätigkeiten zur Erfüllung der Aufgabe eingesetzt wird.

Die Abb. 16 [3] dient zur anschaulichen Darstellung des Zusammenhangs der einzelnen Variablen und Einflußgrößen.

---

1) T sei irgendeine Zeitdauer. Korrekterweise müßte jeder Variable ein anderes T zugeordnet werden (z. B. T_R, T_F, $T_{Erwartung}$ etc.), da sich der Wert der einzelnen Variablen zu unterschiedlichen Zeitpunkten in der Vergangenheit herausgebildet haben kann. Auf diese Indizierung wird hier verzichtet, um das Modell noch übersichtlich zu gestalten.

2) Vgl. House - Wahba [Expectancy], S. 7. In Gleichung (7) wird implizit unterstellt, daß die einzelnen Rollenaspekte additiv zu IB_R beitragen. Es soll hier nicht weiter untersucht werden, ob eine solche Annahme gerechtfertigt ist, da diese Aussage auf die weitere Argumentation keinen Einfluß hat.

3) Vgl. S. 52 dieser Arbeit.

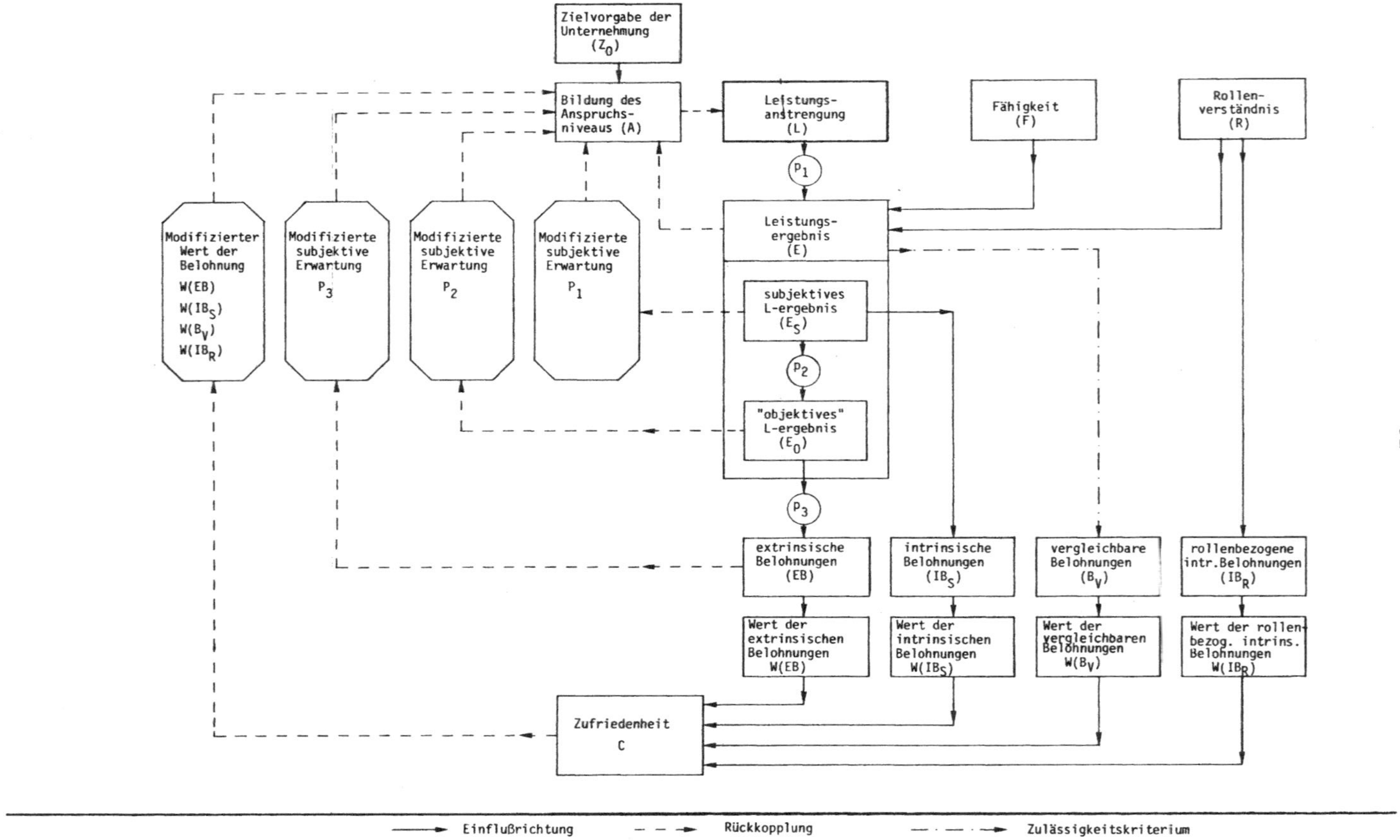

Abb. 16: Ein Motivationsmodell

This figure can also be viewed here: https://www.peterlang.com/app/uploads/2023/01/9783820469301_txt_pg_52.pdf

Zusätzlich wird in der Darstellung auf die Rolle von Zielvorgaben und individuellem Anspruchsniveau hingewiesen.[1)]

Aus dem Zusammenhang der Variablen und ihrem Einfluß auf den Leistungserfolg ergeben sich einige Implikationen für die organisatorische Gestaltung, die in der weiteren Diskussion betrachtet werden sollen.

2. Verhalten und Koordination

In diesem Abschnitt erfolgt eine Auseinandersetzung mit dem Zusammenhang von organisatorischen Gestaltungsmaßnahmen - wie z. B. Festlegung von Kompetenzen und Kommunikationsbeziehungen - und ihren möglichen Auswirkungen auf das Verhalten von Organisationsmitgliedern.

a) Kompetenzzuordnung

Vorgabe von Zielkomponenten

Die verhaltensbeeinflussende Wirkung von Zielvorgaben (Z_0) läßt sich darauf zurückführen, daß unterschiedlich geartete Aufgabenkomplexe und Anspruchsniveaus (A) unterschiedliche Stimuli[2)] erzeugen und so verschiedene Verhaltensweisen induzieren können.[3)]

Die Vorgabe eines Sachzieles unter Zuordnung entsprechender Feld- und Handlungskomponenten ist eine Methode, um in sich geschlossene Handlungskomplexe zu bilden, die dazu führen, daß der Stelleninhaber eine vollständige und in sich geschlossene Aufgabe erfüllen kann, die relativ geringe Interdependenz zu anderen Aufgaben aufweist. So können seine

---

1) Dieser Aspekt wird auf S. 53 ff. dieser Arbeit dargestellt.

2) Der Begriff des Stimulus ist Bestandteil der Stimulus-Response-Motivationstheorie. Zur Definition des Begriffs siehe Atkinson [Motivationsforschung], S. 248.

3) Vgl. Forehand - Haller [Variation], S. 11 f.

Bedürfnisse nach einem sinnvollen Arbeitsergebnis (unity of work, closeness) und selbständiger und unabhängiger Arbeitsausführung (autonomy) befriedigt werden.[1]

Im Rahmen des Motivationsmodells führt die Bildung geschlossener, nicht-interdependenter Aufgabenbereiche zu einer Steigerung der subjektiven Erwartung (p_2), daß Anstrengung (L) zu Leistungsergebnissen (E_0) führt, da Fremdeinflüsse weitgehend ausgeschaltet werden.

Ein weiterer Aspekt der Verhaltensbeeinflussung durch Sachzielvorgaben bezieht sich auf den Inhalt der Zielvorgabe. So scheint die Vorgabe eines Kostenbudgets eine andere Auswirkung auf die Leistungsanstrengung zu haben als die Vorgabe eines Gewinnbudgets.[2] Allerdings dürfte es schwierig sein, dieses Phänomen in einer empirischen Untersuchung zu isolieren, da bei einem solchen Versuch zwangsläufig unterschiedliche Vorgabeniveaus auftreten werden, die einen Vergleich der Vorgaben erschweren.

Die motivationale Wirkung der Formalzielvorgabe wird in der Budgetliteratur sehr breit diskutiert. Von zentraler Bedeutung ist dabei die Bestimmung der Vorgabehöhe.[3] Es besteht ein Zusammenhang zwischen

---

1) Vgl. zu den einzelnen Begriffen Hackman - Lawler [Reactions]. Diese Wirkung der Sachzielvorgabe ist ein in der Job-Enrichment-Literatur weitverbreiteter Vorschlag zur Verbesserung der Arbeitszufriedenheit und Leistungssteigerung von Arbeitern und Angestellten. Analoge Erklärungen werden für die motivierende Wirkung des Spartenkonzepts ins Feld geführt. Siehe dazu den folgenden Abschnitt B.

2) Vgl. zu einem solchen Hinweis Henderson - Dearden [System].

3) Vgl. zur Wirkung der Vorgabehöhe die zusammenfassende Darstellung verschiedener Laborstudien bei Charnes - Stedry [Goals].

- dem Anforderungsniveau der Ziele (Z_0),
- dem individuellen Anspruchsniveau (A) und damit verbunden der Leistungsanstrengung (L),
- der erreichten Leistung (E).[1]

Als intervenierende Variable wirken der Zeitpunkt der Bekanntgabe des Leistungsstandards[2] - d. h. vor oder nach Etablierung des individuellen Anforderungsniveaus[3] - und die subjektive Erwartung (p_1) über die Möglichkeit der Zielerreichung.[4] Der geschilderte Zusammenhang wird durch die Graphik in Abb. 17 wiedergegeben.

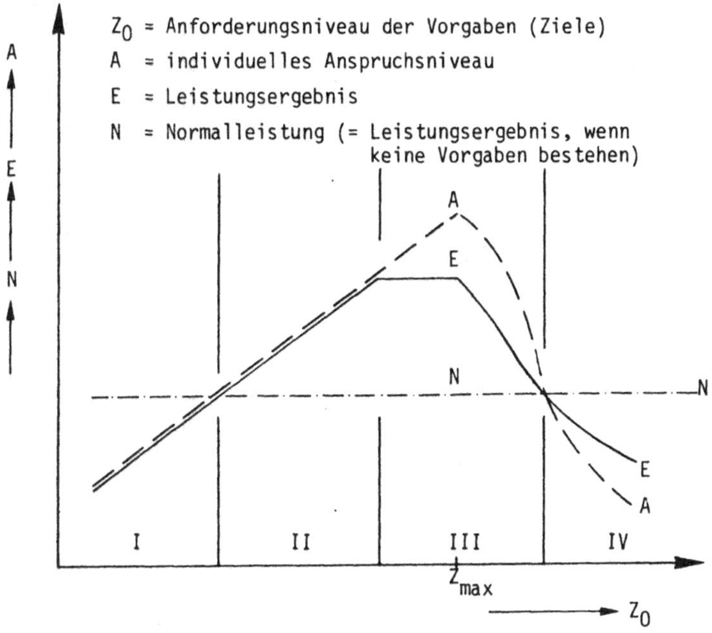

Abb. 17: Einfluß des Anforderungsniveaus von Vorgaben (Z_0) auf das individuelle Anspruchsniveau (A) und das Leistungsergebnis (E)[5]

---

1) Vgl. dazu Stedry [Budget];Stedry [Levels]; vgl. auch Meyer - Kay - French [Appraisal].
2) Dieser Einfluß wird in Abb. 17 nicht dargestellt.
3) Vgl. Hofstede [Game], S. 148 - 160.
4) p_1 ist also keine Konstante, sondern wird von einer Vielzahl von Größen beeinflußt, u. a. von der Höhe des vorgegebenen Anspruchsniveaus.
5) Vgl. Steiner [Phänomene], S. 17.

Auf der Abszisse wird die Höhe der Zielvorgabe (Z) abgetragen; auf der Ordinate werden die sich in Abhängigkeit von Z herausbildenden Variablen abgebildet: Anspruchsniveau (A) und Leistungsergebnis (E). Die Höhe der Normalleistung (N) wird nicht durch die Höhe der Zielvorgabe (Z) beeinflußt; daher ist N für alle Z konstant. Auf der Abszisse lassen sich vier Bereiche unterscheiden:

Bereich I: A und E liegen unterhalb der Normalleistung (N). Durch Vorgabe des Ziels (Z) steigen A und E parallel und proportional zu Z an.

Bereich II: Durch Vorgabe von Z läßt sich das Anspruchsniveau (A) über die Normalleistung (N) hinaus steigern. Gleichzeitig entwickelt sich das Leistungsergebnis (E) parallel zum Anspruchsniveau (A).

Bereich III: Durch weitere Steigerung der Zielvorgabe (Z) läßt sich das Anspruchsniveau (A) noch über das Leistungsvermögen des Individuums hinaus steigern; dies führt jedoch zu einem Auseinanderklaffen von A und E. Bei Überschreiten der Zielvorgabe (Z_{max}) läßt sich das Anspruchsniveau (A) des Individuums nicht mehr steigern. Leistungsvermögen bzw. -ergebnis (E) und Anspruchsniveau (A) klaffen zu weit auseinander. Das Individuum ist überfordert. Die überhöhte Zielvorgabe ($Z > Z_{max}$) führt zur Frustration. Das Anspruchsniveau fällt daher zurück und in noch stärkerem Maße das Leistungsergebnis.

Bereich IV: Werden die Ziele noch weiter erhöht, so hält das Individuum die Zielerreichung für völlig ausgeschlossen. Es kommt zur völligen Ablehnung der Vorgaben (Z). Anspruchsniveau (A) und Leistung (E) fallen noch unter die Normalleistung. Es kommt sogar zu einer Inversion von E und A.[1)]

Generell sollen Ziele so angesetzt werden, daß sie vom Mitarbeiter als erreichbar empfunden werden. Sie sollen jedoch nicht zu niedrig ausfallen, da sie sonst keine motivierende Wirkung entfalten.

Vorgabe von Handlungskomponenten

Die Gestaltung der Handlungskomponente in Form von detaillierten Handlungsvorschriften oder Programmen kann das Verhalten des Stelleninhabers durch Einengung des Entscheidungsspielraumes beeinflussen. Die negativen Auswirkungen von Routineaufgaben auf innovatives Verhalten - d. h. Bereitschaft zur Entwicklung neuer Alternativen - sowie auf die Leistungsanstrengung lassen sich auch auf das Ausmaß der Strukturierung der Handlungskomponente zurückführen. Infolgedessen müssen u. U. verfahrensorientierte Kontrollen durchgeführt werden, um die einzelnen Mitarbeiter zur Einhaltung der vorgeschriebenen Handlungsabläufe anzuhalten. Dabei können durch Ausführung der Kontrollen weitere negative Verhaltensauswirkungen eintreten, da sie als Einschränkung des Handlungsspielraumes wahrgenommen werden.[2)]

Vorgabe von Feldkomponenten

Eine verhaltensbeeinflussende Wirkung kann auch der Strukturierung der Feldkomponente zugeschrieben werden. Insbesondere wenn die Zuteilung von Ressourcen mit Hilfe von Verrechnungspreisen koordiniert wird, können die Regeln zur Handhabung des Verrechnungspreismechanismus vom betroffenen Stelleninhaber als starke Restriktionen der Entscheidungsfreiheit aufgefaßt werden. Darüber hinaus wird ein

---

1) Vgl. dazu Steiner [Phänomene], S. 17 ff.

2) Vgl. zur Verhaltensbeeinflussung durch Kontrollen Frese [Kontrolle], S. 77 ff.

Unsicherheitsmoment in die Entscheidungssituation eingeführt, da oft nicht von vornherein feststeht, ob und in welchem Umfang die Ressource genutzt werden kann und welche Kosten dabei entstehen; die Zielerreichung wird u. U. gefährdet. Das Unsicherheitsmoment kann eine Veränderung der subjektiven Erwartung (p_1) bewirken.

Die zuvor geschilderten Einflüsse der einzelnen Komponenten auf das Verhalten können nicht isoliert betrachtet werden. Vielmehr ist eine umfassende Sicht des Instrumentariums notwendig, um seine Gesamtwirkung erfassen zu können, da der Entscheidungsspielraum durch alle drei Komponenten beeinflußt wird, auch wenn diese in einem gewissen Rahmen unabhängig voneinander variierbar sind.[1)]

b) Kommunikation

Von der Kommunikationsform und dem Inhalt der Kommunikation können eigenständige Verhaltenswirkungen ausgehen. Dies sei an einigen Beispielen erläutert: Ein Beispiel für die Auswirkung der Kommunikationsform auf das Verhalten stellen die unterschiedlichen Folgen direkter persönlicher Kommunikation im Vergleich zu anonymer, schriftlicher Kommunikation dar, wie sie in Bezug auf Verrechnungspreisverhandlungen von Arvidsson untersucht wurden.[2)] Die Ergebnisse von Arvidsson lassen den Schluß zu, daß Verhandlungen zwischen anonymen Partnern mit geringerer Kompromißbereitschaft geführt werden.

Der Kommunikationsinhalt kann z. B. durch seinen Detaillierungsgrad den Handlungsspielraum des Informationsempfängers bestimmen; hierzu gehört u. a. die Übermittlung von Verrechnungspreisinformationen anstelle von detaillierten Vorschriften über das auszuführende Produktionsprogramm.

---

1) Vgl. Frese [Vergleich], S. 234.

2) Vgl. S. 191 dieser Arbeit.

Weniger detaillierte Informationen gewähren dem Entscheider einen größeren Handlungsspielraum. Dies kann u. U. zur Befriedigung von Autonomiewünschen beitragen.

B. Strukturmerkmale der Spartenorganisation

I. Begriff der Spartenorganisation

Als Spartenorganisation wird eine Organisationsstruktur bezeichnet, bei der auf der zweiten Hierarchieebene die Entscheidungskompetenzen nach Sachzielen gegliedert sind[1]; unter Zuordnung von Handlungs- und Feldkomponenten entstehen - bei konsequenter Verwirklichung des Spartenkonzeptes - auf der höchsten Gliederungsebene Handlungsbereiche, die alle für die Realisierung des Sachzieles notwendigen Entscheidungskompetenzen umfassen.[2] Als Sachziele können im allgemeinen Produkte, Produktgruppen, bestimmte Käuferschichten oder auch geographische Regionen und spezifische Märkte auftreten[3] (siehe Abb. 18). Einige Autoren empfehlen grundsätzlich eine Bevorzugung von Marktaspekten (divisionalizing around customer groups) gegenüber der Segmentierung nach technologisch ähnlichen Produktgruppen, weil es so am ehesten möglich sei, erfolgreich gegen Wettbewerber mit einer "single-purpose sales force" aufzutreten.[4] Die Gliederung nach dem Spartenprinzip wird auch als Objektzentralisierung bezeichnet, da die Aufgabenverteilung nach dem Objektprinzip erfolgt.[5] Sie darf nicht fälschlich als Dezentralisation bezeichnet werden, da lediglich einzelne Komponenten des Entscheidungsvektors "dezentralisiert" werden. Der Objektzentralisierung steht dabei

---

1) Vgl. Frese [Entscheidungen], S. 223.
2) Vgl. Frese [Entscheidungen].
3) Vgl. Grochla [Grundlagen], S. 11.
4) Vgl. Caswell [Divisionalization], S. 161 f.
5) Vgl. Grochla [Grundlagen], S. 11.

eine Dezentralisierung der Handlungs- und Feldkomponente gegenüber.[1] Die auf der obersten Gliederungsebene nach diesem Prinzip gebildeten organisatorischen Einheiten heißen Sparten.

Voraussetzung für die Einführung der Spartenstruktur ist ein Mindestmaß an Diversifikation[2], da sonst keine voneinander unabhängigen Sachziele vorgegeben werden können. Daneben wird von vielen Autoren auch eine gewisse Mindestgröße als Bedingung genannt, um unwirtschaftliche Stellenvermehrungen möglichst zu vermeiden.[3]

Die Charakteristika der Spartenstruktur werden häufig im Vergleich zur funktionalen Struktur diskutiert, da diese eine andere weitverbreitete Organisationsform darstellt.[4]

Eine Struktur wird als funktional bezeichnet, wenn der globale Entscheidungsvektor auf der obersten Gliederungsebene (d. h. der zweiten Hierarchieebene) nach dem Prinzip der Gleichartigkeit der Handlungskomponente segmentiert wird.[5] Es entstehen dabei Abteilungsgliederungen nach Funktionen wie Einkauf, Produktion, Absatz und Forschung (siehe Abb. 18). Man bezeichnet diese Struktur auch als Verrichtungszentralisation oder Verrichtungsgliederung.[6]

---

1) Vgl. zur Unterscheidung von Dezentralisierung und Spartenbildung Frese [Vergleich], S. 234 ff.

2) Vgl. Weber [Organisation], S. 598.

3) Vgl. zum Größenproblem Drucker [Neue Management-Praxis], S. 278 ff.

4) Häufig kommt die vergleichende Betrachtungsweise schon in der Überschrift der einzelnen Artikel zum Ausdruck. Vgl. Eisenführ [Entscheidung]; Walker - Lorsch [Choice]; Weber [Organisation]; vgl. auch Solomons [Performance], S. 5: "There are many different patterns of divisionalization within the broad definition already given, and the distinction between divisional and nondivisional, or functional, organizations may itself become quite blurred in some cases. However the nature of the distinction will be better understood if we look more closely at typical organizations in the two categories."

5) Vgl. Welge [Profit-Center], S. 22.

6) Vgl. Bleicher [Abteilungsgliederung].

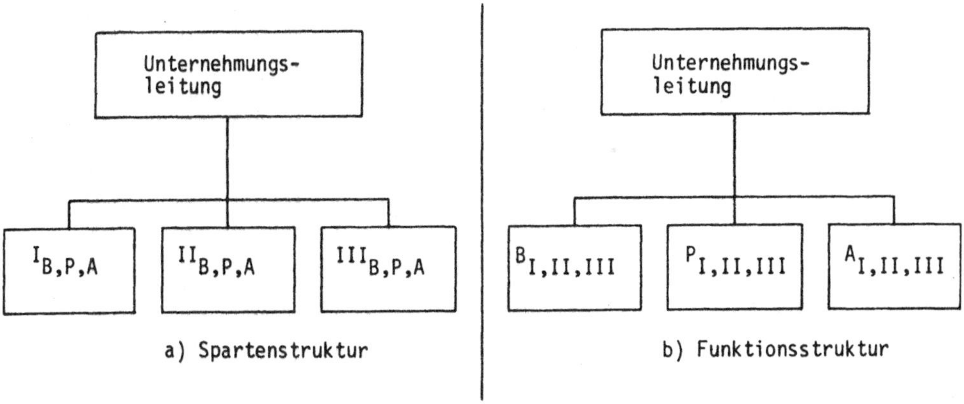

Abb. 18: Idealtypische Spartenstruktur (a) und Funktionsstruktur (b).
P = Produktion, B = Beschaffung, A = Absatz,
I, II, III = verschiedene Produkte

Neben dem Spartenbegriff werden häufig andere Begriffe wie Geschäftsbereich, Division, Produktbereich, Erfolgsbereich, Profit-Center oder Investment-Center synonym verwendet.[1]

Williamson prägte für diesen Strukturtyp den Namen M-Form (multidivision form)[2], während Drucker von föderalistischer Dezentralisation spricht.[3] Häufig wird der Begriff Sparte mit dem Begriff des Profit-Center gleichgesetzt oder es wird gefordert, daß grundsätzlich Gewinnverant-

---

1) Vgl. Eisenführ [Entscheidung], S. 725; Poensgen [Geschäftsbereichsorganisation], S. 19; Gälweiler [Divisionalisierung], S. 55 ff.

2) Williamson [Control], S. 109.

3) Drucker [Neue Management-Praxis], S. 267.

wortung[1] für eine organisatorische Einheit existiert, bevor sie der Definition des Spartenbegriffs entspräche. Dabei wird übersehen, daß die Strukturierung nach dem Spartenprinzip lediglich von der Sachzielkomponente ausgeht, Aussagen über das Formalziel jedoch nicht gemacht werden. Sofern keine Marktinterdependenzen vorliegen, erfüllt das Spartenprinzip allerdings in idealer Weise die Voraussetzungen, welche zur Anwendung des Profit-Center-Konzepts erfüllt sein sollten, da die Spartenstruktur in ihrer reinen Form keinerlei Ressourcenabhängigkeit aufweist und so eine verursachungsgerechte Aufwands- und Ertragszurechnung ermöglicht.[2] Dies dürfte der Grund für die häufig vorgenommene Gleichsetzung von Spartenkonzept und Profit-Center-Konzept sein.

Das Spartenkonzept wird häufig nicht in seiner reinen Form verwirklicht; man verzichtet aus verschiedenen Gründen auf die völlige Aufhebung von Markt- und/oder Ressourceninterdependenzen. Meist liegen diesem Vorgehen wirtschaftliche Überlegungen zugrunde; z. B. kann Ressourcentrennung dazu führen, daß Vorteile der Größendegression verlorengehen.

Eine aussagefähige Auseinandersetzung mit der Spartenorganisation muß daher Organisationsstrukturen einbeziehen, bei denen die Reinform der Spartenorganisation nicht verwirklicht werden sollte oder konnte. Drucker nennt eine solche Form <u>simulierte Dezentralisierung:</u>[3]

---

1) Vgl. zur Forderung nach Ergebnisverantwortlichkeit Drucker [Neue Management-Praxis], S. 267; vgl. auch Gälweiler [Divisionalisierung], S. 55 ff. Dieser Autor fordert zusätzlich, daß eine Sparte rechtlich nicht selbständig ist. Vgl. hierzu auch die Diskussion zur Auswirkung rechtlicher Selbständigkeit auf das Spartenkonzept bei Hartmann [Divisionsorganisation], S. 99.

2) Vgl. Frese [Sparten-Organisation], S. 17. Finanzielle Interdependenzen werden, soweit nicht ausdrücklich vermerkt, bei dieser Betrachtung vernachlässigt.

3) Drucker [Neue Management-Praxis], S. 285.

"Die simulierte Dezentralisation bildet strukturelle Einheiten, die keine richtigen Betriebe darstellen, aber dennoch aufgebaut sind, als ob sie es wären: mit einem Maximum an möglicher Autonomie, mit eigenem Management, so daß sie die Verantwortung für Gewinn und Verlust 'simulieren'. Sie kaufen und verkaufen untereinander mittels 'Transferpreisen', die in erster Linie intern festgelegt werden. Ihre 'Gewinne' ergeben sich aus der internen Verrechnung der Kosten, auf die z. B. eine Standardgebühr von etwa 20 % der Kosten aufgeschlagen wird."

Folgende Probleme bringt - nach Meinung von Drucker - die Verwirklichung dieser Struktur mit sich:[1)]

- unklare Abgrenzung des Erfolges einzelner Einheiten,
- mangelnde Klarheit der Kompetenzen,
- hohes Konfliktpotential.

Diese Schwierigkeiten sind modellimmanent; da sich die Ergebnisse der einzelnen Einheiten nicht allein aus der Marktleistung ergeben, erfolgt ihre Zurechnung durch mehr oder weniger willkürliche Entscheidungen. Ob allerdings die klare Regelung von Kompetenzen an der Verwendung von Verrechnungspreisen scheitert, muß bezweifelt werden.

Für die weitere Diskussion von Strukturen, bei denen das Spartenprinzip nicht in reiner Form vorliegt, sollen Falleinteilungen vorgenommen werden. Bezogen auf eine Sparte können Abstufungen unterschieden werden, die zwischen völliger Interdependenz und gänzlicher Aufhebung der Interdependenz zu anderen Sparten der Unternehmung variieren.

---

1) Drucker [Neue Management-Praxis], S. 285.

II. Koordination in Spartenorganisationen

1. Abwandlungen des Spartenkonzeptes

Für die Auseinandersetzungen mit der Koordinationsproblematik in Spartenorganisationen ist die Unterscheidung nach autonomen und teilautonomen[1] Sparten hilfreich, da das Spartenkonzept selten in Reinform verwirklicht wird.

Autonome Teilbereiche

Autonome Teilbereiche liegen vor, wenn zwischen den organisatorischen Einheiten keinerlei Interdependenzen bestehen. Die Erlös- und Kostenkomponenten der einzelnen Sparten der Unternehmung sind voneinander unabhängig; dies ist gleichbedeutend mit der Separabilität[2] der Zielfunktion und aller Restriktionen für die Gesamtunternehmung.

Für die Koordination in Bezug auf die Ziele der Unternehmungsleitung genügt vertikale Kommunikation. Der Inhalt der Kommunikation zwischen Geschäftsleitung (Zentrale) und Sparten kann auf Sach- und Formalzielvorgaben beschränkt werden. Horizontale Kommunikation zwischen den einzelnen Sparten ist nicht erforderlich. Konglomerate, deren Sparten in verschiedenen Industriezweigen operieren, erfüllen diese Bedingungen.

Teilautonome Bereiche

Bei Auftreten von Interdependenzen besteht die Wahl, ob die Zentrale sich weiter auf die vertikale Kommunikation beschränkt oder den Sparten direkte Kontakte, d. h. hori-

---

1) Die Bildung teilautonomer Sparten würde Drucker als simulierte Dezentralisation bezeichnen. Vgl. S. 62 f. dieser Arbeit.

2) Vgl. zu einer ähnlichen Definition absoluter Separabilität Zannetos [Theory]; Lüder [Steuerung], S. 317 f.

zontale Kommunikation, gestattet. In beiden Fällen ist eine Koordination über Zielkomponenten allein nicht mehr möglich. Der Kommunikationsinhalt muß um Feld- und Handlungskomponenten ergänzt werden. Teilautonome Bereiche lassen sich nach der Art der Interdependenz unterscheiden.

Als Beispiel für Marktinterdependenz wird hier der Erlösverbund gewählt. Er besteht, wenn der Preis für eine Endprodukteinheit der Sparte j nicht nur von der Endproduktmenge x_j, sondern auch von allen oder einigen Endproduktmengen anderer Sparten abhängt. Ressourceninterdependenzen können zum Beispiel als Kostenverbund im Bereich der variablen und der fixen Kosten auftreten. Hinsichtlich der variablen Kosten besteht ein Kostenverbund, wenn die variablen Kosten für eine Endprodukteinheit der Sparte j nicht nur von der Endproduktmenge x_j, sondern auch von allen oder einigen Endproduktmengen anderer Sparten abhängen. Eine analoge Definition gilt für den Fixkostenverbund; er kann zwischen Sparten entstehen, wenn Anlagen von verschiedenen Sparten gemeinsam genutzt werden. Darüber hinaus können Interdependenzen in der Form auftreten, daß eine Sparte einen Teil ihrer Produktion an eine andere Sparte liefert (sequentielle Interdependenzen). Auch hier sind die Sparten in ihrer Kosten- und Erlössituation nicht völlig unabhängig voneinander.

Zwischen diesen einzelnen Formen gibt es fließende Übergänge, je nach Ausmaß der Interdependenz und Kombination von Interdependenzen, bis hin zu völliger Interdependenz im Erlös- und Kostenbereich. In einem solchen Fall kann man auch nicht mehr von Teilautonomie sprechen, da alle Erfolgskomponenten einer Sparte von allen anderen Sparten mitbeeinflußt werden. Es kann vermutet werden, daß die Koordinationsanforderungen an die Unternehmungsleitung für die verschiedenen Interdependenzgrade, die mit entsprechenden Organisationsformen korrespondieren, mit steigender Interdependenz (vgl. Abb. 19) zunehmen.

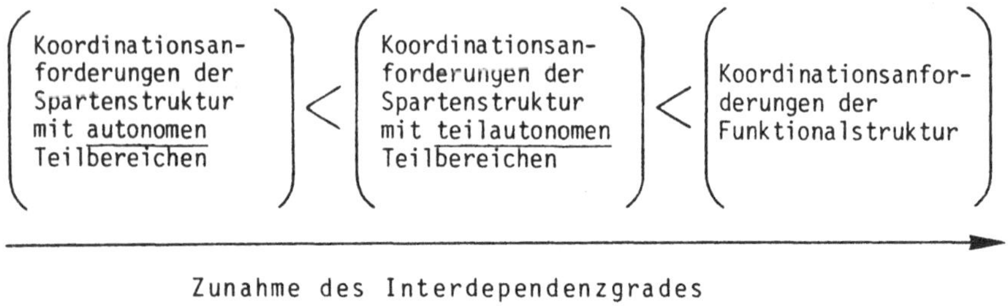

Abb. 19: Koordinationsanforderungen und Organisationsformen

Die Koordinationskonsequenzen dieser Strukturtypen sollen im Vergleich zueinander diskutiert werden. Die Untersuchung beschränkt sich dabei auf die Koordinationsaufgaben und das Verhalten der beiden oberen Hierarchieebenen, da diese das wesentliche Unterscheidungsmerkmal für die verschiedenen Organisationsformen darstellen.

2. Aufgaben und Verhalten der Mitglieder der ersten Hierarchieebene

Die Funktionalstruktur stellt wegen ihres hohen Interdependenzgrades erhebliche Koordinationsanforderungen an die Unternehmungsleitung. Den Teileinheiten kann kein Gewinnziel vorgegeben werden. Bereits Hasenack[1] hat ge-

1) Hasenack [Erfolgsspaltung], insbes. S. 283: "Man mag noch so viele Behelfsmittel wie Indexrechnung-, Plankostenaufstellung, Analyse von verbrauchs- und beschäftigungsbewirkten Abweichungen des Ist vom Soll, retrograde Aufwandserfassungsmethoden, Kontrollversuche usw. anwenden; das Ziel, in klarer und objektiver Weise die funktionalen 'Teilgewinne' mit im Ergebnis sinnvollen Meßgrößen herauszuspalten, ist nicht erreichbar. Es handelt sich um eine der betriebswirtschaftlichen 'Aporien' (= Weglosigkeit)."

zeigt, daß in diesem Fall weder über die Erfolgsspaltung noch über Verrechnungspreise eine Ermittlung des Funktionsgewinns möglich ist. Die Unternehmungsleitung muß daher Entscheidungsbefugnisse an die Teilbereiche delegieren, deren Ausübung nicht die Realisation des Gesamtziels garantiert. Will sie dennoch das Gesamtziel weitgehend erreichen, so muß sie erhebliche interfunktionale Koordinationsaufgaben wahrnehmen, da nur bei ihr alle dazu notwendigen Informationen zusammenkommen.[1] Da wegen der nicht konsistenten Unterzielvorgaben Interessenkonflikte zwischen den Funktionsbereichsleitern unvermeidlich sind, wird sich die Unternehmungsleitung häufig mit Aufgaben der Konfliktschlichtung befassen müssen.[2] Ob allerdings die funktionale Struktur stets konfliktträchtiger ist als die Spartenstruktur, läßt sich nicht generell klären. Zumindest stellen in Mischformen der Spartenstruktur Verrechnungspreise u. U. eine Konfliktquelle dar, die den Konflikten in der Funktionalstruktur nicht nachsteht.

Bei Vorliegen der Funktionalstruktur wird die oberste Hierarchieebene mit umfangreichen operativen Entscheidungsaufgaben belastet. Mit wachsender Unternehmungsgröße und zunehmendem Diversifikationsgrad kann es zu einer quantitativen und qualitativen Überlastung der Entscheidungskapazität der Zentrale kommen. In einer dynamischen Umwelt führt dies dazu, daß wichtige Entscheidungen falsch ausfallen oder zu spät getroffen werden. Die Anforderungen der Umwelt übersteigen die

---

1) Vgl. zur Suboptimierung bei partieller Komplementarität zwischen Ober- und Unterzielen Heinen [Zielsystem], S. 136 f.

2) Vgl. zum höheren Konfliktpotential der funktionalen Struktur Welge [Profit-Center], S. 48 ff.

Reaktionsfähigkeit des zentralen Entscheidungsorgans[1], die Anpassungsfähigkeit ist somit zu gering.

Der Übergang zur Spartenstruktur erlaubt eine Entlastung der obersten Führungsebene, indem relativ autonome Teilbereiche nach dem Prinzip des "self-containment"[2] gebildet werden. Es kommt zu einer Aufgabenteilung zwischen den beiden obersten Ebenen, bei der die Spartenleiter sich auf die operative Planung konzentrieren[3], während sich die Unternehmungsleitung der strategischen Planung zuwenden kann.[4] Die Infor-

---

1) Vgl. Hartmann [Divisionsorganisation], S. 81. Hartmann nennt die vier Variablen: (1) Unternehmensgröße, (2) Grad der Heterogenität des Produktionsprogrammes, (3) Dynamik der Umweltsituation und (4) Fehlen eines dominierenden Produktionsverbundes, die nach Erreichen einer gewissen Größe dazu führen, daß es für ein Unternehmen sinnvoll wird, "die Koordination des quantitativ größten Teils der Anpassungsaktivitäten auf eine hierarchische Ebene unterhalb der zentralen Leitung zu verlagern und prinzipiell auf eine denkbare ständige Koordination höherer Ordnung oder umfassender Art zu verzichten."

2) Vgl. zum Begriff des "self-containment" March - Simon [Organizations], S. 28. "A unit is self-contained to the extent and degree that the conditions for carrying out it's activities are independent of what is done in other organization units." Vgl. auch Morris [Decentralization], S. 44 ff.

3) Vgl. zum Begriff der operativen Planung Ansoff [Strategy], S. 5. Ansoff unterscheidet strategische, operative und administrative Planung. Vgl. auch Williamson [Control], S. 120 ff.

4) Vgl. zu dieser Art der Aufgabentrennung Williamson [Control], S. 120 ff.; vgl. zur Kritik hieran Frese [Entscheidungen], S. 229, der diese Art der Aufgabentrennung nicht unbedingt für eine spezifische Eigenschaft der Spartenorganisation hält.

mationsbelastung und die Koordinationsaufgaben der obersten Ebene werden reduziert.[1]

Mit dieser Aufgabenteilung tritt auch eine Differenzierung der zeitlichen Orientierung der beiden Führungsebenen ein. Während die zweite Ebene infolge der Vorgabe von jährlichen Gewinnzielen zu einer kurzfristigen Zeitorientierung tendiert, sieht die erste Ebene ihre Aufgaben unter einem langfristigen Zeitaspekt. Manche Autoren sehen in dieser unterschiedlichen Zeitorientierung das Hauptproblem der Spartenstruktur.[2]

3. Aufgaben und Verhalten der Mitglieder der zweiten Hierarchieebene

Es wird behauptet, daß die Spartenorganisation die Leistungsmotivation, die Ausrichtung auf die Unternehmungsziele (Zielkongruenz) und die Innovationsneigung der Manager der zweiten Ebene günstig beeinflusse. Die motivationsfördernde Wirkung der Spartenbildung führe gegenüber anderen Strukturen zu einem im Sinne des Unternehmungsziels verbesserten Verhalten dieser Manager. Mit Hilfe des zuvor dargestellten Motivationsmodells[3] soll überprüft werden, ob die Vermutungen über die positive Verhaltenswirkung der Spartenstruktur plausibel sind.

---

1) Vgl. Gälweiler [Divisionalisierung], S. 55 ff. Gälweiler nennt die intensive Verwicklung der Zentrale mit dem operativen Tagesgeschäft als einen der Gründe für mangelnde Anpassungsfähigkeit der Unternehmung an rasch wechselnde Situationen. Vgl. zur starken Belastung der Unternehmungsspitze bei funktionaler Gliederung auch Weber [Organisation], S. 595.

2) Vgl. dazu Poensgen [Geschäftsbereichsorganisation], S. 398 ff.; Poensgen bringt dies schon in der Überschrift des 12. Kapitels zum Ausdruck: "Kurze Sicht und lange Frist - Zentralproblem der Geschäftsbereichsstruktur."

3) Vgl. Kapitel A II im zweiten Teil dieser Arbeit.

a) Bedeutung der Leistungsanstrengung

Die Arbeitsintensität eines Spartenmanagers und die Anstrengungen, die er zur Durchsetzung von Entscheidungen sowie ihrer Realisation unternimmt, können nicht als feste gegebene Größen aufgefaßt werden. Vielmehr hängt die Leistungsanstrengung von den im Motivationsmodell genannten Variablen ab. Die Aufgabe des Spartenmanagers besteht nicht nur darin "zu entscheiden", d. h. zwischen gegebenen Alternativen zu wählen, er muß vielmehr Anstrengungen unternehmen, neue Alternativen zu suchen und diese auch in Realisationsergebnisse umsetzen. Die Anstrengungen, die innerhalb gegebener Alternativen unternommen werden, und die Neigung des Spartenmanagers zu Innovationen haben entscheidenden Einfluß auf den ökonomischen Erfolg einer Sparte.

b) Erwartungswerte und Spartenstruktur

Erwartung (p_1)

Wenn sich die Gliederung in Sparten mit der Produktions- und Vertriebsstruktur deckt, kann jeder Sparte eindeutig ein Spartengewinn zugerechnet werden, da nur geringe oder keine Interdependenzen zu anderen Bereichen der Unternehmung bestehen. In dieser Situation wird p_1 relativ groß, da der Spartenleiter seinen eigenen Leistungsbeitrag subjektiv genauer abgrenzen kann.

Erwartung (p_2)

Für die Gestaltung von Verrechnungspreissystemen bei Mischformen der Spartenstruktur hat die Unterscheidung von subjektiven und "objektiven" Leistungsergebnissen besondere Bedeutung. Wenn keine oder nur wenige Interdependenzen zu anderen Bereichen bestehen, wird auch die Erwartung (p_2), daß die Organisation ein erzieltes Leistungsergebnis erkennt, positiv beeinflußt; hierdurch verbessert sich die

Rückkopplungsbeziehung zwischen Leistungsergebnis und subjektiver Erwartung (p_2). Neben der korrekten Abgrenzung zu anderen Bereichen ist auch die Qualität der Leistungsmessung von Bedeutung. Wird das gewünschte Leistungsergebnis (Zielvorgabe) (Z) durch Meß- und Beurteilungsverfahren nicht ausreichend beschrieben, so besteht die Gefahr, daß der beurteilte Stelleninhaber sich nur auf die Erfüllung der auf seine Stelle angewandten Leistungsmaßstäbe konzentriert; Zielvorgabe (Z_0) und gemessenes Leistungsergebnis (E_0) fallen auseinander.[1)]

Die Abrechnung von Zwischenleistungen, die nicht zu einem "leistungsproportionalen" Gewinnausweis führen, und ein hoher Anteil nicht beeinflußbarer Kostenelemente in der Erfolgsrechnung einer Sparte können zu einer Dissonanz zwischen dem subjektiven Leistungsergebnis (E_S) und dem tatsächlich von der Organisation erkannten Leistungsergebnis (E_0) führen; als Folge sinkt die subjektive Erwartung (p_2). In den Erfolgsausweis für eine Sparte sollten daher keine Elemente aufgenommen werden, die vom Spartenleiter nicht beeinflußbar sind. Dies entspricht der bekannten Forderung, daß sich Kompetenzen und Verantwortung decken sollten. Gleichzeitig sollte der Gewinnausweis "proportional" zu den Leistungen des Spartenleiters verlaufen. Erfolgreiche Kosteneinsparungen, die Realisation verbesserter Erlöschancen oder die Bewältigung eines höheren Produktionsvolumens sollten sich positiv bemerkbar machen. Dies könnte durch die Wahl eines entsprechenden Verrechnungspreissystems, aber auch durch die Beurteilung auf der Basis des Vergleichs von Plan- und Ist-Budgets sowie durch die Ergänzung qualitativer Kriterien erfolgen. Keine der Möglichkeiten sollte isoliert betrachtet werden.

---

1) Vgl. zu dieser Problematik auch S. 115 dieser Arbeit.

Belohnungserwartung (p_3)

Die subjektive Einschätzung des Spartenleiters, daß "objektive" Leistungsergebnisse (E_0) zu extrinsischen Belohnungen (EB_j) führen, wird durch die Belohnungserwartung ($p_{3,j}$) beschrieben; sie läßt sich durch Gestaltung des Anreizsystems positiv beeinflussen. Die Wirkung des Anreizsystems hängt ab von der Art der Belohnungen (EB_j) - Gehalt[1], Beförderung etc. -, von den Bedingungen, unter denen diese Belohnungen gewährt werden, und von der Kenntnis und Eindeutigkeit der Bedingungen. Diese drei Faktoren haben Einfluß auf die subjektive Belohnungserwartung (p_3), sie sind jedoch unabhängig von der Organisationsform.

c) Wert der Belohnungen und Spartenstruktur

Rollenspezifische, intrinsische Belohnung (IB_R)

Der reinen Spartenstruktur wird ein positiver Einfluß auf die mit der Rollenperzeption verbundene intrinsische Valenz ($W(IB_R)$) zugeschrieben. Durch Übertragung weitreichender Kompetenzen und die Möglichkeit, alle relevanten Gewinnkomponenten zu beeinflussen, wird der Spartenleiter quasi in die Lage eines selbständigen Unternehmers versetzt.[2]

Insbesondere höhere Grundmotive wie das Streben nach Autonomie und Selbstverwirklichung könnten so befriedigt werden. Allerdings existieren keine empirischen Studien, welche eindeutig nachweisen, daß solche Bedürfnisse auf diesen Hierarchieebenen von großer Bedeutung sind, noch Studien, die zeigen, ob die Spartenstruktur eher zur Befriedigung dieser Bedürfnisse beiträgt als die Funktionalstruktur.[3] Unterstellt man einmal ein besonderes Gewicht

---

1) Vgl. Lawler [Pay], S. 278.

2) Vgl. zur Analogie zum freien Unternehmer Drucker [Praxis], S. 171.

3) Vgl. dazu auch die Diskussion des Autonomiemotivs bei Frese [Sparten-Organisation], S. 77 f.

des Autonomiemotivs, so muß dies bei der Gestaltung von Entscheidungskompetenzen mittels Strukturierung des Entscheidungsvektors berücksichtigt werden. Beispielsweise kann ein Verrechnungspreissystem, das vom Spartenleiter nur die Befolgung genau festgelegter und eng eingegrenzter Regeln verlangt und ihm keinen freien Entscheidungsspielraum mehr überläßt, u. U. mit dem Autonomiestreben eines Spartenleiters unvereinbar sein.

Ergebnisgebundene, intrinsische Belohnung (IB_S)

Bei der Untersuchung der intrinsischen Valenz ($W(IB_S)$) stellt sich die Frage, ob sie von der Art des Leistungserfolges beeinflußt wird: bewirkt die Zielsetzung "Gewinn maximieren" eine bessere intrinsische Belohnung als die Zielsetzung "Kosten minimieren" oder "Budgetvarianz minimieren"? Der Vorteil der Zielsetzung "Gewinn maximieren" liegt darin, daß bei einer reinen Spartengliederung der Spartenleiter unmittelbar seinen Beitrag zum Gesamtgewinn feststellen kann. Von dieser Art der Rückkopplung scheinen positive Motivationswirkungen auszugehen.[1)]

Extrinsische Belohnungen (EB_j)

Zwei Arten extrinsischer Belohnungen, die Gewinntantieme und die Anerkennung durch andere Spartenleiter, scheinen auf die Spartenstruktur beschränkt zu sein. Nur die Spartenstruktur in ihrer Reinform erlaubt eine eindeutige Gewinnzurechnung. Die Belohnung in Form der Gewinntantieme führt zu einer sehr engen Verknüpfung der Ziele des Spartenmanagers mit den Zielen der Gesamtunternehmung. Auf diese Weise wird ein hoher Grad von Zielkongruenz erreicht. Die Stellung und das Image im Kreis der Spartenkollegen spielt in Spartenorganisationen eine besondere Rolle. Da die Aufgaben der Mitglieder der zweiten Führungsebene ähn-

1) Vgl. hierzu die Diskussion bei Newmann - Summer - Warren [Process], S. 76.

lich sind, liegt es nahe, die Leistungen der einzelnen Manager unmittelbar zu vergleichen. Die Funktionalform erlaubt einen solchen unmittelbaren Vergleich, z. B. zwischen Produktions- und Vertriebschef, nicht. Zumindest gibt die aus verschiedenen nach dem Spartenprinzip organisierten Unternehmungen bekannte hausinterne "Bundesliga" einen Hinweis auf eine solche spartenspezifische extrinsische Belohnung.

d) Innovationsneigung

"Innovationen beruhen auf Veränderungen im Entscheidungsfeld oder auf einer veränderten Wahrnehmung seiner Elemente."[1] Die Berücksichtigung von Innovationen in Entscheidungsprozessen der Unternehmung bedeutet, daß die einzelnen Entscheidungsträger nicht mehr mit einer gegebenen Anzahl von Alternativen konfrontiert sind, zwischen denen eine optimale Wahl zu treffen ist, sondern es müssen auch die Prozesse berücksichtigt werden, die zur Gewinnung neuer Entscheidungsalternativen (Innovationen) führen. Für die Gestaltung dezentraler Entscheidungsmodalitäten stellen sich folgende Fragen:

- Wie können dezentrale Entscheider zu Suchaktivitäten veranlaßt werden (Motivationsaspekt)?
- Wie können Innovationen im Hinblick auf ihren Beitrag zum Gesamtziel der Unternehmung bewertet werden?

Als Auslöser für Suchprozesse wird nach dem zuvor beschriebenen Motivationsmodell eine erhöhte Unzufriedenheit des Individuums vermutet, die aus der negativen Differenz von "wahrgenommenen, vergleichbaren Belohnungen" zu "erhaltenen Belohnungen" resultiert.[2] Die Generierung neuer Alter-

1) Frese [Struktur], S. 216.

2) Vgl. March - Simon [Organizations], S. 25. Eine kurze zusammenfassende Darstellung der explanatorischen Funktion des Motivationsmodells für das Innovationsverhalten findet sich bei Welge [Profit-Center], S. 210 ff.

nativen dient zur Reduktion der Unzufriedenheit. Um also dezentrale Entscheidungsträger zu innovativem Verhalten zu veranlassen, muß über das Anreizsystem ihre Zufriedenheit bzw. Unzufriedenheit mit dem Belohnungswert neuer Alternativen verbunden werden. Beispielsweise findet im Fall des alleinentscheidenden Unternehmermanagers diese Bindung der Zufriedenheit an die positiven Auswirkungen neuer Alternativen über den ihm allein zufallenden Gewinnzuwachs (Residuum) bzw. über die Sicherung der Weiterexistenz seiner Unternehmung statt. Spartenleiter können nur in begrenztem Umfang in die Rolle des Residuumverwalters versetzt werden, da ihnen - z. B. über die Tantieme - nur Prozentanteile des Gewinns zufließen. Darüber hinaus beansprucht die Realisation neuer Geschäftsalternativen häufiger längere Zeit, so daß sich der Erfolg solcher Bemühungen nicht sofort in der jährlichen Gewinn- und Verlustrechnung niederschlägt. Innovationsaktivitäten dezentraler Entscheidungsträger lassen sich also nicht unmittelbar bewerten. Unter diesen Umständen läßt sich nicht sagen, ob die Spartenstruktur zur Verbesserung der Innovationsneigung beiträgt.

III. Effizienz der Spartenorganisation

Die Effizienz einer Organisationsstruktur dient als Entscheidungskriterium zur Wahl zwischen alternativen Strukturformen. Eine Struktur S_1 ist effizienter als eine Struktur S_2, wenn bei gegebenem Mitteleinsatz und gleichen Randbedingungen (Situationsbedingungen) das Realisationsergebnis von S_1 besser ausfällt als das von S_2 bzw. wenn bei gleichem Realisationsergebnis und gegebenen Randbedingungen der Mitteleinsatz bei S_1 geringer ist als bei S_2. Eine solche Effizienzdefinition erweist sich aber beim Vergleich verschiedener Organisationsstrukturen als nicht operational, da

- Randbedingungen, Mitteleinsatz und Realisationsergebnis nur zum Teil quantifizierbar sind,

- die Beziehungen zwischen Randbedingungen, Mitteleinsatz und Realisationsergebnis nur unzureichend bekannt sind, so daß bei Veränderung der Randbedingungen im Zeitablauf bzw. bei einer Variation des Mitteleinsatzes keine Prognose über das geänderte Realisationsergebnis möglich ist.

Um dennoch Strukturentscheidungen treffen zu können, müssen anstelle der hier angeführten Effizienzdefinitionen Ersatzkriterien herangezogen werden. Sie erfüllen bei der Auswahl verschiedener Strukturen lediglich eine heuristische Funktion, da sich wegen der genannten Schwierigkeiten bei der Operationalisierung des Effizienzkriteriums nicht schlüssig nachweisen läßt, wie gut oder schlecht die Ersaztkriterien das ursprüngliche Problem abbilden.[1)]

Frese nennt folgende Ersatzkriterien[2)] (s. a. Abb. 20):

"1. Nutzung vorhandener Ressourcen
Dieses Kriterium orientiert sich an den Beziehungen zwischen Kompetenzabgrenzung und Ressourcentrennung. Es gilt zu prüfen, ob die in einer Unternehmung vorhandenen Ressourcen ökonomisch sinnvoll genutzt werden.

2. Berücksichtigung von Marktinterdependenzen
Dieses Kriterium orientiert sich an dem Tatbestand, daß die Kompetenzfestlegung unter Umständen Marktinterdependenzen zwischen den betrachteten Teilsystemen verursacht. Zu untersuchen ist die Frage,

1) Vgl. zu dem Versuch, solche Ersatzkriterien empirisch zu begründen, die Studie von Mahoney - Weitzel [Management-Modelle].

2) Frese [Sparten-Organisation], S. 26 f.

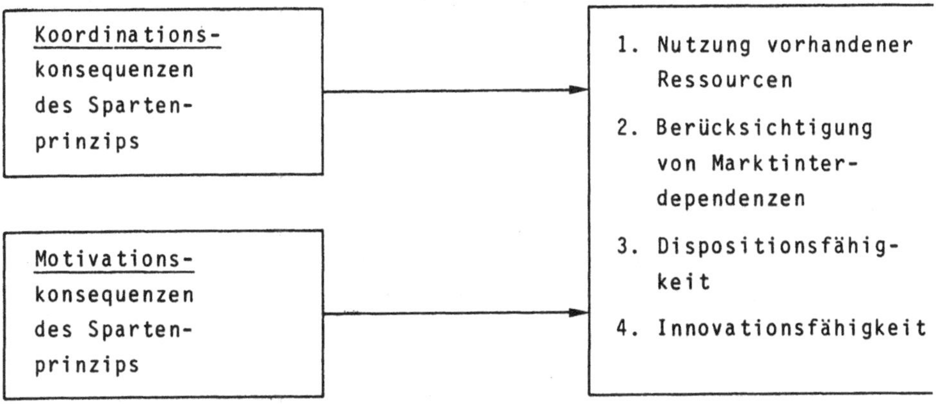

Abb. 20: Effizienzkriterien[1)]

ob bei marktbezogenen Entscheidungen in den verschiedenen organisatorischen Teilbereichen die Auswirkungen für Teilbereiche berücksichtigt werden.

3. Dispositionsfähigkeit
   Unter 'Disposition' soll hier die Reaktion auf ein Ereignis in Form von Entscheidungen im Rahmen des bestehenden Produktions- und Absatzprogramms verstanden werden. Dabei kommt insbesondere dem Zeitaspekt große Bedeutung zu. Bei der Beurteilung der Dispositionsfähigkeit steht das Problem im Mittelpunkt, ob die Organisationsstruktur eine rechtzeitige Anpassung an quantitative Änderungen der Marktsituation im Rahmen des gegebenen Leistungsprogramms gewährleistet.

4. Innovationsfähigkeit
   Unter dem Innovationsaspekt ist zu prüfen, ob die Organisationsstruktur eine rechtzei-

1) Vgl. Frese [Sparten-Organisation], S. 87.

> tige Anpassung an Umschichtungen im Markt durch tiefgreifende Änderungen des Leistungsprogramms, vor allem in Form von Produktinnovationen, sicherstellt. Solche weitreichenden Änderungen treten in Organisationen gewöhnlich nur sporadisch auf. Das ist vor allem auf die Tatsache zurückzuführen, daß die Entwicklung von Innovationen in der Regel beachtliche Zeit in Anspruch nimmt und eine zu hohe Änderungsrate die Stabilität des Systems gefährdet."

Die Beurteilung der Effizienz der Spartenstruktur an Hand obiger Kriterien erfolgt im Vergleich zur idealtypischen Struktur der Funktionalform.

1. Nutzung vorhandener Ressourcen

Die Gliederung nach dem Spartenprinzip beeinflußt wesentlich die Nutzung zweier Ressourcenarten:

a) technische Ressourcen (Anlagen, Maschinen),

b) Personalressourcen (z. B. Management).

a) Technische Ressourcen

Bei Verwirklichung des reinen Prinzips der Spartengliederung führen zwei Effekte im Vergleich zur funktionalen Gliederung zu einer schlechteren Ressourcennutzung:

i. begrenzte Teilbarkeit der Ressourcen,

ii. Verzicht auf die Nutzung der Vorteile der Größendegression.

Aus diesen Gründen wird häufig eine Mindestunternehmungsgröße als Voraussetzung für den Übergang von der funktionalen zur Spartenstruktur genannt.[1] Kann die Mindestgröße auch nicht genau und allgemeingültig spezifiziert werden, so ist zumindest sichergestellt, daß sich mit zunehmender Unternehmungsgröße die nachteilige Wirkung der beiden Effekte verringert. Die begrenzte Teilbarkeit der Ressourcen führt bei der Produktgliederung u. U. zu Leerkapazitäten. Organisatorische Regelungen, die eine flexible Nutzung dieser Ressourcen trotz Spartengliederung sichern, müssen eingeführt werden. Sollen die Vorteile der Größendegression erhalten bleiben, so kommt es häufig zu ressourcenbedingten Modifizierungen des Spartenkonzepts.[2] An die Stelle der produktbezogenen Aufteilung einer Funktion tritt ihre organisatorische Zuordnung zu einem Produktbereich und ein anschließender innerbetrieblicher Leistungsaustausch mit den übrigen betroffenen Produktbereichen. Verrechnungspreise müssen zur Bewertung des Leistungsflusses eingeführt werden.

b) Personalressourcen

Eisenführ hat auf die mit der Divisionalisierung verbundene Stellenvermehrung hingewiesen[3]; sie wird seiner Ansicht nach allerdings begrenzt durch:

- bereits vorhandene Produktorientierung auf unteren Ebenen der Funktionalstruktur,
- Vorhandensein identischer Stellen,
- Verschmelzung verwandter Funktionen in einer Person.

Es läßt sich also nicht allgemeingültig behaupten, daß die Divisionalisierung stets zu höheren Personalkosten führt.

---

1) Vgl. hierzu Hartmann [Divisionsorganisation], S. 81.

2) Vgl. zu ressourcenbedingten Mischformen des Spartenkonzepts Frese [Sparten-Organisation], S. 41.

3) Vgl. Eisenführ [Entscheidung], S. 727 f.

In bezug auf die Nutzung des Managementpotentials der zweiten Hierarchieebene stellt sich bei der Divisionalisierung ein Verlust des Spezialisierungsvorteils ein. Dieser Verlust wirkt sich aber umso geringer aus, je diversifizierter das Produktionsprogramm ist.[1] Eine grundsätzliche Überlegenheit der Funktionsstruktur besteht hier nur unter bestimmten Randbedingungen (z. B. homogenes Produktionsprogramm).

Einen weiteren wichtigen Aspekt der Nutzung des Managementpotentials stellt die Aufgabenorientierung der Manager der obersten Gliederungsebene dar. "Die Gliederung nach Produkten kann zu einer Aufgabenorientierung der Organisationsmitglieder führen, die erwünschtere Ergebnisse hervorbringt als die Funktionsgliederung."[2] Unter der Aufgabenorientierung können folgende Variablen zusammengefaßt werden: Problemorientierung, Zielorientierung, Zeitorientierung und aktuelle Leistungsmotivation.[3]

2. Berücksichtigung von Marktinterdependenzen

Bei reiner Produktgliederung lassen sich Marktinterdependenzen selten vermeiden. In dieser Beziehung scheint eine Funktionalstruktur, in der eine Absatzabteilung alle Marktaktivitäten koordiniert, die überlegenere Organisationsform zu sein. Allerdings müßte zu einer Beurteilung dieses Vorganges gleichzeitig der Diversifikationsgrad des Absatzprogramms berücksichtigt werden. Mit steigendem Diversifikationsgrad nehmen Marktinterdependenzen i. a. ab, außer-

---

1) Vgl. hierzu Frese [Sparten-Organisation], S. 89; Eisenführ [Entscheidung], S. 729: "Je unterschiedlicher jedoch die Produkte eines diversifizierten Unternehmens in bezug auf Technologie und Markt sind, desto heterogener ist die Aufgabe des Funktionsspezialisten."

2) Eisenführ [Entscheidung], S. 730.

3) Vgl. dazu Lorsch [Innovation], S. 12; Eisenführ [Entscheidung], S. 730.

dem dürfte ein hoher Diversifikationsgrad die Entscheidungskapazität einer einzigen Absatzabteilung überfordern.

Sollen Marktinterdependenzen zwischen den Sparten einer Unternehmung berücksichtigt werden, so sind zusätzlich Koordinationsanstrengungen erforderlich. Voraussetzung hierfür sind Kenntnisse über:

- die quantitativen Beziehungen des Erlösverbundes zwischen den Sparten in Bezug auf Preise, Absatzmengen, Wirkung der Werbe- und Verkaufsförderungsaktivitäten;
- die motivationellen Auswirkungen, die aus einer Konkurrenzsituation zwischen den Sparten entstehen.

Die quantitativen Auswirkungen eines Erlösverbundes sind in der Praxis meistens nicht genau erfaßbar. Hirshleifer[1)] hat in einem theoretischen Ansatz versucht, über die Vorgabe von Marktquoten, die eine Sparte selbst nutzen oder gegen Entgelt der anderen Sparte überlassen kann, und durch die Festlegung von Verrechnungspreisen dieses Problem zu lösen.[2)] Mit einer Steuer auf externe Effekte ließe sich dieses Problem ebenfalls lösen. Die meisten dieser theoretischen Vorschläge scheitern am Problem der praktischen Datenmessung und -erfassung.

Daß eine unternehmungsinterne Konkurrenz nicht stets als Nachteil aufgefaßt wird, zeigt die Praxis bei General Motors. Die Bildung von Sparten erfolgte nach einzelnen Automarken. Dieser hausinternen Konkurrenz wird eine leistungsfördernde Wirkung zugeschrieben.[3)]

---

1) Hirshleifer [Firm], S. 98.

2) Vgl. zu diesem Verrechnungspreissystem S. 107 ff. dieser Arbeit.

3) Vgl. Hirshleifer [Firm], S. 99.

3. Dispositionsfähigkeit

Zur Beurteilung des Einflusses der Organisationsstruktur auf die Dispositionsfähigkeit einer Unternehmung muß zwischen strukturierten und unstrukturierten Entscheidungsproblemen unterschieden werden. Wird die Organisation mit strukturierten (d. h. weniger ungewissen) Problemen konfrontiert, so kann die Anpassung weitgehend durch Entscheidungsprogramme gewährleistet werden; die Organisationsstruktur hat dann nur einen begrenzten Einfluß auf die Anpassungsfähigkeit.[1] Dagegen lassen sich unstrukturierte Entscheidungsaufgaben, zu denen in der Regel die Entscheidungsaufgaben der zweiten Hierarchieebene zählen, nicht durch starre Entscheidungsprogramme lösen und koordinieren.

Durch die Bildung von Produktsparten werden innerhalb der Unternehmung Teilbereiche geschaffen, die relativ unabhängig von anderen Teilbereichen koordiniert werden. Dadurch erhöht sich, sofern die Voraussetzungen zur Bildung teilautonomer Bereiche erfüllt sind, die Anpassungsfähigkeit auf zweierlei Weise:

- verbesserte Anpassung innerhalb des Produktbereiches durch kürzere Informations- und Kommunikationswege,
- vereinfachte Anpassung zwischen den Produktbereichen, da durch Entkopplung der Anpassungsbedarf reduziert wurde.

Unter relativ stark wechselnden Umweltbedingungen scheint daher die Spartenstruktur der Funktionsstruktur überlegen zu sein.

---

1) Vgl. Frese [Sparten-Organisation], S. 92 f.

4. Innovationsfähigkeit

Zum Vergleich der Innovationsfähigkeit der Sparten- und Funktionsstruktur sollen zwei Phasen von Innovationsaktivitäten betrachtet werden: die Phase der Entstehung und Anregung und die Phase der Annahme und Durchsetzung von Innovationen.

Geht man davon aus, daß kein Forschungs- und Entwicklungsbereich existiert, dann scheint in der Entstehungsphase von Innovationen die Spartenstruktur die überlegenere Organisationsform zu sein. Da der Informationsstand eines Spartenleiters alle Produktaspekte umfaßt, wird er eher Ideen zu umfassenderen Produktinnovationen haben als ein Funktionsbereichsleiter, der nur mit Teilaspekten eines Produktes vertraut ist.[1]

Unter Rückgriff auf eine empirische Studie von Bower[2] kommt Frese[3] zu dem Schluß, daß in Sparten-Organisationen mit dem Gliederungsmerkmal "Produkt" auch in der Phase der Annahme und Durchsetzung ein natürlicher Kristallisationspunkt für Artikulation und Prüfung von Innovationsvorschlägen besteht, während in funktionalen Strukturen solche Einheiten fehlen.

C. Verrechnungspreise und ihre organisatorische Dimension

I. Der Begriff des Verrechnungspreises

Als Verrechnungspreis oder interner Preis wird das Ergebnis der Bewertung innerbetrieblicher Leistungen und/oder

---

1) Vgl. Frese [Sparten-Organisation], S. 97 f.

2) Bower [Managing], S. 288 ff. und S. 306 ff.

3) Frese [Sparten-Organisation], S. 99 f.

Ressourcen bezeichnet.[1] Diese Bewertung kann bezogen auf die Mengeneinheit und/oder Zeiteinheit der Nutzung von Ressourcen erfolgen. Die Bewertungsregeln leiten sich aus der Zwecksetzung der Verrechnungspreisbildung ab. Innerbetriebliche Leistungen oder interne Lieferungen sind alle Leistungen, die zwischen organisatorischen Einheiten ausgetauscht werden, für die eine eigene Rechnungslegung erfolgt und für deren Ergebnis eine Stelle verantwortlich zeichnet.

Der Verrechnungspreismechanismus dient zur Ermittlung der Höhe des Verrechnungspreises; er stellt die Formalisierung der Bewertungsregeln dar. Es handelt sich dabei um Regeln, die zentrale und dezentrale Entscheider befolgen müssen, um den Verrechnungspreis zu ermitteln.

Das Verrechnungspreissystem besteht aus den Bewertungsregeln und allen mit der Leistungsbewertung verbundenen Maßnahmen und Instrumenten, die komplementär zu Verrechnungspreisen eingesetzt werden, um das mit der Bildung von Verrechnungspreisen verfolgte Ziel zu erreichen. Hierzu gehören u. a. die Gestaltung der Entscheidungskompetenzen[2], die Leistungsbeurteilung der Entscheidungsträger sowie das Anreiz- und Belohnungssystem.

Häufig wird das Verrechnungspreissystem um innerbetriebliche Umlagen ergänzt; es handelt sich dabei um Kosten, die nach verschiedenen Kriterien auf einzelne organisa-

---

1) Schmalenbach erklärt die Entstehung des Verrechnungspreises auf folgende Weise: "...: die einzelnen Teile des Betriebes müssen in einen rechnerischen Verkehr treten. Und diese Rechnung muß sich der Bewertung der gegenseitigen Leistungen bedienen. Und so entsteht hier ein eigenartiger Preis: der Verrechnungspreis." Schmalenbach [Verrechnungspreise], S. 167.

2) Die Beteiligung an der Bildung/Herleitung von Verrechnungspreisen kann u. U. zu den Kompetenzen gehören.

torische Einheiten verteilt werden. Periodenbezogene Umlagen sind gebräuchlich, oft wird die Umlage jedoch auch proportional zu innerbetrieblichen Leistungen erhoben, so daß daraus Verrechnungspreise pro Mengeneinheit werden. Selten gibt es für diese Umlagen eine dem Verursachungsprinzip genügende Begründung; sie dienen im allgemeinen dazu, Kosten, die einzelnen Einheiten nicht direkt zugerechnet werden können, zu verteilen. Neben der reinen Verteilungsfunktion sollen sie auch die Funktion der Verhaltensbeeinflußung von Leitern organisatorischer Einheiten erfüllen. So kann durch eine "Steuer"[1] auf Kostenblöcke, deren Anwachsen nicht erwünscht ist, das Augenmerk der betroffenen Verantwortlichen auf Kostensenkungsmaßnahmen gelenkt werden. Da es sich bei Umlagen und "Steuern" dem Charakter nach um "periodenbezogene" Verrechnungspreise handelt und sie den Erfolg einer organisatorischen Einheit beeinflussen, sollen sie in die weitere Diskussion um Verrechnungspreissysteme einbezogen werden.

II. Zwecksetzung von Verrechnungspreisen

Im folgenden werden die wichtigsten Zwecksetzungen der Anwendung von Verrechnungspreisen genannt.

1. Vereinfachung und Beschleunigung der Betriebsabrechnung und Kalkulation

Durch die Bildung fester Verrechnungssätze können laufende Preisschwankungen ausgeschaltet werden. Die Erfassung der Preisdifferenzen erfolgt auf einem Preisdifferenzkonto, das die Güterbestände zu Ist- und Planpreisen enthält. Diese

---

1) Der Begriff "Steuer" wird hier metaphorisch und nicht in seiner fiskalischen Bedeutung verwendet. Sofern der Begriff Steuer in dieser Arbeit im metaphorischen Sinne verwendet wird, steht er in Anführungszeichen.

Verrechnungspreise erleichtern die Buchhaltungstechnik und Kalkulation und werden daher als abrechnungsbedingte Verrechnungspreise bezeichnet.[1)]

2. Wirtschaftlichkeitskontrolle von Kostenstellen

Schneider[2)] nennt sie kontrollbedingte Verrechnungspreise. Durch Bildung von festen Verrechnungssätzen für längere Abrechnungsperioden auf der Basis von Standard-, Normal- und Plankosten wird eine Überwälzung der Abweichung von den Plankosten von Kostenstelle zu Kostenstelle verhindert.[3)]

3. Bewertung von Beständen und Gewinnbeeinflussung

Der Ansatz von Verrechnungspreisen für Inventurwerte des Umlaufvermögens beeinflußt die Höhe des Bilanzgewinns. Verrechnungspreise, die bewußt zur Beeinflussung des ausgewiesenen Bilanzgewinns gebildet werden, heißen auch bilanztaktische Verrechnungspreise.[4)]

4. Koordination von Entscheidungen organisatorischer Teilbereiche

Diese Verrechnungspreise werden in der Literatur auch als Lenkpreise bezeichnet; sie sollen die Entscheidungen betrieblicher Teileinheiten koordinieren: "Ein Lenkpreis ist ein Preis, der den besonderen Zweck hat, die Maßnahmen eines Betriebes oder einer Dienststelle, insbesondere alle vorkommenden Wahlvorgänge mit dem Ziel optimaler Wirtschaft zu beeinflussen."[5)]

---

1) Vgl. Schneider [Verrechnungspreise], S. 106.
2) Schneider [Verrechnungspreise], S. 106.
3) Vgl. Houdek [Verrechnungspreise], S. 32.
4) Vgl. Drumm [Bestandsbewertung], S. 473 und S. 489.
5) Schmalenbach [Wirtschaftslenkung, Band 2], S. 9.

5. Erfolgsspaltung bzw.
   Erfolgsermittlung

Der Verrechnungspreis dient der Zurechnung[1] des Gesamterfolges der Unternehmung auf einzelne organisatorische Einheiten zur Beurteilung der Leistung von Führungskräften. Diese Gewinnzurechnung soll die Leistungsmotivation der Bereichsleiter, insbesondere Spartenleiter, steigern. Durch Verknüpfung des Bereichserfolges mit einem Anreizsystem (Tantiemen) soll dieser Effekt noch verstärkt werden.

6. Motivation zur Leistungs-
   anstrengung

Verrechnungspreise können auf verschiedene Weise zur Motivation von Bereichsleitern beitragen. Erwähnt wurde bereits, daß Verrechnungspreise über die Erfolgszurechnung eine Motivationsfunktion ausüben. Daneben gestatten sie die Einführung interner Märkte und simulieren für organisatorische Einheiten somit eine autonome Entscheidungssituation, welche die Bereichsleiter in die Rolle von "Quasiunternehmern" versetzt. Auf diese Weise sollen Bedürfnisse nach Autonomie und Selbstverwirklichung befriedigt und eine Steigerung von Leistungsanstrengung und Innovationsneigung herbeigeführt werden.

Die Zwecksetzungen der Koordination und Motivation stehen im Mittelpunkt der weiteren Überlegungen.

III. Verrechnungspreis und Organisation

1. Verrechnungspreis und Koordination

Die Festlegung von Entscheidungskompetenzen und Kommunikationsbeziehungen sind wesentliche Koordinationsmittel;

---

1) Vgl. zu den Problemen der Gewinnzurechnung Hörner [Zurechnung].

sie bestimmen auch die Struktur von Verrechnungspreissystemen, die Koordinationsfunktionen erfüllen sollen.

a) Kompetenzzuordnung

Sollen die Entscheidungen organisatorischer Einheiten durch ein Verrechnungspreissystem koordiniert werden, so sind Zielvorgaben erforderlich. Die Sachzielvorgabe ist dabei eine notwendige Koordinationsvoraussetzung, sie wird jedoch nicht durch das Verrechnungspreissystem berührt. Dagegen hat die Formalzielvorgabe besondere Bedeutung für die Anwendung von Verrechnungspreisen. In erwerbswirtschaftlich orientierten Organisationen dienen bewerteter Ressourceneinsatz, Marktleistung und die Differenz aus Marktleistung und Ressourceneinsatz als Zielvorgaben. Je nachdem, welche Zielgröße betont wird, spricht man von Expense-Center, Cost-Center, Revenue-Center, Profit-Center oder Investment-Center.[1)]

Findet die Leistungsmessung im System der Standardkostenrechnung statt, so werden die Soll-Kosten, die auf der Grundlage von Optimal- oder Normalbeschäftigung vorgegeben wurden, den Ist-Kosten der Periode gegenübergestellt.[2)] Die Leistungsmessung mit Hilfe des Cost-Center-Konzeptes basiert somit hauptsächlich auf einer Analyse von Kostenabweichungen.

Als Revenue Center werden organisatorische Einheiten bezeichnet, die im wesentlichen nur Umsatzverantwortung tragen. Ihre Kosten (Ressourceneinsatz) werden in der Regel durch Budgetvorgaben kontrolliert.[3)]

---

1) Vgl. Anthony - Dearden - Vancil [Control], S. 200.

2) Vgl. Schweitzer - Hettich - Küpper [Kostenrechnung], S. 122.

3) Vgl. Anthony - Dearden - Vancil [Control], S. 201.

Bei organisatorischen Einheiten, wie der Rechts- oder Personalabteilung, denen kein finanzielles Ergebnis zugerechnet werden kann, handelt es sich um Discretionary Expense Centers.[1] Dies sind organisatorische Einheiten, deren "Output" nicht durch Daten des Rechnungswesens abgebildet werden kann. Nur der finanzielle "Input" ist meßbar. Das Kontrollsystem fußt auf der Vorgabe eines jährlichen Kostenbudgets. Das System eignet sich nicht zur Messung der Leistung des Abteilungsmanagements. Man kann lediglich erreichen, daß die Istkosten <u>nicht</u> die budgetierten Plankosten überschreiten.

Das Profit-Center-Konzept geht vom Gewinn als Grundlage für die Leistungsbeurteilung aus. Verschiedene Gewinndefinitionen können dabei zur Anwendung kommen. In Bezug auf eine Periode können der Oberschuß der Einnahmen über die Ausgaben, Oberschuß der Erträge über die Aufwendungen oder die positive Differenz zwischen Leistung und Kosten[2] als Zielgrößen dienen.

Zur Berücksichtigung des Ausmaßes der Beeinflußbarkeit der einzelnen Komponenten des Gewinns durch den Leiter eines Profit-Centers hat Shillinglaw den Begriff des beeinflußbaren Gewinns geprägt[3]; nur dieser sollte nach seiner Meinung als Grundlage für Zielvorgaben und Leistungsbeurteilung dienen. Das schwierige Problem der Ermittlung beeinflußbarer und nichtbeeinflußbarer Gewinnkomponenten stellt sich nur dann nicht, wenn für ein Profit-Center folgende organisatorische Voraussetzungen erfüllt sind:[4]

---

1) Vgl. Anthony - Dearden - Vancil [Control], S. 202.

2) Vgl. zur Definition und Abgrenzung der Begriffspaare: Einnahmen - Ausgaben, Erträge - Aufwände, Leistung - Kosten Kilger [Einführung], S. 7 ff.

3) Vgl. Shillinglaw [Profit]; Shillinglaw [Income].

4) Vgl. Dean [Measurement], S. 424; Dean [Decentralization], S. 67.

1. operationale Unabhängigkeit,
2. freier Zugang zum Beschaffungs- und zum Absatzmarkt,
3. zurechenbare Kosten und Erlöse,
4. Leistung in finanziellen Größen meßbar.

Diese Voraussetzungen sind bei praktisch existierenden Mischformen der Spartenstruktur selten erfüllt.

Das Investment-Center-Konzept[1)] stellt eine Weiterentwicklung des Profit-Center-Konzeptes dar. Als zusätzliche Verantwortungskomponente tritt das Kapital auf, welches der organisatorischen Einheit zur Erwirtschaftung ihres Ergebnisses zur Verfügung gestellt wurde. Return on Investment (RoI) und Residual Income (RI) dienen als Indikatoren zur Beurteilung der Investment-Center-Leistungen.[2)]

Je nach Art der bestehenden Entscheidungsinterdependenzen können Teile der Zielkomponenten durch die Höhe der Verrechnungspreise beeinflußt werden.

Wesentlich für die Verwendung von Verrechnungspreissystemen zur Koordination ist, daß die Leiter der organisatorischen Einheiten sich an die Zielvorgaben halten und Verrechnungspreise entsprechend dieser Zielvorgaben in ihren Entscheidungskalkül einbeziehen. In der Regel verfolgen Bereichsleiter eigene Ziele, so daß zusätzliche Motivationsmaßnahmen erforderlich sind, um zielkonformes Verhalten hervorzurufen.

---

1) Vgl. zur Definition des Begriffs Investment-Center Lüder [Steuerung], S. 305 f.

2) Vgl. zu einer kritischen Beurteilung der Wirkung dieser Kennzahlen Welge [Profit-Center], S. 94 ff.

Zielvorgaben können auf zwei verschiedene Weisen - je nach Art der Zielvorgabe - interdependente Entscheidungseinheiten koordinieren:

i. Unter Berücksichtigung von Interdependenzen wird von der Zentrale ein Planziel vorgegeben, das bereits detailliert die zur Zielerreichung notwendigen Ressourceneinsätze und Marktleistungen mitberücksichtigt; d. h. es werden Planumsätze und geplante Kostenbudgets vorgegeben, die den Plangewinn bzw. das Gewinnbudget festlegen. Erreicht die Entscheidungseinheit die Planvorgaben, so kann sie als "koordiniert" im Sinne der Ziele der Gesamtunternehmung gelten. Verrechnungspreise haben in einem solchen System keine Lenkfunktionen. Sie dienen lediglich zur Bewertung von Zwischenleistungen und gestatten die Aufstellung des Gewinnbudgets. Werden die Bewertungsregeln zur Bestimmung der Verrechnungspreise von den Bereichsleitern akzeptiert, so besteht keine Möglichkeit mehr, die Verantwortung für das Gewinnbudget wegen seiner Abhängigkeit von Zwischenleistungen abzulehnen. Verrechnungspreise haben in dieser Situation eine indirekte Motivationsfunktion, indem sie es der Zentrale gestatten, Gewinnbudgets vorzugeben und Kennziffern[1], wie z. B. RoI[2], RI oder Umsatzrentabilität, zu bilden, die einen unmittelbaren Vergleich mit ähnlichen Unternehmungen der Branche ermöglichen und so die Durchsetzung anspruchsvoller Gewinnziele gegenüber den Bereichsleitern erleichtern.

---

1) Vgl. zum Begriff von Kennziffer oder Kennzahl und zu ihrer Anwendung: Betriebswirtschaftlicher Ausschuß des Zentralverbandes der Elektrotechnischen Industrie e. V. [Kennzahlensystem]; Reichmann [Kennzahlen]; Staehle [Zielvorgabe].

2) Vgl. zu den Nachteilen des RoI-Konzepts und der Möglichkeit, statt dessen das RI-Konzept zur Leistungsbeurteilung heranzuziehen, Clayden [Performance].

ii. Wird einer interdependenten Einheit das Ziel "Gewinnmaximierung" vorgegeben, so liegt nicht der zuvor beschriebene Fall der Koordination durch Vorausplanung vor. Vielmehr muß die Entscheidungseinheit, ausgehend von ihrer Zielfunktion, selbständig festlegen, welche Aktivitäten, d. h. insbesondere welchen Ressourceneinsatz und welche Marktleistungen sie wählt. Es kommt bei dieser Vorgehensweise nur dann zu einer optimalen Zielerreichung für die Gesamtunternehmung, wenn keine Interdependenzen bestehen oder wenn bestehende Interdependenzen von der Entscheidungseinheit berücksichtigt werden. Verrechnungspreise mit Lenkfunktion sollen diese Berücksichtigung der Interdependenzen gestatten, ohne daß zusätzliche Informationen ausgetauscht werden müssen, d. h. die Entscheidungseinheit soll autonome Entscheidungen treffen, denen nur interne und externe Preis- und Kosteninformationen sowie die vorgeschriebenen Zielfunktionen zugrunde liegen.

Im Fall i dienen Verrechnungspreise dazu, vorgegebene Zielanforderungen plausibel zu machen. Die Belohnungen für Bereichsleiter knüpfen dabei an die Differenz zwischen Zielvorgabe (Soll) und Zielerreichung (Ist) an.
Im Fall ii dienen die Verrechnungspreise der Berücksichtigung von Interdependenzen. Die Belohnungen erfolgen hier proportional zum erzielten Gewinn der Abteilung.

Hinsichtlich der Bildung von Verrechnungspreisen lassen sich Verhandlungen und algorithmische Regeln unterscheiden. Sieht man einmal von einseitigen Verfügungen der Zentrale ab, so können zwischen der Zentrale und einzelnen Sparten sowie direkt von Sparte zu Sparte Verhandlungen über die Höhe der Verrechnungspreise und den Umfang der Zwischenlieferungen stattfinden. Algorithmen können ebenfalls zwischen der Zentrale und allen Sparten sowie direkt zwischen den einzelnen Sparten zur Anwendung kommen.

Es lassen sich nach der Gültigkeitsdauer feste und flexible Verrechnungspreise unterscheiden. Feste Verrechnungspreise werden für bestimmte, vorher verabredete Perioden vereinbart. Sie haben im allgemeinen keine Koordinationsfunktion, da sie nicht wie die flexiblen Verrechnungspreise, die jeweils den Situationsbedingungen angepaßt werden, die aktuelle Interdependenzsituation berücksichtigen. Sie eignen sich nur für ein System, das mit geplanten Gewinnbudgets arbeitet.

b) Kommunikation

Bei der Einrichtung eines Verrechnungspreissystems ist vertikale Kommunikation zur Übermittlung von Zielvorgaben und Handlungskomponenten (Verrechnungspreismechanismen) notwendig. Es besteht allerdings auch die Möglichkeit, die Handlungskomponente in gegenseitiger Abstimmung zwischen dezentralen Einheiten durch horizontale Kommunikation festzulegen. Nach ihrem Inhalt könnten diese Informationen als Strukturinformationen bezeichnet werden.

Verrechnungspreise sollen dazu dienen, den für die Koordination interdependenter Einheiten notwendigen Kommunikationsumfang auf ein Minimum zu reduzieren. In der aktuellen Entscheidungssituation findet in der Regel eine auf Preise und Mengeneinheiten beschränkte Kommunikation statt. Dabei kann es sich je nach Interdependenzart und Grad der Entscheidungsautonomie um horizontale und/oder vertikale Kommunikation handeln. Einige Verrechnungspreismechanismen verlangen in der aktuellen Entscheidungssituation die Übermittlung von Preisfunktionen oder sonstiger zusätzlicher Informationen. So lassen sich z. B. bei der vertikalen Kommunikation zwischen Zentrale und dezentralen Einheiten zwei Typen von Allokationsmechanismen unterscheiden: Setzt die Zentrale Preise für Ressourcenbeanspruchung fest und antworten die dezentralen Einheiten mit Ressourcennachfrage, so liegt ein "preisgesteuerter" Allokationsmechanis-

mus vor. Teilt die Zentrale einzelnen dezentralen Einheiten Ressourcenmengen zu und erhält sie als Rückmeldung Preise für zusätzliche Ressourcennutzung, so liegt ein "budgetgesteuerter" Allokationsmechanismus vor[1] (vgl. Abb. 21).
Die dargestellten Allokationsmechanismen können einen oder mehrere Schritte umfassen. Werden mehrere Schritte benötigt, so spricht man auch von einem iterativen, strukturierten Dialog.

Die Betrachtungen zur Kommunikation zeigen, daß der Begriff Verrechnungspreissystem inhaltlich weiter gefaßt werden muß, als der rein sprachliche Bezug auf Verrechnungspreise vermuten läßt, da manche Systeme mehr Komponenten als nur Verrechnungspreise enthalten.

2. Verrechnungspreis und Organisationsstruktur

Es stellt sich die Frage, ob Verrechnungspreise von der Aufbauorganisation abhängig sind. Ist dies der Fall, so müßte sich das Verrechnungspreissystem beim Übergang von einer zur anderen Strukturform ändern bzw. in zwei verschiedenen Strukturformen müßten sich verschiedene Verrechnungspreissysteme nachweisen lassen. Mit dieser Frage kann man sich empirisch oder theoretisch auseinandersetzen. Ob empirisch eine Abhängigkeit besteht, soll im vierten und fünften Teil dieser Arbeit untersucht werden.

Für die theoretische Betrachtung sind hier die Strukturformen Spartenstruktur in Reinform, Spartenstruktur in Mischform und Funktionalstruktur von Interesse. Ein wesentlicher Unterschied zwischen der Reinform der Spartenstruktur und der Funktionalstruktur besteht in der Struktur des Formalzieles. Für autonome Teilbereiche lassen sich

---

1) Vgl. zur Unterscheidung preis- und budgetgesteuerter Allokationsmechanismen Louis [Decentralization], S. 2 ff.

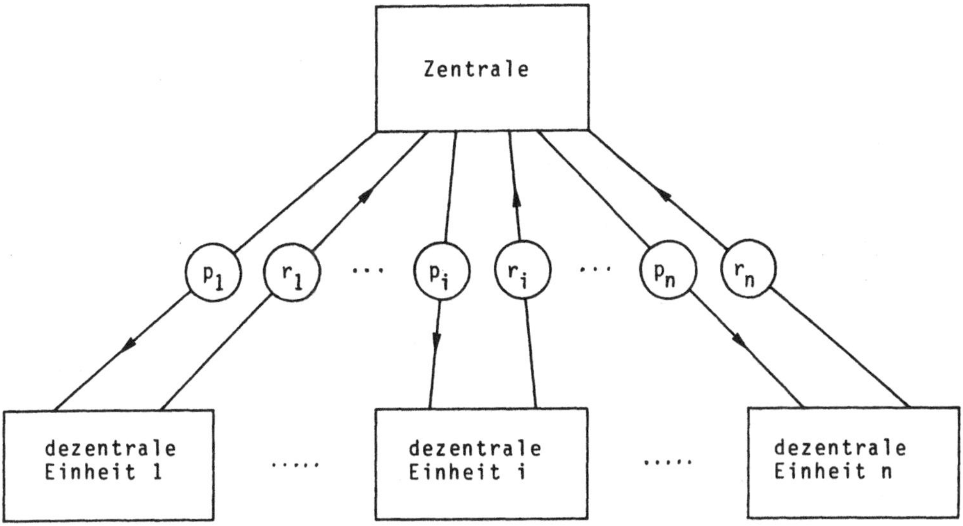

<u>preisgesteuert</u>

p = Preis für Ressourcen
r = Nachfrage nach Ressourcen

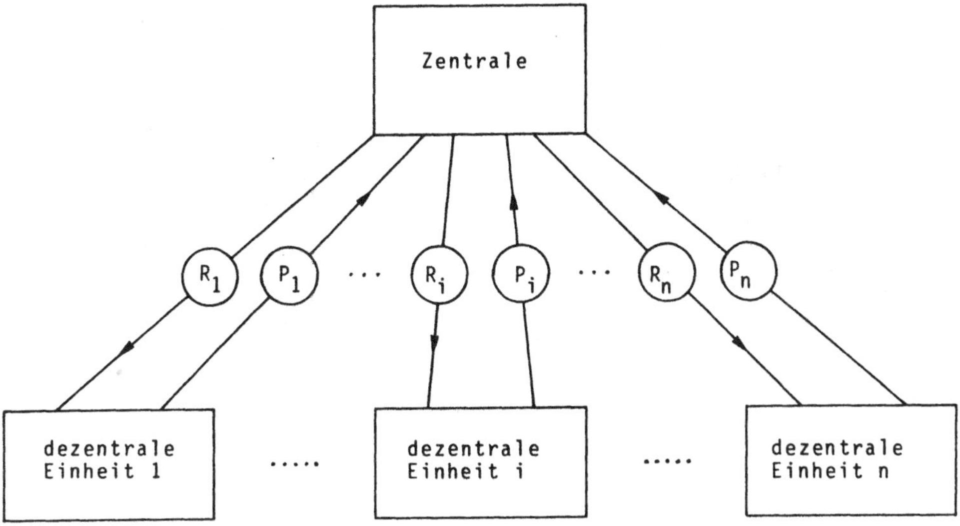

<u>budgetgesteuert</u>

R = Zuteilung von Ressourcen
P = Preis für zusätzliche Ressourcen

Abb. 21: Allokationsmechanismus

unmittelbar Gewinnziele formulieren, da die Bereichsleiter Ressourceneinsatz und Marktleistung beeinflussen können. Für Funktionsbereichsleiter besteht nicht die Möglichkeit, alle Ressourcen und Marktleistungen zu beeinflussen. Gewinnziele können nur vorgegeben werden, wenn die jeweils fehlende Zielkomponente mit Hilfe von Verrechnungspreisen für Zwischenleistungen "künstlich" hergestellt wird. Allerdings sichert diese Vorgehensweise den betroffenen Spartenleitern keinen Einfluß auf die so "konstruierte" Zielkomponente; sie spüren allenfalls die Auswirkungen verschiedener Verrechnungspreise und Änderungen der intern gelieferten Mengen auf "ihre" Zielkomponente. In Bezug auf die beschränkte Möglichkeit, alle Zielkomponenten zu beeinflussen, besteht zwischen Mischformen der Spartenstruktur und der Funktionalstruktur nur ein gradueller Unterschied; in Funktionalstrukturen müßte jeweils eine Zielkomponente völlig "konstruiert" werden, während bei Mischformen der Spartenstruktur nur Teile einer Zielkomponente "künstlich" darzustellen sind. Die Struktur des zugrunde liegenden Problems - die Bewertung von Zwischenleistungen, die Kontrolle der Verrechnungspreise und der intern gelieferten Mengen durch den jeweiligen Bereichsleiter - ist jedoch identisch. Bei Mischformen der Spartenorganisation kommen allerdings möglicherweise noch Probleme aufgrund von Ressourcen- und/oder Marktinterdependenzen hinzu. Da bei der Spartenorganisation in Reinform weder interne Leistungsverflechtungen noch sonstige Interdependenzen zwischen Sparten bestehen, kommen dort auch keine Verrechnungspreise zum Ansatz. Will man die Auswirkung der Organisationsstruktur auf Verrechnungspreise untersuchen, so ist nur ein Vergleich zwischen Funktionalform und Mischformen der Spartenstruktur sinnvoll.[1)]

---

1) Zur Frage, ob in der Praxis bei verschiedenen Organisationsstrukturen unterschiedliche Verrechnungspreise auftreten, siehe S. 231 dieser Arbeit.

D. Kriterien zur Beurteilung von Verrechnungspreissystemen

Abschließend sollen die in diesem Kapitel erörterten Aspekte der Verrechnungspreisbildung in divisionalisierten Unternehmungen zu einem Kriterienkatalog zusammengefaßt werden. Dieser Katalog dient zur Beurteilung der Verrechnungspreismechanismen, deren Darstellung im dritten Teil dieser Arbeit folgt. Dabei könnte es so sein, daß jeweils nur ein Teil der genannten Kriterien erfüllt ist; sie geben daher nur einen Hinweis auf die Eignung eines Verrechnungspreissystems für seine Anwendung in Spartenorganisationen. Welches System bevorzugt wird, hängt von der individuellen Bewertung der Kriterien durch die Unternehmungsleitung bzw. durch den zentralen Koordinator ab.

1. Kurzfristige Ressourcenallokation (Flexibilität)

Dieses Kriterium geht von einer gegebenen Ausstattung der Sparten mit bestimmten Ressourcen aus. Verrechnungspreise sollen eine flexible Nutzung der vorhandenen Ressourcen ermöglichen, indem sie die kurzfristige Koordination der Aktivitäten verschiedener organisatorischer Teilbereiche sichern.

2. Langfristige Ressourcenallokation

Verrechnungspreise sollen einen Hinweis geben, ob ein Teilbereich einen Gewinnbeitrag leistet. Sie sollen Entscheidungen über Stillegung, Weiterbetrieb oder Erweiterungsinvestitionen in Bezug auf einen Teilbereich ermöglichen, ohne daß eine Rechnung in Bezug auf die Gesamtunternehmung erforderlich ist.

3. Marktinterdependenz

Falls die Teileinheiten in sich überschneidenden Teilmärkten operieren, sollten Verrechnungspreise diese Aktivitäten koordinieren.

4. Arbeitsteilung

Das Verrechnungspreissystem sollte die Zentralinstanz von laufenden Koordinationsaufgaben entlasten. Dies ist nur möglich, wenn eine arbeitsteilige Informationsverarbeitung und arbeitsteilige Entscheidungsfindung praktiziert wird.

5. Dispositionsfähigkeit

Der Verrechnungspreismechanismus sollte nicht zu einer Verzögerung der Entscheidungsfindung führen.[1)]

6. Motivation

Das Kriterium Motivation umfaßt alle Variablen, von denen vermutet wird, daß sie die unternehmungszielorientierte Leistungsanstrengung und die Innovationsneigung der Bereichsleiter fördern. Insbesondere zählen hierzu:

i. Erfolgsausweis
Unter Motivationsaspekten wäre es sinnvoll, wenn jeder Spartenleiter seinen Beitrag zum Gesamtgewinn der Unternehmung erkennen könnte und ein zusätzlicher Beitrag nur seinem Verursacher und somit keinem anderen zugerechnet wird (d. h. leistungsproportionale Zurechnung). Die obige Forderung ist überaus proble-

---

1) Dies könnte z. B. bei einem iterativen Verrechnungspreismechanismus der Fall sein, wenn das System nur langsam konvergiert oder bei einem System, das zu zeitraubenden Preisverhandlungen der beteiligten Sparten führt.

matisch, da es keine objektiven Kriterien zur Messung des Anteils einer Sparte am Gesamtgewinn gibt.[1)]

ii. Autonomie

Die einzelnen Spartenleiter sollten einen ausreichenden Entscheidungsspielraum haben, der ihnen erlaubt, selbständige Entscheidungen zu treffen ("Quasi-Unternehmer").

---

1) Vgl. zu dieser Problematik u. a. das Modell von Ronen - McKinney auf S. 136 dieser Arbeit. Die Autoren gehen davon aus, daß keine Sparte ohne die andere existieren könne. Sie rechnen daher jeder Sparte den Gesamtgewinn zu (Doppelzurechnung). Dieses Vorgehen führt aber nicht zur leistungsproportionalen Gewinnzurechnung.

Dritter Teil: Die wichtigsten Modelle zur Verrechnungspreisbildung

A. Marginalanalytische Modelle

Zu den marginalanalytischen Modellen zählen alle Ansätze, die auf den "theory of the firm approach"[1] der Mikroökonomie zurückgehen.[2] Die Arbeiten von Hirshleifer[3], Ronen - McKinney[4] und Gould[5] repräsentieren diese Richtung.[6] Diese Modelle gehen i. a. davon aus, daß keine Ressourceninterdependenzen vorhanden sind, knappe Produktionsfaktoren also nicht auftreten. Verrechnungspreise dienen in erster Linie als Koordinationsinstrument zur Abstimmung von auszutauschenden Zwischenproduktmengen. Dabei wird der Verrechnungspreis mit Methoden der Marginalanalyse ermittelt.

---

1) Vgl. zum Begriff Machlup [Firm].

2) Vgl. zu dieser Einteilung Abdel-khalik - Lusk [Synthesis], S. 9.

3) Hirshleifer [Economics]; Hirshleifer [Firm]; Hirshleifer [Pricing].

4) Ronen - McKinney [Autonomy].

5) Gould [Market].

6) Neben den genannten Modellen gibt es weitere Modelle aus dem Bereich der "Theorie der Unternehmung", in denen marginalanalytische Methoden zur Bestimmung von Verrechnungspreisen geringere Bedeutung haben. Sie lassen sich besser durch den Begriff "mikroökonomische Modelle" charakterisieren. Vgl. dazu Kriebel - Lave [Conflict]; Gordon [Method]; Ophir [Expenditures]; Ronen [Benefits]; Morris [Decentralization].

I. Unbestimmter Verrechnungspreis

Zuerst soll auf einen scheinbar trivialen Tatbestand hingewiesen werden. Wenn innerhalb der gegebenen Gesamtkapazität $\bar{x}$ einer Unternehmung die Grenzerlöskurve E'(x) stets oberhalb der Grenzkostenkurve K'(x) verläuft, so produziert die Unternehmung dann die gewinnmaximale Menge x^o, wenn sie die gegebene Kapazität $\bar{x}$ völlig ausnutzt: $x^o = \bar{x}$. Der Fall $K'(x) < E'(x)$ tritt unter folgenden Bedingungen auf:

a) Bei konstanten Marktpreisen p, linearen Kostenverläufen K(x) und $p > k$ ist diese Bedingung stets erfüllt (vgl. Abb. 22).

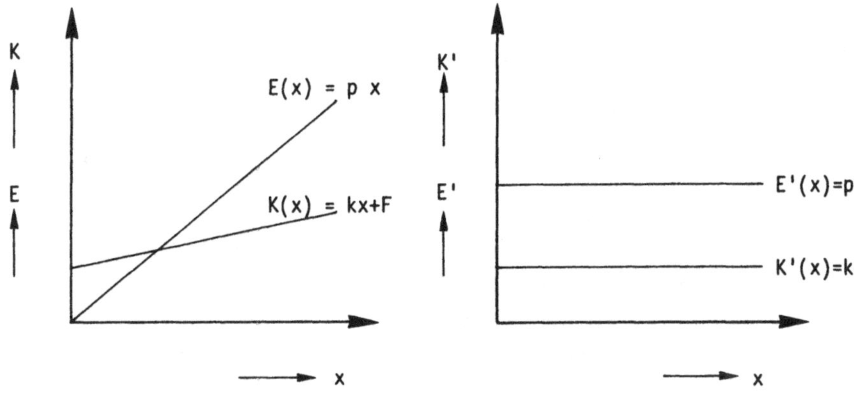

Abb. 22: Lineare Kosten- und Erlösfunktionen
(x = Ausbringungsmenge, k = variable Kosten pro Mengeneinheit, p = Preis pro Mengeneinheit, E(x) = Gesamterlös, K(x) = gesamte Kosten, F = Fixkosten, K_v = kx = gesamte variable Kosten)

b) Die Bedingung ist erfüllt, wenn der Schnittpunkt x^S von Grenzerlösfunktion und Grenzkostenfunktion jenseits der Kapazitätsgrenze $\bar{x}$ liegt (vgl. Abb. 23) und im Intervall ($0 \leq x \leq \bar{x}$) stets $E'(x) > K'(x)$ ist.

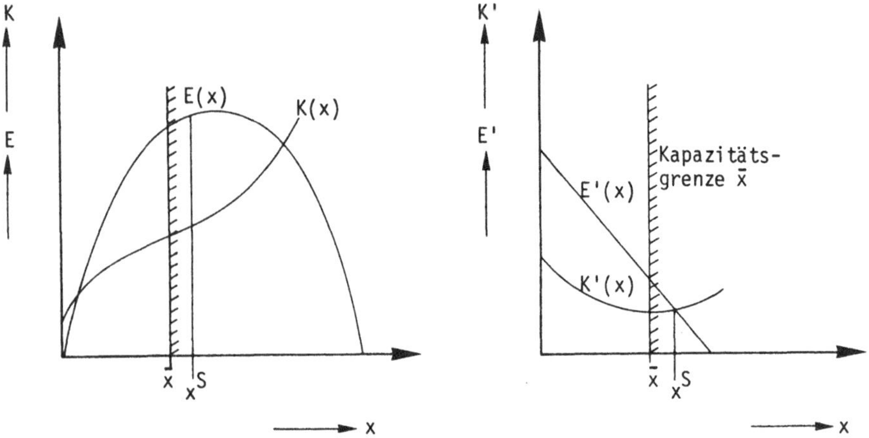

Abb. 23: Kapazitätsbeschränkung mit $x^S > \bar{x}$

Bildet die Unternehmung im Fall (a) zwei Profit-Center A und B, die interdependent sind[1)] (Abb. 24), kann sie jeden beliebigen Verrechnungspreis t vorgeben, sofern dieser Preis einen positiven Stückdeckungsbeitrag für jede Abteilung ermöglicht. Auf diese Weise werden die Abteilungsleiter veranlaßt, bis zur Kapazitätsgrenze $\bar{x}$ zu produzieren.

Abb. 24: Sequentielle Verknüpfung zweier Profit-Center

1) A könnte z. B. eine Produktions- und B eine Verkaufsabteilung sein. A und B können verschiedenen Sparten angehören.

Im Fall (b) können Kurvenverläufe auftreten, in denen ein einheitlicher Verrechnungspreis nicht in der Lage ist, jedem Profit-Center einen positiven Stückdeckungsbeitrag zuzurechnen; dabei kann der Stückdeckungsbeitrag im betrachteten Intervall je nach Verlauf der Kosten- und Erlöskurven variieren. Anstelle eines einheitlichen Verrechnungspreises muß dann für jedes Profit-Center ein anderer Verrechnungspreis vorgegeben werden oder eine Funktion benutzt werden, die jeder Einheit des Zwischenproduktes einen anderen Preis zuordnet. Aus dieser Funktion ergibt sich für A eine Grenzerlös- und für B eine Grenzkostenkurve.

Im folgenden wird zur Vereinfachung nur der Fall (a) mit konstanten variablen Stückkosten k und konstanten Marktpreisen p behandelt. Zur Bildung von Profit-Centern ist die Bewertung der Zwischenleistung x_A mit einem Verrechnungspreis t pro Mengeneinheit erforderlich. Die variablen Kosten der Herstellung einer Einheit x_A betragen k_A, die Fixkosten für die verfügbare Kapazität $\bar{x}_A$ belaufen sich auf F_A. Die Abteilung A hat dann folgende Gewinnfunktion:[1]

(1) $G_A = tx_A - k_A(x_A)x_A - F_A \; ; \qquad x_A \leq \bar{x}_A \; .$

Die Abteilung B fungiert als Vertriebsabteilung mit einer maximalen Vertriebskapazität von $\bar{x}_B$, die Fixkosten in Höhe von F_B verursacht. Jede verkaufte Einheit x_B verursacht variable Kosten in Höhe ihres Einstandspreises t und erzielt einen Preis $p(x_B)$. Die Gewinnfunktion der Abteilung B lautet:[2]

(2) $G_B = p(x_B)x_B - tx_B - F_B \; ; \qquad x_B \leq \bar{x}_B \; .$

Für die weitere Betrachtung wird angenommen, daß keine Lager gebildet werden und produzierte und verkaufte Menge sowie die Einzelkapazitäten übereinstimmen:

1) Im hier betrachteten Fall (a) gilt $k_A(x) = k$.
2) Im hier betrachteten Fall (a) gilt $p(x_B) = p$.

(3) $x_A = x_B = x$ und $\bar{x}_A = \bar{x}_B = \bar{x}$.

Die variablen Gesamtkosten von A sind identisch mit den variablen Gesamtkosten $K_V(x)$ der Unternehmung:

(4) $K_{VA}(x) = k_A(x)x_A = K_V(x) = k(x)x$.

Die Gesamterlöse der Abteilung B sind identisch mit den externen Gesamterlösen der Unternehmung:

(5) $E_B(x) = p(x_B)x_B = E(x) = p(x)x$.

Der Gesamtgewinn der Unternehmung beträgt:

(6) $G = G_A+G_B = p(x)x-tx+tx-k(x)x-F_A-F_B = E(x)-K_V(x)-F_A-F_B$.

Unter den genannten Voraussetzungen: $x^S > \bar{x}$ wird G maximal, wenn $x = \bar{x}$ gilt. Ebenso kommt jede Abteilung zu der Lösung $x_A = x_B = \bar{x}$, falls der Verrechnungspreis folgende Bedingung erfüllt (vgl. Abb. 25 und 26):

(7a) $(K'_{VA}(x)<t<E'_B(x)) = K'_V(x)<t<E'(x))$.

Im hier behandelten Fall (a) gilt:

(7b) $(k_A < t < p) = (k < t < p)$.

Damit wird sichergestellt, daß jede Abteilung einen Deckungsbeitrag pro Einheit erwirtschaftet, der im Intervall $0<x\leq\bar{x}$ größer als Null ist:

(8) $d_A = t - k_A > 0$ $x \leq \bar{x} < x^S$

(9) $d_B = p - t > 0$ $x \leq \bar{x} < x^S$.

Somit besteht für jede Abteilung ein Anreiz, bis zur Kapazitätsgrenze zu produzieren bzw. Produkte abzusetzen. Im Punkt $x = \bar{x}$ sind beide Abteilungen koordiniert. Die Unternehmung realisiert den maximal möglichen Gewinn, es gilt $x^o = \bar{x}$. Zur Koordination der beiden Abteilungen muß der Verrechnungspreis so gesetzt werden, daß jede Abteilung veranlaßt wird, bis zur Kapazitätsgrenze zu produzieren.

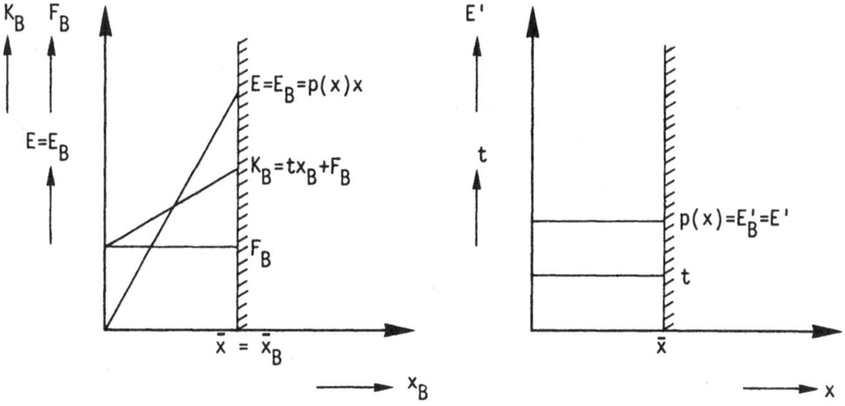

Abb. 25: Erlös- und Kostenverlauf für Abteilung B im Fall (a)

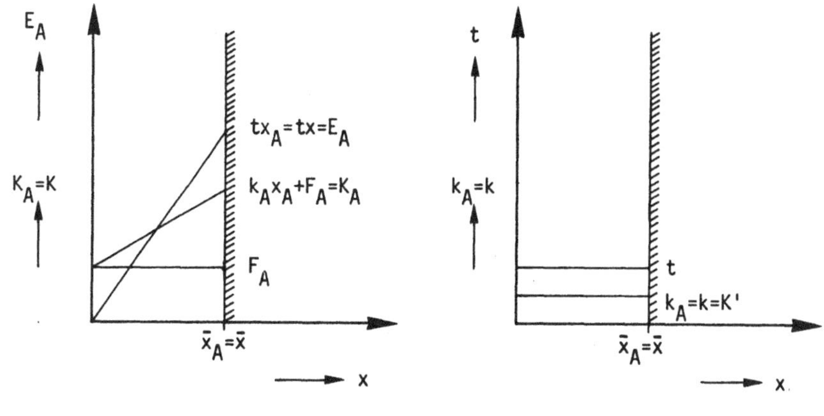

Abb. 26: Erlös- und Kostenverlauf der Abteilung A im Fall (a)

Sind die Bedingungen des Falles (a) nicht erfüllt, können Kurvenverläufe auftreten, in denen ein einheitlicher Verrechnungspreis nicht in der Lage ist, jeder Sparte einen positiven Stückdeckungsbeitrag zuzurechnen. Falls man jedoch im gesamten Intervall konstante Verrechnungspreise wünscht und jeder Abteilung einen positiven Gewinnausweis ermöglichen möchte, kann man auch mit zwei, für jede Abteilung verschiedenen Verrechnungspreisen $t_A > K'$ und $t_B < E'$ arbeiten.[1] Allerdings ergibt sich bei dieser Vorgehensweise der Gesamtgewinn nicht mehr aus der Addition der Bereichsgewinne. Die Abteilungsgewinne können weder bei Verwendung des einfachen Verrechnungspreises t noch der Doppelpreise t_A und t_B als Erfolgsindikatoren für die Leistung der einzelnen Bereiche dienen, da ihre Festlegung innerhalb der zulässigen Intervalle völlig willkürlich erfolgt. Innerhalb der genannten Intervalle kann die Verrechnungspreisbildung frei erfolgen, sie könnte damit auch den beteiligten Bereichen überlassen oder es könnten sonstige beliebige Methoden herangezogen werden.

Sollten die hier dargestellten Kostenverläufe ($K'(x)<E'(x)$) in der Industrie dominieren, so dürfte sich die Diskussion des Koordinationsaspektes von Verrechnungspreisen erübrigen. Man könnte sich dann bei der Auswahl des Verrechnungspreises ausschließlich auf Motivationsaspekte konzentrieren. "Vermutlich ist das häufige Vorkommen solcher Fälle ein Grund dafür, daß die Lenkfunktion der Verrechnungspreise in der Praxis weit weniger Beachtung findet als in der Literatur."[2]

---

1) Je nach Verlauf der Kosten- und Erlöskurven kann es im Fall (b) dazu kommen, daß der Ansatz von zwei verschiedenen Verrechnungspreisen die einzige Möglichkeit ist, einen positiven Stückdeckungsbeitrag zu erzielen.

2) Eisenführ [Lenkungsprobleme], S. 841.

II. Modellansätze von Hirshleifer

Hirshleifer hat eine Reihe von Verrechnungspreissituationen untersucht, die entstehen, wenn eine Unternehmung Profit-Center einführt, die untereinander interne Leistungen austauschen. Er hat dabei verschiedene Marktformen des End- und Zwischenproduktmarktes (vgl. Tab. 1) und verschiedene Interdependenzen der beteiligten Profit-Center berücksichtigt. Zur Organisation der Verrechnungspreisbildung hat er drei verschiedene Vorschläge gemacht:

i) Die Zentrale ermittelt den optimalen Verrechnungspreis und gibt ihn an die dezentralen Profit-Center, die ihn als Datum akzeptieren und ihrer Entscheidung zugrunde legen.[1)]

ii) Die Profit-Center tauschen ohne Einschaltung der Zentrale Daten aus, die zur Errechnung des Verrechnungspreises notwendig sind, wobei eines der beteiligten Profit-Center den Verrechnungspreis ermittelt und an das andere Profit-Center weitergibt.[2)]

iii) Die Zentrale setzt "versuchsweise" einen beliebigen Verrechnungspreis und variiert ihn so lange, bis interne Nachfrage und internes Angebot der Profit-Center übereinstimmen.[3)]

---

1) Hirshleifer [Firm], S. 98.
2) Hirshleifer [Economics], S. 179.
3) Hirshleifer [Pricing], S. 30.

Fall	Marktform für Zwischenprodukt	Marktform für Endprodukt	Verrechnungs-preis =
A1	kein externer Markt	vollkommener Markt	Grenzkosten der liefern-den Sparte[1]
A2	kein externer Markt	unvollkommener Markt	
B1	vollkommener Markt	vollkommener Markt	Marktpreis des Zwi-schenprodukt-marktes
B2	vollkommener Markt	unvollkommener Markt	
C1	unvollkommener Markt	vollkommener Markt	Grenzkosten der liefernden Sparte
C2	unvollkommener Markt	unvollkommener Markt	

Tab. 1: Verrechnungspreise im Hirshleifer-Modell[2]

Die in der Tab. 1 ausgewiesenen Verrechnungspreise gelten nur unter folgenden Voraussetzungen:

1) keine technologischen Interdependenzen[3],

2) keine Nachfrage-Interdependenzen zwischen End-produkt- und Zwischenproduktmarkt[4],

---

1) Bereits Stackelberg hat bewiesen, daß bei vertikaler Integration in den Fällen "A" und "B" die Grenzkosten der richtige Verrechnungspreis sind, da dann gilt: Marktpreis = Grenzkosten. Vgl. Stackelberg [Kostentheorie], S. 69 - 74.

2) Vgl. Hirshleifer [Economics]. Die Tabelle ist nur gültig, wenn die auf S. 108 f. genannten Voraussetzungen erfüllt sind.

3) Fehlen technologischer Interdependenz bedeutet, daß die Kostenfunktionen der beiden Sparten voneinander unabhängig sind (mit Ausnahme des Einflusses, der von der Höhe der ausgetauschten Transfermenge ausgeht). Es muß gelten $K(x_1, x_2) = K_1(x_1) + K_2(x_2)$.

4) Vgl. zu den mittelbaren Auswirkungen vertikaler Unternehmungskonzentration auf Zwischen- und Endproduktmarkt Schneider [Preistheorie], S. 151 ff. Voraussetzung 2) besagt, daß die Kreuzpreiselastizität von End- und Zwischenprodukt Null ist.

3) konvexe Kostenfunktion[1],

4) konkave Preisabsatzfunktion[2],

5) die Abteilungen entscheiden autonom unter Sicherheit,

6) die Abteilungen und die Gesamtunternehmung verfolgen das Ziel der Gewinnmaximierung,

7) keine knappen Kapazitäten,

8) keine Lagerhaltung.

1. Sequentielle Interdependenz

a) Darstellung des Modells

Zur Darstellung der Verrechnungspreisbildung bei sequentieller Interdependenz (vgl. Abb. 24)[3] werden die Marktsituation im Fall C2 (vgl. Tab. 1) und die dort genannten Voraussetzungen zugrunde gelegt. Auf dem Zwischenproduktmarkt für X_A[4] herrscht unvollkommene Konkurrenz (fallende Preisabsatzfunktion). Die Vorstufe (A) kann ihre Gesamtausbringung x_A aufteilen: intern wird die Teilmenge x_{Ai} zum Verrechnungspreis t an die Endstufe (B) geliefert und extern die Teilmenge x_{Ae} zum Preis von $p_{Ae}(x_{Ae})$ an den Zwischenproduktmarkt. Die Gesamtausbringung von A beträgt: $x_A = x_{Ae} + x_{Ai}$. Die Endstufe (B) darf die Zwischenproduktmenge x_{Ai} nur intern beziehen und nach Weiterverarbeitung die Endproduktmenge $x_B = x_{Ai}$[5] zum Preis $p_B(x_B)$ auf dem

---

1)2) Zumindest eine der beiden Funktionen muß streng konvex bzw. konkav sein, damit die Konkavität der Gewinnfunktion gesichert ist.

3) Die Vorstufe wird mit A, die Endstufe mit B bezeichnet.

4) X_A = Bezeichnung für das Produkt A, x_A = Menge des Produktes X_A.

5) Es wird unterstellt, daß zur Erstellung einer Einheit X_B eine Einheit X_{Ai} benötigt wird.

unvollkommenen Endproduktmarkt verkaufen. Es stellt sich die Frage, wie hoch der Transferpreis t für interne Lieferungen sein muß, damit die Profit-Center A und B autonom die für die Gesamtunternehmung gewinnmaximalen, externen Verkaufsmengen x_{Ae}^{o} und x_{B}^{o} und die gesamte zu produzierende Menge bestimmen können.

Lösung der Zentrale

Zuerst soll die Lösung aus der Sicht der Zentrale bei Kenntnis aller Erlös- und Kostenfunktionen erörtert werden; danach folgt die Beschreibung des Verrechnungspreismechanismus für autonome Entscheidungen von A und B. Die Erlöse der Abteilung B auf dem Endproduktmarkt werden mit $E_B(x_B) = x_B p_B(x_B)$ bezeichnet. Die Verarbeitung der Menge $x_B = x_{Ai}$ in Abteilung B verursacht variable Kosten in Höhe von $K_B(x_B)$. Fixkosten werden nicht berücksichtigt. Die Abteilung A erzielt auf dem externen Zwischenproduktmarkt Erlöse $E_{Ae}(x_{Ae}) = x_{Ae} p_{Ae}(x_{Ae})$. Die Herstellung der Gesamtmenge $x_A = x_{Ae} + x_{Ai}$ bedingt variable Kosten $K_A(x_A)$. Fixkosten werden nicht berücksichtigt. Die Unternehmungsleitung steht dann vor folgendem Maximierungsproblem:

(1) $\max \quad G = E_B(x_B) - K_B(x_B) + E_{Ae}(x_{Ae}) - K_A(x_A).$

Mit $x_A = x_{Ai} + x_{Ae}$ und $x_{Ai} = x_B$ läßt sich schreiben:

(2) $\max \quad G(x_B, x_{Ae}) = E_B(x_B) - K_B(x_B) + E_{Ae}(x_{Ae}) - K_A(x_{Ae} + x_B).$

Unter den auf S. 108 f. genannten Voraussetzungen liegt für die Mengen x_{Ae}^{o}, $x_{B}^{o} = x_{Ai}^{o}$ eine gewinnmaximale Ausbringung vor, wenn gilt:

(3) $\partial G/\partial x_B = 0 \qquad E_B'(x_B^o) - K_B'(x_B^o) = K_A'(x_A^o)$

(4) $\partial G/\partial x_{Ae} = 0 \qquad E_{Ae}'(x_{Ae}^o) = K_A'(x_A^o).$

Es ergibt sich als Maximumbedingung, daß die Grenzerlöse auf jedem Markt[1] jeweils gleich den Grenzkosten der gesamten Ausbringung sein müssen.

(5)	$E'_B(x^o_B) - K'_B(x^o_B)$ =	$E'_{Ae}(x^o_{Ae})$	=	$K'_A(x^o_A)$	
	Nettogrenzerlös des Endproduktmarktes $E'_{Bn}(x^o_B)$	Grenzerlös des Zwischenproduktmarktes		Grenzkosten der Gesamtausbringung $x^o_A = x^o_B + x^o_{Ae}$	

Die Unternehmung verhält sich somit in Bezug auf die beiden Märkte wie ein diskriminierender Monopolist.[2] Graphisch erhält man die optimale Lösung als Schnittpunkt der Grenzkostenkurve $K'_A(x_A)$ mit der Horizontaladdition aus Nettogrenzerlöskurve $E'_{Bn}(x_B)$ und Grenzerlöskurve $E'_{Ae}(x_{Ae})$ (vgl. Abb. 27).

Die Aufteilung der Gesamtmenge x^o_A auf die einzelnen Märkte ergibt sich aus der Gleichsetzung der Grenzerlöse jedes Marktes mit den Grenzkosten $K'(x^o_A)$ bei dieser gewinnmaximalen Ausbringung x^o_A. Es werden die Preise p^o_{Ae} und p^o_B erzielt. Der Gesamtgewinn entspricht der Summe aus den Dreiecksflächen: $\overline{ojg}$ + $\overline{ghl}$ + $\overline{gik}$.

---

1) Der Verkauf an B wird von A als eine - zum Verkauf auf dem Zwischenproduktmarkt - zusätzliche Absatzmöglichkeit betrachtet. Der "Grenzerlös" für X_{Ai} auf diesem Markt ist der "Nettogrenzerlös" $E'_{Bn}(x_B) = E'_B(x_B) - K'(x_B)$, mit $x_B = x_{Ai}$.

2) Vgl. zum Begriff Wöhe [Betriebswirtschaftslehre], S. 434 f. (Preisdifferenzierung wird synonym mit Preisdiskriminierung benutzt).

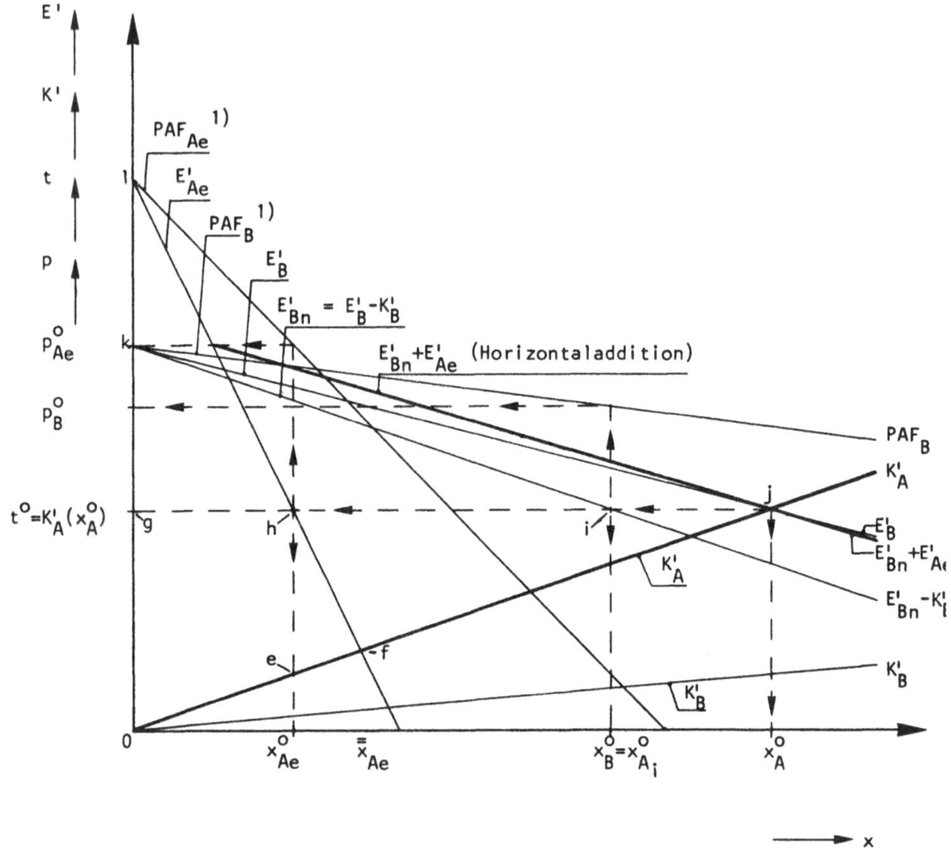

Abb. 27: Verrechnungspreis bei sequentieller Interdependenz und Marktsituation C2[2)]

---

1) PAF = Preisabsatzfunktion

2) Die folgende Darstellung folgt den Ausführungen von Hirshleifer [Economics], S. 179. Zur Vereinfachung der Darstellung wurden lineare Grenzkurven gewählt. Nichtlineare Kurven führen unter den gemachten Voraussetzungen zu ähnlichen Ergebnisse.
Der optimale Verrechnungspreis t^o wird auch als t^C bezeichnet, da er der Ausbringung im Cournotschen Fall entspricht.

Dezentrale Lösung

Wird ein einheitlicher Verrechnungspreis t pro Zwischenproduktmenge x_{Ai} angesetzt, so stellt der Transferpreis für A einen Erlös pro Produktmenge x_{Ai} und für B Faktoreinsatzkosten pro Produktmenge $x_B = x_{Ai}$ dar. Die Bereichsleiter haben mithin folgende Maximierungsprobleme zu lösen:

$$(6) \quad A: \quad \max G_A = E_{Ae}(x_{Ae}) + tx_{Ai} - K_A(x_{Ae}+x_{Ai})$$

$$(7) \quad B: \quad \max G_B = E_B(x_B) - K_B(x_B) - tx_B.$$

Wird ein Verrechnungspreis t^+ vorgegeben, so finden sie als Lösung des Maximierungsproblems die für ihre Bereiche gewinnmaximalen Mengen x_{Ai}^+, x_{Ae}^+, x_B^+, welche die folgenden notwendigen Bedingungen erfüllen:[1]

Abteilung A:

$$(8) \quad \partial G_A/\partial x_{Ae} = 0 \qquad E'_{Ae}(x_{Ae}^+) = K'_A(x_A^+)$$

$$(9) \quad \partial G_A/\partial x_{Ai} = 0 \qquad t^+ = K'_A(x_A^+) \;^{1)}$$

Abteilung B:

$$(10a) \quad \partial G_B/\partial x_B = 0 \qquad E'_B(x_B^+) - K'_B(x^+) = t^+$$

$$(10b) \qquad E'_{Bn}(x_B^+) = t^+.$$

Wenn man $t^+ = t^0 = K'_A(x_A^0)$ setzt, dann produziert A die Mange x_A^0 und B nimmt die Menge x_B^0 ab. Setzt man Gleichung (9) in (10) unter der Bedingung: $t^+ = t^0$ ein, so zeigt sich, daß die Bedingungen erfüllt werden, die in Gleichung (5) für die Gesamtoptimalität gefordert werden. Akzeptieren die Sparten den Verrechnungspreis t^0 als Datum, so führen ihre autonomen Entscheidungen zum gleichen

1) Wegen der Voraussetzungen, die über die Kurvenverläufe gemacht wurden (s. S. 108 f.), sind die hinreichenden Bedingungen für ein Maximum in x_A^+, x_B^+ erfüllt.

Ergebnis wie die Zentralentscheidung. Abbildung 27 demonstriert die graphische Lösung der autonomen Entscheidungsfindung. Abteilung B setzt ihre Nettogrenzkostenkurve $(E_B' - K_B')$ gleich t^o und benötigt $x_B^o = x_{Ai}^o$. Abteilung A findet die optimale Beschäftigung durch Gleichsetzen von K_A' mit t^o, d. h. unter den Voraussetzungen des Falles C2 gilt die Regel: Verrechnungspreis t^o = Grenzkosten der liefernden Sparte K_A' an der Stelle x_A^o.
Die Ermittlung der Höhe des Verrechnungspreises - d. h. die Organisation der Verrechnungspreisbildung - kann auf verschiedene Weise erfolgen:

i) Die Abteilungen melden Grenzerlös- und Grenzkostenfunktionen an die Zentrale, die den Verrechnungspreis t^o ermittelt und allen Abteilungen verbindlich vorschreibt. Auf der Basis von t^o lösen die Abteilungen autonom ihr Entscheidungsproblem.

ii) Eine der Abteilungen übermittelt die jeweils fehlende Information an die andere Abteilung, die dann den Verrechnungspreis errechnet und zurückmeldet. Folgende Verrechnungspreisregeln ergeben sich, wenn A die Informationen sammelt:[1)]

<u>Abteilung B (Endstufe):</u>

1. Ermittle die Nettogrenzerlöskurve $(E_B' - K_B')$ und sende diese Information an die Vorstufe (A).
2. Akzeptiere den Verrechnungspreis t^o und produziere die Menge, die sich im Schnittpunkt von $(E_B' - K_B')$ mit t^o ergibt.

<u>Abteilung A (Vorstufe):</u>

1. Ermittle E_{Ae}' und bilde die horizontale Summe aus E_{Ae}' und $(E_B' - K_B')$.
2. Produziere, wo sich K_A' mit der horizontalen Addition von E_A' und $(E_B' - K_B')$ schneidet.

---

1) Vgl. Hirshleifer [Economics], S. 179 f.

3. Lege t^o fest und melde es an die Abteilung B.
4. Verkaufe die Menge x^o_{Ae} zum Preise p_{Ae} an den externen Markt und liefere $x^o_{Ai} = x^o_B$ an die Endstufe zum Verrechnungspreis t^o.

Fehlender externer Markt

Existiert kein externer Markt (Fall A1, A2) für das Zwischenprodukt, so vereinfacht sich das Problem wie folgt:

Die Zielfunktion der Zentrale (Gleichung (1)) wird zu:

(11) $G(x) = E_B(x_B) - K_B(x_B) - K_A(x_A)$ mit: $x = x_A = x_B$,

und die Optimalitätsbedingung (5) wird zu:

(12a) $E'_B(x^o) - K'_B(x^o) = K'_A(x^o)$

(12b) $E'_B(x^o) = K'_B(x^o) + K'_A(x^o)$.

Die Zielfunktionen der Bereiche (Gleichungen (6) und (7)) werden zu:

(13) $G_A(x_A) = tx_A - K_A(x_A)$

(14) $G_B(x_B) = E_B(x_B) - tx_B - K_B(x_B)$.

An die Stelle der bereichsindividuellen Optimalitätsbedingungen (8), (9), (10) treten mit $x_A = x_B = x$:

(15) $K'_A(x^+) = t^+$

(16) $E'_B(x^+) - K'_B(x^+) = t^+$.

Setzt man Gleichung (15) in Gleichung (16) ein und gibt einen Verrechnungspreis $t^+ = t^o = K'_A(x^o)$ vor, so erfüllen auch die individuellen Bereichsoptima die Bedingung (12) für das Gesamtoptimum.

b) Kritik des Hirshleifermodells

Im folgenden soll auf einige Nachteile des Modells für seine Anwendung in Spartenorganisationen hingewiesen werden. Viele der Kritikpunkte stammen von Hirshleifer selber.

Fehlende Prämisse

Für die Fälle C1 und C2 muß eine zusätzliche Prämisse eingeführt werden. Der interne Abnehmer B darf die von A zum Preis t^o gekaufte Menge nicht auf dem Zwischenproduktmarkt verkaufen, da dies durch Vergrößerung des Angebotes auf dem Zwischenmarkt zur Senkung des Preises p_{Ae}, einer Verringerung des Gewinns der Abteilung A und des Gesamtgewinns der Unternehmung führen kann (vgl. Abb. 27). Auf dem Zwischenmarkt entsteht ein Duopol. Allgemeingültige Aussagen über den Gleichgewichtspreis p_{Ae} und über Mengenanteile von A und B sind nicht möglich.[1] Es läßt sich nur sagen, daß durch Eintritt von B in den Zwischenmarkt der Gesamtgewinn der Unternehmung sinkt, da die nun realisierten Lieferungen an den Zwischenmarkt von der gewinnmaximalen Menge x^o_{Ae} abweichen.

Ausbeutung anderer Sparten

Beide Parteien müssen den Verrechnungspreis t^o als Datum akzeptieren, andernfalls besteht bei Fehlen eines externen Marktes (Fall A1, A2)[2] für Zwischenprodukte die Gefahr, daß sich eine Partei gegenüber der anderen monopolistisch bzw. monopsonistisch verhält und so den Gesamtgewinn der Unternehmung schmälert.

1) "Es gibt keine allgemein anerkannten Verhaltensannahmen für Duopolisten oder Oligopolisten, ... Daher gibt es viele verschiedene Lösungen für duopolistische und oligopolistische Märkte. Jede Lösung geht von einer anderen Verhaltensannahme aus." Henderson - Quandt [Theorie, 2. Aufl.], S. 185.

2) Vgl. hierzu die Darstellung der Fälle A1 und A2 auf S. 115 dieser Arbeit.

Im folgenden sollen mögliche Verhaltensweisen der Transferparteien bei fehlendem Zwischenproduktmarkt und unvollkommenem Endproduktmarkt (Fall A2) beispielhaft dargestellt werden[1] (vgl. Abb. 28).

A dominiert

Der Lieferant (A) beutet den Abnehmer (B) aus, wenn er die Nettogrenzerlöskurve $E'_B - K'_B = E'_{Bn}$ des B als seine Preisabsatzfunktion betrachtet und hierzu die marginale Kurve E'_{An} bildet. Der Schnittpunkt dieser Kurve mit der Grenzkostenkurve K'_A in Punkt k ergibt die monopolistische Lösung: Menge x^A [2], Preis auf dem Endproduktmarkt $p^A = p_n^A + K_B'^A$, Transferpreis t^A und Gewinne G_{ges}^A, G_A^A und G_B^A (Abb. 28).[3]

B dominiert

Der Abnehmer (B) dominiert, wenn er die Grenzkostenkurve K'_A des A als eigene Faktorangebotskurve betrachtet und hierzu die Kurve der Grenzausgabe A'_B bildet. Der Schnittpunkt dieser Kurve mit seiner Nettogrenzerlöskurve E'_{Bn} im Punkt u ergibt die monopsonistische Menge x^B mit dem entsprechenden Nettoendpreis $p_n^B = p^B - K_B'^B$ [4] und einem Verrechnungspreis t^B. Die Gewinne betragen G_{ges}^B für die Unternehmung, G_A^B für Abteilung A und G_B^B für Abteilung B.

---

1) Vgl. Poensgen [Geschäftsbereichsorganisation], S. 507.

2) Die genannten Beziehungen gelten jeweils nur für die Gleichgewichtspunkte, dies wird durch den hochgestellten Index A kenntlich gemacht.

3) In Abb. 28 wurde der Preis p^A nicht eingezeichnet, um die Abbildung übersichtlich zu gestalten. p^A ergibt sich aus der Addition von p_n^A und den Grenzkosten $K_B'^A$: $p^A = p_n^A + K_B'^A$.

4) Die Grenzkosten K'_B erscheinen nicht in Abb. 28, da zur Vereinfachung der Darstellung stets nur die Nettogrenzkosten $E'_{Bn} = E'_B - K'_B$ betrachtet werden. Aus demselben Grund wird auch $p^B = p_n^B + K_B'^B$ nicht abgebildet.

Cournotsche Lösung

Im Hirshleifer-Modell wurde bereits gezeigt, daß die Cournotsche Lösung zum Verrechnungspreis t^o im Schnittpunkt von K'_A und E'_{Bn} im Punkte r bei der Menge x^o führt (Abb. 28). Die Gewinne werden mit G^o_{ges}, G^o_A und G^o_B bezeichnet.

Unter der Voraussetzung, daß K'_A positiv und E'_{Bn} negativ geneigt sind, liegen die Gleichgewichtspunkte für Monopol und Monopson immer links vom Cournotschen Gleichgewichtspunkt. Der Transferpreis t^o wird immer zwischen den Preisen t^A und t^B liegen. Für die Gewinne gelten unter den genannten Voraussetzungen stets die folgenden Relationen:[1)]

(17) $G^A_A > G^o_A > G^B_A$ für Abteilung A

(18) $G^B_B > G^o_B > G^A_B$ für Abteilung B

Die Analyse zeigt, daß jede Abteilung ein starkes Interesse an einer Verfälschung des Verrechnungspreises hat, da es je nach Höhe von t zu erheblichen Gewinnverschiebungen kommt. Gleichzeitig ist keine Abteilung bestrebt, die Cournotsche Lösung G^o_A bzw. G^o_B zu realisieren. Es ist daher zweifelhaft, ob die Abteilungen ohne Eingriff der Zentrale - z. B. durch Überprüfung der Angaben zu Kosten- und Erlösfunktionen - eigenständig zu einer Lösung kommen, da es selbst für den Cournotschen Gleichgewichtspunkt keinen objektiven Schlüssel[2)] zur Aufteilung der Gewinne gibt. Falls ein vollkommener, externer Zwischenmarkt existiert, kommt es nicht zur Ausbeutung; bei unvollkommenem Markt (Fälle C1, C2) kann es in gewissen Grenzen, solange der Verrechnungspreis niedriger als der Zwischenmarktpreis p_{Ae} ist, zur Ausbeutung kommen.

---

1) Vgl. Henderson - Quandt [Theorie, 3. Aufl.], S. 226 f.

2) Vgl. Friedman [Preise], S. 239.

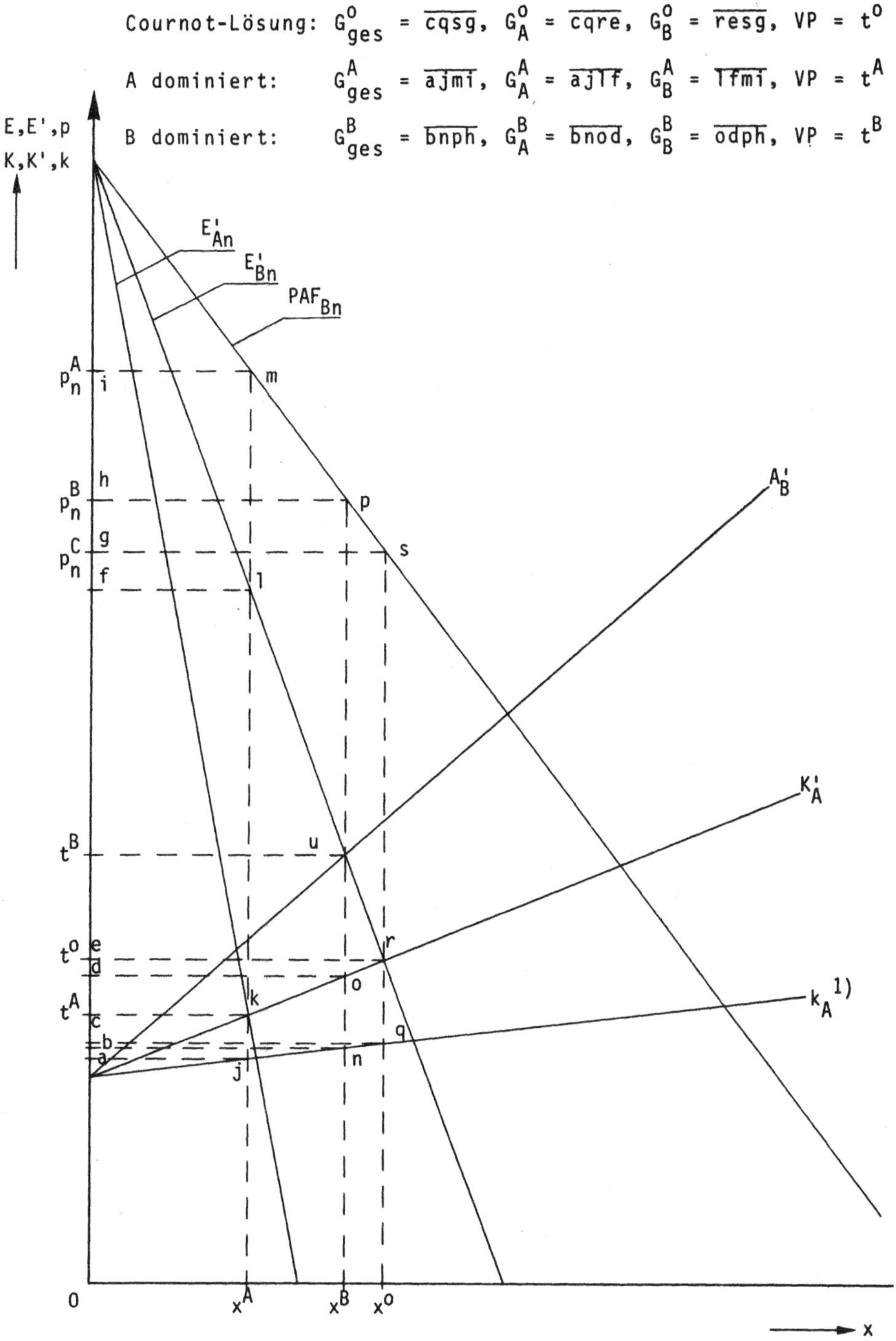

Abb. 28: Monopolistische Verrechnungspreisbildung im Fall A2

Fußnote 1) s. S. 120.

Arbeitsteilung

Es findet keine arbeitsteilige Lösung des Gesamtproblems statt. Wird das Entscheidungsproblem von der Zentrale gelöst, so erhält sie als Lösung die gewinnmaximalen Mengen und den Verrechnungspreis. Die Vorgabe des Verrechnungspreises an die dezentralen Einheiten löst dort zusätzliche Rechenoperationen zur erneuten Ermittlung der gewinnmaximalen Mengen aus. Es kommt zur Doppelarbeit. Dies gilt auch, wenn der Verrechnungspreis von einer der beiden Abteilungen ermittelt wird. Da jeweils B seine Nettoerlösfunktion an A geben muß (bzw. A seine Grenzkostenfunktion an B), löst eine Abteilung stets das gesamte Problem.

Informationsverarbeitung

Gegenüber einer Zentrallösung tritt keine Verbesserung der Qualität der Informationserfassung und der Geschwindigkeit der Informationsverarbeitung ein. Die Gefahr der Informationsverfälschung kann nicht behoben werden. Sammelt eine Sparte alle Informationen, so wird diese Gefahr allerdings vergrößert. Die Ermittlung des Verrechnungspreises sowie die abteilungsweise Lösung der jeweiligen Maximierungsprobleme ist aufwendiger als eine zentrale Mengenfestlegung.

Gewinnausweis

i) Gewinnausweis bei fehlendem externen Zwischenmarkt (Fälle: A1, A2):
Da ein externer Markt für Zwischenprodukte fehlt, sind A und B auf den Austausch von Zwischenleistungen ange-

---

1) (zu S. 119)
In Abb. 28 wurden zur Vereinfachung der Darstellung lineare Kurvenverläufe für K, k und E' gewählt. Dies stellt jedoch keine Einschränkung der Allgemeingültigkeit dar. Die Bedingung: $(K'_A > k_A \wedge K'_A = \text{linear} \wedge k = \text{linear})$ wird z. B. von der Kostenfunktion $K(x) = m_2 x^2 + bx$ erfüllt, da $k = K(x)/x = b + m_2 x$ linear ist und ebenfalls: $dK(x)/dx = b + 2m_2 x = b + m_1 x = K'(x)$, mit $m_1 > m_2$ bzw. $m_1 = 2m_2$.

wiesen. Wird eine der beiden Abteilungen stillgelegt, so muß auch die andere Abteilung die Produktion einstellen; der Gesamtgewinn der Unternehmung fällt auf Null. Der einer einzelnen Abteilung zugerechnete Gewinn kann daher keine Grundlage für Investitions- bzw. Desinvestitionsentscheidungen sein; es ist stets eine Totalbetrachtung erforderlich.

Bei linearem Kostenverlauf ($K_A' = const$) führt ein Verrechnungspreis in Höhe der Grenzkosten $K_A' = t^o$ dazu, daß die Abteilung A keinen Gewinnbeitrag erzielt und somit stets einen Verlust in Höhe der Fixkosten ausweist. Der Gesamtgewinnbeitrag in Höhe von

$G_{ges} = \int_0^{x^o} [E_{Bn}'(x) - K_A'(x)]dx$ fällt der Abteilung B

zu: $G_{ges} = G_B$. Bei konvexem Verlauf der Gesamtkostenfunktion verbleibt der Abteilung A der Gewinnbeitrag

$G_A = \int_0^{x^o} [t^o - K_A'(x)]dx.$[1)]

ii) Gewinnbeitrag bei fehlendem vollkommenen Zwischenmarkt:

Hirshleifer selbst weist darauf hin, daß sein Modell für nicht-marginale Entscheidungen ungeeignet ist: "For non-marginal adjustments like abandoning a subsidiary, the autonomous calculations based on transfer-price rule discussed will not generally be correct, and a correct decision requires an over-all examination of the cost and revenue functions of the firm as a whole."[2)] Nur wenn ein vollkommener Zwischenproduktmarkt (Fall B1, B2) existiert, wird der Gewinnbeitrag richtig ermittelt. Bei unvollkommenem Zwischenmarkt

---

1) Der Fall ($K_A' = const$) wird hier nicht näher untersucht.

2) Hirshleifer [Economics], S. 180.

führt der für eine Abteilung ausgewiesene Gewinnbeitrag zu falschen Ergebnissen. Dies sei anhand des Falles C2, der in Abb. 27 wiedergegeben wird, dargestellt.
Es scheint, wenn die Fixkosten von B den Gewinnbeitrag von B ($G_B = \overline{gik}$) übersteigen, sollte diese Abteilung geschlossen werden.[1] Diese Analyse ist jedoch falsch, da die internen Lieferungen x^o_{Ai} auch bei A zu einem Gewinnbeitrag führen. Wird B geschlossen, dann entfallen alle internen Lieferungen.

A setzt dann auf dem Zwischenproduktmarkt die Menge $\bar{\bar{x}}_{Ae}$[2] mit $x^o_A > \bar{\bar{x}}_{Ae} > x^o_{Ae}$ ab. Die echte Gewinneinbuße beträgt also $\overline{gik} + \overline{hfj}$. Erst wenn die Fixkosten von B diesen Betrag übersteigen, ist die Stillegung von B sinnvoll. Auch in diesem Fall zeigt die Analyse, daß eine Gesamtbetrachtung notwendig ist. Abteilungsbezogene Gegenüberstellungen von zugerechnetem Gewinn und Fixkosten machen keine Aussagen über den echten Gewinnbeitrag einer Abteilung; damit entspricht das Modell auch nicht den Anforderungen, die es hinsichtlich der Motivierung des Abteilungsmanagementes erfüllen sollte.

Sieht man vom Fall des vollkommenen Zwischenmarktes ab, so scheint der Verrechnungspreismechanismus wenig zur Steigerung der Leistungsanstrengung der Bereichsmanager beizutragen, da der Gewinnausweis nicht den wirklichen Beitrag zum Gesamtgewinn der Unternehmung widerspiegelt. In einigen Fällen garantiert der Preis nicht einmal die Deckung der Fixkosten, so daß manche Abteilungen stets mit einem Verlust abschließen, obwohl ihr Weiterbetrieb sinnvoll ist.

---

1) Die Problematik langfristiger Entscheidungen aufgrund von Kosteninformationen wird hier nicht berücksichtigt.

2) $\bar{\bar{x}}_{Ae}$ ergibt sich aus dem Schnittpunkt von E'_{Ae} mit K'_A im Punkt f der Abbildung 27, S. 112 dieser Arbeit.

Entscheidungsautonomie

Sollten die Bereichsleiter durchschauen, nach welchem System der Verrechnungspreis ermittelt wird, so muß bezweifelt werden, ob das System einen Beitrag zur Befriedigung von Autonomiebedürfnissen leistet, da ihre Aufgabe in der Lösung eines bereits gelösten Maximierungsproblems besteht. Es ist fraglich, ob die Abteilungen dem Verrechnungspreis t^o die gleiche Bedeutung wie einem externen Marktpreis zumessen und ihn als Datum akzeptieren. Ob in einer solchen Entscheidungssituation subjektiv Entscheidungsautonomie empfunden wird, ist eine empirische Frage[1] und kann hier nicht beantwortet werden.

Innovation

Als Beispiel für Innovationen soll hier die Einführung eines Herstellverfahrens betrachtet werden, das zu geringeren variablen Kosten führt (vgl. Abb. 29).

Bei nichtlinearen Gesamtkostenverläufen und linearen Grenzkostenverläufen (vgl. Abb. 29) läßt sich nicht allgemeingültig festlegen, ob der Gewinnbeitrag G_{Ai} größer oder kleiner als G_A ist, da die Höhe des Gewinnbeitrages auch vom Verlauf der Grenzerlöskurve E'_{Bn} abhängt.

---

1) Dies gilt unabhängig davon, ob die Zentrale oder jeweils eine der Abteilungen den Verrechnungspreis t^o ermittelt und weiterleitet.

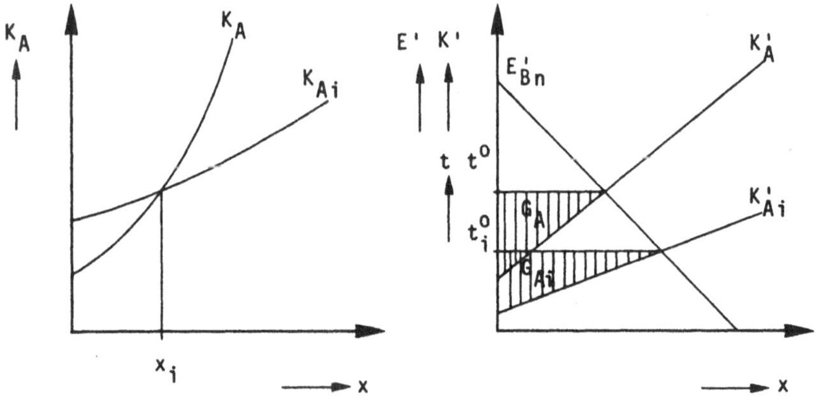

t^o = Verrechnungspreis vor der Innovation
t_i^o = Verrechnungspreis nach der Innovation
K_A = Gesamtkosten vor der Innovation
K_{Ai} = Gesamtkosten nach der Innovation
K'_A = Grenzkosten vor der Innovation
K'_{Ai} = Grenzkosten nach der Innovation
x_i = Menge, ab der sich die Einführung des neuen Verfahrens lohnt
G_A = Gewinnbeitrag vor Innovation
G_{Ai} = Gewinnbeitrag nach Innovation

Abb. 29: Verrechnungspreis und Innovation

Bei linearem Gesamtkostenverlauf besteht für die Abteilung A kein Anreiz zur Innovation, da der Gewinnbeitrag der Abteilung stets null bleibt. Die in der Praxis verwendeten Kostenrechnungsmodelle gehen in der Tat von linearen Kostenverläufen aus[1], sie gelten als gute Näherung für den wirklichen Kostenverlauf. Dies stellt ein Hindernis zur Kostenreduktion dar. Das Problem läßt sich nur durch Festsetzung eines Planverrechnungspreises für eine bestimmte

---

1) Vgl. zu dieser Prämisse Kilger [Plankostenrechnung], S. 140 ff.

vorher festgelegte Dauer umgehen. Alle Kostenersparnisse, die gegenüber dem Planpreis erreicht werden, kommen der Abteilung zugute. Dieses Verfahren hat aber zwei Nachteile:

1. Durch Festlegung des Verrechnungspreises für eine längere Periode geht seine aktuelle Lenkungsfunktion verloren. Eine Mengenanpassung (Koordination) der Abteilungen kann auf diesem Wege nicht mehr erreicht werden.

2. Innovationen werden bis zum Beginn der jeweils nächsten Planungsperiode verschoben, da die Abteilung dann ihre Kostenersparnisse für einen längeren Zeitraum realisieren kann.[1]

Statisches Modell[2]

Das Modell berücksichtigt keine zeitlichen Interdependenzen. Lernverhalten der Transferparteien spielt keine Rolle.

Interdependenzen

Kosten- und Erlösinterdependenzen sowie das Problem der Gemeinkostenallokation werden nicht berücksichtigt. Hirshleifer hat das erste Problem selbst untersucht (siehe Punkt 2 dieses Abschnittes).

Produktionsfunktion[3]

Abdel-khalik und Lusk kritisieren, daß Hirshleifers Modell von einer Produktionsfunktion mit konstanten Grenzerträgen (linear homogene Produktionsfunktion) ausgehe. Diese Pro-

---

1) Vgl. hierzu Poensgen [Geschäftsbereichsorganisation], S. 509 f. Ein ähnliches Phänomen läßt sich bei der Neuaufnahme von Akkordzeiten zum Zweck der analytischen Arbeitsplatzbewertung feststellen.

2) Vgl. hierzu Abdel-khalik - Lusk [Synthesis], S. 14.

3) Vgl. Abdel-khalik - Lusk [Synthesis], S. 15.

duktionsfunktion kann in der Praxis in manchen Beschäftigungsintervallen ungültig sein, d. h. die Linearität der Kostenfunktion ist nicht stets gesichert.[1] Die von Abdel-khalik und Lusk vorgebrachte Kritik ist hier nicht relevant, da für das Hirshleifer-Modell keine Linearitätsprämisse notwendig ist. Von Hirshleifer wurden auch andere, nichtlineare Modelle behandelt.[2]

Motivation

Hier sollen noch einmal kurz die unter den verschiedenen Kritikpunkten genannten Motivationsaspekte zusammengefaßt werden. Die Gewinnzurechnung ist unbefriedigend, da z. B. Kostensenkungen oder Beschäftigungsausweitungen nicht leistungsproportional belohnt werden. Es ist fraglich, ob der Entscheidungsmechanismus positive Motivationswirkung durch Gewährung von Autonomie hervorrufen kann. Es besteht die Gefahr der Informationsverfälschung.

Mehrproduktfall und Engpässe

Bei mehr als zwei Produkten und mehr als einem Engpaß lassen sich mit marginalanalytischen Methoden keine Verrechnungspreise mehr ermitteln; daher konnte Hirshleifer diese Fälle mit seinem Instrumentarium nicht analysieren.

---

1) Vgl. Wöhe [Betriebswirtschaftslehre], S. 333.

2) Hirshleifer [Economics], S. 176 f.

2. Marktinterdependenzen aufgrund von Überschneidungen in der externen Nachfragesituation[1]

Zwei Arten externer Marktinterdependenzen, die hier in der Form der Erlösinterdependenz behandelt werden, können unterschieden werden:

a) vertikale Erlösinterdependenz zwischen End- und Zwischenproduktmarkt[2],

b) horizontale Erlösinterdependenz zwischen zwei Endproduktsparten.[3]

a) Vertikale Erlösinterdependenz

Die Aufhebung der Prämisse der Erlösunabhängigkeit von Zwischen- und Endmarkt führt zum Fall der vertikalen Erlösinterdependenz. Schneider weist nach, daß mit Hilfe der klassischen Preistheorie keine Aussagen über die Lage der Preisabsatzfunktionen in Zwischen- und Endproduktmarkt möglich sind.[4] Hirshleifer umgeht das Problem, indem er nur den Extremfall der "vollkommenen Interdependenz" untersucht; dabei herrscht auf dem Endmarkt polypolistische Konkurrenz, während die Vorstufe (A) der Unternehmung im Zwischenmarkt als monopolistischer Anbieter auftritt (vgl. Abb. 30). Eine allgemeine Lösung für einen optimalen Verrechnungspreis kann er nicht angeben.
Hirshleifer unterscheidet einen kurzfristigen und einen langfristigen Aspekt.[5] Langfristig stellt sich im Endproduktmarkt ein polypolistisches Gleichgewicht ein. Es

---

1) Vgl. dazu S. 32 dieser Arbeit.

2) Vgl. Hirshleifer [Economics], S. 180 ff.; vgl. dazu auch Schneider [Preistheorie].

3) Vgl. Hirshleifer [Firm], S. 96 - 101.

4) Schneider [Preistheorie], S. 153 ff.

5) Hirshleifer [Economics], S. 181.

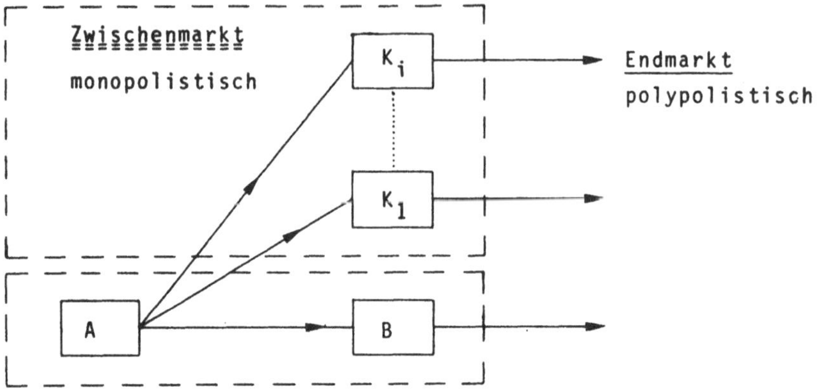

Abb. 30: Vollkommene vertikale Interdependenz
A und B: Abteilungen der betrachteten Unternehmung
K_1 ... K_i: externe Konkurrenten der Endstufe (B)

lohnt sich daher für A nicht, die Endstufe (B) zu subventionieren. Die Unternehmung maximiert ihren Gewinn, wenn der Verrechnungspreis gleich dem Monopolpreis im Zwischenproduktmarkt ist.[1)] Kurzfristig stellt sich kein Wettbewerbsgleichgewicht ein, einige Produzenten erhalten noch eine Produzentenrente. In diesem Fall lohnt sich die Subventionierung der Endstufe über den Verrechnungspreis. Der Verrechnungspreis liegt dann zwischen dem Monopolpreis und den Grenzkosten K'_A.[2)]

b) Horizontale Erlösinterdependenz

Die horizontale Erlösinterdependenz geht davon aus, daß zwei Endproduktsparten B und A teilweise um einen Markt konkurrieren (Abb. 31).

1) Diese Ansicht ist etwas problematisch, wenn man die Möglichkeit eines Verdrängungswettbewerbes bedenkt.

2) Vgl. Hirshleifer [Economics], S. 182.

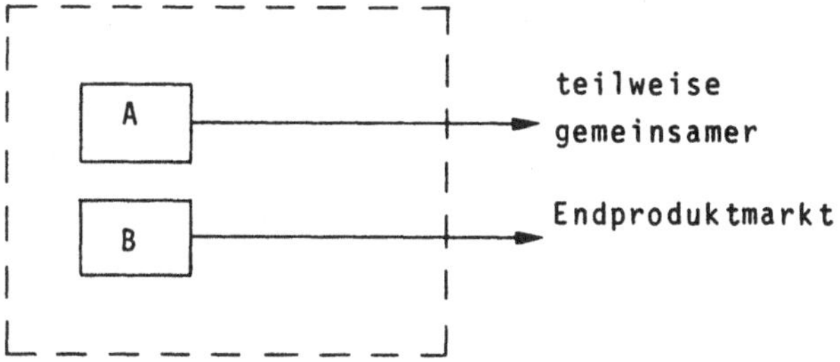

Abb. 31: Horizontale Erlösinterdependenz

Hirshleifer schlägt als Lösung die "Besteuerung"[1] der individuellen Spartenumsätze vor, so daß der individuelle Grenzerlös nach "Besteuerung" dem Grenzerlös der Unternehmung gleicht. Eine Alternative zur "Besteuerung" stellt die vorläufige Festlegung von Marktquoten durch die Zentrale dar mit dem Recht, jeweils von der anderen Sparte Quoten zu kaufen. Allerdings treten dabei ähnliche Probleme wie im bilateralen Monopol auf.

Die zuvor genannten Kritikpunkte bleiben bestehen. Werden die Preise für die Marktquoten ebenso wie die "Steuer" durch die Zentrale festgelegt, so benötigt sie die totale Kenntnis aller Preisabsatzfunktionen und ihrer Abhängigkeit voneinander. Eine Voraussetzung, die in der Praxis selten erfüllt ist. Werden die Preise für Marktquoten durch Verhandlungen zwischen den Sparten ermittelt, so besteht die Gefahr der gegenseitigen Ausbeutung oder es kommt zu keinem Verhandlungsergebnis.

1) Diese "Steuer" kann nicht ohne weiteres als Verrechnungspreis interpretiert werden, da keine Leistungsbeziehungen zwischen Zentrale und Sparten bestehen.

3. Ressourceninterdependenz aufgrund von Überschneidungen in der internen Angebotssituation

Hirshleifer[1] bildet für eine Unternehmung mit mehreren Produkten folgende Kostenkategorien:

i) gemeinsame Fixkosten (common fixed costs)
ii) separable Fixkosten (separable fixed costs)
iii) separable variable Kosten (separable variable costs)
iv) gemeinsame variable Kosten (common variable costs)

Als Beispiel für die möglichen Folgen einer Überschneidung in der internen Angebotssituation wählt Hirshleifer gemeinsame variable Kosten, die in der in Abb. 32 wiedergegebenen Situation auftreten.

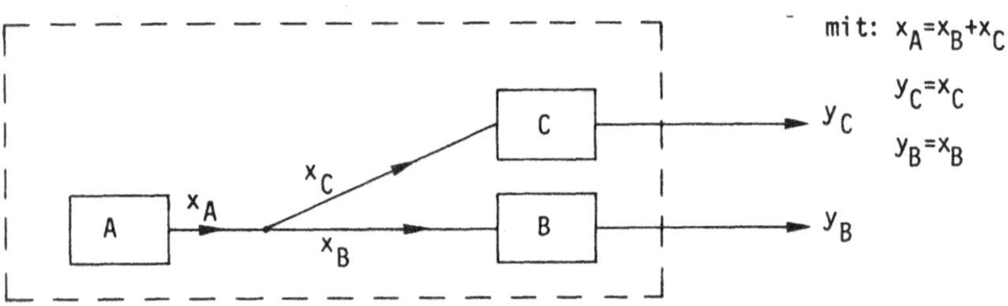

Abb. 32: Ressourceninterdependenz von C und B[2]

x_A = von A produzierte Menge ($x_A = x_C+x_B$)
x_B = von A an B intern gelieferte Menge
x_C = von A an C intern gelieferte Menge
y_B = von B an den Endmarkt gelieferte Menge
y_C = von C an den Endmarkt gelieferte Menge

1) Vgl. zu den folgenden Ausführungen Hirshleifer [Firm], S. 101 ff.

2) Vgl. dazu S. 32 dieser Arbeit.

A ist der einzige Lieferant von C und B. Durch Realisierung verschiedener Beschäftigungsniveaus beeinflussen sich wegen der mengenabhängigen Änderung der Grenzkosten K'_A die Herstellkosten der Abteilungen C und B gegenseitig. Weiter gilt:

(19) $K'_B = K'_A + K'_{Bs}$ Grenzkosten von B

(20) $K'_C = K'_A + K'_{Cs}$ Grenzkosten von C

mit K'_{Bs} und K'_{Cs} als jeweils separablem Anteil an den Gesamtgrenzkosten jeder Abteilung.
Da die einzelne Abteilung B bzw. C nicht die Mengenentscheidung der anderen Abteilung B bzw. C kennt, kann sie nicht das aktuelle Niveau der K'_A bestimmen. Sie kennt jeweils nur ihre eigenen separablen Grenzkosten (K_{Bs} bzw. K_{Cs}).

Die gewinnmaximalen Mengen der Abteilungen C und B werden durch die Beziehung (21) und (22) bestimmt:

(21)[1] $E'_B\ (x^o_B) = K'_B\ (x^o_B + x^o_C)$ mit $x_B = y_B$

(22)[2] $E'_C\ (x^o_C) = K'_C\ (x^o_C + x^o_B)$ mit $x_C = y_C$

Das Problem besteht nun darin, ein geeignetes Verfahren zu finden, daß es den Abteilungen erlaubt, individuell ihre jeweiligen Gesamtgrenzkosten, die von $x_A = x_B + x_C$ abhängen, zu bestimmen, ohne direkt Mengeninformation untereinander auszutauschen.
Aus den jeder Abteilung bekannten separablen Grenzkosten und Grenzerlösen werden die Nettogrenzerlöse abgeleitet:

(23) $E'_{Bn} = E'_B - K'_{Bs}$ Nettogrenzerlös B

(24) $E'_{Cn} = E'_C - K'_{Cs}$ Nettogrenzerlös C

---

1)2) Horizontale Erlösinterdependenzen seien ausgeschlossen, anderenfalls handelt es sich bei E'_C und E'_B um die "korrigierten" Grenzerlöse.

A befindet sich gegenüber B und C in der Situation eines Monopolisten[1], der durch vertikale Preisdifferenzierung seine gewinnmaximale Menge x_A^o realisiert:

(25) $K'(x_A^o) = E'_{Bn}\ (x_B^o) = E'_{Cn}\ (x_C^o)$

Da nun A ebenfalls nicht die individuellen Mengenentscheidungen x_B und x_C kennt, schlägt Hirshleifer folgenden Prozeß der Verrechnungspreisbildung vor: Ausgehend von einer Nachfrage x_A^1 setzt Abteilung A versuchsweise einen Verrechnungspreis[2] $t^1 = K_A^1\ (x_A^1)$. Die Abteilungen setzen diesen Verrechnungspreis ihren jeweiligen Nettogrenzerlösen gleich und ermitteln ihren Bedarf x_B^1 und x_C^1 (siehe Abb. 33).

(26) B: $t^1 = E'_{Bn}\ (x_B) \Rightarrow x_B^1$

(27) C: $t^1 = E'_{Cn}\ (x_C) \Rightarrow x_C^1$

Ist die Nachfrage $x_B^1 + x_C^1 \neq x_A^1$, so wird der Verrechnungspreis geändert. Dieser Informationsaustausch mit sukzessiver Preis- und Mengenänderung endet, wenn $x_B^i + x_C^i = x_A^o$ gilt.[3]

(28) $x_B^1 + x_C^1 > x_A^1 \Rightarrow$ setze $t^2 > t^1$

(29) $x_B^2 + x_C^2 < x_A^2 \Rightarrow$ setze $t^3 < t^2 \wedge t^3 > t^1$

Führe die Iteration fort bis:

(30) $x_B^n + x_C^n = x_A^n \Rightarrow$ setze $t^o = t^n = K'(x_A^i)$

1) A ist im exakten Sinne der Definition kein Monopolist, da A innerhalb des Verrechnungspreissystems keine freie Entscheidung treffen kann. Der Begriff "Monopolist" wird hier nur zur Kennzeichnung der Marktsituation benutzt, nicht jedoch im Hinblick auf B und C.

2) Die hochgestellte 1 bei t^1 bezeichnet die Iterationsstufe.

3) x_A^i = nachgefragte Menge beim i-ten Iterationsschritt.
x_A^o = Cournotsche Menge = optimale Ausbringung.

Der optimale Verrechnungspreis t^o ergibt sich als Folge eines "trial and error"-Prozesses. Eine feste Iterationsvorschrift $t^i = f(x_B^i + x_C^i)$ mit $i = (1,...i,...,n)$ kann nur für bestimmte Kurvenverläufe angegeben werden, da nur unter entsprechenden Voraussetzungen Konvergenz gesichert ist.

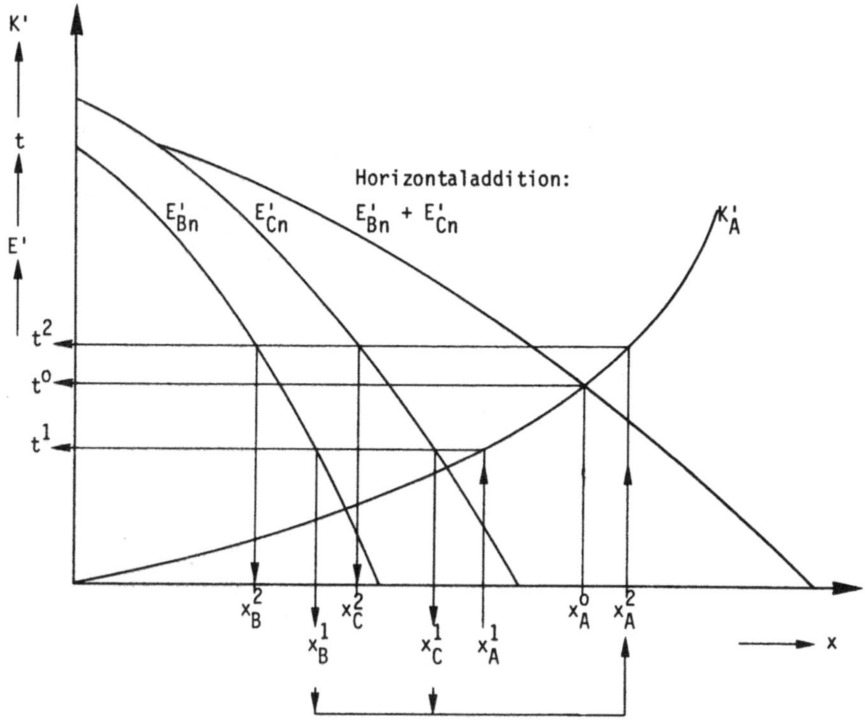

Abb. 33: Sukzessive Verrechnungspreisbildung bei Oberschneidung in der internen Angebotssituation

Zusammenfassend läßt sich sagen, daß Dauer und Umfang des Informationsaustausches länger und größer sind als bei zentraler Lösung.[1] Unter ungünstigen Bedingungen - spezielle Art der Kurvenverläufe - gibt es kein schnell konvergierendes Verfahren.[2] Im übrigen gelten die schon beim Hirshleifer-Modell unter Punkt 1 genannten Kritikpunkte.

III. Das Gould-Modell

Gould hat die bei Hirshleifer diskutierte Situation mit konstanten Preisen auf dem Zwischenproduktmarkt (Fall B1 und B2) erweitert um die Betrachtung unterschiedlicher Verkaufspreise (p_V) und Einkaufspreise (p_E). Die Berücksichtigung von Transportkosten kann zu einer solchen Abweichung vom Zwischenmarktpreis p führen.[3] Im folgenden wird damit vorausgesetzt, daß $p_E > p_V$ ist.

Die bekannte Entscheidungsregel bleibt bestehen: Produziere die Menge, bei der Grenzkosten = Grenzerlöse sind! Um unterschiedliche Ein-/Verkaufspreise in dieses Kalkül einbeziehen zu können, definiert Gould modifizierte Grenzerlös- und Grenzkostenkurven $\overline{E'}$ und $\overline{K'}$:

(1) $$\overline{E'_{Bn}} = \begin{pmatrix} E'_{Bn}(x_B) & | & E'_{Bn}(x_B) \geq p_V \\ p_V & | & E'_{Bn}(x_B) < p_V \end{pmatrix}$$ modifizierte Nettogrenzerlöskurve

1) Ein Beispiel für eine Zentrallösung wäre: B und C teilen A ihre Nettogrenzerlösfunktionen mit. A berechnet die optimalen x_B^0 und x_C^0 und teilt dies den beiden Abteilungen mit. Ein anderes Vorgehen bestände darin, daß A, B, C ihre Informationen an eine übergeordnete Stelle - "die Zentrale" - geben.

2) Siehe zum Hinweis, daß nur bestimmte Kurvenverläufe Konvergenz garantieren, Marschak [Theory], S. 86.

3) Vgl. Gould [Market], S. 61.

$$(2) \quad \overline{K_A'} = \begin{pmatrix} K_A'(x_A) & | & K_A'(x_A) \leq p_E \\ p_E & | & K_A'(x_A) > p_E \end{pmatrix} \quad \text{modifizierte Grenzkostenkurve}$$

Im Schnittpunkt von $\overline{E_{Bn}'}$ mit $\overline{K_A'}$ wird der Verrechnungspreis t festgelegt. Je nach Höhe der Ein-/Verkaufspreise nimmt der Verrechnungspreis t einen der folgenden Werte an (vgl. auch Gleichung 6):

(3) $t = p_E$

(4) $t = t^o$

(5) $t = p_V$

Mit Ausnahme von $t = t^o$ kommt es nicht zum Ausgleich von internem Angebot und interner Nachfrage.[1] Die Differenzmengen $x_A - x_B$ müssen am Zwischenproduktmarkt zugekauft oder verkauft werden. Da bei $t = p_E$ bzw. $t = p_V$ Lieferant bzw. Käufer gegenüber internen und externen Nachfragen/Angeboten indifferent sind, muß Bezugs- bzw. Lieferzwang beim gegebenen Preis eingeführt werden.
Der Prozeß der Verrechnungspreisbildung in dem von Gould untersuchten Fall wird im Vergleich zu Hirshleifers Modellen schwieriger, da die Höhe des Verrechnungspreises t von der Relation der Einkaufs- und Verkaufspreise im Zwischenmarkt abhängt. Drei unterschiedliche Relationen sind möglich:

(6a) $p_E > p_V > t^o \Rightarrow t = p_V$

(6b) $t^o > p_E > p_V \Rightarrow t = p_E$

(6c) $p_E > t^o > p_V \Rightarrow t = t^o$

---

1) t^o bezeichnet die Cournotsche Lösung, die sich als Schnittpunkt von E_{Bn}' mit K_A' ergibt; vgl. Gould [Market], S. 63.

Die Zentrale entscheidet aufgrund der von den Bereichen gewünschten Bezugs-/Liefermengen und Bezugs-/Lieferpreise, welche der drei Relationen gilt, und legt den Verrechnungspreis t fest.
Bei diesem Prozeß besteht, ähnlich wie im Hirshleifer-Modell, die Möglichkeit der Datenverfälschung durch die Bereiche, da durch entsprechende Manipulationen Monopolgewinne realisiert werden können. Die für die Hirshleifer-Modelle genannten Kritikpunkte gelten also auch hier.

IV. Das Ronen-McKinney-Modell[1)]

Ronen und McKinney haben ihr Modell entwickelt, um einige Nachteile des Hirshleifer-Ansatzes zu beheben. Sie betonen folgende Schwachstellen des Hirshleifer-Modells:[2)]

- Der Gewinnausweis für die einzelnen Sparten bildet ihren echten Gewinnbeitrag zum Gesamtgewinn nicht richtig ab. Stillegungsentscheidungen können nicht auf der Basis dieser Gewinngröße gefällt werden.
- Der Verrechnungspreis ist situationsabhängig. Er kann erst festgelegt werden, wenn die Wettbewerbssituation auf dem Zwischenproduktmarkt bekannt ist.[3)]
- Die Regeln zur Verrechnungspreisbildung führen zwar zum gewinnmaximalen Verrechnungspreis; sie sind aber nicht mit dem Konzept der Entscheidungsautonomie vereinbar, da sich die dezentralen Entscheider im Hirshleifer-Modell wie Mengenanpasser verhalten.

---

1) Vgl. hierzu Ronen - McKinney [Autonomy]; Abdel-khalik - Lusk [Synthesis], S. 13-14; Ronen [Synthesis]; Abdel-khalik - Lusk [Reply]; eine Anwendung auf das Problem externer Effekte versucht Ronen [Benefits].

2) Ronen - McKinney [Autonomy], S. 100 f.

3) Dieser Einwand gilt ebenso für das Gould-Modell. Dort steht die Zentrale vor dem Problem, aus dem internen Anbieter- und Nachfragerverhalten der beteiligten Sparten auf die Preisrelation im Zwischenproduktmarkt ($p_V \lesseqgtr p_E$?) schließen zu müssen. Erst dann kann der Verrechnungspreis t zentral festgelegt werden.

1. Voraussetzungen

Ronen - McKinney haben ähnlich wie Hirshleifer verschiedene Marktformen des Zwischen- und Endproduktmarktes behandelt. Hier soll der Fall des fehlenden Zwischenproduktmarktes (Fälle A1, A2) dargestellt werden.[1] Zwischen den Unternehmensbereichen A und B besteht sequentielle Interdependenz. Im übrigen gelten die für das vergleichbare Hirshleifer-Modell gemachten Voraussetzungen.[2]

Die Zentrale dient ausschließlich als Informationsübermittler und -manipulator. Sie greift nicht in die Entscheidungen der Abteilungen über die Höhe des Verrechnungspreises und der internen Liefermengen ein und teilt den Abteilungen nicht mit, ob ein Gleichgewichtspunkt erreicht ist, d. h. ob der Prozeß der Verrechnungspreisbildung beendet werden muß. Die Abteilungen entscheiden autonom über Mengen, Preise und ob der Prozeß der Verrechnungspreisbildung beendet wird. Sie treten jedoch nicht direkt miteinander in Kontakt, sondern erhalten alle Informationen von der Zentrale. Damit besteht ein Unterschied zu den bei Hirshleifer vorgeschlagenen Prozessen zur Verrechnungspreisbildung, in denen die Zentrale den Verrechnungspreis vorschreibt oder bei iterativen Verfahren feststellt, wann internes Angebot und interne Nachfrage ausgeglichen sind oder die Funktionen der Zentrale von einer der beiden Abteilungen wahrgenommen werden.

---

1) Die Ermittlung des Verrechnungspreises bei fehlendem externen Zwischenmarkt (Fälle A1, A2) im Hirshleifer-Modell wird auf S. 115 dieser Arbeit beschrieben.

2) Vgl. S. 108 f. dieser Arbeit.

2. Das Modell[1)]

(1) Informationsaustausch A $\longrightarrow$ Z:

Die Zentrale (Z) erfragt von der Vorstufe (A), welche Mengen x_A sie bei verschiedenen möglichen Verrechnungspreisen $t_A = t_A(x_A)$ anbieten würde. Bei fehlendem externen Markt wird diese Relation durch die Grenzkostenkurve $K_A'(x_A)$ wiedergegeben.

(2) Rechenoperation Z:

Z leitet aus der Grenzkostenkurve $K_A'(x_A)$ die Durchschnittskostenkurve $k_A(x_A)$ her:

$$(1) \qquad k_A = \frac{1}{x_A} \int_0^{x_A} K_A'(x_A)dx_A$$

(3) Informationsaustausch Z $\longrightarrow$ B:

Die Durchschnittskostenkurve $k_A(x_A)$ wird an die Endstufe B übermittelt. Sie stellt für B die Faktorangebotskurve[2)] dar und führt zum Transferpreis $t_B=t_B(x_B)$[3)], den B für jede Einheit x_A bezahlen müßte, wenn sich B zum Bezug einer bestimmten Menge x_A entscheiden würde:

$$(2) \qquad \text{Verrechnungspreis:}^{4)} \quad t_B(x_B) = k_A(x_A) \quad \text{mit: } x_A = x_B$$

---

1) Vgl. Ronen - McKinney [Autonomy], S. 103.

2) Die Faktorangebotsfunktion könnte als Verrechnungspreisfunktion für B bezeichnet werden. Diese Bezeichnung wird jedoch nicht eingeführt, da der Verrechnungspreis erst nach Auswertung der Faktorangebotsfunktion durch B selbständig festgelegt wird.

3) Es handelt sich bei t_A und t_B um komplementäre Verrechnungspreise.

4) Der Verrechnungspreis t_B stellt für B den Faktorpreis pro Faktoreinsatzmenge $x_A = x_B$ dar.

Die Ausgabe $A_B(x_B)$[1] der Abteilung B für die Einsatzfaktormenge x_A beträgt:

(3) $A_B = t_B x_B = x_A k_A(x_A) = K_A(x_A)$

Sie entspricht den gesamten variablen Kosten der Abteilung A.

(4) Informationsaustausch B ⟶ Z:

Die Zentrale (Z) erfragt von der Endstufe (B), welche Mengen sie bei verschiedenen möglichen Verrechnungspreisen nachfragen würde. Unter den hier gemachten Voraussetzungen wird diese Relation durch die Nettogrenzerlösfunktion $E'_{Bn} = E'_B - K'_B$ beschrieben.

(5) Rechenoperation Z:

Die Zentrale (Z) leitet aus der Nettogrenzerlöskurve E'_{Bn} die Durchschnittserlöskurve e_{Bn} ab.

(4) $$e_{Bn} = \frac{1}{x_B} \int_0^{x_B} (E'_B - K'_B)dx_B = \frac{E_B}{x_B} - \frac{K_B}{x_B} = \frac{p_B(x_B)x_B}{x_B} - \frac{K_B}{x_B}$$

(5) $$e_{Bn} = p_B(x_B) - k_B(x_B)$$ [2]

(6) Informationsaustausch Z ⟶ A:

Die Durchschnittserlöskurve $e_{Bn} = p_B(x_B) - k_B(x_B)$ wird der Vorstufe A als Nachfragefunktion[3] $t_A = t_A(x_A) = e_{Bn}$ mitgeteilt. A kann aus der Funktion $t_A(x_A)$ den Preis für jede interne Liefermenge x_A ablesen.

---

1) Die gesamten variablen Kosten von B betragen: $K_B(x_B) + A_B(x_B) = k_B(x_B)x_B + t_B x_A$. Siehe auch S. 141 dieser Arbeit.

2) $p_B(x_B)$ ist die PAF von B; e_{Bn} ist die Netto-PAF von B.

3) Die Nachfragefunktion könnte als Verrechnungspreisfunktion für A bezeichnet werden. Diese Bezeichnung wird jedoch nicht eingeführt, da der Verrechnungspreis erst nach Auswertung der Nachfragefunktion durch A selbständig festgelegt wird.

(7) Rechenoperation[1] A:

Die Vorstufe (A) verhält sich monopolistisch. Sie betrachtet die ihr mitgeteilte Nachfragefunktion $t_A(x_A)$ als die eigene Preisabsatzfunktion und bildet hierzu die Grenzerlöskurve. Durch Gleichsetzen mit der eigenen Grenzkostenkurve $K_A'(x_A)$ findet A die gewinnmaximale Ausbringungsmenge x_A^o und den Verrechnungspreis $t_A(x_A^o)$. Analytisch ergibt sich die Zielfunktion von A zu:

$$(6) \quad \max G_A = t_A(x_A)x_A - K_A(x_A) = E_A(x_A) - K_A(x_A)^{2)}$$

$$(7) \quad \frac{\partial G_A}{\partial x_A} = 0 \Rightarrow E_A'(x_A^o) = K_A'(x_A^o) \Rightarrow x_A^o \text{ und } t_A^o = t_A(x_A^o)$$

Gleichung (7) zeigt nach Ansicht von Ronen - McKinney, daß sich A autonom verhält, da A ähnlich wie eine unabhängige Unternehmung die optimale Menge x_A^o und den Preis t_A^o (hier Verrechnungspreis) festlegen kann.

Setzt man in die Gleichung (6) der Vorstufe (A) die nur der Zentrale bekannten funktionalen Beziehungen ein, so sehen wir, daß A das gleiche Entscheidungsproblem löst, wie es sich für die Gesamtunternehmung bei zentraler Entscheidung stellen würde (siehe Abb. 34). Aus

$$(8) \quad \max G_A = t_A(x_A)x_A - K_A(x_A)$$

mit $t_A(x_A) = e_{Bn}(x_B)$ und $x_A = x_B$ folgt:

$$(9) \quad \max G_A = p_B(x_B)x_B - k_B(x_B)x_B - K_A(x_A)$$

$$(10) \quad \max G_A = E_B(x_B) - K_B(x_B) - K_A(x_A)$$

Gleichung (10) macht deutlich, daß A das totale Entscheidungsproblem löst. Die von A ermittelte optimale

---

1) Man könnte statt von Rechenoperation auch von Entscheidung der Vorstufe (A) sprechen.

2) $E_A(x_A) = t_A(x_A)x_A$ ist der interne Erlös von A.

Transfermenge x_A^o ist identisch mit der Cournotschen Menge. Der Transferpreis $t_A^o(x_A^o)$ ist gleich dem Cournotschen Preis $p_n^o = p^o(x_B^o) - k_B(x_B^o)$. Somit ist der Gewinnbeitrag der Abteilung G_A^o identisch mit G_{ges}^o. G_A^o entspricht in Abb. 34 der Fläche $\overline{agj}$ bzw. $\overline{bfhd}$.

Abdel-khalik und Lusk haben den Einwand erhoben, daß es sich für A lohne, die Kostenangaben zu inflationieren ($K'_{A\ infl}$).[1] Wie aus Abb. 34 zu ersehen ist, trifft dies nicht zu. Die Transfermenge sinkt auf $x_{infl} < x^o$, somit verringert sich der Gewinn G_A um die Fläche $\overline{lmg}$ ($G_{A\ infl} = \overline{amlj}$).[2] Verbesserungen der Kostenstruktur lohnen sich für A. Ein flacherer Verlauf von K'_A führt zu einem größeren Gewinn (die Fläche $\overline{agj}$ vergrößert sich). Die Gefahr der monopolistischen Ausbeutung[3] besteht nicht, da sich der Gewinn dann auf $G_A^A = \overline{anj} < G_A$ bei einer Ausbringung von x_A^A verringert.

(8) Rechenoperation B:

Die Endstufe (B) erhält von der Zentrale die Faktorangebotsfunktion $t_B(x_A) = k_A(x_A)$. B steht dann vor dem folgenden Maximierungsproblem:

(11) $\max G_B = p_B(x_B)x_B - K_B(x_B) - t_B(x_A)x_A$ [4]

Mit $x_A = x_B$ folgt:

(12) $\max G_B = E_{Bn}(x_B) - A_B(x_B)$

---

1) Vgl. Abdel-khalik - Lusk [Synthesis], S. 14.

2) Die Gewinnermittlung erfolgt also auf der Basis von K'_A, nicht etwa $K'_{A\ infl}$.

3) Vgl. dazu S. 116 f. dieser Arbeit.

4) $K_B(x_B) = x_B k_B(x_B)$.

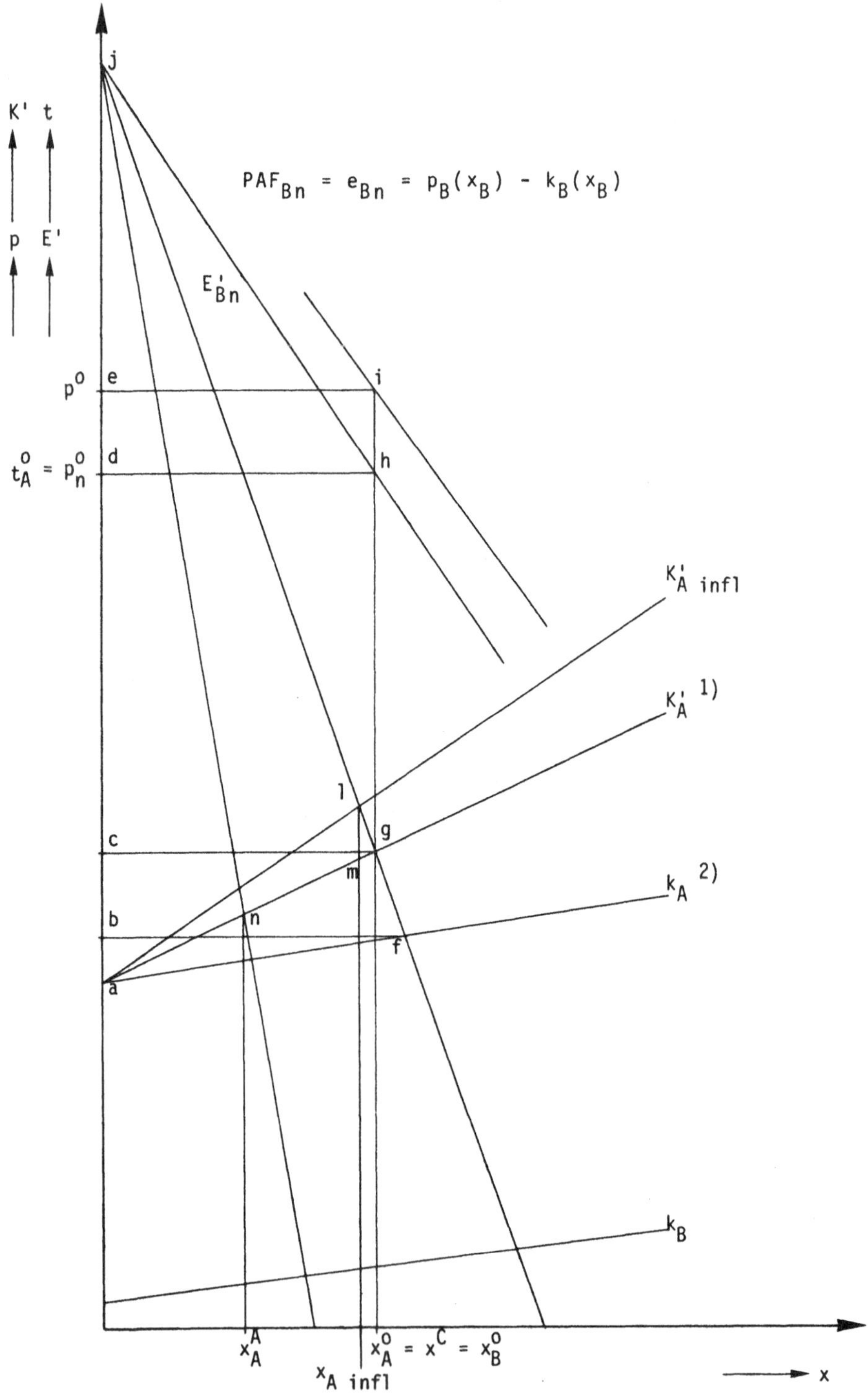

Abb. 34: Entscheidungssituation der Abteilung A

1)2) Vgl. zur Identität des Ordinatenabschnittes der Funktionen $K'_A(x_A)$ und $k_A(x_A)$ die Fußnote 1 auf S. 120 dieser Arbeit.

Notwendige Bedingung für ein Maximum in x_B^o ist:

$$(13) \quad \frac{\partial G_B}{\partial x_B} = 0 \Longrightarrow E'_{Bn}(x_B^o) = A'_B(x_B^o) \Longrightarrow x_B^o$$

B verhält sich also monopsonistisch, indem es den Nettogrenzerlös gleich seiner Grenzausgabe setzt. Der Verrechnungspreis t_B^o ergibt sich durch Einsetzen von $x_B^o = x_A^o$ in die Faktorangebotsfunktion $t_B^o = t_B(x_A^o)$.[1]

Setzt man die nur der Zentrale bekannten Relationen in die Gleichung (12) ein, zeigt sich, daß auch B für sich betrachtet das Totalproblem löst:

$$(14) \quad \max G_B = E_B(x_B) - K_B(x_B) - t_B(x_A)x_A$$

mit $t_B(x_A) = k_A(x_A)$; $x_A = x_B$; und $k_A(x_A)x_A = K_A$

$$(15) \quad \max G_B = E_B(x_B) - K_B(x_B) - K_A(x_A)$$

folgt, daß $G_B = G_{ges}^o$.

Damit ist die Transfermenge x_B^o identisch mit der Cournotschen Menge. Da dies auch für x_A^o gilt, ist die Gleichung $x_B^o = x_A^o$ erfüllt. A bietet also genau die Menge an, die B nachfragt.

Die Gefahr interner monopsonistischer Ausbeutung besteht nicht, da sich dadurch der Gesamtgewinn verringert[2], dieser jedoch mit dem Gewinn von B identisch ist. Ebenso kommt es nicht zur Kosteninflation $K'_{B\,infl} > K'_B$, da sich dadurch der Output von x_B^o auf $x_{B\,infl} < x_B^o$ verringert. Dies hat die Gewinneinbuße von $\Delta G_B = \overline{ebd}$ zur Folge.

1) Vgl. dazu Abb. 35.

2) Vgl. dazu S. 141 dieser Arbeit.

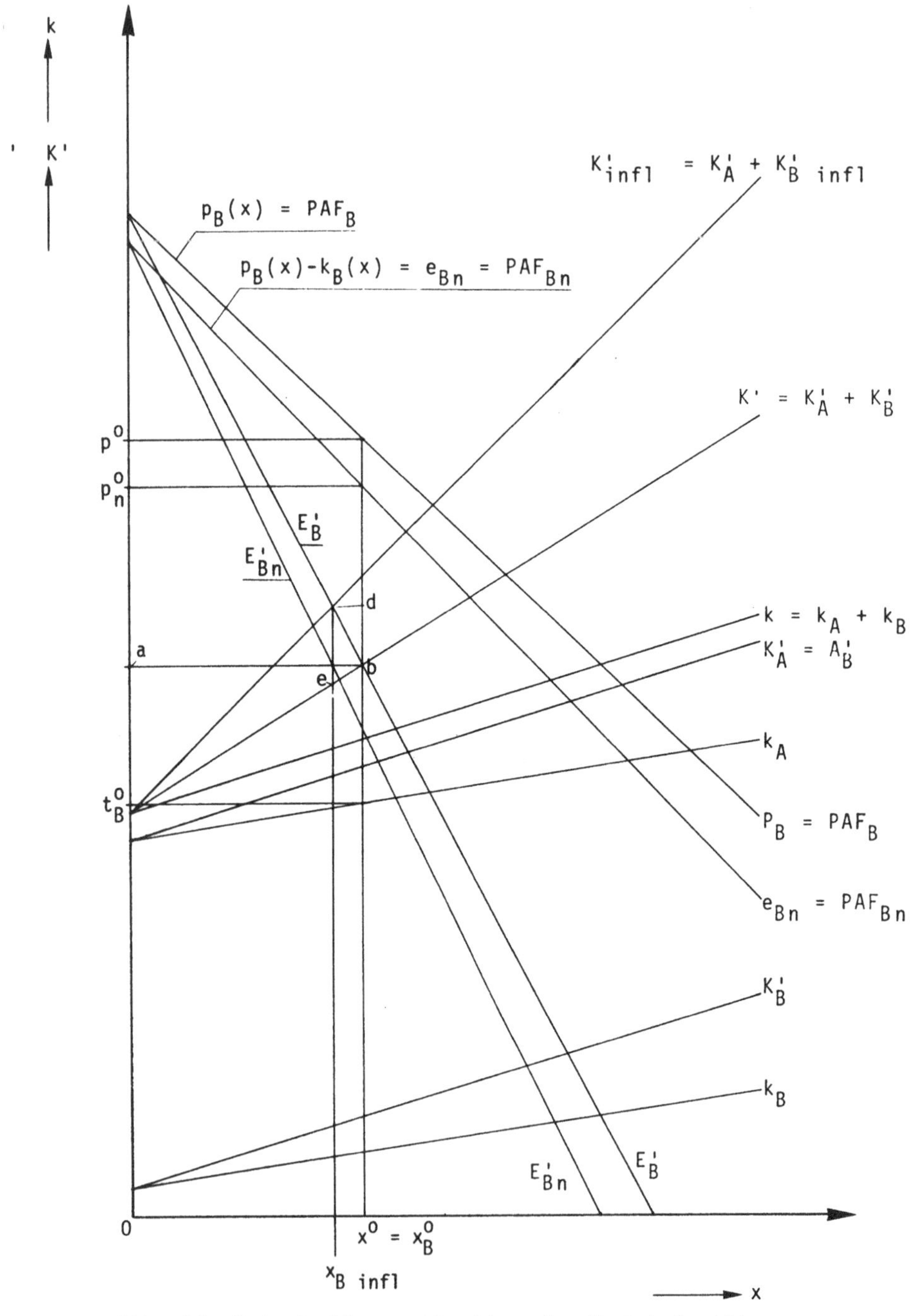

Abb. 35: Entscheidungssituation der Endstufe (B)

3. Kritik

a) Gewinnausweis

Als Gewinnbeitrag jeder Abteilung wird der Gesamtgewinnbeitrag der Unternehmung ausgewiesen, d. h. die Addition der Abteilungsbeiträge ergibt nicht mehr den Gesamtgewinn, da nun gilt: $G_{ausgewiesen} = G_A + G_B = 2G_{ges}$. Wegen $G_A = G_B$ ist diese Art von Gewinnausweis jedoch nicht leistungsproportional. Eine von A initiierte Kostenersparnis wird bei B zu einer identischen - jedoch unberechtigten - Gewinnsteigerung führen[1] und vice versa.

Allerdings hat diese Art von Gewinnausweis den Vorteil, daß Änderungen, die sich z. B. infolge von Investitionsentscheidungen in einer der beiden Abteilungen ergeben, einen direkten Niederschlag im Abteilungsgewinn finden. Somit sind Investitionsentscheidungen auf der Basis des Gewinnbeitrages einer Abteilung möglich. Dies ist jedoch nicht weiter verwunderlich, da jede Abteilung eine Zielfunktion hat, die mit der Zielfunktion der Gesamtunternehmung identisch ist.

b) Arbeitsteilung

Es liegt keine arbeitsteilige Entscheidungsfindung vor, vielmehr löst jede Abteilung für sich das Gesamtproblem, es kommt zur Arbeitsverdopplung, die Zentrale wird nicht entlastet. Die Informationsverarbeitung ist in jedem Fall aufwendiger. Bei Fehlen eines externen Zwischenproduktmarktes muß mit zwei verschiedenen Verrechnungspreisen t_A^o und t_B^o operiert werden.

---

1) Vgl. dazu auch Abdel-khalik - Lusk [Reply], S. 358.

c) Motivation

Es muß bezweifelt werden, daß die beteiligten Manager nicht die Quelle der Informationen erkennen, "because each divisional manager participates in the system by submitting curves and it would not be too difficult for a divisional manager with average intelligence to infer the source of the curves communicated to him".[1] Wegen dieser "Durchschaubarkeit" der eingeräumten Scheinautonomie werden von der Tatsache, daß die Divisionsmanager eigenständig Verrechnungspreis und Zwischenproduktmenge bestimmen, kaum positive Auswirkungen auf ihre Leistungsanstrengung ausgehen. Kosteneinsparungen führen zwar zu einer Verbesserung des ausgewiesenen Gewinnbeitrages einer Abteilung. Eine Kopplung der Belohnung an die Beitragshöhe könnte daher motivierend wirken. Gleichzeitig erhält aber auch die jeweils andere Abteilung ohne vorherige Leistungsanstrengung eine Belohnung.

Es ist fraglich, ob eine solche scheinbar zufällige Belohnung auf die Dauer den Glauben an die Leistungsbezogenheit des Systems stärkt. Die gleiche Argumentation gilt in umgekehrter Weise, wenn eine der Abteilungen durch Kostensteigerungen den Gesamtgewinn verringert.

d) Resümee

Ronen - McKinney konnten die von ihnen betonten Mängel des Hirshleifer-Modells nicht beheben. Lediglich das Problem der Zentrale, vor Festlegung des Verrechnungspreises die Marktsituation in Erfahrung bringen zu müssen, ist "gelöst" worden. Das ist jedoch nicht weiter verwunderlich, da jede Abteilung eigenständig das Gesamtproblem löst und somit von vornherein alle Situationsbedingungen in das Entscheidungskalkül einbezieht. Die Gewinnzurechnung berücksich-

---

1) Abdel-khalik - Lusk [Reply], S. 357.

tigt die bestehende Interdependenz, indem sie jeder Abteilung den gesamten Gewinn zurechnet; bei fehlendem externen Zwischenmarkt würde bei Ausfall einer der beiden Abteilungen der Gesamtgewinn auf Null fallen. Diese Gewinnzuteilung ist jedoch nicht leistungsproportional, wie zuvor gezeigt wurde. Das Modell eignet sich jedoch nicht zur Dezentralisierung von Entscheidungen, da keine Arbeitsentlastung eintritt; das Entscheidungsproblem der Zentrale wird zweifach delegiert.

Zum Abschluß sei darauf verwiesen, daß die von Ronen - McKinney vorgeschlagene Vorgehensweise nicht neu ist. Ihr System basiert darauf, daß durch "Manipulation" der an die Abteilungen übermittelten Informationen jeder Abteilung die Möglichkeit gegeben wird, sich monopolistisch bzw. monopsonistisch zu verhalten <u>und</u> dabei jeweils dennoch die für die Gesamtunternehmung gewinnmaximale Zwischenproduktmenge zu bestimmen. Ophir[1] hat bereits vor ihnen die Grundstruktur des Modells entwickelt, um monopolistische Ausbeutung zu verhindern: "In order to forestall the adverse effects of monopolistic behavior of division managers, designed to improve their profit showing, the following procedure may be used. The producing division P, is credited at net average revenue[2], while the consuming division, R, is charged at average cost.[3] This method equalizes the divisions' marginal revenue and cost, respectively, to those of the firm; hence, the monopolistic behavior of the divisions will lead to optimal production and use of the intermediate product, and also to optimal decentralized investment decisions."[4]

---

1) Vgl. Ophir [Expenditures], S. 186.
2) Dies entspricht e_{B_n} (mit "division P" ⟶ A).
3) Dies entspricht k_A (hier gilt "division R" ⟶ B).
4) Ophir [Expenditures], S. 186.

B. Nicht-iterative Programmierungsmodelle

Die zuvor behandelten marginalanalytischen Modelle versagen, wenn in der Produktionsprogrammplanung ein oder mehrere Engpässe auftreten. Alternative Produktionsprogramme, die mit dem Ziel der Gewinnmaximierung aufgestellt werden, führen zu unterschiedlicher Engpaßbeanspruchung und verschiedenen Gewinnbeiträgen. Der jeweiligen Engpaßnutzung läßt sich so ein Kostenwert in Höhe des entgangenen Gewinns im Vergleich zum nächstbesten Produktionsprogramm zuordnen. Diese wertmäßigen Kosten dienen als Indikator des Gewinnbeitrages, den der Engpaßfaktor zum Gesamtgewinn leistet. Sie werden auch als Schattenpreise oder Dualvariable bezeichnet.

Neben den rein pagatorischen Kosten entsteht so eine kalkulatorische Kostenart. Dem pagatorischen Kostenbegriff liegt ein Zahlungsvorgang zugrunde. Der realisierte Güterverbrauch wird zu dem Preis bewertet, der auf dem Markt zum Zeitpunkt der Beschaffung für diese Güter bezahlt wurde (historischer Anschaffungswert). Ist die Beschaffung von Gütern erst geplant, so kann es sich bei der Wertkomponente der pagatorischen Kosten auch um einen künftigen Preis[1] (z. B. Wiederbeschaffungspreis) handeln. Der Kostenwert ergibt sich also aus vergangenen oder zukünftigen Ausgaben der Unternehmung.

Der wertmäßige Kostenbegriff ist umfassender konzipiert als der pagatorische Kostenbegriff. Die pagatorische Wertlehre ist für Entscheidungssituationen nur bei einer monetären Zielsetzung anwendbar, dagegen kann die wertmäßige Kostenkonzeption grundsätzlich auf jeder Art von Zielsetzung aufbauen.[2]

---

1) Vgl. Adam [Kostenbewertung], S. 28.

2) Vgl. Adam [Kostenbewertung], S. 34 f.

Der wertmäßige Kostenbegriff fußt auf einer Zielfunktion (oder Nutzenfunktion). Diese Zielfunktion wird als gegeben angenommen; ihr Zustandekommen (primäre Wertung) wird nicht untersucht.[1)]

In Abhängigkeit von der gegebenen Zielfunktion und unterschiedlichen objektiven Gegebenheiten (Datenkonstellationen) werden die wertmäßigen Kosten hergeleitet (sekundäre Wertung).[2)]

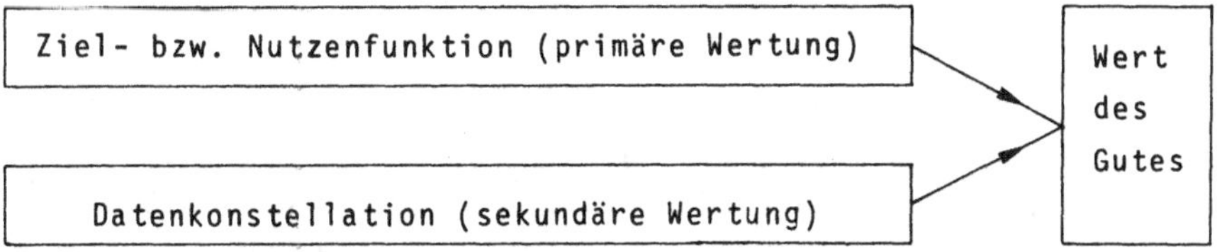

Abb. 36: Determinanten wertmäßiger Kosten

"Ziel- und Datenkonstellation determinieren somit den Wert eines Gutes. Für eine bestimmte gegebene Zielsetzung - z. B. die Gewinnmaximierung - und eine bestimmte Datenkonstellation - z. B. beschränkte Verfügbarkeit eines Produktionsfaktors - ergibt sich dann logisch ein ganz bestimmter, materiell genau definierter Wert, ausgedrückt in Geldeinheiten, da die Zielfunktion über Geld lautet."[3)] Dabei soll durch den Kostenwert die Vorteilhaftigkeit der Verwendung des Einsatzgutes in Bezug auf die Zielfunktion dargestellt werden. Der wertmäßige Kostenbegriff erfüllt somit eine Lenkfunktion.

Adam[4)] stellt pagatorischen und wertmäßigen Kostenwert nicht nur als zwei verschiedene Begriffkategorien dar, sondern versteht sie als Ausdruck zweier unterschiedlicher

---

1) Vgl. Adam [Kostenbewertung], S. 33 f.
2) Vgl. Adam [Kostenbewertung], S. 33 ff.
3) Adam [Kostenbewertung], S. 33.
4) Adam [Kostenbewertung], S. 44 ff. und S. 169 ff.

Entscheidungskalküle. Der auf Ein- und Auszahlungsströmen basierende pagatorische Ansatz erfordert eine ausdrückliche Berücksichtigung aller Interdependenzen innerhalb der Unternehmung in Form von Nebenbedingungen. Für die Entscheidungsfindung ist die Anwendung eines simultanen Entscheidungsprozesses notwendig, der die gesamte Unternehmung in die Rechnung einbezieht.
Dagegen erlauben die wertmäßigen Kosten den direkten Vergleich mit den Erlösen der jeweils betrachteten Alternative. Es sind stets alle Entscheidungsalternativen zu realisieren, "deren Deckungsspannen als Differenz der Einnahmen und der wertmäßigen Kosten positiv sind, die also die verursachungsgerecht auf sie entfallenden Kosten einschließlich des Grenzgewinnbestandteils zu tragen vermögen."[1)]
Die Lösung des Wahlproblems mit Hilfe der wertmäßigen Kostenbewertung gestattet somit eine einfache isolierte Beurteilung einzelner Aktionsparameter.[2)] Die Erfassung von Interdependenzen zwischen betrieblichen Teilbereichen und Alternativen ist im Kalkül nicht notwendig, da diese als Nebenbedingungen bereits im Wertansatz berücksichtigt wurden. Damit wäre der Ansatz wertmäßiger Kosten das ideale Instrument zur Koordination dezentraler bzw. dekomponierter Entscheidungen.

Begründer des Konzeptes der wertmäßigen Kosten ist Schmalenbach. Er nennt sie "Kalkulationswert", "optimale Geltungszahl" oder "Betriebswert".[3)] In Abhängigkeit vom Fehlen oder Vorhandensein eines Engpasses beantwortete Schmalenbach die Frage nach dem richtigen Verrechnungspreis: "Der Betriebswert kann ein Grenzkostensatz und ein Grenznutzensatz sein. Ein Grenzkostensatz ist er so lange, wie es

---

1) Adam [Kostenbewertung], S. 46.

2) Vgl. Adam [Kostenbewertung], S. 46; vgl. zur Allgemeingültigkeit dieser Aussage bei Vorliegen mehrerer Engpässe Adam [Kostenbewertung], S. 50 ff.

3) Vgl. Schmalenbach [Selbstkostenrechnung, 6. Aufl.], S. 10; Schmalenbach [Wirtschaftslenkung, Band I], S. 1.

möglich ist, die Beanspruchung der verbrauchenden Betriebe durch Produktion zu befriedigen. Der Grenznutzensatz ist anzuwenden, wenn die Produktion irgendwie gehemmt wird und der Bedarf der verbrauchenden Betriebe trotzdem weiter steigt."[1)]

Die Situation ohne Engpaß wurde mit Hilfe der marginalanalytischen Modelle beschrieben. Es wurde gezeigt, daß die Grenzkosten i. a. der richtige Verrechnungspreis sind. Den Grenznutzen konnte Schmalenbach nur für einen knappen Faktor bestimmen. Erst die mathematische Programmierung ermöglichte die Ermittlung des Grenznutzens bei mehreren knappen Faktoren. Die Bestimmung der Verrechnungspreise - Grenznutzen - erfolgt über die Schattenpreise/Dualvariablen der mathematischen Programmierung.[2)] Der Verrechnungspreis ergibt sich als Summe aus Grenzkosten und Opportunitätskosten (Schattenpreise). Die Opportunitätskosten sind Null, wenn keine Knappheiten vorliegen, und größer Null, wenn Knappheiten existieren.[3)] Diese Aussage läßt sich allgemein durch die Kuhn-Tucker-Bedingungen darstellen (vgl. Gleichung (1) und (2)): Das Entscheidungsproblem der Zentrale einer Unternehmung mit n Sparten, in denen über den Mengenvektor $x = (x_1,\ldots,x_j,\ldots,x_n)$ unter Berücksichtigung der vorhandenen Ressourcenbestände b_i $(i = 1(1)\ m)$ entschieden werden muß, lautet:[4)]

---

1) Schmalenbach [Kostenrechnung], S. 188. Diese Regel hatte Schmalenbach bereits 1930 aufgestellt. Vgl. dazu Schmalenbach [Selbstkostenrechnung, 5. Aufl.].

2) Aus diesem Grunde wurde dieses Kapitel mit dem Titel "Programmierungsmodelle" überschrieben; man hätte ebenso die Überschrift "Opportunitätskosten" wählen können.

3) Diese Aussage wird auch als Preistheorem der linearen Programmierung bezeichnet. Es geht zurück auf Koopmanns [Analysis], S. 86; vgl. dazu Buhr [Bestimmung], S. 419; Buhr [Dualvariable], S. 128.

4) Diese Darstellung erfolgt in Anlehnung an Albach [Lenkpreise], S. 220 f.

Die Zielfunktion der Gesamtunternehmung lautet:

(1) $\max \quad G(x)$
$\text{s.d.} \quad g_i(x) \leq 0 \qquad \text{und} \qquad x_j \geq 0$

G(x) repräsentiert die Gewinnfunktion, $g_i(x)$ die einzelnen Restriktionen.[1] Zur Lösung der Maximierungsaufgabe (1) wird die verallgemeinerte Lagrange-Funktion L gebildet:

(2a) $$\max \quad L = G(x) + \sum_{i=1}^{m} w_i g_i(x) = L(x,w)$$

Sind G(x) und $g_i(x)$ differenzierbar, dann ist x^0 eine Lösung von (2a), wenn es Lagrange-Multiplikatoren $w^0(w^0 = w_1^0,\ldots,w_m^0)$ gibt, die die Kuhn-Tucker-Bedingungen[2] (2b-2f) erfüllen:

(2b) $$\frac{\partial L(x^0,w^0)}{\partial x} \leqq 0$$

(2c) $$x^{0^T} \frac{\partial L(x^0,w^0)}{\partial x} = 0$$

(2d) $$x^0 \geqq 0$$

(2e) $$\frac{\partial L(x^0,w^0)}{\partial w} \geqq 0$$

(2f) $$w^{0^T} \frac{\partial L(x^0,w^0)}{\partial w} = 0$$

(2g) $$w^0 \geqq 0$$

---

1) Die jeweiligen Kapazitätsbeschränkungen b_i sind in $g_i(x)$ enthalten. Geht man von der üblichen Schreibweise für Restriktionen aus: $h_i(x) \leq b_i$, so folgt $g_i(x) = h_i(x) - b_i \leq 0$. h_i verkörpert die Produktionsfunktion für die Beanspruchung des Produktionsfaktors i durch die einzelnen Produkte j. Im Falle eines linear-homogenen Prozesses hat h die folgende Form:
$$h_i = \sum_{j=1}^{n} a_{ij} x_j \qquad \text{alle} \quad a_{ij} = \text{konst.}$$
Dabei gibt a_{ij} die Beanspruchung von b_i an, die notwendig ist, um eine Einheit x_j zu produzieren.

2) Vgl. Hadley [Dynamic Programming], S. 190 f.; s. a. Künzi - Krelle [Programmierung].

Die Höhe der Langrange-Multiplikatoren w_i gibt den marginalen Zuwachs des Zielfunktionswertes G bei marginaler Änderung einer Engpaßbeschränkung b_i wieder: $w_i = \partial G/\partial b_i$.[1] "Bei den Lagrangeschen Multiplikatoren handelt es sich folglich um Grenzgewinne oder Opportunitätskosten"[2], sie werden auch als Schattenpreise bezeichnet.

Die Lösung des Problems (1) zeigt, daß die optimale Mengenaufteilung (= optimales Produktionsprogramm) x^0 und der Vektor der Schattenpreise w^0 gleichzeitig anfallen. Die Vorgabe von Opportunitätskosten w^0 an dezentrale Einheiten ist somit überflüssig und eine dezentrale Ermittlung der w^0 ist nicht möglich.

Alle im folgenden geschilderten Verfahren scheitern an diesem "Dilemma der wertmäßigen Kosten".[3] In der praktischen Anwendung sind Dualvariable zur Steuerung dezentraler Entscheidungen ungeeignet, da man sie erst kennt, wenn das Optimierungsproblem bereits gelöst ist.[4]

Die folgenden Lösungsansätze zur Ermittlung der wertmäßigen Kosten unterscheiden sich nach:

- Art der Zielfunktion:	- linear/nichtlinear - separabel/nichtseparabel - einwertig/vektorwertig
- Anzahl der Restriktionen:	- eine oder mehrere
- Art der Restriktionen	- linear/nichtlinear
- Struktur der Restriktionsmatrix:	- blockangular/ nicht-blockangular

1) Vgl. Naylor - Vernon [Models], S. 67 ff.

2) Adam [Kostenbewertung], S. 48.

3) Koch [Entscheidungsfeld], S. 355.

4) Vgl. im einzelnen zu dem Dilemma der wertmäßigen Kosten Hax [Koordination], S. 164; Hax [Kostenbewertung], S. 204 und S. 210; Adam [Kostenbewertung], S. 39.

- Art des Iterationsmechanismus:
  - keine Iterationen (einstufig)
  - mehrere Iterationsschritte mit:
    - Austausch eines Preisvektors (price-guided)
    - Austausch einer Preisfunktion (price-scheduled)
    - Austausch von Preis und sonstigen zusätzlichen Informationen (z. B. (preemptive goals)
    - Austausch von Mengenquoten (budget-guided)
    - Austausch einer Kombination aus Preisen und Quoten

I. Verrechnungspreise bei einem Engpaß

Es wird vorausgesetzt, daß nur ein Produktionsfaktor in begrenzter Menge zur Verfügung steht, während alle übrigen Faktoren nicht knapp sind, und daß alle n Sparten (n > 1) diese knappe Kapazität $b_i = b_i o$ beanspruchen. Dieser Fall wurde bereits von Schmalenbach in Form seines bekannten Zinkbeispiels behandelt.[1] Hier folgt eine Darstellung in Anlehnung an Kilger:[2]

x_j = Menge des Produktes X_j, das von Sparte j hergestellt und verkauft wird

p_j = konstanter Verkaufspreis pro Mengeneinheit des Produktes X_j

k_j = variable, pagatorische Kosten pro Mengeneinheit des Produktes X_j; k_j = konstant für alle Ausbringungsmengen von X_j

---

1) Vgl. Schmalenbach [Wirtschaftslenkung, Band I], S. 66 f. Ausführliche Darstellungen des Beispiels und seine Umformung in ein lineares Programm finden sich bei Opfermann - Reinermann [Opportunitätskosten], S. 234. Die Autoren weisen nach, daß die optimale Geltungszahl mit den Lagrangeschen Multiplikatoren identisch ist. S. a. Houdek [Verrechnungspreise], S. 122 f.

2) Vgl. Kilger [Kostenlehre], S. 536.

d_j = Deckungsbeitrag pro Mengeneinheit von X_j

a_{ij} = Beanspruchung des Produktionsfaktors b_i durch eine Einheit des Produktes X_j; a_{ij} = konstant und positiv für alle Ausbringungsmengen von X_j

$a_{i^o j}$ = Beanspruchung des Engpaßfaktors $b_i o$ durch eine Einheit des Produktes X_j, $a_{i^o j}$ = konstant für alle Ausbringungsmengen von X_j.

b_i = Kapazität des Produktionsfaktors B_i

$b_i o$ = Kapazität des Engpaßfaktors $B_i o$.

Variable Kosten pro Einheit des beanspruchten Produktionsfaktors i sind bereits in k_j enthalten.[1)]

1. Zentrale Lösung

Liegen keine Absatzbeschränkungen vor, so realisiert die Unternehmung den maximalen Gewinn, wenn sie ausschließlich das Produkt herstellt, das bezogen auf den knappen Faktor $b_i o$ den höchsten spezifischen Deckungsbeitrag[2)] $w_j o$ erzielt:

$$(1) \qquad w_j o = \frac{p_j o - k_j o}{a_i o_j o}$$

Werden Absatzbeschränkungen x_j^h wirksam, so führt ein Produktionsprogramm, das die Produkte nach der Höhe ihrer engpaßbezogenen Deckungsbeiträge bis zum Erreichen der Kapazitätsgrenze $b_i o$ berücksichtigt, zur gewinnmaximalen Lösung. Alle Produkte, deren engpaßbezogener Deckungsbeitrag kleiner als der Mindestdeckungsbeitrag pro Engpaßeinheit $w_j o$ ausfällt, werden nicht produziert (vgl. Abb. 37).

---

1) Vgl. zu einem Ansatz, der die variablen Kosten der Beanspruchung eines Produktionsfaktors getrennt berücksichtigt Frese - Glaser [Modelle], S. 46 ff.

2) Es wird vorausgesetzt, daß der Deckungsbeitrag $p_j^o - k_j^o > 0$ ist.

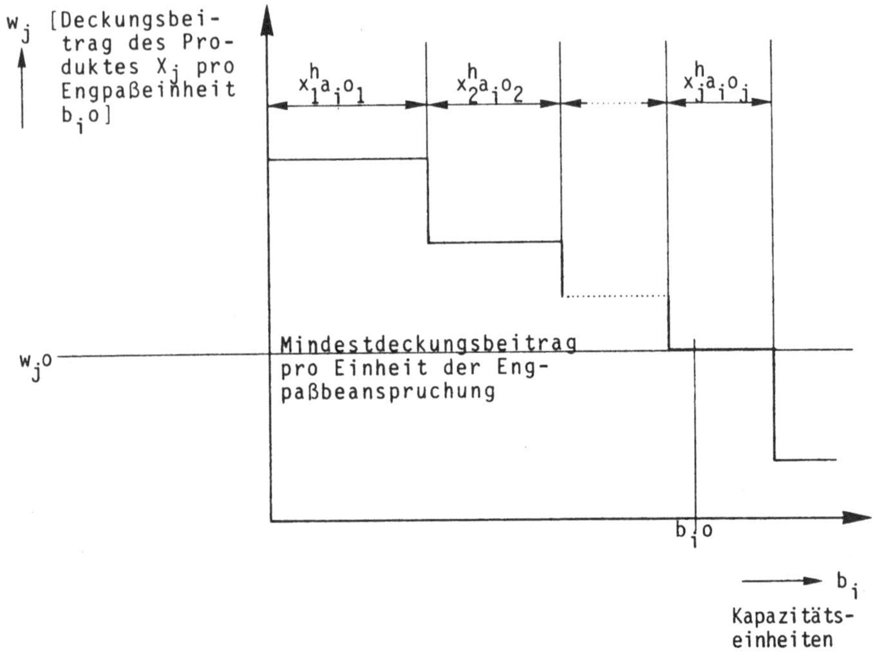

Abb. 37: Bestimmung eines Produktionsprogramms mit Hilfe von engpaßbezogenen Deckungsbeiträgen[1]

2. Dezentrale Lösung

Liegen keine Absatzbeschränkungen vor und wird den Sparten der höchste spezifische Deckungsbeitrag $w_{j}o$ als Verrechnungspreis für die Beanspruchung der knappen Kapazität $b_{i}o$ durch eine Einheit des Produktes X_j vorgegeben, so verzichten alle Sparten $k \varepsilon \{1,\ldots,j^o-1, j^o+1,\ldots,n\}$ auf die Beanspruchung des knappen Faktors, da sie wegen $w_k < w_{j}o$ einen negativen Deckungsbeitrag erzielen:

(2a) $\quad d_k = p_k - k_k - a_{i}o_{k}\, w_{j}o$

---

1) Vgl. Kilger [Plankostenrechnung], S. 648.

(2b) $$\frac{d_k}{a_{i^o k}} = \frac{p_k - k_k}{a_{i^o k}} - w_{j^o} = w_k - w_{j^o} < 0$$

(2c) $$w_k - w_{j^o} < 0 \Rightarrow d_k < 0$$

Sparte j^o ist bei dem gegebenen Verrechnungspreis indifferent, da sie einen Deckungsbeitrag von $d_{j^o} = 0$ erzielt. Die Zentrale muß ihr eine Produktionsanweisung erteilen und die Produktionsmenge in Höhe der vorhandenen Kapazität vorschreiben.

Bei Vorliegen von Absatzbeschränkungen führt ein Verrechnungspreis in Höhe des Mindestdeckungsbeitrages w_{j^o} für die Beanspruchung einer Einheit der knappen Kapazität dazu, daß alle Sparten, deren engpaßbezogener Deckungsbeitrag den spezifischen Mindestdeckungsbeitrag überschreitet, ihre Absatzhöchstmengen x_j^h produzieren. Sparte j^o, die genau den relativen Mindestdeckungsbeitrag erzielt, bleibt indifferent, da ihr Deckungsbeitrag gleich Null wird. Alle übrigen Sparten erzielen einen negativen Deckungsbeitrag.

Das vorgestellte Verfahren eignet sich nicht zur dezentralen Entscheidungsfindung, da

i) jeweils eine Sparte keine selbständige Entscheidung treffen kann, weil sie gegenüber allen Ausbringungsmengen indifferent ist;

ii) der Zentrale die Deckungsbeiträge aller Sparten bekannt sein müssen, damit sie den höchsten spezifischen Deckungsbeitrag bzw. bei Vorliegen von Absatzrestriktionen den spezifischen Mindestdeckungsbeitrag ermitteln kann. Damit hat sie aber bereits das Entscheidungsproblem gelöst;

iii) vorausgesetzt werden muß, daß die Zentrale bereits vor Beginn der Planung weiß, welcher Faktor b_i zum knappen Faktor b_{i^o} wird. Läßt man diese Prämisse fallen, so kann die Zentrale den Verrechnungspreis w_{j^o} nicht vor Beginn der Planung bestimmen.

II. Verrechnungspreise bei mehreren Restriktionen und linearer Zielfunktion

Tritt mehr als eine Restriktion bei der Ermittlung des Produktionsprogramms auf, so eignen sich die im vorherigen Abschnitt vorgestellten Methoden nicht mehr zur Ermittlung von Verrechnungspreisen. Im folgenden sollen mit Hilfe der mathematischen Programmierung zwei Arten von Restriktionen und die ihnen entsprechenden Verrechnungspreise untersucht werden: Verrechnungspreise für knappe Einsatzfaktoren und für Zwischenprodukte.

1. Verrechnungspreise für knappe Kapazitäten

Es wird angenommen[1], daß alle Sparten gemeinsam verschiedene knappe Produktionsanlagen B_i beanspruchen können. Zwischen den Sparten bestehen keine Lieferbeziehungen, die knappen Produktionsanlagen werden von der Zentrale verwaltet und können von den Sparten gegen Entgelt beansprucht werden. Somit handelt es sich um eine Interdependenz aufgrund von Ressourcenüberschneidungen.
Die Zentrale steht vor dem Problem:

(1a) $$\max G(x) = \sum_{j=1}^{n} (p_j - k_j)x_j$$

(1b) $$\text{s.d.} \sum_{j=1}^{n} a_{ij}x_j \leq b_i \qquad i = 1,\dots,m$$

$$x_j \geq 0 \qquad j = 1,\dots,n$$

Der Deckungsbeitrag (1a) soll unter Berücksichtigung der Kapazitätsbeschränkungen (1b) maximiert werden. Wendet die Zentrale zur Lösung des Problems (1) die Simplexmethode an, so erhält sie simultan das optimale Produktionspro-

1) Im übrigen werden die in Kapitel B. I. benutzten Bezeichnungen weiter verwendet. Es gelten die gleichen Voraussetzungen.

gramm $x^o = (x_1^o, \ldots, x_j^o, \ldots, x_n^o)$ und die Dualvariablen $w^o = (w_1^o, \ldots, w_i^o, \ldots, w_m^o)$ des dualen Problems (2a):

(2a) $$\min W(w) = \sum_{i=1}^{m} b_i w_i$$

(2b) $$\text{s.d.} \sum_{i=1}^{m} a_{ij} w_i \geq (p_j - k_j) \qquad j = 1, \ldots, n$$

$$w_i \geq 0 \qquad i = 1, \ldots, m,$$

ohne (2) lösen zu müssen.

Die Zentrale teilt nun den lokalen Einheiten den Verrechnungspreisvektor w^o für die Nutzung knapper Ressourcen $\overline{b_i}$ mit.[1] Jede Sparte $j (j = 1, \ldots, n)$ berechnet für ihr Produkt x_j die Opportunitätskosten t_j, die je Einheit des Produktes j für die Beanspruchung der knappen Ressourcen zu zahlen sind.[2]

(3) $$t_j = \sum_{i=1}^{m} a_{ij} w_i^o$$

Ist

(4) $$t_j > p_j - k_j,$$

so wird das Produkt nicht in das Produktionsprogramm aufgenommen.

Ist

(5) $$t_j = p_j - k_j,$$

so ist die Sparte j indifferent gegenüber der Aufnahme des Produktes j in das Programm. Sie würde ja erst einen eigenen Beitrag erwirtschaften, wenn

(6) $$t_j < p_j - k_j$$

---

1) $\overline{b}$ kennzeichnet die im Optimum knappen Ressourcen.

2) Es wird unterstellt, daß sich die variablen Kosten für die Beanspruchung einer Einheit der Kapazität b_i den Produkten direkt zurechnen lassen und somit in den variablen Kosten k_j enthalten sind.

gilt. Relation (6) ist aber wegen (8) im Optimum nie erfüllt, weil nach dem Preistheorem[1] x^o und w^o nur dann optimale Lösungen von (1) und (2) sind, wenn gilt:

$$(7) \qquad \sum_{i=1}^{m} a_{ij} w_i^o \geq p_j - k_j \qquad j = 1,2,\ldots,n$$

$$(8) \qquad \begin{cases} x_j^o > 0, \text{ falls } \sum_{i=1}^{m} a_{ij} w_i^o = p_j - k_j \\ x_j^o = 0, \text{ falls } \sum_{i=1}^{m} a_{ij} w_i^o > p_j - k_j \end{cases}$$

$$(9) \qquad \begin{cases} w_i^o > 0, \text{ falls } \sum_{j=1}^{n} a_{ij} x_j^o = b_i \\ w_i^o = 0, \text{ falls } \sum_{j=1}^{n} a_{ij} x_j^o < b_i \end{cases}$$

Selbst wenn die in Gleichung (5) ausgedrückte Indifferenz der Sparte j durch die organisatorische Anweisung "alle Produkte, für die (5) erfüllt ist, sind zu produzieren" aufgehoben würde, hat Sparte j keine Möglichkeit, selbständig die Menge x_j zu berechnen. Diese Aufgabe müßte die Zentrale übernehmen, nachdem Sparte j mitgeteilt hat, daß Produkt j die Relation (5) erfüllt.

Als Ergebnis läßt sich festhalten:

Verrechnungspreise sind überflüssig, da das Produktionsprogramm x^o und die Schattenpreise w^o simultan anfallen. Die Zentrale muß zu diesem Zwecke das gesamte Entscheidungsproblem lösen. Es kommt also nicht zur Arbeitsentlastung.

---

1) Vgl. dazu Beckmann [Planungsrechnung], S. 27 f.; vgl. ebenso Hax [Koordination], S. 156.

2. Verrechnungspreise für Zwischenprodukte

Ebenso wie für die Koordination der Beanspruchung knapper Faktoren durch die einzelnen Sparten Verrechnungspreise angesetzt werden können, lassen sich auch Verrechnungspreise für die Koordination von Zwischenleistungsströmen verwenden. Für jedes Zwischenprodukt j läßt sich eine Restriktionsgleichung i formulieren, welche die technischen Einsatzmengenrelationen widerspiegelt. In der Optimal-Lösung treten für Zwischenprodukte, deren Verfügbarkeit begrenzt ist, genauso wie für knappe Kapazitäten Dualvariable w_i auf. Diese Dualvariable lassen sich unmittelbar als Verrechnungspreise benutzen.[1] In der Struktur ist dieses Problem identisch mit dem zuvor behandelten Fall des Verrechnungspreises für knappe Kapazitäten. Daher sind die gleichen Kritikpunkte gültig. Im Optimum gilt, daß die Sparten gegenüber allen Ausbringungsmengen von Produkten, für die Gleichung (5) gilt, indifferent sind und keinen Deckungsbeitrag erwirtschaften.

Die negativen motivationalen Auswirkungen dieser Situation brauchen nicht weiter erörtert zu werden.

Bisher wurde unterstellt, daß keine der j Sparten über eine oder mehrere der b_i ($i = 1,\ldots,m$) Ressourcen verfügt. Werden die Ressourcen b_i einzelnen Sparten j zugeordnet, so offenbart das Lenkpreissystem eine weitere negative Eigenschaft. Nur die Verwalter knapper Ressourcen erhalten einen Gewinnbeitrag. Im Optimum gilt (10):[2]

$$(10) \qquad \sum_{j=1}^{n} (p_j - k_j)x_j^o = \sum_{i=1}^{m} w_i^o b_i$$

Relation (10) besagt, daß der gesamte Deckungsbeitrag mit Hilfe der w_i^o den knappen Faktoren b_i zugerechnet wird.

1) Vgl. Hax [Koordination], S. 168 ff.

2) Vgl. Hadley [Linear Programming], S. 46 ff.

(Für nicht knappe Faktoren gilt $w_i^o = 0$.) Die negativen Auswirkungen dieses Verfahrens zur Gewinnallokation liegen auf der Hand:

- die Gewinnzurechnung erfolgt nicht leistungsbezogen,
- es lohnt sich, Kapazitäten zu verknappen, d. h. zu desinvestieren, obwohl das Gegenteil notwendig wäre.[1]

III. Verrechnungspreise bei mehreren Restriktionen und nichtlinearer Zielfunktion

Bei linearer Zielfunktion erfolgt die Gewinnverteilung proportional zur Knappheit eines Produktionsfaktors. Der Schattenpreis ist in diesem Fall ein Indikator für eine Gewinnsteigerung bei Erhöhung des Einsatzes dieses knappen Faktors um eine Einheit; als Kriterium für die Gewinnverteilung an dezentrale Einheiten ist er jedoch ungeeignet. Diese Proportionalität zwischen Gewinn und Dualvariable ist bei nichtlinearen Zielfunktionen nicht mehr gewährleistet.[2] Der Aussagegehalt der Verrechnungspreise in bezug auf die Gewinnallokation wird noch weiter eingeschränkt.
Allerdings erlauben Lenkpreise bei nichtlinearer Zielfunktion den lokalen Einheiten eine selbständige Berechnung der zu produzierenden Menge x_j. Die beim LP bemängelte Indifferenz der lokalen Einheit ist aufgehoben. Allerdings erlauben auch nichtlineare Programme keine Delegation von Entscheidungen, da aus dem Maximierungsproblem der Zentrale bereits simultan Produktionsprogramm und Lenkpreise hervorgehen.[3]

---

1) Vgl. Manes [Birch Paper], S. 565 f.; Buhr [Dualvariable], S. 129.

2) Vgl. dazu Fromm [Vergleich], S. 764.

3) Vgl. dazu Hax [Koordination], S. 188 und S. 192.

C. Iterative Programmierungsmodelle

Ein wesentlicher Nachteil der bisher betrachteten Verfahren rührt von der Prämisse her, daß die Zentrale über alle Aktivitäten und Restriktionen der dezentralen Einheiten informiert sein muß, um den für die Gesamtunternehmung gewinnmaximalen Verrechnungspreis festsetzen zu können. Dieser Umstand bedingt umfangreiche Kommunikationsaktivitäten zwischen der Zentrale und den dezentralen Einheiten, die dazu führen, daß die Zentrale die gesamten Entscheidungsfelder jeder Einheit kennt; sie ist somit theoretisch in der Lage, das Entscheidungsproblem der Gesamtunternehmung ohne Hilfe der betroffenen Einheiten zu lösen.

Einen Versuch, den Umfang des Informationsaustausches zu reduzieren, stellen iterative Verfahren dar. Sie basieren auf einer Dekomposition des Zentralproblems in ein Koordinationsprogramm (KP) und mehrere Unterprogramme (UP).[1] Zur Lösung des Gesamtproblems benötigt die Zentrale nicht mehr die Kenntnis aller lokalen Restriktionen; dies führt zur Verringerung des Informationsaustausches. Aus den Allokationsentscheidungen der dezentralen Einheiten ermittelt die Zentrale mit Hilfe des Koordinationsprogramms Lenkinformationen[2], die dann jeweils den lokalen Einheiten zur Modifikation der UP mitgeteilt werden. Der Austausch von Lenkinformationen wird so lange fortgesetzt, bis aufgrund eines Abbruchkriteriums der Iterationsprozeß beendet wird. In der Literatur ist eine Vielzahl von Dekompositionsverfahren zur Steuerung dezentraler Entschei-

---

1) Vgl. zum Begriff des KP z. B. Heinemann [Dekompositionsverfahren], S. 302 ff.

2) Der Begriff Lenkinformation wurde gewählt, da sowohl Quoten, Mengen, einzelne Preise, Preisfunktionen oder sonstige Variable gemeint sind, welche die Unterprogramme beeinflussen können. Lenkinformationen haben meistens die Form eines Vektors.

dungen diskutiert worden[1]; hier sollen nur einige der bekannten Verfahren vorgestellt und auf ihre Eignung für die dezentrale Steuerung untersucht werden. Das jeweilige Verfahren und seine mathematische Struktur werden nur grob skizziert. Für die genaue und ausführliche mathematische Darstellung wird auf die jeweilige Literaturstelle verwiesen. Hier liegt die Betonung auf den organisatorischen Implikationen des jeweiligen Verfahrens.

Eines der bekanntesten Dekompositionsverfahren geht auf Dantzig und Wolfe zurück.[2] Die blockangulare Struktur des Restriktionssystems und der iterative Austausch von Lenkinformationen haben Baumol und Fabian[3] dazu veranlaßt, dieses Modell als Koordinationsinstrument für divisionale Unternehmungen zu interpretieren. Die Darstellung des Modells erfolgt in Anlehnung an Albach.[4] Das Gesamtproblem (1) der Unternehmung lautet:

---

1) Vgl. zur umfassenden Dekompositionsliteratur z. B.:

a) Preisgesteuerte Dekompositionsverfahren:
Baumol - Fabian [Decomposition]; Malinvaud [Procedures]; Jennergren [Studies]; Adam - Röhrs [Algorithmus]; Takahashi [Separation]; Rosen [Partition].

b) Budgetgesteuerte Verfahren:
Weitzman [Planning]; Silverman [Decomposition]; Heal [Planning]; Kornai - Liptak [Planning].

c) Preis-budgetgesteuerte Verfahren:
Atkins [Hybridisation], zitiert bei Fieten [Gestaltung], S. 208.

d) Zusammenfassende Darstellungen bzw. weitere Literaturhinweise finden sich bei:
Schiefer [Optimierung]; Fieten [Gestaltung], S. 175-210; Adam [Kostenbewertung], S. 197, Fußnote 3; Louis [Decentralization]; Atkins [Decomposition]; Jennergren [Studies]; Albach [Koordination]; Geoffrion [Elements]; Kröske [Verwendungsmöglichkeiten].

2) Vgl. Dantzig - Wolfe [Decomposition], S. 101 ff.

3) Baumol - Fabian [Decomposition], S. 2 ff.

4) Albach [Koordination], S. 395 ff.; Albach [Lenkpreise], S. 221 f.; Jaensch [Produktionssteuerung]; Fieten [Gestaltung], S. 183; Frese - Glaser [Modelle], S. 52; vgl. Jennergren [Studies], S. 20 ff. Weitere Darstellungen finden sich bei Hax [Koordination], S. 170 ff.

$$(1) \quad \max \quad G(x) = \sum_{j=1}^{n} d_j^T x_j$$

$$\text{s.d.} \quad \sum_{j=1}^{n} A_j x_j \leq B$$

$$\bar{A}_j x_j \leq C_j$$

$$x_j \geq 0 \qquad j = 1,\ldots,n,$$

mit G = Gesamtdeckungsbeitrag

d_j = Spaltenvektor der Deckungsbeiträge der j-ten Sparte

x_j = Spaltenvektor der von der j-ten Sparte produzierten Produktmengen

A_j = Matrix der Produktionskoeffizienten der von der j-ten Sparte in Anspruch genommenen gemeinsamen Ressourcen

$\bar{A}_j$ = Matrix der Produktionskoeffizienten eigener Ressourcen in der j-ten Sparte

B = Spaltenvektor, der die maximal verfügbaren Einheiten in bezug auf die gemeinsamen Ressourcen angibt

C_j = Spaltenvektor, der den Bestand eigener Ressourcen der j-ten Sparte angibt

Dieses Problem (1) wird zerlegt in ein äquivalentes Problem, bestehend aus lokalen Unterprogrammen (UP_j) (2) für jede Sparte und einem Koordinationsprogramm (KP) (3) der Zentrale. Die UP_j lauten:

$$(2) \quad \max \quad G_{jr}(x) = (d_j - A_j^T t_r)^T \, x_{jr}$$

$$\text{s.d.} \quad \bar{A}_j x_{jr} \leq C_j$$

$$x_{jr} \geq 0$$

mit r = Index der Planiteration

t_r = Spaltenvektor der Schattenpreise für gemeinsame Ressourcen

G_{jr} = Deckungsbeitrag der Sparte j nach dem r-ten Iterationsschritt

Das KP lautet:

$$(3) \qquad \max G_r(x) = \sum_{j=1}^{n} \sum_{k=1}^{r} d_j^T \bar{x}_{jk} \mu_{jk}$$

$$\text{s.d.} \qquad \sum_{j=1}^{n} \sum_{k=1}^{r} A_j \bar{x}_{jk} \mu_{jk} \leq B$$

$$\sum_{k=1}^{r} \mu_{jk} = 1$$

$$\mu_{jk} \geq 0$$

mit μ_{jk} als Gewichtsfaktoren für die Produktionsprogramme $\bar{x}_{jk}$ Sparte j, die sich als Lösung von (2) ergeben.

Das Verfahren läuft in folgender Weise ab.
Ausgehend von einer Lösung des Problems UP_j (2) für $t_{jo} = 0$ übermitteln die Sparten der Zentrale ihre jeweiligen Produktionsprogramme $\bar{x}_{jo}$. Mit Hilfe des Koordinationsprogrammes werden Gewichtsfaktoren μ_{jo}^o und als Duallösung Schattenpreise t_r^o für die knappen gemeinsamen Kapazitäten B errechnet. Die t_r^o werden darauf den lokalen Einheiten mitgeteilt. Der Iterationsprozeß wird beendet, sobald die Zentrale feststellt, daß die optimale Lösung erreicht ist.[1] Jetzt muß die Zentrale noch den optimalen Mengenvektor für das Gesamtproblem errechnen und ihn den lokalen Einheiten mitteilen. Nach r Iterationsschritten ergibt sich die Gesamtlösung für alle j aus (4):

$$(4) \qquad x_j = \sum_{k=1}^{r} \bar{x}_{jk} \mu_{jk}$$

Das Dantzig-Wolfe-Verfahren hat mehrere Nachteile:

- Eine echte Entscheidungsdezentralisation liegt nicht vor, da die Zentrale den Iterationsprozeß beendet und zum Schluß den Sparten ein Produktionsprogramm vorschreibt.[2] Autonome Entscheidungen sind nicht möglich,

---

1) Vgl. zum Optimalitäts- bzw. Abbruchkriterium Baumol - Fabian [Decomposition], S. 13.

2) Vgl. Baumol - Fabian [Decomposition], S. 14.

die Sparten entlasten die Zentrale lediglich von "Rechenarbeit", indem sie die jeweiligen UP_j lösen. Daher wurde das Verfahren häufig als "Zentralplanung ohne vollständige Information im Zentrum" bezeichnet.[1)]

- Die während der einzelnen Iterationsschritte r ermittelten lokalen Gewinne G_{jr} schwanken erheblich von Iterationsschritt zu Iterationsschritt, dabei ist es fraglich, ob die Spartenleiter in jedem Fall diese Veränderungen ökonomisch nachvollziehen können. Die nach Abbruch des Programmes zentral festgelegten Produktionsmengen führen bei den meisten lokalen Einheiten nicht zur Maximierung der UP_j.[2)] Welche nachteiligen Motivationswirkungen diese Eigenschaft des Verfahrens auf die Spartenmanager hat, scheint offensichtlich.

- Da die Zentrale nicht die lokalen Produktionsfunktionen und Restriktionen kennt, können die Spartenmanager durch künstliche Verknappung ihrer Kapazitäten ihren lokalen Gewinn steigern. Auf diese Möglichkeit der Informationsverfälschung - das sogenannte "cheating" - haben verschiedene Autoren hingewiesen.[3)]

Ein wesentlicher Nachteil des Dantzig-Wolfe-Algorithmus besteht darin, daß die Zentrale am Ende des Iterationsverfahrens das Produktionsprogramm vorschreiben muß. Diese Eigenschaft ist typisch für lineare Programme.[4)] Durch Einführung von nichtlinearen Beziehungen läßt sich dieser Nachteil beheben.[5)] Jennergren[6)] hat dieses Problem gelöst,

1) Vgl. Dantzig [Lineare Programmierung], S. 523.

2) Vgl. Baumol - Fabian [Decomposition], S. 15.

3) Vgl. Jennergren [Studies], S. 135: "Divisional cheating ... can be done by not reporting to headquarters in the adjustment phase certain production possibilities ..." Vgl. auch Whinston [Guides], S. 439.

4) Vgl. Jennergren [Studies], S. 37.

5) Darauf haben bereits Baumol und Fabian hingewiesen, vgl. Baumol - Fabian [Decomposition], S. 16.

6) Vgl. Jennergren [Schedules].

indem anstelle eines Preisvektors t_r eine Angebotsfunktion an die lokale Einheit gemeldet wird. Dadurch wird die Zielfunktion des UP_j der lokalen Einheit nichtlinear. Jennergren hat gezeigt, daß dieses Verfahren durch iterative Anpassung in Abhängigkeit von Angebots- oder Nachfrageüberhang für zentrale Ressourcen konvergiert. Am Ende des Verfahrens können sowohl die lokalen Einheiten wie die Zentrale ihre optimalen Programmentscheidungen selbständig treffen. Es scheint daher so, als ob dieses Verfahren dem Ziel der Dezentralisation von Programmentscheidungen einen Schritt näher gekommen ist. Hass[1] kommt ebenfalls zu dem Ergebnis, daß anstelle eines einzigen Preises eine Preisfunktion als Lenkinformation den lokalen Einheiten eigenständige Programmentscheidungen ermöglicht.

Auch der Algorithmus von Charnes, Clower und Kortanek[2] kommt nicht allein mit einem einzigen Verrechnungspreisvektor aus. Durch Übermittlung zusätzlicher Informationen in Form sogenannter "pre-emptive-goals", die eine Modifikation der lokalen Zielfunktionen und/oder Restriktionen bewirken, ermöglichen sie die Programmfestlegung auf dezentraler Ebene. Dennoch gilt auch für diese Verfahren die Aussage von Adam: "Es liegt in der Natur der Sache, daß alle Dekompositionsverfahren so aufgebaut sind, daß die im Optimum für die Produktionsfaktoren geltenden opportunity costs erst gleichzeitig mit der zielsetzungsgerechten Koordination vorliegen."[3]

---

1) Vgl. Hass [Pricing]; Hass [Decomposition], S. 112 f.; Hass [Decision-Making]. Beschreibungen des Modells von Hass finden sich bei Frese - Glaser [Modelle], S. 60-66; Fieten [Gestaltung], S. 195 - 200 und S. 220 - 222. Hass benutzt eine nichtlineare Zielfunktion und lineare Restriktionen, während Jennergren - ausgehend von linearer Zielfunktion und linearen Restriktionen - durch Einführung einer Angebotsfunktion (= price schedule) die lokalen linearen Zielfunktionen in nichtlineare Funktionen umwandelt.

2) Charnes - Clower - Kortanek [Control].

3) Adam [Koordinationsprobleme].

Aus diesem Grunde soll auf eine detaillierte Darstellung weiterer Algorithmen[1] verzichtet werden, da alle letzten Endes dem "Dilemma der wertmäßigen Kosten" unterliegen und somit zentralisierte Entscheidungsverfahren darstellen.

Atkins[2] sieht ebenfalls die Nachteile der verschiedenen Dekompositionsverfahren, jedoch hält er es für möglich, je nach dem Grad der gewünschten Dezentralisation einen entsprechenden Algorithmus "maßzuschneidern". Für die Anpassung des Algorithmus nennt er folgende Kriterien:[3]

I. Art der Variablenänderung zwischen den einzelnen Iterationsschritten

II. Berücksichtigung der Ergebnisse weit zurückliegender ("alter") Iterationen

III. Verbesserung des Gesamtzielfunktionswertes mit jedem Schritt

IV. Erklärbarkeit bzw. ökonomische Interpretierbarkeit der Änderungen

V. Simultane Berücksichtigung alternativer Allokationsentscheidungen der Sparten

VI. Umfang des Informationsaustausches zwischen Zentrale und lokalen Einheiten.

Anhand dieser Kriterien kann nach Meinung von Atkins das Top-Management festlegen, welchen Managementstil es praktizieren möchte, und sich somit für einen entsprechenden Algorithmus entscheiden.
Atkins hat die folgenden sieben Algorithmen nach den Kriterien I. bis VI. klassifiziert (vgl. Tab. 2 auf S. 171):

---

1) Vgl. zu einer Zusammenfassung verschiedener Algorithmen die auf S. 164 zitierten Autoren.

2) Vgl. Atkins [Decomposition], S. 615 ff.

3) Atkins [Decomposition], S. 620.

A. Dantzig - Wolfe

B. Takahashi[1], als Beispiel für ein Gradientenverfahren mit fixierter Schrittlänge beim Iterationsprozeß (fixed step length gradient)

C. Rosen[2]

D. ein speziell von Atkins konstruierter Algorithmus, um zu zeigen, daß sich Verfahren mit spezifischen Eigenschaften nach Wunsch zusammenstellen lassen. Der Algorithmus D vernachlässigt z. B. ältere Iterationsschritte bei der Ermittlung des Optimums.[3]

Bei den Algorithmen E, F, G handelt es sich um budgetgesteuerte Verfahren:

E. Weitzman[4]

F. Silverman[5]

G. Heal[6]

In Tabelle 2 gibt Atkins eine Charakterisierung der einzelnen Verfahren.

Zwar muß die praktische Anwendbarkeit der einzelnen Verfahren wegen der bereits früher gemachten Einschränkungen bezweifelt werden. Wesentlich ist jedoch die neue Betrachtungsweise von Atkins. Statt die einzelnen Algorithmen auf der Grundlage theoretisch hergeleiteter Maßstäbe zu kritisieren, schlägt er vor, das Top-Management mit einem Katalog eindeutiger Kriterien zu konfrontieren und ihm so die Wahl zu überlassen, welchen Grad an Delegation und Entscheidungsdezentralisation es praktizieren möchte. Durch die Modifikation mathematischer Eigenschaften - z. B. durch Wahl des Iterationsverfahrens - ließen sich die Algorithmen den Wünschen anpassen. Ob dieses Vorgehen zum Ziel führt, kann nur anhand einer empirischen Untersuchung festgestellt werden.

---

1) Vgl. Takahashi [Separation].

2) Vgl. Rosen [Partition].

3) Vgl. Atkins [Decomposition], S. 621.

4) Vgl. Weitzman [Planning].

5) Vgl. Silverman [Decomposition].

6) Vgl. Heal [Planning].

Algorithmus / Kriterium	A Dantzig - Wolfe	B Takahashi	C Rosen	D Atkins	E Weitzman	F Silverman	G Heal
I	sehr große Sprünge	marginal	marginal und/oder parametrisch	parametrisch	große Sprünge	parametrisch	marginal
II	alte, aktive Daten werden stark berücksichtigt	totale Vernachlässigung	geringe Berücksichtigung	Berücksichtigung nimmt mit dem Alter der Daten ab	alte, aktive Daten werden stark berücksichtigt	geringe Berücksichtigung	Vernachlässigung
III	ja	kann i. a. sichergestellt werden	ja	ja	ja	ja	nicht zwingend, kann aber ermöglicht werden
IV	völlig unmöglich	sehr leicht	i. a. offensichtlich	nicht offensichtlich, aber möglich	nicht zufriedenstellend, aber besser als A	nur in Einzelfällen	leicht
V	leicht	möglich	kaum möglich	sehr schwierig	im Grunde nicht	im Grunde nicht	möglich
VI	vertretbar; bei jeder Iteration	vertretbar; bei jeder Iteration	stark schwankend bis nicht vertretbar	vertretbar; bei jeder Iteration	umfangreich	umfangreich	mehr als B weniger als F
	preisorientiert				budgetorientiert		

Tab. 2: Charakterisierung ausgewählter Algorithmen[1)]

---

1) Vgl. Atkins [Decomposition], S. 620.

Mit Ausnahme der Kriterien IV und VI ist es zweifelhaft, ob die Dimensionen Delegation und Entscheidungsdezentralisation durch den von Atkins gewählten Kriterienkatalog abgebildet werden; bei den übrigen Kriterien handelt es sich überwiegend um mathematische Fragen der Gestaltung von Algorithmen.

Alle bisher behandelten Ansätze gehen von einer gegebenen Zielfunktion für die Gesamtunternehmung aus. Ziel war es, ein Verfahren zu finden, diese Zielfunktion so in Unterprobleme zu dekomponieren, daß eine arbeitsteilige Entscheidungsfindung möglich wurde. Dabei wurde unterstellt, daß auch die dezentralen Entscheider das gleiche Ziel - d. h. Gewinnmaximierung - verfolgen. Implizit gingen die Modellansätze also von der Teambedingung[1] aus. Allerdings zeigten verschiedene Hinweise auf die Gefahr des "cheating", daß diese Voraussetzung i. a. nicht erfüllt ist. Albach hat auf die Existenz von Zielkonflikten bereits bei der Darstellung von Lenkpreisverfahren hingewiesen; er unterscheidet zwischen:[2]

- Team und
- Koalition mit

  latentem Zielkonflikt:
  Die Abteilungen verfolgen von der Gesamtzielfunktion abweichende Partialziele, akzeptieren aber das von der Zentrale vorgeschriebene endgültige Produktionsprogramm.

  offenem Zielkonflikt:
  Die Abteilungen akzeptieren nicht die zentralen Produktionsanweisungen, sondern verfolgen ihre Partialziele.

---

1) Die Teambedingung besagt, daß alle Entscheidungsträger das gleiche Ziel verfolgen.

2) Vgl. Albach [Koordination], S. 362 ff.

Im ersten Fall ermöglichen Gewichtungsfaktoren μ und Verrechnungspreise t[1] noch eine Koordination mit positivem, aber nicht optimalem Koordinationsgewinn. Im zweiten Fall versagt der Koordinationsmechanismus (μ, t).

Zwar hat Albach aufgezeigt, daß bei latentem Zielkonflikt noch ein Koordinationsgewinn entsteht, jedoch fehlt ein Verfahren zur Integration der Partialziele in das Gesamtmodell; die Zielabweichung der lokalen Einheit bleibt unbemerkt. Bailey und Boe[2] haben auf der Basis des allgemeinen Zieldekompositionsmodells von Ruefli[3] versucht, die Partialinteressen der Spartenmanager in Form vektorwertiger Zielfunktionen abzubilden und sie damit einer mathematischen Beschreibung zugänglich zu machen.

Der Ansatz von Bailey und Boe stellt einen Fortschritt in der Verrechnungspreisdiskussion dar; Zielkonflikte werden im Modell explizit berücksichtigt. Von der Beachtung der Präferenzen dezentraler Entscheidungsträger können positive motivationelle Wirkungen ausgehen. Eine mehrfache Zielsetzung tritt an die Stelle des Einzelzieles "Gewinnmaximierung". Dies entspricht eher der Praxis, Spartenmanager auf der Basis von Zielbündeln zu beurteilen.[4] Das Ziel der absoluten Gewinnmaximierung wird so zum Ziel der "befriedigenden" Gewinnerzielung. Ein Mindestgewinniveau tritt neben andere Ziele. Häufig dient in der Praxis die geplante Dividendenausschüttung als Basis zur Bestimmung dieser Mindestanforderung.

---

1) Vgl. zu diesen Größen das Dantzig-Wolfe-Modell auf S. 165 dieser Arbeit.

2) Bailey - Boe [Multigoal].

3) Vgl. zum allgemeinen Zieldekompositionsmodell Ruefli [Decomposition]; Ruefli [Externalities]; eine Darstellung des Modells findet sich auch bei Welge [Profit-Center], S. 166 ff.

4) Vgl. zu einem solchen Zielbündel (key result areas) die Vorgaben bei General Electric, dargestellt in Anthony - Dearden - Vancil [Control], S. 139.

Der Datentransfer bleibt im wesentlichen auf Führungsgrößen beschränkt. Das Zentralmanagement braucht keine Kenntnis der Produktionsfunktionen auf den unteren Ebenen.

Ein wesentlicher Nachteil des Modells liegt in der begrenzten praktischen Anwendbarkeit des Systems. Es erfordert zu seiner Lösung sehr umfangreiche und komplexe Algorithmen. Außerdem sind praktische Probleme durch eine große Zahl von Variablen gekennzeichnet, die eine rechentechnische Bewältigung des Problems weiter erschweren.

Aus theoretischer Sicht besteht weiterhin die Gefahr des "cheating", das nur durch zentrale Kontrollen eingeschränkt werden könnte. Das Modell ist deterministisch wie alle zuvor geschilderten Modelle. Starke Veränderungen in der Datenkonstellation könnten häufige Neubestimmungen des Produktionsprogrammes erzwingen.

Zusammenfassend sei zu den Programmierungsmodellen noch auf eine Bemerkung von Athans[1] hingewiesen. Es scheint so, als ob die Ursache für die Zentralisierungstendenz, die allen hier beschriebenen Modellen innewohnt, auf die Prämissen

a) Existenz von Gewißheit und
b) vollständige Problemkenntnis der Zentrale

zurückzuführen ist, Prämissen, die häufig kritisiert werden, da sie als realitätsfern gelten. Die Abwesenheit von Ungewißheit und die vollständige Kenntnis des Problems führen dazu, daß der zentrale Koordinator die Gesamtlösung gänzlich selbst übernehmen kann und so die dezentrale Struktur des Problems zerstört.[2]
Ausgehend von einer regelungstechnischen Struktur, die aus einem zentralen Regler (Zentrale) und zwei Subreglern besteht, die eine stochastisch schwankende Regelungsstrecke

1) Athans [Survey].
2) Vgl. Athans [Survey], S. 349, 351, 354.

steuern, schlägt Athans vor, folgende Steuerungs- und Kontrollstrategien zu wählen, die ein "take over" der Zentrale verhindern:

a) Dezentralisation bei vorfixierter Struktur,
b) periodische Koordination.

ad a: Der zentrale Koordinator hat die Aufgabe, die Eigenschaften der Steuerungssysteme (zu interpretieren als Spartenleiter) dezentraler Subeinheiten so vorzufixieren, d. h. Spartenleiter so auszuwählen oder zu beeinflußen, daß ihre Zielfunktion mit der Gesamtzielfunktion identisch wird.

ad b: Damit die totale Informationsübernahme durch die Zentrale verhindert wird, darf sie nur noch periodisch (z. B. einmal im Monat) Daten der Subeinheiten empfangen und Anweisungen geben. Währenddessen steuert sich die stochastische Subeinheit selbständig. Die mathematische Fragestellung zu diesem Steuerungsproblem lautet: Worin besteht die Aufgabe der Zentrale am Anfang jeden Monats (Kontrollperiode)? Athans schlägt als Lösung vor: Korrektur, Änderung der Anweisungen und Änderung des Anreizsystems.
Die Nachteile dieses Ansatzes bestehen nach Athans darin, daß der Koordinator immer noch ein sehr großes stochastisches Optimierungsproblem lösen muß und er kaum eine Aggregation des Informationsaustausches gestattet. Trotz der naheliegenden Analogie dieses regelungstechnischen Problems zum organisatorischen Problem der dezentralen Entscheidung ist eine Übertragung auf die Entscheidungssituation in real existierenden Unternehmungen nur begrenzt möglich. Im regelungstechnischen Modell werden die Entscheidungseinheiten als mathematische Gleichungssysteme abgebildet. Für die praktische Anwendung besteht die

Schwierigkeit darin, einen empirischen Zusammenhang zwischen Entscheidungsträger (Spartenleiter) und seinem Modell herzustellen.

Der Hinweis von Athans wird hier gebracht, um zu zeigen, daß das Verrechnungspreisproblem in dem bisher enggesteckten Rahmen kaum zu lösen sein wird. Verrechnungspreise könnten vielleicht Teil einer aggregierten Lenkinformation sein, die sich als Lösung eines weitergefaßten "Dezentralisierungsproblems" ergibt. Verrechnungspreise allein sind zur Steuerung dezentraler Entscheidungen ungeeignet.

D. Spieltheoretischer Ansatz zur Gewinnallokation

Verrechnungspreise in Organisationen sollen unter der Zielsetzung der Erfolgsoptimierung im wesentlichen zweierlei ermöglichen:

- die dezentrale, arbeitsteilige Entscheidung über das Produktionsprogramm und die Ressourcenverwendung (Ressourcenallokation)
- die Verteilung des Gesamtgewinns auf die an der Produktion beteiligten Sparten (Gewinnallokation).

Die bisher besprochenen Verfahren betonen vor allem den Aspekt der Ressourcenallokation; häufig führt die dabei entstehende Gewinnallokation zu unbefriedigenden Ergebnissen. Sie kann die beteiligten Sparten nicht dazu veranlassen, freiwillig die Regeln des Allokationsmechanismus zu befolgen, d. h. der Algorithmus ist nicht "incentive compatible".[1)]
Gesucht werden also Verfahren, die eine Aufteilung des Gesamtgewinnbeitrages eines Produktes auf die an der Herstellung beteiligten Sparten gestatten. Der Verteilungsschlüssel sollte für die Sparten akzeptabel sein und gleichzeitig eine optimale Ressourcenallokation sicherstellen.
In der Literatur werden dafür Verfahren - bekannt als Deckungsbeitragssplitting, "Splitting Profit on Sale of Endproduct"[2)] oder "Gewinnpoolungskalkulation"[3)] - vorgeschlagen. Diese Verfahren kann man jedoch nur begrenzt als Verrechnungspreismodelle bezeichnen; sie werden in diese Arbeit einbezogen, weil sie Methoden zur "fairen" bzw. "plausiblen" Gewinn- oder Kostenallokation anbieten, die unter Motivationsgesichtspunkten in Verrechnungspreissystemen berücksichtigt werden sollten.

1) Vgl. zur Anforderung der "Incentive Compatibility" Hurwicz [Design], S. 23.

2) Vgl. Harrmann [Transfer-Preissystem], S. 201.

3) Vgl. Vellmann [Verrechnungs-Preissystem], S. 70.

Shubik[1] hat den Versuch unternommen, mit Hilfe des spieltheoretischen Konzeptes der charakteristischen Funktion[2] einen solchen Schlüssel theoretisch zu entwickeln. Er weist nach, daß der Shapley-Wert[3] diese Aufgabe erfüllt.

Shubik betrachtet die Unternehmung als eine Koalition aus mehreren Sparten, die nur dann stabil ist, wenn für jede Sparte der Wert der Koalitionsteilnahme größer ist als der Wert eines Alleinganges. Wird die Koalition gebildet, entsteht das Problem, den Wertzuwachs gegenüber dem Alleingang so unter die Koalitionspartner aufzuteilen, daß niemand die Koalition verläßt. Die Shapley-Formel[4] hat diese Eigenschaft; sie teilt jedem Koalitionsteilnehmer einen Gewinnanteil (G_i) zu, der größer ist als sein Gewinn ohne Koalitionsteilnahme:

(1) $$G_i = \frac{1}{n!} \sum_{s=1}^{n} (s-1)!(n-s)! \quad v(\{S\}) - v(\{S\}-\{i\})$$

G_i = Gewinnanteil des i-ten Koalitionsteilnehmers

n = Anzahl aller möglichen Koalitionsmitglieder

s = Anzahl der Mitglieder in der jeweiligen Koalition S, $s \leq n$

$v(\{S\})$ = Gewinn von Koalitionen der Größe S in denen i Mitglied ist, $i \varepsilon S$

$v(\{S\}-\{i\})$ = Gewinn von Koalition der Größe S ohne i

1) Vgl. Shubik [Incentives], S. 205.
2) Shubik [Incentives], S. 208.
3) Vgl. Shapley [Games], S. 307 - 317.
4) Vgl. Shubik [Incentives], S. 217.

(2) $v(\{S\})-v(\{S\}-\{i\})$ = Zuwachs des Koalitionsgewinnes durch Eintritt von i

$(s-1)!$ = Anzahl der möglichen Koalitionen vor dem Eintritt des Koalitionsmitgliedes i an s-ter Stelle

$(n-s)!$ = Anzahl der Koalitionsmöglichkeiten von Mitgliedern, die eintreten, nachdem i an der Stelle s eingetreten ist

$n!$ = Anzahl der Permutationsmöglichkeiten aller n-Koalitionäre

Gleichung (1) besagt, daß die Gewinnzuteilung proportional zur "Gewinn-Grenzproduktivität" des Koalitionsmitgliedes i erfolgt. Dieser Grenzbeitrag wird gewichtet mit (3):

(3) $$\frac{(s-1)!(n-s)!}{n!}$$

Das folgende Beispiel soll die Anwendung der Formel[1)] verdeutlichen:

Eine Unternehmung besteht aus der Zentrale A, die gleichzeitig den Vertrieb wahrnimmt, und den Sparten B und C, die beide jeweils zwei gleiche Produkte 1 und 2 produzieren. Die konstanten Marktpreise der Produkte betragen $p_1 = 10$ und $p_2 = 12$. Die variablen Kosten in der Sparte B belaufen sich auf $b_1 = 2$, $b_2 = 6$ und in Sparte C auf $c_1 = 3$, $c_2 = 4$. Es gilt also: $b_1 < c_1$, $b_2 > c_2$. Fixkosten fallen nicht an, es bestehen keine Absatzrestriktionen. Die Zentrale plant den Verkauf von je 10 Einheiten der Produkte 1 und 2.

Die Zentrale kann die Abteilungen bei der Aufstellung der Produktionsprogramme durch Vorgabe von Verrechnungspreisen t_1, t_2 in Höhe der Grenzkosten $t_1 = b_1$, $t_2 = c_2$ koordinieren. Die Verrechnungspreise führen bei der Zentrale zu

1) Das Beispiel wurde von Shubik übernommen. Vgl. Shubik [Incentives], S. 219 f.

einem Gewinn $G_A = 10(p_1+p_2-b_1-c_2) = 160$, während beide Sparten keinen Gewinn ausweisen, wie am Beispiel von B demonstriert wird:

(4a) $G_B = E_B-K_B = t_1x_1+t_2x_2-b_1x_1-b_2x_2$

(4b) $G_B = (t_1-b_1)x_1+(t_2-b_2)x_2$ mit $t_1 = b_1$ und $t_2 = c_2$

(4c) $G_B = (b_1-b_1)x_1+(c_2-b_2)x_2$

B wird die Produktion des Produktes 2 einstellen, da der Deckungsbeitrag (c_2-b_2) wegen $b_2>c_2$ negativ ist, gegenüber der Herstellung des Produktes 1 verhält sich B indifferent, da der Deckungsbeitrag gleich Null ist. A muß daher eine Produktionsanweisung an B geben. Die Shapleyformel führt zu einer Umverteilung des Gesamtgewinns, der die Sparten B bzw. C dazu motiviert, ihre Produkte "freiwillig" an die Zentrale zu liefern:

(5) $s = 0$:

$v(\{\emptyset\}) = 0$ — Der Wert einer Koalition ohne Mitglieder ist gleich Null.

(6) $s = 1$:

$v(\{A\}) = v(\{B\}) = v(\{C\}) = 0$ — Der Alleingang jeder der Abteilungen A, B oder C führt zu keinem Gewinn.

(7) $s = 2$:

a) $v(\{A,B\}) = 10(p_1+p_2-b_1-b_2) = 140$

b) $v(\{A,C\}) = 10(p_1+p_2-c_1-c_2) = 150$

Der Gewinn bei Zusammenarbeit der Zentrale A mit der Abteilung B (C) führt zu einem Deckungsbeitrag von 140 (150).

c) $v(\{B,C\}) = 0$ — Der Gewinn aus der Zusammenarbeit der beiden Sparten ohne Koordination durch die Zentrale ist gleich Null.

(8) $\underline{s = 3}$:

$v(\{A,B,C\}) = 10(p_1+p_2-b_1-c_2) = 160$ Durch Zusammenarbeit aller drei Einheiten kommt es zu einem Gewinn von 160.

(9)
$$G_A = \frac{1}{3!}\Big[(3-1)!(3-3)!\ [v(\{A,B,C\})-v(\{B,C\})] + +(2-1)!(3-2)!\ [v(\{A,B\})\ -v(\{B\})\ ] + +(2-1)!(3-2)!\ [v(\{A,C\})\ -v(\{C\})\ ] + +(1-1)!(3-1)!\ [v(\{A\})\ -v(\{\emptyset\})\ ]\Big] =$$
$$= \frac{1}{3!}[2\ 10(p_1+p_2-b_1-c_2)+10(p_1+p_2-b_1-b_2) + + 10(p_1+p_2-c_1-c_2)+2\cdot 0]$$
$$= \frac{10}{6}[2\ (p_1+p_2-b_1-c_2)+(p_1+p_2-b_1-b_2)+(p_1+p_2-c_1-c_2)]=$$
$$= \frac{10}{6}[4p_1+4p_2-3b_1-b_2-c_1-3c_2] = \frac{610}{6} = 101\ 2/3$$

(10)
$$G_B = \frac{10}{6}[(p_1+p_2-b_1-b_2)/2(c_1+c_2-b_1-c_2)] =$$
$$= \frac{10}{6}[p_1+p_2-3b_1-b_2+2c_1] = \frac{160}{6} = 26\ 2/3$$

(11)
$$G_C = \frac{10}{6}[(p_1+p_2-c_1-c_2)+2(b_1+b_2-b_1-c_2)] =$$
$$= \frac{10}{6}[p_1+p_2-c_1-3c_2+2b_2] = \frac{190}{6} = 31\ 2/3$$

(12)
$$G_{ges} = G_A+G_B+G_C = \frac{610}{6} + \frac{160}{6} + \frac{190}{6} = \frac{960}{6} = 160$$

i	$G_{unverteilt}$	$G_{zuwachs}$ bei Eintritt von i in eine Zweierkoalition	$G_{verteilt}$
A	160	$v(\{A,B,C\})-v(\{B,C\}) = 160$	101 2/3
B	0	$v(\{A,B,C\})-v(\{A,C\}) = 10$	26 2/3
C	0	$v(\{A,B,C\})-v(\{A,B\}) = 20$	31 2/3
Summe	160	---	160

Tab. 3: Gewinnzuwachs und Gewinnverteilung am Beispiel einer 3er-Koalition

Beurteilung des Gewinnallokationsverfahrens

- Der Gesamtgewinn wird auf alle an der Herstellung und dem Vertrieb beteiligten Einheiten aufgeteilt. Es gilt:

$$(13) \qquad G_{ges} = \sum_{i=1}^{n} G_i$$

- Das Verfahren eignet sich nicht zur Koordination der Teilbereichsaktivitäten, da die Gewinnverteilung erst berechnet werden kann, nachdem das Produktionsprogramm bekannt ist.

- Nach Ansicht von Shubik motiviert das Verfahren die Beteiligten, Verbesserungen einzuführen, da es die Abteilungen, von denen die Initiative ausgeht, bei der Gewinnverteilung relativ stärker berücksichtigt. Dies will er an Hand des folgenden Beispiels zeigen:[1)]

  Die Abteilung B findet ein kostengünstigeres Verfahren $(b_1' = 1) < (b_1 = 2)$. G_{ges}, G_A und G_B steigen, während G_C konstant bleibt.

  Die neue Gewinnzuteilung G_i' lautet:

$G_A' = 640/6$	$\Delta G_A = 30/6 = 5$
$G_B' = 190/6$	$\Delta G_B = 30/6 = 5$
$G_C' = 190/6$	$\Delta G_C = 0$
$G_{ges}' = 1020/6 = 170$	$\Delta G_{ges} = 60/6 = 10$

  Dies setzt allerdings voraus, daß B freiwillig die Einführung des verbesserten Verfahrens meldet. Durch Verschweigen der neuen Situation bleibt es bei der alten Gewinnverteilung und B ist besser gestellt, da es die volle Ersparnis in Höhe von 10 allein erhält. Zusätzliche

1) Shubik [Incentives], S. 220.

Kontrollen sind nötig, um das Verfahren anwenden zu können. Damit wird jedoch das Ziel der Dezentralisation nicht erreicht. Außerdem bleibt der alte Verrechnungspreis bestehen; die Verkaufsabteilungen werden so u. U. falsche Absatzentscheidungen treffen. Ein weiterer Nachteil besteht darin, daß zusätzliche Informationskosten durch die Neuberechnung aller Koalitionswerte, zu denen A und B beitragen, entstehen.

- Besonders schwerwiegend wirkt sich die Abhängigkeit der Gewinnverteilung von der organisatorischen Struktur aus. Durch die im Beispiel verwendete Annahme, daß ohne Mitwirkung der Zentrale keine Gewinnerzielung möglich sei, wird diese bei der Gewinnallokation besonders stark begünstigt. Innerhalb bereits bestehender Spartenorganisationen gestaltet sich die Bestimmung der einzelnen Koalitionswerte besonders schwierig. Für einzelne Sparten müßte ermittelt werden, welchen Gewinn sie im "Alleingang" realisieren könnten. Bestehen Interdependenzen zwischen den Sparten, so müßten die daraus resultierenden Leistungsbeziehungen bewertet werden, ehe sich der Gewinn bei "Alleingang" ermitteln ließe. Dies zwingt letzten Endes zur Ermittlung von Marktpreisen für Zwischenprodukte, für die kein externer Markt existiert. Somit wird das eigentliche Problem der Verrechnungspreisbildung - die Ermittlung des Verrechnungspreises für nicht marktgängige Zwischenprodukte - nicht gelöst.

Die Diskussion in den vorhergehenden Abschnitten zeigt, daß die Shapley-Formel für Zwecke der Gewinnallokation nur beschränkt geeignet ist. Dagegen scheint sie für ein Gemeinkostenproblem, das häufiger zwischen Sparten einer Unternehmung auftritt, eine Lösung anzubieten. Bei der Errichtung gemeinsamer Produktionskapazitäten stellt sich häufig die Frage nach dem geeigneten Kostenschlüssel. Die Anwendung der Shapley-Formel auf dieses Problem könnte zumindest die Frage der Kostenallokation bei Ressourceninterdependenzen einer Lösung näherbringen.[1)]

E. Verhaltensorientierte Modelle

Verhaltensorientierte Modelle streben nicht wie die zuvor beschriebenen Modelle eine Gewinnmaximierung im klassischen Sinne an; im Vordergrund stehen vielmehr Überlegungen zur Motivierung der Personen, die von den Auswirkungen der Verrechnungspreisbildung betroffen werden. Ausgehandelte Verrechnungspreise gehören dabei zur wichtigsten und zugleich zur in der Praxis am weitesten verbreiteten Kategorie der verhaltensorientierten Verrechnungspreise. Es wird erwartet, daß die Partizipation der Mitarbeiter an der Verrechnungspreisbildung ihr Gefühl der Entscheidungsautonomie erhöht, ihre Bereitschaft, sich mit dem Verhandlungsergebnis zu identifizieren, steigert und dazu beiträgt, Konflikte zwischen Sparten zu verringern. Die von diesen Faktoren ausgehenden positiven Motivationswirkungen sollen die Nachteile aufwiegen, die entstehen, wenn nicht die im klassischen Sinne gewinnmaximalen Verrechnungspreise angewendet werden.

Erst in jüngster Zeit wurden Verhandlungspreise in konträrer Weise charakterisiert. Während Albach[2)] sie als gänzlich ungeeignet für die Steuerung von Spartenorganisationen einstuft, indem er feststellt, daß dieses System auf dem "Prinzip Hoffnung" basiere, sieht dagegen eine Reihe von anderen Autoren[3)] gerade in der Anwendung von Verhandlungspreisen die einzige Möglichkeit, die mit dem wertmäßi-

---

1) Vgl. zur Verwendung der Shapley-Formel bei der Gemeinkostenallokation Loehmann - Whinston [Theory].

2) Albach [Lenkpreise].

3) Vgl. Kappler [Kostenwertvorgabe], S. 351; vgl. auch Watson - Baumler [Transfer Pricing], S. 446 ff.; Watson [Contingency], S. 77.

gen Lenkpreiskonzept verbundenen Nachteile zu überwinden. Solch gegensätzliche Ansichten sind im wesentlichen auf zwei Mängel zurückzuführen:

1. Es fehlen empirische Untersuchungen zur verhaltensbeeinflussenden Wirkung von Verrechnungspreissystemen.

2. Es fehlt ein theoretisches Konzept zur Integration des Verrechnungspreisproblems in die Organisationstheorie.

Im folgenden soll anhand verschiedener Studien untersucht werden, welche Bedeutung Verhandlungspreise und verhaltensorientierte Verrechnungspreise für die Steuerung von Spartenorganisationen haben.

I. Simulationsexperiment von Roberts et al.

Roberts et al.[1] haben unter Rückgriff auf das von Forrester[2] entwickelte Konzept des "Industrial Dynamics" mit Hilfe eines Simulationsexperimentes die Auswirkungen verschiedener Geschäftspolitiken[3] wie

- Art der Verrechnungspreise,
- Setzung des Preises für Endprodukte,
- Ausgaben für Produktförderung,
- Leistungsmaßstäbe und -beurteilung,
- Höhe der Sollvorgaben (Budget),
- Druck auf die Mitarbeiter durch andere Stellen

auf den Erfolg der Unternehmung für einen simulierten Zeitraum von fünf Jahren untersucht. Als Kriterien für den

1) Vgl. Roberts - Abrams - Weil [Policy].
2) Forrester [Dynamics].
3) Roberts - Abrams - Weil [Policy], S. B-690.

Erfolg der gewählten Geschäftspolitik aus der Sicht der Gesamtunternehmung dienten für den simulierten Zeitraum kumulierter Gesamtgewinn, kumulierter Erlös und Wachstum der Erlöse.

Die Struktur des Simulationsmodells und seine Parameter wurden von einer vertikal integrierten Lebensmittelkette übernommen, die ihre Produkte zum größten Teil selbst fertigt. Das Modell bildet den Teilbereich der Produktion und des Vertriebes von Backwaren nach, der in eine Produktionsabteilung und eine Vertriebsabteilung gegliedert ist.[1] Der Erfolg der Produktionsabteilung wird anhand ihres Gesamtdeckungsbeitrages gemessen, während für die Vertriebsabteilung Gesamtumsatz und Höhe des Deckungsbeitrages in Prozent des Umsatzes maßgeblich sind. Die Vertriebsabteilung untergliedert sich in eine zentrale Distributionsabteilung, die für Verkaufsförderung, Werbung, Sonderangebotsaktionen, Verteilung der Produktmengen auf die einzelnen Verkaufsstellen und Festsetzung der Verkaufspreise verantwortlich ist, und in die Einzelhandelsabteilung, die für die Leitung der einzelnen Verkaufsstellen (Supermärkte), Plazierung der Produkte und Einsatz des Verkaufspersonals verantwortlich ist. Innerhalb der Vertriebsabteilung besteht ein Konflikt zwischen dem Ziel der Umsatzsteigerung und der Verbesserung des Deckungsbeitrages, da eine Umsatzsteigerung in der Regel nur über den Preis erzielt werden kann. Diese unterschiedliche Zielsetzung führt zu Reibungen zwischen der Distributionsabteilung, deren Erfolg am Gesamtumsatz gemessen wird, und der Einzelhandelsabteilung, die sich an der Höhe des Deckungsbeitrages orientiert. Die Auswirkungen der Leistungsmaßstäbe Deckungsbeitrag und Umsatz auf das Verhalten der beiden Bereiche und ihrer Abteilungen stellen Roberts et al. als komplexes Rück-

---

1) Es wird hier der Begriff Abteilung benutzt, da die Gliederung der organisatorischen Einheiten in der von Roberts et al. untersuchten Unternehmung nicht der in dieser Arbeit zugrunde gelegten Definition des Spartenbegriffes entspricht.

kopplungssystem dar, das aus drei Kontrollschleifen besteht, die je eine der Abteilungen verkörpern (vgl. Abb. 38).

Die Ergebnisse des Simulationsexperimentes werden hier nur so weit wiedergegeben, wie sie die Wirkung des gewählten Verrechnungspreissystems betreffen. Die Höhe des Verrechnungspreises für die von der Produktionsabteilung an die Vertriebsabteilung gelieferten Backwaren bestimmen die Gewinnaufteilung zwischen den beiden Bereichen. Im Simulationsexperiment wurden drei Arten von Verrechnungspreisen untersucht:

VP_1 = ausgehandelter Preis

VP_2 = Kosten der Produktionsabteilung plus einem konstanten Gewinnaufschlag.

VP_3 = Kosten plus Gewinnaufschlag in Prozent der Kosten der Produktionsabteilung

Der ausgehandelte Verrechnungspreis wird von der Produktionsabteilung gemeinsam mit der Vertriebsabteilung festgelegt. Roberts et al.[1] beobachteten, daß die Produktionsabteilung bei Nichterreichen des vorgegebenen Gesamtsolldeckungsbeitrages mit einer Senkung des Deckungsbeitrages pro Einheit und einer Steigerung der internen Liefermenge über die von der Vertriebsabteilung gewünschte Menge hinaus reagierte. Durch das erhöhte Produktvolumen sollte die Vertriebsabteilung unter Verkaufszwang gesetzt werden - es handelt sich um verderbliche Produkte - und der Gesamtdeckungsbeitrag der Produktionsabteilung gesteigert werden. Wenn die Vertriebsabteilung nicht sofort mit zusätzlichen Werbeaktivitäten reagierte, konnte ein Teil der Überproduktion nur durch herabgesetzte Preise (Sonderangebote) an den Endkunden gebracht werden. Dies bewirkte eine Senkung des Deckungsbeitrages, und die Vertriebsabtei-

1) Roberts - Abrams - Weil [Policy], S. B-685.

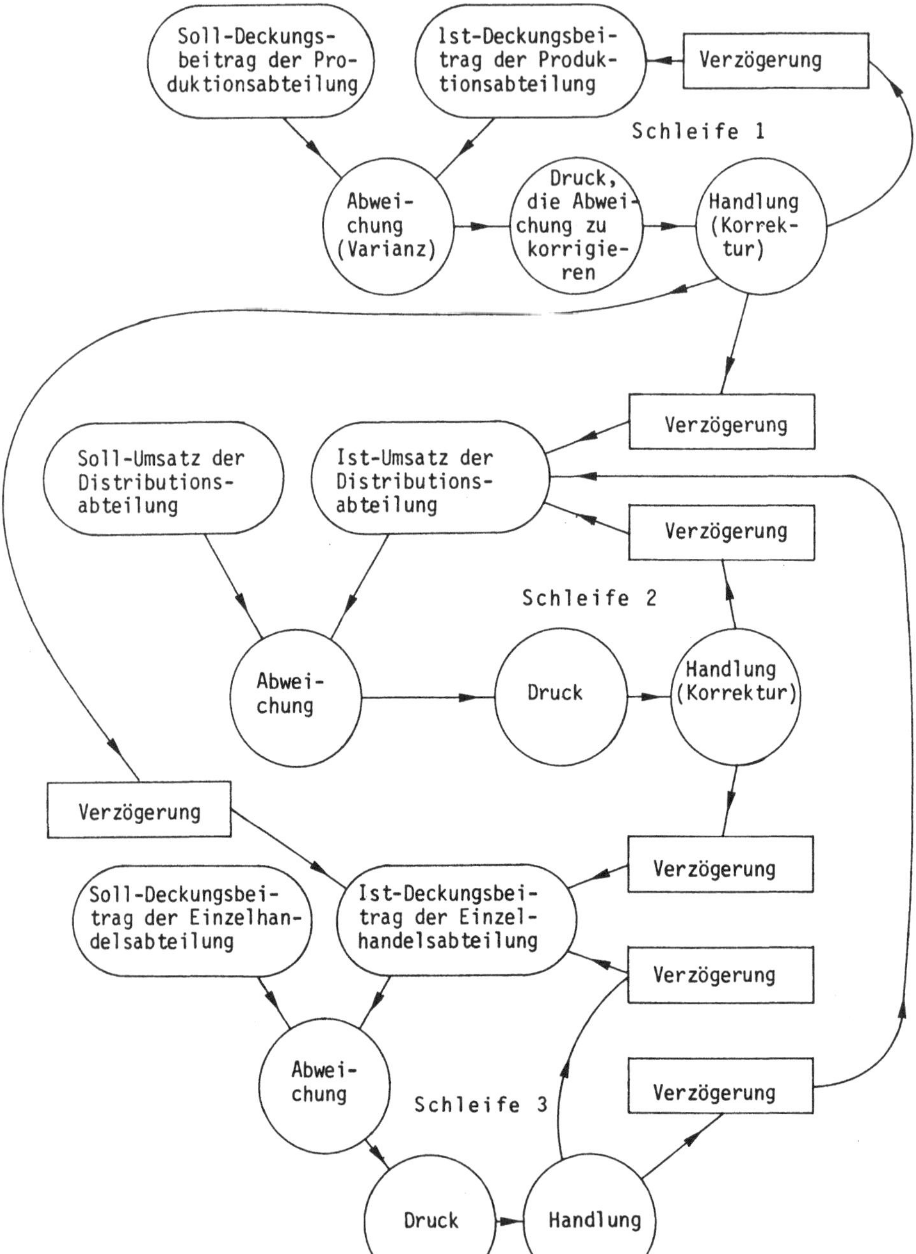

Abb. 38: Die Kontrollschleifen des Systems[1)]

---

1) Vgl. Roberts - Abrams - Weil [Policy], S. B-684.

lung reagierte mit geringeren Bestellungen, so daß der Deckungsbeitrag der Produktionsabteilung u. U. unter den Deckungsbeitrag der Ausgangssituation fallen konnte. Reagierte die Vertriebsabteilung in gewünschter Weise, kam es zu Umsatzsteigerungen und zur Steigerung des Deckungsbeitrages. Die geschilderten Verhaltensweisen sind Bestandteil des Simulationsmodells.

Um die Auswirkungen der drei Verrechnungspreisarten vergleichbar zu machen, begannen die Simulationsläufe mit Preisen in gleicher Höhe: $VP_1 = VP_2 = VP_3$. Die Simulation führte zu folgenden Ergebnissen:[1] Bei konstantem Marktvolumen für Endprodukte führten alle Verrechnungspreise zu ähnlichen Resultaten; bei wachsendem Marktvolumen bewirkte der ausgehandelte Preis für die simulierte Fünfjahresperiode einen höheren Gesamtgewinn und einen höheren Gesamtumsatz (vgl. Tab. 4).

	Normalisierter[2] kumulierter 5-Jahres-UMSATZ	Normalisierter kumulierter 5-Jahres-GESAMTGEWINN	Normalisierter prozentualer Gewinnanteil der Einzelhandelsstufe
VP_1 = Ausgehandelter Preis	1,00	1,00	1,00
VP_2 = Kosten plus konstantem Aufschlag	0,98	0,96	1,31
VP_3 = Kosten plus %-Aufschlag	0,97	0,93	1,39

Tab. 4: Vergleich der Verrechnungspreisarten[3]

1) Vgl. zur folgenden Darstellung Roberts - Abrams - Weil [Policy], S. B-690 ff.

2) Normalisiert bedeutet hier, daß die bei VP_1 erreichten Ergebnisse gleich Eins gesetzt und alle anderen Größen darauf bezogen werden.

3) Vgl. Roberts - Abrams - Weil [Policy], S. B-691.

Roberts et al. begründen dies folgendermaßen: VP_2 und VP_3 begünstigen bei der Gewinnallokation die Einzelhandelsstufe. Bei steigender Beschäftigung der Produktionsabteilung fallen die Kosten pro Stück und damit auch die Verrechnungspreise VP_2 und VP_3 für jedes gelieferte Stück. VP_2 und VP_3 wirken in etwa wie ein Mengenrabattschema. Allerdings verführt der somit steigende Deckungsbeitrag die Endstufe dazu, Gewinnbeiträge durch Preissenkung zu "verschenken". Besonders vorteilhaft wirkt sich der ausgehandelte Verrechnungspreis VP_1 bei wachsendem Marktvolumen auf Gewinn und Umsatz aus, da er die Neigung der Produktionsabteilung zu Überproduktion fördert und somit den Umsatz stimuliert, aber gleichzeitig die Einzelhandelsstufe daran hindert, überdurchschnittliche Preisnachlässe zu gewähren. Dagegen führen VP_2 und VP_3 dazu, daß bei vorfixierten Gewinnaufschlägen die Produktionsabteilung ihre Budgetziele leicht erreichen kann und der Zwang zur Überproduktion wegfällt. Die Höhe von VP_1 erweist sich daher als empfindlicher gegenüber dem Druck von Vorgesetzten, die Sollgrößen zu erreichen, als die Höhe von VP_2 und VP_3, da nur VP_1 der Produktionsabteilung die Möglichkeit zu eigenständiger Initiative durch Preiszugeständnisse gibt.

Das hier beschriebene Simulationsmodell stellt gegenüber den marginalanalytischen Modellen und den Programmierungsmodellen einen Fortschritt dar, weil es die Einbeziehung von Verhaltensvariablen in ein Verrechnungspreismodell ermöglicht und so eine Beurteilung ihrer Auswirkungen auf Unternehmungsziele wie Umsatz und Gewinn gestattet. Die Verhaltensgrößen, wie z. B. "interner Druck" oder "Modus der Verhandlungspreisbildung", sowie ihre Verflechtung mit den anderen Modellvariablen gehen jedoch über mathematische Gleichungen in das Simulationsmodell ein. Erst wenn diese Verhaltensgleichungen empirisch überprüft sind, können für die Praxis verwendbare Hinweise gewonnen werden.

Der Vergleich des Verhandlungspreises mit Kosten-Plus-Preisen stellt eine unglückliche Wahl dar, weil die negativen Anreizwirkungen dieser Kosten-Plus-Preise häufig kritisiert wurden.[1] Interessanter wäre eine Gegenüberstellung mit Verrechnungspreisen wie Grenzkosten, Knappheitspreisen oder Verrechnungspreissystemen, in denen Grenzkosten und periodenfixe Beträge verrechnet werden, gewesen.

Dennoch sollte man den Wert des Modelles nicht geringer einschätzen als den der übrigen Modelle, da auch diese auf gewissen Verhaltensannahmen[2] wie Gewinnmaximierung oder rationalem Verhalten fußen. Das Simulationsexperiment macht deutlich, daß Verhandlungspreise unter bestimmten Verhaltensannahmen - hier ausgedrückt durch mathematische Gleichungen - die traditionellen Ziele wie Umsatz und Gewinn u. U. besser fördern als andere Verrechnungspreise. Das vorgestellte Modell zeigt aber auch, daß die Wirkungsweise von Verrechnungspreisen situationsbedingt sein kann und von den gewählten Beurteilungskriterien abhängt.

II. Die Studie von Arvidsson

Arvidsson[3] hat im Rahmen eines Laborexperimentes versucht, empirische Grundlagen für die Bestimmung von Verhandlungspreisen zu legen. Er überträgt das theoretische Konfliktkonzept Waltons[4] auf die Verrechnungspreissituation zwischen zwei Organisationseinheiten. Die drei folgenden Hypothesen liegen dem Ansatz Arvidssons zugrunde:[5]

---

1) Vgl. dazu u. a. Shubik [Incentives], S. 221; siehe auch S. 242 f. dieser Arbeit.

2) Vgl. z. B. zu den Prämissen klassischer Modelle des Rechnungswesens Caplan [Assumptions]; Caplan [Field Study].

3) Vgl. Arvidsson [Negotiations].

4) Vgl. Walton [Conflict].

5) Vgl. Arvidsson [Negotiations], S. 6 f.

H_1: Externe Umwelt

Änderungen in der externen Umwelt (Marktsituation) einer organisatorischen Einheit beeinflussen ihr Verhalten zu anderen organisatorischen Einheiten, mit denen sie Zwischenleistungen austauscht.

H_2: Marktinterdependenz

Das Auftreten von Marktinterdependenz zwischen organisatorischen Einheiten beeinflußt ihr Verhalten zueinander. Marktinterdependenz liegt vor, wenn der Absatz der Produkte einer Einheit die Nachfrage nach Produkten der anderen Einheit beeinflußt.

H_3: Interaktion

Die Art der Interaktionsbedingungen, die zwischen den Einheiten bestehen, beeinflussen ihr Verhalten zueinander. (Arvidsson berücksichtigt die Interaktionsarten: Form der Kommunikation, Inhalt der Kommunikation und Informationsstand über die andere Einheit.)

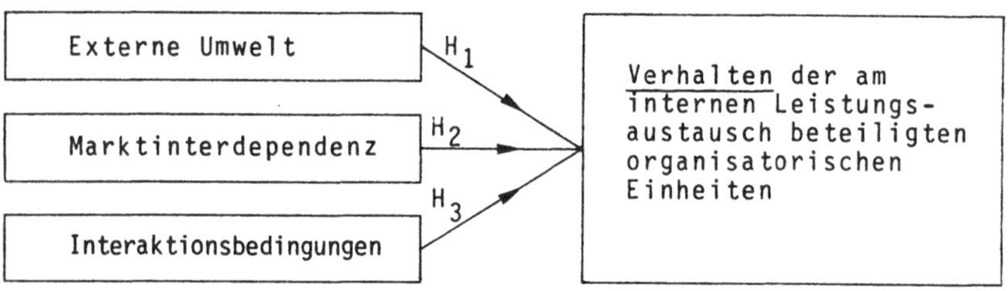

Abb. 39: Hypothesenstruktur der Studie von Arvidsson[1)]

Die vorgenannten Hypothesen wurden mit Hilfe eines Unternehmensspiels getestet, das in acht Experimenten mit jeweils veränderten Randbedingungen eingesetzt wurde. Spieler bzw. Versuchspersonen waren insgesamt 144 Studenten der Wirtschaftswissenschaft, dabei bildete jeweils ein Paar

1) Vgl. Arvidsson [Negotiations], S. 7.

eine Unternehmung, bestehend aus einer Vorstufe (A), die ein Zwischenprodukt an eine Enstufe (B) liefert. Beobachtet und untersucht wurde das Verhalten der beiden "Abteilungsleiter" beim Aushandeln von Verrechnungspreisen und internen Liefermengen.

Das Unternehmensspiel hat die in Abbildung 40 dargestellte Struktur. Die Tabellen 5 und 6 geben eine Übersicht über die für die einzelnen Experimente jeweils geltenden Randbedingungen. Arvidsson hat zwei Arten von Experimenten durchgeführt: zweiperiodige Experimente, in denen sich eine der Randbedingungen zwischen der ersten und zweiten Periode ändert (Tab. 5) und einperiodige Experimente, die hauptsächlich zur Untersuchung der Interaktionsbedingungen dienten (Tab. 6).

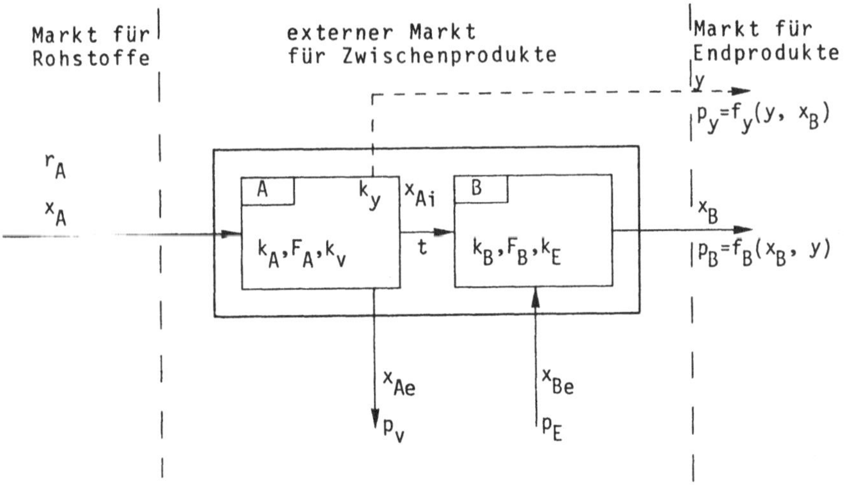

<u>Entscheidungsvariable</u>

x_A = von A produzierte Gesamtmenge:
$x_A = x_{Ae} + x_{Ai} + y$

x_{Ai} = intern von A an B gelieferte Menge

t = Verrechnungspreis pro Einheit Ai

x_{Ae} = von A an den externen Zwischenproduktmarkt verkaufte Menge

x_{Be} = von B auf dem externen Zwischenproduktmarkt gekaufte Menge

x_B = Menge, die von B auf dem Endproduktmarkt abgesetzt wird:
$x_B = x_{Be} + x_{Ai}$

y = von A auf dem Endmarkt direkt angebotene Produktmenge y

<u>Parameter</u>

r_A = konstanter Preis des Rohmaterials für eine Einheit A

k_A = konstante Herstellkosten pro Einheit Ae bzw. Ai

F_A = Fixkosten der Stufe A

k_v = konstante Vertriebskosten für externen Verkauf einer Einheit Ae

p_v = konstanter Verkaufspreis pro Einheit Ae auf dem Zwischenproduktmarkt

p_E = konstanter Beschaffungspreis pro Einheit Be auf dem externen Zwischenproduktmarkt

k_y = konstante Herstellkosten pro Einheit y

f_y = Preisabsatzfunktion des Produktes y

p_y = Marktpreis pro Einheit des Endprodukts y

k_B = konstante Herstellkosten pro Einheit B

k_E = konstante Beschaffungskosten pro extern zugekaufter Einheit Be

F_B = Fixkosten der Abteilung B

f_B = Preisabsatzfunktion des Produktes B

p_B = Marktpreis pro Einheit des Endprodukts B

Abb. 40: Struktur des Unternehmensspieles[1)]

---

1) Vgl. Arvidsson [Negotiations], S. 15.

Die Entscheidungssituation entspricht mit unterschiedlichen Ein- und Verkaufspreisen (p_E, p_V) für das Zwischenprodukt x_{Ai} der Struktur des Gould-Modells.[1] Es besteht ein Verhandlungsspielraum für die Höhe des Verrechnungspreises t: $p_V \leq t \leq p_E$. Die Möglichkeit, Integrationsgewinne durch Vermeidung der Ein- und Verkaufskosten (k_E, k_V) zu erzielen, veranlaßt die organisatorischen Einheiten dazu, in Verhandlungen miteinander einzutreten. Eine zentrale Koordinationseinheit fehlt.

1) Vgl. dazu S. 134 dieser Arbeit.

Experiment, Nr. und Name	Änderung in der externen Umwelt (externer Konflikt)	Änderung der Marktinterdependenz (interner Konflikt)	Interaktionsbedingungen		
			Informationen über die andere Abteilung	Form der Kommunikation	Inhalt der Kommunikation
2. TOPEXT	Veränderung der externen Umwelt durch Verschlechterung der Absatzbedingungen für x_B in der zweiten Spielperiode. Diese Änderung wird als externer Konflikt bezeichnet.	keine Marktinterdependenz	keine	schriftlich, Beteiligte anonym	t und x_{Ai}
3. TOPINT	externe Umweltbedingungen konstant	in der zweiten Periode wird ein interner Konflikt eingeführt, indem A die Möglichkeit erhält, in Konkurrenz zu B auf dem Endproduktmarkt die Produktmenge y anzubieten. Eine Steigerung des Absatzes von y verringert den Absatz von x_B.	keine	schriftlich, Beteiligte anonym	t und x_{Ai} sowie in der zweiten Periode y
4. TOPEXTMESS	wie 2 (TOPEXT)	wie 2 (TOPEXT)	keine	schriftlich, Beteiligte anonym	t und x_{Ai} plus beliebige Kommentare
5. TOPINTMESS	wie 3 (TOPINT)	wie 3 (TOPINT)	keine	schriftlich, Beteiligte anonym	t und x_{Ai} sowie in der zweiten Periode y plus beliebige Kommentare

Tab. 5: Inhalt der 4 zweiperiodigen Experimente[1)]

1) Vgl. Arvidsson [Negotiations], S. 18 ff. und S. 23.

Experiment, Nr. und Name	Interaktionsbedingungen		
	Information über die andere Abteilung	Form der Kommunikation	Inhalt der Kommunikation
1. OPTEST	TESTEXPERIMENT		
6. OPBINF	Der interne Käufer (B) ist über Kosten- und Preisabsatzfunktionen des internen Anbieters (A) informiert	schriftlich, Beteiligte nicht anonym	t, x_{Ai}
7. OPFREE	keine	völlige Kommunikationsfreiheit einschließlich persönlicher, direkter Kontakte, nicht anonym	t, x_{Ai} plus beliebige Kommentare
8. OPODIM	keine	schriftlich, Beteiligte nicht anonym, Reihenfolge der Gebote festgelegt. Zuerst nennt Verkäufer (A) den Preis, dann Käufer (B) die Menge	zuerst: t dann: x_{Ai}

Tab. 6: Inhalt der 4 einperiodigen Experimente[1]

1) Vgl. Arvidsson [Negotiations], S. 18 ff. und S. 23.

Externer Konflikt

In zwei zweiperiodigen Experimenten wurden zwischen den beiden Spielperioden die Absatzbedingungen f_B für die Abteilung B verschlechtert (Nr. 2/TOPEXT).[1] Es sollte untersucht werden, ob B als Folge der erschwerten externen Bedingungen mit zäherer Verhandlungsführung und Kompensationswünschen in Form niedrigerer Verrechnungspreise reagiert. Es wurde erwartet, daß die Möglichkeit im zweiten Experiment (Nr. 4/TOPEXTMESS)[2], zusätzlich zur Mengen-Preis-Information beliebige Kommentare und Informationen auszutauschen, zu anderen Verhandlungsergebnissen führen würde.[3]

Interner Konflikt

Die Drohung von A, in der zweiten Spielperiode als Konkurrenz zu x_B ein Produkt y auf den Endmarkt zu bringen, das die Nachfrage nach x_B verringert, sollte als interner Konfliktgrund dienen. Es wurde erwartet, daß B dem Anbieter (A) Konzessionen in Form eines höheren Verrechnungspreises machen würde, um den Verkauf von y_A zu verhindern (Nr. 3/TOPINT).[4] Von der Erweiterung des Kommunikationsinhaltes im Folgeexperiment (Nr. 5/TOPINTMESS)[5] wurde ein besseres Verhandlungsergebnis hinsichtlich des Gesamtgewinns der Unternehmung erhofft.[6]

Interaktionsbedingungen

Die vier einperiodigen Experimente (s. Tab. 6) dienten allein der Untersuchung verschiedener Interaktionsbedingungen. Von der Aufhebung der Anonymität sollte ein besseres Verhandlungsklima ausgehen.

---

1) TOPEXT = Two-period-external conflict
2) TOPEXTMESS = Two-period-external conflict plus messages
3) Arvidsson [Negotiations], S. 25.
4) TOPINT = Two-period-internal conflict
5) TOPINTMESS = Two-period-internal conflict plus messages
6) Arvidsson [Negotiations], S. 25.

Experiment Nr. 6/OPBINF[1] testete die Auswirkungen eines Informationsvorsprunges. Es wurde erwartet, daß Käufer, die zu Ressortegoismus neigen, aus der Kenntnis der Kosten- und Umsatzsituation des Anbieters (A) Vorteile zu Gunsten der eigenen Abteilung und zu Lasten der Gesamtunternehmung gewinnen würden.

In Anlehnung an Walton sollte Experiment Nr. 7/OPFREE[2] zeigen, ob eine völlig freie Kommunikation eher zu problemorientiertem Verhalten als zu "Feilscherei" führt.

Schließlich diente Experiment Nr. 8/OPODIM[3] dazu, festzustellen, ob die Reihenfolge der Gebote im Verhandlungsprozeß (zuerst Preis dann Menge) einen der beiden Partner benachteiligen würde.

Die Labortests führten zu folgenden Ergebnissen:[4]

Vertragsabschlüsse

1. Es kam zu einer hohen Anzahl von Vertragsabschlüssen mit Ausnahme der Fälle, in denen interner Konflikt auftrat <u>und</u> zusätzlicher Informationsaustausch nicht möglich war.

2. Angebot und Gegenangebot (bargaining range) klafften weniger weit auseinander, wenn Zusatzinformationen ausgetauscht wurden.

3. Die Anzahl der Verhandlungsrunden vor Vertragsabschluß war geringer, wenn Zusatzinformationen einbezogen wurden.

---

1) OPBINF = One-period buyer informed
2) OPFREE = One-period free communication
3) OPODIM = One-period-one-dimensional bids
4) Arvidsson [Negotiations], S. 105 ff.

Gesamtgewinn

1. Die höchsten Gesamtgewinne wurden erzielt, wenn freier Informationsaustausch bestand.

2. Bei Existenz externer Konflikte wurden höhere Gewinne erzielt als bei Existenz interner Konflikte.

3. Bei Existenz interner Konflikte führte zusätzlicher Informationsaustausch zur Steigerung des Gesamtgewinns.

4. Kommunikationsmöglichkeiten bewirkten bei Existenz interner Konflikte eine stärkere Verbesserung des Gesamtgewinns als bei Existenz externer Konflikte.

5. Die Gesamtgewinne bei schriftlicher Kommunikation mit Zusatzinformationen waren größer als die Gesamtgewinne bei schriftlichem Austausch von Geboten ohne Zusatzinformation. Sie waren nahezu so groß wie bei völlig freier Kommunikation.

6. Die Gesamtgewinne stiegen nicht, wenn der interne Käufer die Kosten- und Preisfunktionen des internen Anbieters kannte.

7. Die Gesamtgewinne bei iterativem Verhandlungsprozeß erreichten im Vergleich zu den anderen Situationen eine mittlere Höhe.

Gewinnverteilung

1. Die internen Käufer (B) profitierten tendenziell von freien Kommunikationsmöglichkeiten auf Kosten der Anbieter (A).

2. Zwischen der Gewinnverteilung bei schriftlicher Kommunikation mit Zusatzinformation und der Verteilung bei schriftlicher Kommunikation ohne Zusatzinformation bestand eine größere Ähnlichkeit als zwischen den Verteilungen bei schriftlicher Kommunikation mit Zusatzinformation und völlig freier Kommunikation.

3. Die internen Anbieter wurden beim iterativen Verhandlungsprozeß nicht begünstigt.

Ziele

1. Optimierung der abteilungseigenen Zielfunktion dominierte, wenn keine Zusatzinformationen ausgetauscht wurden.

2. Optimierung der Gesamtzielfunktion dominierte bei völlig freien Kommunikationsmöglichkeiten.

3. Kein Optimierungsziel dominierte beim Austausch schriftlicher Zusatzinformationen.

Hartnäckigkeit der Verhandlungen

1. Es bestanden in der ersten Periode keine Unterschiede hinsichtlich der Hartnäckigkeit der Verhandlungen in den Situationen mit und ohne Zusatzinformation.

2. Bei gestiegenem externen Druck verhandelten beide Partner zäher, jedoch trat dies nur ein, wenn keine Zusatzinformationen ausgetauscht werden konnten.

3. Bei verstärktem internen Druck auf eine Partei (Käufer (B)), hervorgerufen durch den Anbieter (A), verhandelte im Fall ohne Zusatzinformation A hartnäckiger, während beim Austausch von Zusatzinformationen B mit größerer Hartnäckigkeit antwortete.

Verrechnungspreise

1. Die niedrigsten Preise wurden bei freier Kommunikation und im Falle externen Drucks bei Austausch von Zusatzinformationen vereinbart.

2. Im Vergleich zum zweidimensionalen Austausch von Preis- und Mengenangaben führte der eindimensionale Verhandlungsprozeß zu niedrigeren Verrechnungspreisen.

3. Die höchsten Preise kamen unter internem Druck ohne Austausch von Zusatzinformation zustande.

Beurteilung der Studie von Arvidsson

Arvidssons Studie ist ein erster Versuch, die entscheidungslogisch orientierte Verrechnungspreisdiskussion um die verhaltensorientierte Dimension zu erweitern. Seine Versuchsresultate geben erste Hinweise auf Probleme, die in einer solchen verhaltensorientierten Diskussion beachtet werden sollten. Dennoch sind einige kritische Anmerkungen zur Studie von Arvidsson notwendig.

Die Beschränkung der Untersuchung auf zwei selbständige organisatorische Einheiten führt zu Vernachlässigung des hierarchischen Elementes. Der Einfluß von Zielvorgaben, des Drucks übergeordneter Stellen oder des Zusammenhangs zwischen Kooperationsbereitschaft und Aufstieg konnten so nicht berücksichtigt werden. Erforderlich wäre ein Unternehmungsspiel, das die hierarchische Struktur von Unternehmungen nachbildet. Eisenführ und Puck[1)] haben ein solches Spiel entwickelt. Wenn es gelänge die genannten Führungsgrößen als quantifizierbare Variablen abzubilden, könnte dieses Spiel einen Ansatz zu weitergehenden Untersuchungen bieten.

Das Experiment macht nur Aussagen über den Einfluß der drei Variablen "externer Konflikt", "interner Konflikt" und "Interaktionsbedingungen" auf die Art und Häufigkeit des Zustandekommens von Verrechnungspreisvereinbarungen sowie auf die Höhe des Gesamtgewinns und die Gewinnallokation. Der in dieser Arbeit häufiger erörterte Einfluß der Entscheidungsautonomie - wie sie z. B. durch das Aushandeln von Preisen gewährt wird - auf die Leistungsan-

1) Vgl. Eisenführ - Puck [XPER.D].

strengung und das Suchverhalten wird nicht erfaßt. Ein Vergleich verschiedener Verrechnungspreisarten unter Berücksichtigung dieser Kriterien hätte u. U. Anhaltspunkte für die Vor- und Nachteile einzelner Verrechnungspreistypen in Bezug auf die Ziele der Spartenbildung geliefert.

Ob die organisatorischen Einheiten arbeitsteilige Entscheidungsfindung praktiziert haben, wird nicht berichtet. Es kann vermutet werden, daß die höheren Gesamtgewinne beim Austausch von Zusatzinformation oder bei völlig freier Kommunikation auf eine "zentralistische" Lösung des Entscheidungsproblems zurückzuführen sind, bei der die Abteilungen ihre Informationen zusammengefaßt und dann gemeinsam das Gesamtproblem gelöst haben. Insofern leistet die Studie keinen Beitrag zur arbeitsteiligen Entscheidungsfindung mittels Verrechnungspreise.

Das Experiment geht von der Situation des Gould-Modells aus. Es existiert also ein externer Markt, der als Bezugspunkt für die Preisbildung dienen kann. Das praktisch bedeutsamere Problem der Verrechnungspreisbildung bei <u>fehlendem</u> externen Markt wurde nicht untersucht.

Keine Spielergruppe hatte die Möglichkeit, über mehrere Verhandlungsrunden hinweg unter verschiedenen Bedingungen Preise miteinander auszuhandeln. Somit fehlt ein wesentliches Charakteristikum praktischer Verrechnungspreiskonflikte. Dort kennen sich die Verhandlungsparteien und haben gemeinsame Verhandlungserfahrungen. Die Verhaltensweisen in den zeitlich aufeinanderfolgenden Verhandlungsrunden dürften somit einem Lerneffekt unterliegen.

Als letztes sei noch der für alle Experimente dieser Art bekannte Einwand genannt: Das Verhalten von Studenten läßt nur bedingt Schlüsse auf das Verhalten von Managern zu.

III. Die Studie von Okpechi[1)]

Okpechi hat in einer Feldstudie Determinanten von Verrechnungspreiskonflikten untersucht. Folgende Daten wurden von ihm erhoben:[2)]

I. Art der verwendeten Verrechnungspreise und Faktoren, welche die Wahl des Systems beeinflußten;

II. Implementierung, Handhabung und Verwaltung des Systems;

III. Wahrnehmung und Auswirkung von Verrechnungspreiskonflikten;

IV. Wahrnehmung und Einschätzung des Beurteilungs- und Belohnungssystems.

Überprüft werden sollten folgende Hypothesen:[3)]

H_1: Es besteht kein Zusammenhang zwischen dem Interdependenzgrad zweier organisatorischer Einheiten (z. B. Abteilungen oder Sparten) und der Existenz von Konflikten um Verrechnungspreise.

H_2: Stark reziprok-interdependente[4)] Sparten oder Abteilungen weisen häufiger Konflikte auf als schwach reziprok-interdependente Abteilungen oder Sparten.

H_3: Divisionsmanager bevorzugen finanzielle Daten[5)] anstelle nicht finanzieller Daten zur Beurteilung und Belohnung ihrer Spartenleistungen, jedoch

---

1) Vgl. Okpechi [Conflict].

2) Vgl. Okpechi [Conflict], S. 65. Ein Fragebogen wurde an je 2 Divisionsmanager in 200 Firmen geschickt. Die Antwortrate betrug 56 %.

3) Okpechi [Conflict], S. 38 ff.

4) Okpechi betrachtet <u>nur</u> den Fall reziproker Interdependenz. Dabei unterscheidet er zwei Ausprägungen: stark und schwach (vgl. Okpechi [Conflict], S. 12 und S. 31).

5) Finanzielle Daten wie RoI, Gewinn, Deckungsbeitrag etc.

H_{3a}: werden stark (reziprok-) interdependente Divisionen es bevorzugen, wenn Interdependenzmaße[1] zur Beurteilung ihrer Leistung herangezogen werden;

H_{3b}: werden schwach (reziprok-) interdependente Divisionen nicht die Einbeziehung von Interdependenzmaßen in die Leistungsbeurteilung wünschen.[2]

H_4: Konfrontation, Kompromiß, Schlichtung, Zwang und Vermeidung (in dieser Reihenfolge) sind die bevorzugten Methoden zur Lösung von Verrechnungspreiskonflikten.

Hypothese 1 wurde durch die Ergebnisse der empirischen Erhebung nicht bestätigt. Ein genereller Zusammenhang zwischen der abhängigen Variable "Verrechnungspreiskonflikt" und der unabhängigen Variable "Interdependenz der organisatorischen Einheiten" konnte nachgewiesen werden.[3] Die Konfliktvariable bestand aus 19 Items[4], die im wesentlichen die Häufigkeit bestimmter Konfliktsituationen und ihre Wahrnehmung durch die betroffenen Manager erfaßten. Die Interdependenzvariable umfaßte folgende acht Items:[5]

- Ausmaß, in dem Preisänderungen einer Sparte die Aktivitäten anderer Sparten beeinflussen;

---

1) Vgl. zu einem ähnlichen Vorschlag Albach [Lenkpreise], S. 237. Albach spricht von "Beurteilung des Beitrages zur Erzielung von Verbundeffekten".

2) Hayes findet ebenfalls als Ergebnis einer empirischen Studie, daß traditionelle Rechnungswesendaten zur Leistungsbeurteilung interdependenter, organisatorischer Einheiten wenig geeignet sind, da sie die Beeinflussung des Leistungsergebnisses infolge von Interdependenz nicht erfassen. Vgl. dazu Hayes [Contingency], S. 38.

3) Okpechi [Conflict], S. 69 f. und S. 164.

4) Okpechi [Conflict], S. 70.

5) Okpechi [Conflict], S. 71.

- Abhängigkeit einer Sparte von den Lieferungen/Bezügen anderer Sparten;
- Umfang des von der Zentrale verordneten Bezugs- und Lieferzwangs;
- Koordinationsbedarf zweier Sparten, um eine effiziente Zusammenarbeit zur Erfüllung ihrer Funktionen gewährleisten zu können;
- Ausmaß, in dem eine Sparte von der Schließung einer anderen Sparte betroffen würde;
- Art der Technologie: Serien-, Einzel- oder Prozeßtechnologie;
- Ausmaß, in dem eine Sparte von technischen Änderungen in einer anderen Sparte betroffen würde;
- Ausmaß, in dem eine Sparte Informationen von einer anderen Sparte benötigt, um ihre Funktionen erfüllen zu können.

Hypothese 2 konnte bestätigt werden. Mit zunehmender Interdependenz wächst die Häufigkeit von Konflikten. Spartenmanager, die zur erfolgreichen Bewältigung ihrer Aufgaben enger zusammenarbeiten mußten, waren häufiger in Verrechnungspreiskonflikte verwickelt[1] als solche, bei denen die Notwendigkeit nicht in diesem Maße bestand.

Anstelle der Hypothese 3 wurden die spezifischen Hypothesen 3 a/b getestet. Es bestand die Frage, ob Manager der stark interdependenten Gruppe eine andere Präferenz für Maßstäbe zur Leistungsbeurteilung hatten als Manager der weniger interdependenten Gruppe. Die Maßstäbe der Leistungsbewertung wurden durch folgende Items erfaßt:[2]

---

1) Okpechi [Conflict], S. 79 f.

2) Okpechi [Conflict], S. 75.

- Gewinnverteilung, die die einzelnen Sparten nur für solche Aktivitäten belohnt, bei denen sie zusammenarbeiten müssen;
- "Return on Investment" getrennt für jede Sparte;
- Nettogewinn jeder Sparte;
- ein Belohnungs- und Anreizsystem für die Qualität der Zusammenarbeit; keine separaten Systeme zur Leistungsmessung und Belohnung auf Spartenebene;
- Vorgabe eines "Ziel-RoI" für jede Sparte plus einer Prämie, die auf der Qualität der von den Sparten gemeinsam getroffenen Entscheidungen fußt;
- gleiches Entgelt für jeden Spartenmanager.

Manager verflochtener Bereiche bevorzugten signifikant Maßstäbe, die Interdependenzen in der Leistungsbeurteilung berücksichtigten.[1] Welche Bedeutung der Zusammenhang von Interdependenz und Leistungsbeurteilung hat, belegen auch die folgenden Ergebnisse: 84 % der Manager empfanden die Existenz von Interdependenz zu anderen Einheiten als unbefriedigend[2]; 78 % von ihnen glaubten, daß die Existenz von Interdependenz die Erreichung der Gewinnziele[3] ihrer Sparten behindere. Gleichzeitig bestand bei 79 % der Manager der Wunsch nach Berücksichtigung gemeinsamer Entscheidungen.

Die Ergebnisse stützen die Grundforderung des "Responsibility Accounting": Jeder Manager sollte nur für die Ergebnisse verantwortlich gemacht werden, deren Zustandekommen er selber beeinflussen kann.

---

1) Okpechi [Conflict], S. 76 f.

2) Okpechi [Conflict], S. 98 f.

3) Die Bedeutung der Gewinnziele für jeden Spartenmanager läßt sich auch an der Ablehnung von Verrechnungspreisen, die nicht die vollen Kosten decken, erkennen. 89 % der befragten Manager lehnten einen solchen Verrechnungspreis ab. Vgl. dazu Okpechi [Conflict], S. 95.

Die Analyse der Mechanismen zur Lösung von Verrechnungspreiskonflikten bestätigte die Hypothese 4, mit Ausnahme der letzten beiden Positionen in der Reihenfolge der Methoden. Bei freier Wahl der Konfliktlösungsmöglichkeiten bevorzugten die Manager Konfrontation, gefolgt von Kompromiß, Schlichtung, Vermeidung und Zwang.[1)]

Neben den 4 Hypothesen ergaben Antworten zu Einzelfragen weitere interessante Einblicke in die Problematik des Transferpreiskonfliktes. So hatten Sparten mit hohem Konfliktniveau nur geringen Anteil an der Verrechnungspreisbildung.[2)] Dies scheint die These zu bestätigen, daß von der Partizipation der Manager an der Verrechnungspreisbildung positive Einflüsse auf ihre Einstellung gegenüber dem Verrechnungspreissystem ausgehen. Als Hauptursachen für Verrechnungspreiskonflikte werden folgende Faktoren genannt:[3)]

- Verteilung der Ressourcen auf die einzelnen Sparten durch die Zentrale;
- Koordination des Materialflusses zwischen zwei autonomen Sparten;
- unterschiedliche Ziele der einzelnen Sparten;
- Oberbetonung der Leistung einzelner Sparten und spartenbezogene Belohnung an Stelle einer Leistungsbeurteilung und -belohnung, die Interdependenzen berücksichtigt.

---

1) Okpechi [Conflict[, S. 81 ff.

2) Okpechi [Conflict], S. 93.

3) Okpechi [Conflict], S. 94 und S. 141 f. Die Bedeutung eines Faktors fällt in der Reihenfolge der Nennung. Weitere Konfliktfaktoren waren: unterschiedliche Bewertung von Zwischenleistungen aus Sicht der Zentrale und aus Sicht der Sparten; Ungewißheit über die externe Versorgung mit Vorprodukten; Unterschiede in den Marktverhältnissen zwischen den Sparten; Ungewißheit über die interne Versorgung mit Vorprodukten; Versuche einzelner Sparten, zum eigenen Vorteil bevorzugt zentrale Ressourcen zu beanspruchen; Ungewißheit über den externen Verkauf von Endprodukten; starre Verrechnungspreisregeln; Vorenthalten operativer Informationen; Ungewißheit über interne Verkäufe; Bruch interner Verträge.

Beurteilung der Studie von Okpechi

Okpechi leistet einen wesentlichen Beitrag zum Verständnis von Konflikten um Verrechnungspreise in Organisationen. Betrachtet man die Vielzahl der von Okpechi genannten Konfliktgründe, so wird deutlich, daß die Konflikte um Verrechnungspreise "mehrdimensionalen" Charakter haben; sie können nicht durch "eindimensionale" Verrechnungspreismodelle gelöst werden, die nur auf die Bestimmung eines Preises abzielen, der den Sparten die "autonome" Bestimmung der gewinnmaximalen internen Liefermenge ermöglicht.

Die Ergebnisse der Studie von Okpechi müssen allerdings unter einer wichtigen Einschränkung betrachtet werden, die bereits von Okpechi selber gesehen wurde.[1] Es scheint so, daß der Grad der Interdependenz und nicht der Verrechnungspreis selbst als Konfliktursache um Verrechnungspreise zu sehen ist. Damit würden Konflikte um Verrechnungspreise lediglich zum Symptom für eine unbefriedigende Lösung des Koordinations- und Zurechnungsproblems zwischen zwei interdependenten organisatorischen Einheiten. Der Konfliktgrund "Verteilung der Ressourcen" läßt sich u. U. auf falsche Allokationskriterien der Zentrale zurückführen. Eine genaue Aussage über die Bedeutung dieser Konfliktursache ist jedoch erst möglich, wenn bekannt ist, in welcher Weise die Allokationskriterien vom gewählten Verrechnungspreis abhängen. Diese Erläuterung fehlt bei Okpechi. Wenn die "Koordination des Materialflusses" als weiterer wichtiger Konfliktgrund genannt wird, so können auch hier verschiedene Ursachen für das Symptom "Verrechnungspreiskonflikt" ins Feld geführt werden:

- Verrechnungspreisinformationen reichen zur Koordination nicht aus; zusätzliche Informationen müssen ausgetauscht werden, um einen reibungslosen internen Materialfluß zu sichern;

---

1) Okpechi [Conflict], S. 106 und S. 112.

- der Verrechnungspreis erlaubt den beteiligten Sparten nicht, selbständig die Liefermenge zu bestimmen.

Um diese Frage beantworten zu können, müßte bekannt sein, welche Informationen zur Koordination des Materialflusses benötigt werden und welche Interessendifferenzen der Sparten den Konflikt auslösen; aus der Sicht der Praxis läßt sich sagen, daß eine Abstimmung von Liefermenge und -preis nicht ausreicht. Zusätzliche Informationen über Lieferzeitpunkt, Varianten und Qualität der Produkte, aber auch die Abstimmung der langfristig vom internen Lieferanten zu reservierenden Kapazität sind notwendig. Erst nach dieser detaillierten Analyse ließe sich entscheiden, ob der Verrechnungspreis oder die Interdependenzsituation Anlaß zu internen Konflikten sind. Die Konfliktursachen "divergierende Spartenziele" und "Leistungsmessung und -beurteilung" sollen gemeinsam diskutiert werden. Zieldivergenzen können auf unterschiedlichen Zielvorgaben für jede Sparte durch die Zentrale beruhen oder durch ein Anreiz- und Beurteilungssystem hervorgerufen werden, das die bestehenden Interdependenzen nicht ausreichend berücksichtigt. Es scheint so, daß Verrechnungspreise in Verbindung mit Kriterien zur Leistungsbeurteilung, die auf spartenindividuelle Erfolgsgrößen abzielen, wenig geeignet sind, eine gemeinsame Lösung des Koordinationsproblems zwischen interdependenten Einheiten zu fördern, sondern vielmehr erst einen Konflikt hervorrufen. Eine Änderung des Beurteilungssystems scheint angebracht. Es sollten u. U. zusätzliche Beurteilungskriterien eingeführt werden, die das Ausmaß der Interdependenz berücksichtigen; Verrechnungspreise könnten dann sogar überflüssig sein.

Kritisch läßt sich zu Okpechis Studie weiterhin anmerken, daß eine Orientierung an den Zielen der Verrechnungspreisbildung fehlt. Er benutzt als Ersatzkriterium das Konfliktmaß. Ein Zusammenhang zwischen Konflikt und

Effizienz der Gesamtunternehmung wird nicht hergestellt. So könnte ein gewisses Potential an Konflikt durchaus produktiv sein. Auch die Aussagen der Spartenmanager über die negativen Auswirkungen von Interdependenzen auf die individuelle Zielerreichung helfen nicht, Vor- und Nachteile eines bestimmten Verrechnungspreissystems in Bezug auf eine Gesamteffizienz der Unternehmung zu beurteilen. Okpechis Argumentationskette, daß Interdependenz die Einführung von Verrechnungspreisen bedingt, die ihrerseits interne Konflikte hervorrufen, läßt keine Schlußfolgerung über die Effizienz eines Verrechnungspreissystems in Bezug auf seine Förderung der Unternehmensziele zu.

IV. Das Konzept von Watson und Baumler[1)]

Einen Nachteil der Studie von Okpechi stellte das Fehlen eines geeigneten Effizienzkriteriums dar, anhand dessen die Vorteilhaftigkeit eines bestimmten Verrechnungspreissystems beurteilt werden könnte. Watson und Baumler versuchen unter Rückgriff auf das organisationstheoretische Konzept von Lawrence-Lorsch das Verrechnungspreissystem als ein Instrument zu charakterisieren, das dazu beitragen könnte, den angemessenen Differenzierungs- und Integrationsgrad in Abhängigkeit von den jeweiligen Situationsbedingungen zu erreichen.

Ausgehend von der Thompsonschen Interdependezklassifikation[2)] unterscheiden Watson und Baumler unter Berücksichtigung der Umweltdimensionen "Gewißheit" - "Ungewißheit" folgende Situationsbedingungen (siehe Tab. 7):

---

1) Vgl. Watson [Contingency], S. 66 ff; Watson - Baumler [Context], S. 466 ff; Watson - Baumler [Transfer Pricing].

2) Vgl. Thompson [Action], S. 54 ff.

organisatorische Interdependenz \ Umweltzustand	Gewißheit	Ungewißheit
gepoolte Interdependenz	A	D
sequentielle Interdependenz	B	E
reziproke Interdependenz	C	F

Tab. 7: Situationsbedingungen[1)]

Der Schwierigkeitsgrad der Integration nimmt nach Watson - Baumler von (A) über (B, D) und (C, E) bis (F) zu. Verrechnungspreissysteme sollten nach Ansicht der Autoren die unterschiedlichen Integrationsbedingungen berücksichtigen:[2)] In einfachen Fällen (A) sollte Koordination durch standardisierte Regeln möglich sein. Dementsprechend seien Festpreise, Kosten-Plus- oder Marktpreise ausreichend. In Situationen, welche die Berücksichtigung sequentieller Verknüpfungen verlangen, seien Grenzkosten und Programmierungstechniken angebracht. Besonders komplizierte Situationen (F) verlangen dagegen eine Koordination durch gegenseitige Abstimmung (mutual adjustment). Dabei handelt es sich um eine mehrdimensionale Konfliktsituation, in der neben dem Verrechnungspreis auch Produktpläne, Qualität, Konstruktions- und Fertigungsaspekte strittig sein können. Der Verrechnungspreis wird somit Bestandteil der Koordinationsverhandlungen, er sollte daher ebenfalls zwischen den Parteien ausgehandelt werden.[3)]

Watson und Baumler leiten aus ihrem theoretischen Konzept folgende Fragen ab:[4)]

---

1) Vgl. Watson - Baumler [Transfer Pricing], S. 6.

2) Vgl. zu den folgenden Ausführungen Watson [Contingency], S. 77 f

3) Watson - Baumler [Context], S. 472.

4) Watson - Baumler [Context], S. 472.

i) Wie können Daten des Rechnungswesens zur Lösung von Konfliktsituationen beitragen?
(Es müssen z. B. neue Daten zur Leistungsbeurteilung von interdependenten Aktivitäten gesucht werden.)

ii) Welche Verrechnungspreisdaten müssen einem Integrator zur Koordination stark differenzierter Einheiten an die Hand gegeben werden? Wären obere und untere Grenzen sinnvoller als ein einziger "richtiger" Preis?

Der Ansatz von Watson - Baumler sieht Verrechnungspreise nur als Bestandteil eines umfassenden Integrationsprozesses. Kriterium für die Beurteilung eines Verrechnungspreises ist sein Beitrag zur erfolgreichen Integration differenzierter Einheiten. Implizit wird dann unterstellt, daß effektive Integration den "Gesamterfolg" der Unternehmung steigere. Die bisher in dieser Arbeit diskutierten Kriterien Motivation durch Gewinnzurechnung und gewinnmaximale Ressourcenallokation werden bei dieser Betrachtungsweise zu Variablen, welche den Konfliktlösungsprozeß beeinflussen. Sie verlieren ihre Maßstabsfunktion und sind bestenfalls als Subziele zu bezeichnen.

F. Aussagefähigkeit der Modelle zur Verrechnungspreisbildung

Die Analyse der organisatorischen Grundtatbestände führte zu einem Kriterienkatalog, der dazu dienen soll, festzustellen, in welchem Maße einzelne Verrechnungspreissysteme zur Realisierung von Vorteilen beitragen, die der Spartenstruktur zugeschrieben werden. Die Kriterien[1)]

- kurzfristige Ressourcenallokation
- langfristige Ressourcenallokation

---

1 Vgl. S. 97 ff. dieser Arbeit.

- Berücksichtigung von Marktinterdependenzen
- Arbeitsteilung
- Dispositionsfähigkeit
- Motivation (Erfolgsausweis, Autonomie)

sollen zur Beurteilung der Aussagefähigkeit der Modelle mit herangezogen werden.

Die folgende Aufzählung der Gemeinsamkeiten von Verrechnungspreismodellen soll die Einordnung einzelner Modelle innerhalb der Modellvielfalt erleichtern, danach erfolgt die Beurteilung anhand des Kriterienkataloges.

I. Gemeinsamkeiten der Verrechnungspreismodelle

1. Determinismus

Die hier dargestellten Verrechnungspreismodelle sind deterministisch.[1] Die Kenntnis von Preisabsatzfunktionen, Kostenverläufen und Produktionsfunktionen wird als gegeben unterstellt. Auf dieser Informationsbasis wird das Ziel "Maximierung des Gewinns der Gesamtunternehmung" angestrebt. Diese Prämissen führen dazu, daß alle Handlungsalternativen als bekannt vorausgesetzt werden. Die Suche nach neuen Alternativen, Innovationen, selbständige Informationsgewinnung und flexible Anpassung an sich ändernde Umweltbedingungen gehen nicht in das Modell ein. Lediglich das von Watson und Baumler vorgestellte Konzept des Verhandlungspreises zur Erreichung des "notwendigen Differenzierungs-Integrationsgrades" stellt einen Versuch dar, Ungewißheit zu berücksichtigen.

---

1) Vgl. zur Berücksichtigung von Wahrscheinlichkeitsannahmen in Verrechnungspreismodellen Jennergren [Studies], S. 135 ff.

2. Einperiodizität

Die hier dargestellten Modelle - mit Ausnahme des Modells von Arvidsson - sind statisch, sie berücksichtigen nur eine Planperiode. Aussagen über den Zusammenhang von kurzfristig und langfristig optimalen Verrechnungspreisen fehlen.

Eine Folge der Einperiodizität, die unter den formulierten Beurteilungskriterien nicht näher behandelt wird, besteht darin, daß zwangsläufig die Möglichkeit fehlt, das Lernverhalten der organisatorischen Einheiten infolge einer kontinuierlichen Reihe von Verrechnungspreisverhandlungen zu berücksichtigen.

3. Eindimensionalität

Gegenstand der Verrechnungspreisdiskussion sind ausschließlich Preise[1)] und Mengen. Diese Variablen werden völlig losgelöst von anderen koordinationsrelevanten Größen wie Zeitpunkt der Lieferung, Qualität etc. betrachtet. Unter diesen Umständen kann die "eindimensionale" Preis-/Mengeninformation kaum die gestellten Koordinationserfordernisse allein erfüllen.

II. Beurteilung der einzelnen Modelle

Nur wenn es sich beim Zwischenproduktmarkt um einen vollkommenen Markt handelt, erfüllt als einziger Preis der Marktpreis als Verrechnungspreis alle an ihn im Sinne der Spartenbildung gestellten Anforderungen. In Zwischenproduktmärkten herrschen jedoch selten die Bedingungen des vollkommenen Marktes. Der Marktpreis kann daher in vielen

1) Diese Aussage gilt auch für die anstelle von Preisen auftretenden Verrechnungspreisfunktionen. Vgl. Jennergren, dargestellt auf S. 167 f. dieser Arbeit.

praktisch wichtigen Fällen nicht als Verrechnungspreis dienen. Um Situationen ohne vollkommenen Zwischenmarkt oder fehlenden Zwischenmarkt gerecht zu werden, wurden verschiedene Verrechnungspreismechanismen entwickelt. Sie erfüllen jedoch nur einen Teil der in dieser Arbeit entwickelten Kriterien. Sie sind daher nur bedingt für die Anwendung in Spartenorganisationen geeignet.

1. Kurzfristige Ressourcenallokation

Bei gegebenen Potentialfaktoren gestatten es die marginalanalytischen Modelle unter bestimmten Annahmen den organisatorischen Einheiten, auf der Basis der übermittelten Verrechnungspreisinformation die gewinnmaximale Zwischenproduktmenge zu ermitteln. Allerdings setzt dies voraus, daß sich die organisatorischen Einheiten an die Regeln zur Ermittlung des Preises und der Menge halten. Die Modelle sind im allgemeinen jedoch nicht vor Manipulationen durch die Sparten sicher, d. h. es besteht kein Anreiz, die "Spielregeln" zu beachten. Die in dieser Arbeit erwähnten Programmierungsmodelle erlauben keine autonomen Mengenentscheidungen.[1] Das spieltheoretische Modell sieht keine autonome Entscheidung der Sparten über die Zwischenproduktmenge auf der Basis von Verrechnungspreisen vor. Es kann nur unter bestimmten, einschränkenden Bedingungen - z. B. wenn der Wert der Koalitionsteilnahme jeder organisatorischen Einheit bekannt ist - einen Beitrag zur Ermittlung eines fairen Anteils am Gesamtgewinn liefern. Die kurzfristige Allokationsentscheidung über Zwischenproduktmengen oder Kapazitätsbeanspruchung durch einzelne Einheiten muß zentral erfolgen.

Ausgehandelte Verrechnungspreise führen nur dann zur gewinnmaximalen Lösung, wenn die am Verhandlungsprozeß

---

1) Eine Ausnahme stellt z. B. das Modell von Hass dar. Vgl. dazu den Hinweis auf S. 168 dieser Arbeit.

beteiligten Sparten das Problem so lösen, als ob keine Interessenkonflikte zwischen ihnen bestünden, d. h. sie müssen gemeinsam das Ziel der Gesamtgewinnmaximierung verfolgen und u. U. auf die Maximierung ihres individuellen Spartengewinns verzichten. Jedoch verliert bei diesem Ansatz der Verrechnungspreis gänzlich seine Koordinationsfunktion. Er dient nicht mehr als Mittel zur Koordination, sondern ist Endpunkt einer Koordinationsvereinbarung, die nach direkter Interaktion der beteiligten organisatorischen Einheiten zustande kommt. Es handelt sich also um eine Koordination durch direkte gegenseitige Abstimmung.

Mit Ausnahme bestimmter marginalanalytischer Modelle und des Modells von Hass gestattet keines der hier vorgestellten Verrechnungspreismodelle den Sparten eine autonome Entscheidung über die Zwischenproduktmenge.

2. Langfristige Ressourcenallokation

Die mit Hilfe des Verrechnungspreises ermittelten Spartengewinne sollten einen Hinweis geben, ob es aus Sicht der Gesamtunternehmung sinnvoll ist, eine Sparte zu schließen, weiter zu betreiben oder auszubauen, ohne daß zusätzliche Gesamtrechnungen erforderlich sind. Keines der marginalanalytischen Modelle - außer wenn Marktpreise eines vollkommenen Marktes als Verrechnungspreise angesetzt werden - erfüllt diese Bedingung.

Im Hirshleifer-Modell hängt bei sequentieller Interdependenz und fehlendem externen Markt die Höhe des Spartengewinns lediglich vom Verlauf der Grenzerlös- und Grenzkostenkurven ab. Eine Aussage, ob der Betrieb einer einzelnen Sparte aus der Sicht der Gesamtunternehmung sinnvoll ist, läßt der ausgewiesene Spartengewinn nicht zu.

In Programmierungsmodellen erfolgt die Gewinnzurechnung in Abhängigkeit von der Knappheit der Produktionsfaktoren. Die Höhe des Spartengewinns gibt also Auskunft, in welcher Sparte durch eine Erweiterung des knappen Produktionsfaktors der größtmögliche Gewinnzuwachs für die Unternehmung erreicht werden kann. Nach der Erweiterungsinvestition fällt der Gewinn der betroffenen Sparte u. U. bis auf Null. Aus diesem Grund kann die Zentrale den Spartenleitern keine Entscheidungsbefugnisse über den Grad der Betriebsbereitschaft einräumen, da sie durch Einschränkung der Kapazitäten in den Genuß von Knappheitsrenten kommen könnten und gleichzeitig den Gesamtgewinn dadurch verringern würden. Ein weiterer Nachteil dieser Modelle besteht in ihrer Einperiodizität; dies kann dazu führen, daß die Einführung neuer Produkte behindert wird, die zu Beginn ihres Produktlebenszyklus keinen ausreichenden Deckungsbeitrag erzielen. Die Unternehmung strebt ein ausgewogenes Portefeuille aus Produkten mit positivem Cash-flow und solchen mit negativem Cash-flow an. Produkte, die sich in der Phase der Neuproduktentwicklung und -einführung befinden, werden finanzielle Mittel verbrauchen, während reife Produkte der Unternehmung finanzielle Mittel zuführen. Der Cash-flow wird vom Lebenszyklus des Produktes und von seinem Marktanteil bestimmt.[1] Findet nun eine Ressourcenallokation auf der Basis der zuvor beschriebenen Modelle statt, die fast alle auf eine Maximierung des Deckungsbeitrages für die nächste Planperiode ausgerichtet sind, so werden "Cash-Taker" keine Ressourcenzuteilung erhalten und die (über-) lebenswichtige Produktneuentwicklung und -einführung unterbleibt. Verrechnungspreissysteme sind also nicht zur Koordination solcher strategischen Entscheidungen geeignet.[2]

---

1) Vgl. dazu Gray - Green [Cash].

2) Vgl. zu einem ähnlichen Hinweis Köhler [Profit-Center], S. 26 ff.

Die Höhe des Spartengewinns in dem hier vorgestellten spieltheoretischen Modell ist eine Funktion des Gewinnzuwachses für die Gesamtunternehmung, der durch Eintritt der jeweils betrachteten Sparte in die Koalition (Gesamtunternehmung) ermöglicht wird. Er kann nur durch eine Gesamtrechnung, die alle Koalitionsmöglichkeiten und Gewinnbeiträge berücksichtigt, ermittelt werden. Hinweise auf die Bedeutung einer Sparte für den Gesamtgewinn gibt bereits der Gewinnzuwachs bei ihrem Koalitionsbeitritt; eine anschließende Ermittlung des ihr zugerechneten Anteils am Gesamtgewinn durch die Shapley-Formel ist daher überflüssig. Wie bereits bei der Erörterung des Modells dargestellt wurde, läßt sich im allgemeinen der Wert der Koalitionsteilnahme nur unter einschränkenden Annahmen ermitteln.

Der Spartengewinn, der sich als Folge eines ausgehandelten Verrechnungspreises ergibt, erlaubt i. a. keine Aussage über die Bedeutung des Gewinnbeitrages der Sparte zum Gesamtgewinn. Er macht allenfalls eine Aussage über die Fähigkeit eines Spartenmanagers, hartnäckige Verhandlungen zu führen.

3. Berücksichtigung von Marktinterdependenzen

Hirshleifer hat zur Berücksichtigung von Marktinterdependenzen mit Hilfe marginalanalytischer Modelle zwei Vorschläge gemacht. Falls die Zentrale die Marktinterdependenz exakt kennt, kann sie durch "Besteuerung" der Spartenumsätze erreichen, daß die Grenzerlöse der Sparten wieder mit dem Grenzerlös der Gesamtunternehmung übereinstimmen. Praktisch läßt sich diese "Besteuerung" nur durchführen, wenn die Zentrale alle Informationen besitzt, die bereits auf Spartenebene vorhanden sind. An Stelle der "Besteuerung" könnte sie direkt für die Sparten Verkaufsmengen festlegen.

Als zweite Möglichkeit hat Hirshleifer eine Verhandlungslösung vorgeschlagen. Die Sparten können voneinander gegen Entgelt Rechte auf bestimmte Marktanteile erwerben. Allerdings führt der so vereinbarte Erwerb von Rechten auf Marktanteile selten zur gewinnmaximalen Lösung für die Gesamtunternehmung, da sich monopolistisches Verhalten der Sparten nicht vermeiden läßt.

Die hier dargestellten Programmierungsmodelle sehen keine Berücksichtigung von Marktinterdependenzen vor. Hass[1] hat einen Algorithmus vorgeschlagen, der auch die Berücksichtigung von Marktinterdependenzen gestattet. Allerdings weist dieses Verfahren die gleichen Nachteile auf wie die übrigen hier behandelten Programmierungsmodelle. In seiner Grundstruktur ähnelt es dem Dekompositionsverfahren von Baumol und Fabian. Nach einer Reihe von Iterationsschritten, in denen die Zentrale den Sparten jeweils Verrechnungspreise (oder in einer anderen Variante von Hass Zielfunktionen) übermittelt, auf welche die Sparten mit von ihnen ermittelten Produktionsplänen reagieren, erreichen bei fehlendem vollkommenen Zwischenproduktmarkt sowohl die Zentrale wie die Sparten gleichzeitig die gewinnmaximale Lösung. Die Zentrale muß also nicht wie im Verfahren von Baumol und Fabian den Sparten mitteilen, wann der Iterationsprozeß beendet ist.[2]

Das spieltheoretische Modell erlaubt die Berücksichtigung von Marktinterdependenzen nur in Form einer Totalrechnung, die alle Werte der Koalitionsteilnahme jeder Sparte erfaßt. Eine Berücksichtigung von Marktinterdependenzen im Rahmen einer Partialbetrachtung erlaubt dieses Verfahren nicht.

---

1) Vgl. Hass [Pricing], S. B-310 ff.; zu einer ausführlichen Darstellung vgl. Frese - Glaser [Modelle], S. 61 ff.

2) Vgl. Frese - Glaser [Modelle], S. 66.

4. Arbeitsteilung

Bei Existenz eines vollkommenen Marktes für Zwischenprodukte führt ein Verrechnungspreis in Höhe des Marktpreises jede Sparte zur gewinnmaximalen Gesamtlösung. Die Festlegung eines Verrechnungspreises ist in einer solchen Situation überflüssig, da die Sparten ohnehin selbständig den Marktpreis zur Grundlage ihrer Entscheidung machen würden. Somit findet eine arbeitsteilige Lösung des Entscheidungsproblems der Gesamtunternehmung statt.

In den Modellansätzen von Hirshleifer muß zumindest eine Stelle zentral das Problem lösen, um den "richtigen" Verrechnungspreis ermitteln zu können. Es findet somit keine arbeitsteilige Entscheidungsfindung statt.

Der Ansatz von Ronen - McKinney läuft darauf hinaus, daß jede der Abteilungen das Problem selbständig löst, dieses Vorgehen führt zur Arbeitsverdoppelung.

Die Programmierungsmodelle setzen eine Lösung des Problems durch die Zentrale voraus, ehe der richtige Preis ermittelt werden kann. Eine arbeitsteilige Entscheidungsfindung ermöglichen diese Verfahren daher nicht. Hinsichtlich der Informationsverarbeitung gestatten die Ansätze von Baumol und Fabian sowie das Modell von Hass eine Arbeitsteilung, da der Zentrale zur Lösung des Gesamtproblems nicht alle Restriktionen auf Spartenebene bekannt sein müssen; jedoch kann dieser Vorteil durch den je nach Problemstruktur u. U. aufwendigeren Iterationsprozeß zunichte gemacht werden.

Das spieltheoretische Modell von Shubik sieht keine arbeitsteilige Entscheidungsfindung oder Informationsverarbeitung vor.

Die Verhandlungsmodelle gestatten die Lösung des Entscheidungsproblems ohne Eingriff der Zentrale durch direkten Kontakt der beteiligten Sparten. Allerdings bewirkt die gemeinsame Lösung des Entscheidungsproblems durch die Sparten keine arbeitsteilige Entscheidungsfindung. Darüber hinaus sehen viele Systeme, die Verrechnungspreise auf dem Verhandlungswege bilden, eine Einschaltung der Zentrale als Schlichtungsstelle oder letzte Entscheidungsinstanz vor, falls die beteiligten Sparten keine Einigung erzielen.

5. Dispositionsfähigkeit

Mit der Dispositionsfähigkeit eines Systems soll seine Fähigkeit beschrieben werden, ein gegebenes Entscheidungsproblem schnell zu lösen und sich flexibel an neue Entscheidungssituationen anpassen zu können. Die hier behandelten Modelle gehen von einer deterministischen Entscheidungssituation aus; alle Entscheidungen werden unter Gewißheit getroffen. Dennoch soll versucht werden, anhand der Kriterien "Anzahl der Iterationsschritte", "Bedarf an Informationen" und "Stabilität der Lösung" einige Aussagen zur Dispositionsfähigkeit zu machen.

Die Anzahl der notwendigen Iterationsschritte bis zur Ermittlung des richtigen Verrechnungspreises gibt einen Hinweis auf die Dauer des Entscheidungsprozesses. Dieses Kriterium wird auch als Konvergenzverhalten des Systems bezeichnet.

Der Bedarf an Informationen bezieht sich auf die während des Prozesses ausgetauschten Informationen und den notwendigen Informationsstand der Entscheidungseinheiten zu Beginn des Iterationsprozesses. Ein hoher Informationsbedarf verringert tendenziell die Dispositionsfähigkeit, da u. U. umfangreiche Aktivitäten zur Informationsgewinnung notwendig sind, um den Verrechnungspreismechanismus überhaupt anwenden zu können.

Die Stabilität des Systems macht eine Aussage darüber, ab wann ein Verrechnungspreis bei Änderung der Situationsbedingungen neu festgelegt werden muß. Je stabiler das System ist, desto seltener sind Neuberechnungen des internen Preises, die eine Entscheidung verzögern, notwendig.

In den Hirshleifer-Modellen wird vorausgesetzt, daß eine Stelle alle Informationen besitzt, die notwendig sind, um das Entscheidungsproblem der Gesamtunternehmung zu lösen, d. h. vor Beginn der Verrechnungspreisbildung muß ein Informationsaustausch stattfinden, der Erlös- und Kostenfunktionen an die zuständige Stelle übermittelt. Nach Bekanntgabe des Verrechnungspreises können die Sparten sofort ihr Entscheidungsproblem lösen. Der Prozeß muß wiederholt werden, sobald sich die Lage von Kosten- oder Erlösfunktionen ändert.

Das Ronen-McKinney-III-Modell beschreibt ausführlich den notwendigen Informationsaustausch. Er ist umfangreicher als im Hirshleifer-Ansatz, da jede Sparte in die Lage versetzt wird, das Entscheidungsproblem selbständig zu lösen. Zusätzlich wird die Zentrale mit Aufgaben der Informationsübermittlung und -manipulation belastet. Änderungen der zugrunde liegenden Informationen über Kosten und Erlöse bedingen die Neuberechnung des Verrechnungspreises.

Nicht-iterative Programmierungsmodelle setzen voraus, daß die Zentrale das gesamte Entscheidungsproblem kennt, bevor sie den richtigen Verrechnungspreis festlegen kann, d. h. vor Beginn der Festlegung des internen Preises müssen die Sparten alle Kosten-, Erlös- und Produktionsfunktionen und ihre individuellen Restriktionen an die

Zentrale übermitteln. Nach Bekanntgabe des Verrechnungspreises müssen die Sparten, welche nun indifferent gegenüber der Ausführung ihres Produktionsprogrammes sind, von der Zentrale erfragen, welche Mengen sie herstellen sollen. Iterative Programmierungsmodelle verlangen von der Zentrale nicht die totale Kenntnis aller spartenindividuellen Kosten- und Produktionsfunktionen, dafür wird ein iterativer Austausch von Preis- und Mengeninformationen erforderlich, der je nach Umfang des zu lösenden Entscheidungsproblems und Art des verwendeten Algorithmus mehr oder weniger langsam zur optimalen Lösung konvergiert. Nicht alle iterativen Modelle garantieren eine näherungsweise optimale Lösung, wenn der Iterationsprozeß nach einer vertretbaren Anzahl von Iterationsschritten vor Erreichen der optimalen Lösung abgebrochen wird.

Für alle Programmierungsmodelle läßt sich sagen, daß über die Stabilität einer gefundenen Lösung nur eine parametrische Analyse Auskunft geben kann, aus der hervorgeht, in welchen Bereichen die einzelnen der Entscheidung zugrunde gelegten Daten schwanken dürfen, ehe eine Neuberechnung erforderlich wird.

Verhandlungsmodelle bedingen zumindest den gleichen Bedarf an Informationsaustausch wie die übrigen Modelle, wenn die beteiligten Sparten die gewinnmaximale Lösung finden wollen. Über die Dauer der Verhandlungen lassen sich keine allgemeingültigen Aussagen machen, da sie vom Verhalten der Beteiligten und ihrer Erfahrung beim Aushandeln von internen Preisen abhängt.

Alle hier dargestellten Modelle erfordern einen erheblichen Datenaustausch. Im Vergleich zur zentralistischen Lösung des Gesamtproblems tritt nur in wenigen Fällen Entlastung der Zentrale ein. Angesichts dieser Tatsache kann von der Anwendung der Modelle kaum eine Steigerung der Dispositionsfähigkeit erwartet werden.

6. Motivation

Die Bereitschaft der Spartenleiter zur Leistungsanstrengung wird vermutlich u. a. bestimmt durch die Art der Gewinnzurechnung auf die einzelnen Sparten sowie durch den Grad ihrer Entscheidungsautonomie. Darüber hinaus beeinflußt die Gewinnzurechnung sicher auch ihre Bereitschaft, die Regeln zur Verrechnungspreisbildung zu befolgen.

Das Hirshleifer-Modell gestattet den Spartenleitern eine autonome Festlegung der intern auszutauschenden Produktmengen. Der Preis wird zentral vorgeschrieben. Der Gewinnausweis erfolgt allerdings nicht proportional zur erbrachten Leistung; damit besteht u. U. nur eine geringe Bereitschaft, die Verrechnungspreisregeln zu befolgen.

Das Ronen-McKinney-Modell gestattet die autonome Bestimmung von Mengen <u>und</u> Preisen für interne Lieferungen. Allerdings erfolgt auch hier der Gewinnausweis nicht leistungsproportional, sondern jeder Sparte wird jeweils der Gesamtgewinn zugerechnet; dies führt vermutlich dazu, daß die Regeln zur Verrechnungspreisermittlung befolgt werden.

Nicht iterative, lineare Programmierungsmodelle erlauben den Sparten keine autonomen Entscheidungen. Sowohl der Preis wie auch die Produktmenge müssen zentral festgelegt werden. Das Modell von Baumol und Fabian erlaubt streng genommen auch keine autonomen Entscheidungen, da bei Erreichen des Optimums die Zentrale den Sparten das Ende des Iterationsprozesses und die zu produzierende Menge mitteilen muß. In dieser Beziehung stellt das Modell von Hass einen Fortschritt dar, weil die Sparten selbständig feststellen können, wann der optimale Produktionsplan vorliegt. Der Gewinnausweis eignet sich in keinem der Programmierungsmodelle zur Leistungsbeurteilung, da er eine

Funktion der Knappheit von Zwischenprodukten oder Produktionskapazitäten ist. Häufig schwankt er zwischen den einzelnen Iterationsschritten in ökonomisch nicht erklärbarer Weise. In einer solchen Situation kann man auf seiten der beteiligten Spartenleiter keine Bereitschaft zur Einhaltung der Verrechnungspreisregeln erwarten.

Das spieltheoretische Modell sieht keinerlei autonome Entscheidungen vor. Die Gewinnzurechnung erfolgt nicht leistungsproportional, sondern in Abhängigkeit von verschiedenen möglichen Koalitionsgewinnen. Geeigneter zur Leistungsbeurteilung wäre der Beitrag einer Sparte zur Koalition; dieser Wert läßt sich jedoch in praktisch vorliegenden Interdependenzsituationen kaum exakt ermitteln.

Verhandlungsmodelle bieten den beteiligten Sparten relativ viel Entscheidungsautonomie. Der Spartengewinn ist in solchen Situationen jedoch eher das Ergebnis des Verhandlungsgeschicks des Spartenleiters als das seiner Leistung.

Zusammenfassend läßt sich sagen, daß die von der Theorie vorgeschlagenen Verrechnungspreismodelle nur wenig zur Förderung der mit der Spartenbildung verbundenen Ziele beitragen. Keines der Modelle genügt gleichzeitig entscheidungslogischen und motivationsbedingten Anforderungen. Dies könnte daran liegen, daß die gestellten Anforderungen - wie im folgenden Abschnitt in Anlehnung an Hurwicz dargestellt - in einem prinzipiellen Widerspruch zueinander stehen.

III. Grundsätzliche Probleme der Vereinbarkeit von entscheidungslogischen und motivationsorientierten Zielsetzungen von Verrechnungspreissystemen[1)]

Die Forschung zur dezentralen Entscheidungsfindung zeigt, daß die hier genannten Kriterien zum Teil in Konflikt miteinander stehen. Auf diesen Tatbestand hat vor allem Hurwicz bei seiner Analyse alternativer Mechanismen zur Ressourcenallokation hingewiesen. Beim heutigen Stand der Allokationstheorie ist die Existenz von arbeitsteiligen Entscheidungssystemen (processes that are informationally decentralized), die zumindest im statischen Fall zur Pareto-Optimalität führen, bewiesen.[2)] Vorausgesetzt wird allerdings, daß die Entscheidungsumwelt des Gesamtsystems dekomponierbar ist. Externe Effekte und begrenzte Teilbarkeit der Produktionsfaktoren können zur Nicht-Dekomponierbarkeit des Entscheidungsproblems führen, auf jeden Fall bewirken sie eine Steigerung der Anforderungen an den Prozeß der Informationsverarbeitung. Für den dynamischen Fall existieren Lösungen nur unter sehr restriktiven Bedingungen.[3)]

Selbst wenn es gelingt, einen arbeitsteiligen Entscheidungsprozeß zu organisieren, bleibt die Frage bestehen, ob die Teilnehmer freiwillig den Regeln dieses Verfahrens folgen oder ob sie von den Regeln abweichen (z. B. durch Verfälschung von Informationen etc.).

Die Forderung, daß ein arbeitsteiliger Entscheidungsprozeß zu einem optimalen Gleichgewicht konvergiert und gleichzeitig die Teilnehmer zur Einhaltung der Regeln veranlaßt, nennt Hurwicz "incentive compatibility".[4)] Er stellt je-

1) Die folgenden Ausführungen erfolgen in Anlehnung an Hurwicz [Design].

2) Hurwicz [Design], S. 29.

3) Hurwicz [Design], S. 29.

4) Hurwicz [Design], S. 32.

doch fest, daß bis jetzt noch kein Allokationsmechanismus existiert, der diese Forderungen erfüllt. "These results show that the difficulty is due not to our lack of inventiveness, but to a fundamental conflict among such mechanism attributes as the optimality of equilibria, incentive-compatibility of the rules, and the requirements of informational decentralization. Concessions must be made in at least one of these directions."[1] Hurwiczs Aussage macht damit das grundsätzliche Dilemma aller Verrechnungspreismechanismen klar. Solange kein Allokationsmechanismus gefunden wird, der die im Zitat genannten Forderungen gleichzeitig in sich vereinigt, steht der Organisator des dezentralen Entscheidungsprozesses (informational decentralization) vor der Wahl, entweder den

- entscheidungslogisch optimal koordinierenden Verrechnungspreis (optimality of equilibria)

  oder den

- unter Motivationsaspekten optimalen Verrechnungspreis (incentive compatibility)

zu wählen. Die jeweils andere Funktion muß mit Hilfe zusätzlicher organisatorischer Mittel erfüllt werden. So verlangt der Entscheidungslogisch richtige Verrechnungspreis zusätzliche Maßnahmen, die nicht-optimales Verhalten der Spartenleiter verhindern. Dies kann nur durch zentrale Aktivitäten geschehen. Damit wird jedoch die Forderung nach arbeitsteiliger Entscheidungsfindung und Informationsverarbeitung verletzt. Bei Anwendung von Verrechnungspreisen, die Entscheidungsspielräume gewähren und positive motivationale Konsequenzen haben, ist dagegen die Optimalität gefährdet. In dieser Situation kann das Entscheidungsdilemma nur gelöst werden, wenn man von der Optimalitätsforderung im klassischen Sinne (Gewinnmaximierung) abgeht und den Modellansatz um andere Zielgrößen erweitert. Man sieht sich dann mit der Suche nach einem

1) Hurwicz [Design], S. 34.

optimalen Kompromiß zwischen einem entscheidungslogischen und motivationsorientierten Verrechnungspreissystem konfrontiert (vgl. Abb. 41).

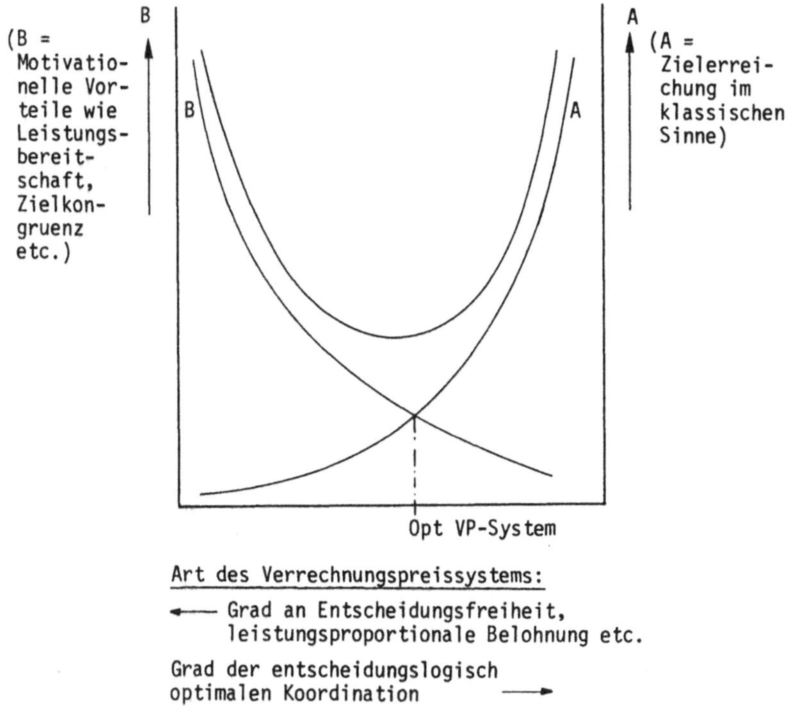

Abb. 41: Optimum "höherer Ordnung"

Ein solches Verrechnungspreissystem läßt sich aber nur auf <u>empirischem Wege</u> finden, da der Zusammenhang zwischen individuellem Entscheidungsverhalten von Spartenmanagern und der Art des verwendeten Verrechnungspreissystems nicht logisch deduktiv hergeleitet werden kann.

Der zuvor aufgestellte Anforderungskatalog kann daher nur Hinweise auf Vor- und Nachteile einzelner Verrechnungspreissysteme geben. Eine Entscheidung für oder gegen ein solches System hängt dann letzten Endes von der in einer Unternehmung vorherrschenden Managementphilosophie ab. Eine solche Philosophie stellt das übergeordnete Wertsystem der Unternehmung dar. Sie hat die heuristische Funktion, Entscheidungen zu ermöglichen, die nicht allein an Gewinnmaximierungskriterien orientiert werden können. Ihr Zustandekommen soll hier nicht weiter untersucht werden.

Vierter Teil: Praktische Lösungen bei der Bildung von Verrechnungspreisen

A. Fragestellung

Bei der Diskussion der theoretischen Verrechnungspreismodelle dominiert der Aspekt der kurzfristigen Allokation. Mit Hilfe von Verrechnungspreisen sollen die gewinnmaximalen Zwischenproduktmengen bestimmt und die knappen Ressourcen den ertragreichsten Endprodukten zugeordnet werden. Neben diesem Koordinationsaspekt wird untersucht, inwieweit Verrechnungspreise auf dem Wege der Gewinnzurechnung und der Gewährung von Entscheidungsautonomie Spartenleiter zu höheren Leistungsanstrengungen motivieren können.
Folgende Fragen stellen sich vor diesem Hintergrund in bezug auf die betriebliche Praxis:

a) Welche Bedeutung haben Verrechnungspreise in der Praxis?

b) Dienen sie der Koordination und/oder der Motivation?

c) Werden außer Koordinations- und Motivationszielen noch andere Ziele mit der Bildung von Verrechnungspreisen verfolgt?

d) Welche Verrechungspreissysteme kommen in der Praxis zur Anwendung?

Im folgenden wird versucht, diese Fragen durch Auswertung der vorliegenden Literatur zu beantworten. Allerdings muß schon an dieser Stelle angemerkt werden, daß in der Literatur - im Unterschied zur umfangreichen modelltheoretischen Diskussion - Berichte über praktische Lösungen relativ selten sind.

B. Literaturübersicht zur Praxis der Verrechnungspreisbildung

Eine frühe Darstellung des Verrechnungspreissystems einer Unternehmung findet sich in der Dissertation von König[1] (1942) über die Schuhfabrik Batâ. Der mährische Schuhfabrikant Thomas Batâ verselbständigte seine Betriebsabteilungen und beteiligte gleichzeitig seine Mitarbeiter am Erfolg der Abteilungen. Die Preise für Material, Halbfabrikate und Fertigwaren wurden zwischen den Abteilungen ausgehandelt. Dennoch kann von einer Lenkung durch Preise kaum gesprochen werden, da Fertigungsprogramme und Verkaufsauflagen zentral vorgegeben wurden. Es bestand für die einzelnen Abteilungen lediglich die Möglichkeit der Kostenminimierung.

Eine erste größere Erhebung wurde in den USA von Stone[2] (1957) durchgeführt. Aus der Liste der amerikanischen "Federal Trade Commission" wurden 505 der 1000 größten Produktionsbetriebe ausgewählt. Es antworteten 350 Firmen auf die eingesandten Fragebögen. Als Ergebnis seiner Studie nennt Stone folgende Einflußgrößen, die für die Wahl des Verrechnungspreissystems von Bedeutung sind:

1. Existenz eines Marktpreises für die Zwischenprodukte
2. Organisationsstruktur
3. Volumen der internen Zwischenproduktströme
4. Produktionsstufe (z. B. Grundstoffe, Halbfabrikate, Fertigfabrikate)
5. Geschichtliche Entwicklung des Betriebes
6. Persönliche Präferenzen der jeweiligen Manager

---

1) König [Batâ].

2) Vgl. Stone [Practices].

In der überwiegenden Zahl der Firmen wurden Markt- oder Kostenpreise benutzt, seltener waren ausgehandelte Preise, die meistens nur zur Ergänzung oder Modifikation der Markt- und Kostenverrechnungspreise dienten.
Ebenfalls aus dem Jahre 1957 stammt eine Studie der "National Association of Accountants" über Ziele und Methoden der Verrechnungspreisbildung in 40 amerikanischen Unternehmen.[1]

Weitere Hinweise auf die Praxis finden sich bei Dean[2] (1955), Dearden[3] (1960), Greer[4] (1962) und Whinston[5] (1964), die von Einzelfällen berichten oder aufgrund ihrer Praxiserfahrung Vorschläge zur Gestaltung von Verrechnungspreissystemen machen. Eine Reihe von Fällen des Intercollegiate Case Clearing House[6] könnten als weitere Quelle für Berichte aus der Praxis dienen, doch handelt es sich hier um für die Lehre aufgearbeitete Fallstudien. Diese zeigen zwar, welche Systeme in der Praxis benutzt werden und welche Probleme auftreten, jedoch entsprechen sie hinsichtlich Umfang und Auswahl der Stichprobe nicht den Anforderungen einer empirischen Erhebung.

Butler und Dearden[7] (1965) berichten über die Verrechnungspreispraxis von elf international operierenden, amerikanischen Firmen. In drei Fällen wurden kostenorientierte, in vier Fällen marktorientierte Preise gebildet, und in zwei Fällen trat eine Kombination von Markt-

---

1) National Association of Accountants [Accounting].
2) Dean [Decentralization].
3) Dearden [Pricing].
4) Greer [Profit].
5) Whinston [Guides].
6) Vgl. Lindfors [Case].
7) Butler - Dearden [Managing].

und Kostenorientierung auf. Die Differenzierung erfolgte nach der Produktionsstufe und der Existenz eines externen Marktpreises. Eine Unternehmung orientierte sich an der Marktstellung ihrer ausländischen Sparte sowie an Zoll- und Steuerüberlegungen. In einem weiteren Fall wurde der Verrechnungspreis so gewählt, daß der Marketingabteilung ein hinreichender Spielraum für Preisentscheidungen blieb und die Produktionsabteilung noch eine Mindestrendite erwirtschaftete.

In einer Studie über die Steuerungsprobleme divisionalisierter Unternehmungen stellt Solomons[1] (1965) in einem Kurzbericht die Ableitung eines marktorientierten Verrechnungspreises in acht Unternehmungen dar (die gesamte Studie umfaßte 25 Unternehmungen). Alle Zwischenprodukte oder ihnen ähnliche Produkte waren im Markt vorhanden, daher war der Marktpreis Basis des Verrechnungspreises und es ging nur noch darum, die "richtigen" Zu- bzw. Abschläge zu begründen.

In seiner Dissertation beschreibt Martin[2] (1967) sehr detailliert den Aufbau der Verrechnungspreissysteme bei der Kaiser Aluminium & Chemical Corporation und der Safeway Stores Incorporated. Interessant ist die Verwendung von verschiedenen Verrechnungspreisen auf Werksebene, Abteilungsebene und Gesamtunternehmungsebene, je nach den Informationsbedürfnissen der jeweiligen Hierarchieebene. Aufschlußreich ist auch die historische Entwicklung des Verrechnungspreissystems bei Kaiser, die in drei Stufen von Marktpreisen über Kostenpreise zum Standardkostenverrechnungspreis führte. Als auslösender Faktor wurde die jeweilige externe Marktsituation genannt.

---

1) Solomons [Performance], S. 174 ff.

2) Martin [Accounting].

In einer Untersuchung zur finanziellen Berichterstattung von diversifizierten Unternehmungen erfaßt Mautz[1] (1968) 404 Unternehmungen und berichtet über Innenumsatz, Art des verwendeten Verrechnungspreises und Anzahl verschiedener Verrechnungspreissysteme, die innerhalb einer Gesellschaft Verwendung finden. Leider fehlt eine Aufschlüsselung der Erhebungsmenge nach Industrien und nach der Art der transferierten Güter, so daß Rückschlüsse auf mögliche Bestimmungsgründe für die Wahl des jeweiligen Verrechnungspreissystems nicht möglich sind.

Aufbauend auf den Erfahrungen von 190 Unternehmungen beschreibt ein Bericht des National Industrial Conference Board[2] verschiedene Methoden zur Bildung von Verrechnungspreisen. Zwei von drei Unternehmungen benutzten Kosten und die Hälfte aller Unternehmungen Marktpreise als Grundlage für ihre Verrechnungspreise (viele Unternehmungen verwenden mehr als ein System).

Im Zusammenhang mit der Untersuchung von Systemen zur Messung der Leistung von Bereichen in 14 amerikanischen Unternehmungen stellt Irish (1970) fest, daß marktpreisorientierte Verrechnungspreissysteme bevorzugt werden.[3] Larson[4] untersucht neben der Art des verwendeten Verrechnungspreissystems auch den Zusammenhang von Verrechnungspreis und Beurteilungssystem.

Arvidsson[5] (1971) erfaßt in Schweden 343 Unternehmungen. In 220 Unternehmungen existiert interner Leistungsaustausch,

---

1) Mautz [Reporting].

2) National Industrial Conference Board [Transfer Pricing]. Eine ähnlich umfangreiche Studie wurde 1956 von der NACA (heute NAA) durchgeführt: National Association of Cost Accountants [Accounting].

3) Irish [Measurement], S. 143 - 171.

4) Vgl. Larson [Investigation], S. 151 ff.

5) Vgl. Arvidsson [Summary]; vgl. auch Larsson - Sundquist - Arvidsson [Internprissätting - Metoder].

davon benutzen 194 ein Verrechnungspreissystem. In den einzelnen Unternehmungen werden häufig mehrere Verrechnungspreisarten nebeneinander verwendet, daher addieren sich die im folgenden genannten Prozentanteile nicht zu 100 Prozent: 81 % kostenorientierte, 56 % marktpreisorientierte, 28 % ausgehandelte Verrechnungspreise und 26 % zentral verordnete Verrechnungspreise, die nicht nach festen Regeln von den einzelnen organisatorischen Einheiten selbständig ermittelt werden können. Eine Untersuchung von Arpan[1] (1972) in den USA erfaßt die Verrechnungspreisgestaltung in 145 Tochtergesellschaften ausländischer Firmen. Im Unterschied zu allen übrigen Studien findet Arpan eine Bevorzugung von marktpreisorientierten Verrechnungspreisen: 50 % marktpreisorientierte Preise, 30 % kostenorientierte Preise und in 20 % der Fälle eine Kombination aus Marktpreis- und Kostenorientierung.

Die 1976 erschienene Studie von Okpechi wird im folgenden Abschnitt behandelt. In Deutschland liegen nur zwei größere Berichte vor.[2] 1972 veröffentlichte Drumm Untersuchungsergebnisse über Verrechnungspreise aus 24 Unternehmungen.[3] In der Arbeit "Verrechnungspreise" (1973) sind die von 9 weiteren Unternehmungen entwickelten Lösungen wiedergegeben[4] und von Drumm kommentiert.[5]

---

1) Arpan [Non-American Systems], S. 79.

2) Vereinzelt lassen sich auch aus der Artikelserie "Firmenprofil" der "Zeitschrift für Organisation" Hinweise auf die Verrechnungspreispraxis in deutschen Unternehmungen herauslesen. Vgl. dazu Gälweiler [Brown, Boveri & Cie]; Bleicher [Brown, Boveri & Cie]; o. V. [Bertelsmann], S. 133 - 135; vgl. auch Bleicher [Bertelsmann]; o. V. [Standard Elektrik Lorenz]; Selinger [BASF]; Bleicher [BASF].

3) Drumm [Theorie].

4) Danert - Drumm - Hax [Verrechnungspreise].

5) Drumm [Stand].

C. Verrechnungspreisarten und ihre Verbreitung

I. Verrechnungspreisarten

Im folgenden sollen die wesentlichen von Praktikern genannten Argumente für die Anwendung von Verrechnungspreisen genannt werden. Drei Gruppen von Verrechnungspreisarten lassen sich in der Praxis nachweisen: Kosten-, Markt- und Verhandlungspreise.

1. Kostenorientierte Verrechnungspreise[1)]

Kostenorientierte Verrechnungspreise werden häufig direkt aus dem in der Unternehmung praktizierten Rechnungswesen abgeleitet und durch die Art des Rechnungssystems bestimmt. Dabei lassen sich analog zu den Rechnungssystemen folgende kostenorientierte Verrechnungspreisarten unterscheiden: Istkosten, Plankosten, Teilkosten, Vollkosten und Vollkosten plus Gewinnaufschlag.

Kostenorientierte Verrechnungspreise treten häufig in Unternehmungen auf, die ihre Teilbereiche als Kosten- und nicht als Erfolgszentren auffassen, wie dies in funktional gegliederten Organisationen im allgemeinen der Fall ist. Innerhalb von Teilbereichen wird ebenfalls überwiegend zu Kosten abgerechnet, da diese Verantwortungszentren vorwiegend nicht-marktfähige Leistungen austauschen und daher als Kostenzentren geführt werden.

Bei geringem Transferumsatz rechnet man oft nur zu Kosten ab, da der Aufwand, den geeigneten Marktpreis zu ermitteln, als zu groß empfunden wird.

---

1) Vgl. National Industrial Conference Board [Transfer Pricing], S. 6 ff.; National Association of Cost Accountants [Accounting], S. 31 ff.

Kostenorientierte Verrechnungspreise verhindern im Vergleich zu marktorientierten Verrechnungspreisen, daß die Produkterfolgsrechnung durch Zurechnung nicht realisierter Gewinne auf Teilbereiche (Produktionsstufen) verfälscht wird. Diese Aussage gilt jedoch nicht für kostenorientierte Verrechnungspreise, die einen Gewinnaufschlag enthalten. Allerdings operieren solche Systeme häufig mit fixierten prozentualen Aufschlägen, so daß bei bekanntem Verrechnungspreis pro interner Liefermengeneinheit der verrechnete Gewinnaufschlag pro Einheit stets leicht ermittelt werden kann.

Als weitere Argumente für kostenorientierte Verrechnungspreise werden die leichte Handhabung und der geringe Verwaltungsaufwand von den Praktikern genannt. Die benötigten Kosteninformationen sind im laufenden Rechnungswesen leicht zugänglich und ohne weiteres verfügbar. Streitigkeiten zwischen den Sparten werden verringert, wenn z. B. zu Planvollkosten abgerechnet wird, da sich keine Partei übervorteilt fühlt. Voraussetzung ist jedoch, daß die Leistungsbeurteilung nicht am Gewinn anknüpft.

Für die verschiedenen Arten kostenorientierter Verrechnungspreise lassen sich aus der Sicht von Praktikern im einzelnen außerdem noch folgende Vor- und Nachteile nennen:

Istkosten[1)]

Als Vorteil des Verrechnungspreises auf der Basis tatsächlich anfallender Kosten wird häufig hervorgehoben, daß Istkosten relativ leicht zu ermitteln sind. Sie können unmittelbar aus dem Rechnungswesen entnommen werden; anspruchsvolle Kostenrechnungsmodelle werden deshalb nicht benötigt. Nachteile bestehen darin, daß sich Beschäftigungsschwankungen im Verrechnungspreis niederschlagen und Unwirtschaftlichkeiten im Verrechnungspreis überwälzt werden können.

1) Vgl. National Industrial Conference Board [Transfer Pricing], S. 9.

Plankosten[1)]

Bei der Anwendung von Plankosten entfällt die Möglichkeit, Unwirtschaftlichkeiten zu überwälzen, allerdings können Streitigkeiten bei der Zurechnung auftretender Abweichungen entstehen.

Grenzkosten[2)]

Als Vorteil dieser Berechnungsbasis wird genannt, daß die echten Mehrkosten für einen zusätzlichen internen Auftrag unmittelbar erkennbar seien. Dagegen halten viele der beteiligten Manager diese Basis für unrealistisch, da nicht alle Kosten berücksichtigt werden. Auch Drumm[3)] berichtet, daß nur wenige Unternehmungen diesen in der engpaßfreien Situation richtigen Verrechnungspreis benutzen, da weder eine Grenzkosten- noch eine Grenzplankostenrechnung besteht.

Vollkosten

Verrechnungspreise, die auf Vollkosten basieren, werden von Praktikern befürwortet, weil man interne Abnehmer so stellen will, als hätten sie eine Eigenfertigung[4)]; alle mit der Leistungserstellung verbundenen Kosten sollen erstattet werden. So soll u. a. die Verrechnung kalkulatorischer Zinsen für die Liefersparte eine Mindestverzinsung des investierten Kapitals sichern, das durch die interne Leistungserstellung beansprucht wird.[5)] Weiterhin ist man

1) Vgl. National Industrial Conference Board [Transfer Pricing], S. 9.

2) Vgl. National Industrial Conference Board [Transfer Pricing], S. 9.

3) Drumm [Theorie], S. 262 f.

4) Vgl. Weber [Konzernverrechnungspreise], S. 22; Gödde [Konzernverrechnungspreise], S. 38.

5) Vgl. Weber [Konzernverrechnungspreise], S. 22; Schnauffer [Verrechnungspreisbildung], S. 32.

der Ansicht, daß Vollkostenbewertung im Hinblick auf die langfristige Investitionssteuerung notwendig sei.[1)]

Durch die Bewertung der Zwischenleistungen zu Vollkosten treten allerdings zahlreiche Probleme auf:[2)]

- Welche Beschäftigung soll als Bezugsgröße für die Kostenverteilung dienen?
- Sollen Beschäftigungsabweichungen verrechnet werden?
- Soll man kalkulatorische Zinsen verrechnen?
- Sollen Abschreibungen für Anlagen, auf denen Zwischenprodukte hergestellt werden, auch noch in die Verrechnungspreise eingehen, nachdem die Anlagen bereits abgeschrieben sind?
- Sollen anteilige Verwaltungs-, Vertriebs-, Forschungs- und Entwicklungskosten im Verrechnungspreis berücksichtigt werden?
- Soll man Kostenbewertung mit standardisierten Verbrauchsmengen und Preisen bei Normalbeschäftigung vornehmen?
- Sollen einheitliche Verrechnungspreise für gleiche Leistungen verschiedener Anlagen mit unterschiedlicher Kostenstruktur festgesetzt werden?

Vollkosten - plus - Gewinnaufschlag

In der Praxis möchte man durch Verwendung eines Verrechnungspreises, der sich aus Vollkosten plus einem Gewinnaufschlag zusammensetzt, erreichen, daß bei der Preisstellung für Endprodukte eine Mindestverzinsung der für die Produktion eingesetzten Investitionen berücksichtigt wird.[3)]

---

1) Vgl. Hay [Konzernverrechnungspreise] S. 44 f.; vgl. auch S. 243 dieser Arbeit.

2) Vgl. Drumm [Stand], S. 100 f.

3) Vgl. National Industrial Conference Board [Transfer Pricing], S. 9.

Kostenorientierte Verrechnungspreise, die einen Gewinnaufschlag einschließen, werden besonders häufig benutzt, wenn Marktpreise für Zwischenprodukte nur schwer oder gar nicht zu ermitteln sind. Der interne Leistungsaustausch wird in diesen Situationen gefördert, da der liefernde Teilbereich auch einen Gewinn aus internen Lieferungen erhält.[1] Darüber hinaus ermöglicht es der Gewinnaufschlag, daß Zwischenprodukte, die keinen Marktpreis haben, unmittelbar in die Erfolgsrechnung bzw. Gewinnplanung oder in ein Gewinnbudget der Sparten aufgenommen werden können.

Kosteninformationen, die bei einem Marktpreissystem verlorengehen, bleiben erhalten, da der Gewinnaufschlag meist als Prozentsatz der Kosten errechnet wird und so umgekehrt bei bekanntem Verrechnungspreis auch die zugrunde liegenden Kosten bekannt sind.

Motivationsüberlegungen[2] liegen dem folgenden Argument der Praxis für einen Verrechnungspreis zugrunde, der außer den Vollkosten auch einen Gewinnaufschlag enthält: Falls Vollkostenverrechnungspreise ohne Gewinnanteil auch zur Berechnung von Zwischenleistungen an Profit-Center verwendet werden, so führt dies zu einer Verfälschung des Gewinnausweises. Wird dieses Verfahren in Bezug auf Marketingdivisionen angewendet, so verringert sich der Leistungsdruck auf den verantwortlichen Manager, da er aus einer größeren Spanne schöpfen kann. als dies der Fall wäre, wenn ein Teil des Gewinns schon anderen Abteilungen zugerechnet worden wäre. Es ist allerdings zweifelhaft, ob allein die kleinere Spanne unabhängig von der Höhe der Vorgabe eine Motivationswirkung hat.

---

1) Vgl. National Industrial Conference Board [Transfer Pricing], S. 9.

2) Vgl. National Industrial Conference Board [Transfer Pricing], S. 8.

Shubik weist darauf hin, daß Vollkostenverrechnungspreise im Hinblick auf die Entwicklung neuer, kostengünstigerer Produktionsverfahren sogar eine negative Anreizwirkung haben können, wie das folgende Beispiel zeigt:[1)]

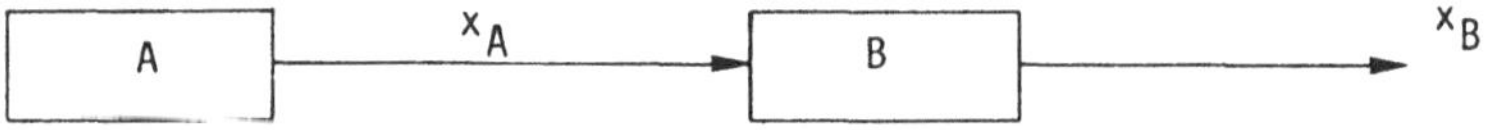

Abb. 42: Interne Leistungsverflechtung zwischen zwei Einheiten

B verkauft zu einem konstanten Preis p die Menge x_B am Endproduktmarkt. Zur Herstellung einer Einheit x_B wird eine Einheit x_A benötigt ($x = x_A = x_B$) (vgl. Abb. 42). Die Herstellung einer Einheit x_B kostet k_B und die einer Einheit x_A kostet k_A. Der Verrechnungspreis t wird durch einen prozentualen Aufschlag a auf k_A bestimmt: $t = (1+a)k_A$. Der Deckungsbeitrag von A und B beläuft sich jeweils:

(1) $G_B = px_B - k_Bx_B - tx_B = (p-k_B - (1+a)k_A)x_B$

(2) $G_A = tx_A - k_Ax_A = ((1+a)k_A - k_A)x_A = ak_Ax_A$

Führt A eine Verbesserung seines Produktionsverfahrens ein, welche die Herstellkosten von k_A auf $k_A' = 1/2\ k_A$ senkt, so wird A für diese Leistung nicht belohnt, denn es gilt:

(3) $G_B' = (p - k_B - 1/2\ (1+a)k_A)x_B \qquad G_B' > G_B$,

(4) $G_A' = 1/2\ a\ k_Ax_A = 1/2\ G_A \qquad G_A' < G_A$.

1) Vgl. dazu Shubik [Incentives], S. 221 f.

Problematik der Vollkostenverrechnungspreise

Die hier genannten Gründe für den Gebrauch von Verrechnungspreisen auf Vollkostenbasis lassen sich nicht mit den Erkenntnissen der Theorie vereinbaren, da in engpaßfreien Situationen Zwischenleistungen kurzfristig mit Grenzkosten zu bewerten sind, um eine optimale Allokation der vorhandenen Ressourcen sicherzustellen. Es stellt sich daher die Frage, ob sich aus dem Verhalten der Praxis Gründe für die Bewertung zu Vollkosten und gegen die Bewertung zu Grenzkosten ableiten lassen. Die Aussage von Hay:[1] "Vollkostenbewertung ist im Hinblick auf die Investitionslenkung langfristig notwendig", weist auf eine Steuerungsfunktion von Verrechnungspreisen bei langfristiger Betrachtung hin.[2] Franke und Laux[3] zeigen, daß unter bestimmten Bedingungen Abschreibungen bei Berücksichtigung von Zinsen ein sinnvoller Ansatz zur Bewertung von Kapazitätseinheiten sein können, vorausgesetzt, daß die Abschreibungen ausschließlich durch Nutzungsverschleiß hervorgerufen werden. Die Weiterverrechnung solcher Fixkosten auf die Zwischenprodukteinheit in Form von Verrechnungspreisen könnte daher als Approximation an einen theoretisch richtigen langfristigen Verrechnungspreis interpretiert werden.[4]

Voraussetzung für diese Interpretation ist, daß die Kapazitäten wiederbeschafft werden und daß die Sparten, deren Leistungen zu Vollkosten abgerechnet werden, autonom über die Wiederbeschaffung entscheiden können.[5]

---

1) Hay [Konzernverrechnungspreise], S. 43 f.
2) Vgl. Drumm [Stand], S. 102.
3) Franke - Laux [Abschreibungen].
4) Vgl. Drumm [Stand], S. 102.
5) Vgl. Drumm [Stand], S. 102.

2. Marktorientierte Verrechnungspreise

In der Praxis treten folgende Arten von marktorientierten Verrechnungspreisen besonders häufig auf:[1] aktueller Marktpreis, Marktpreis minus Vertriebs- oder Beschaffungskosten, durchschnittlicher Marktpreis, Marktpreis ähnlicher Produkte und niedrigster Preis, der einem externen Käufer gewährt wurde (Meistbegünstigung).[2]

Verschiedene Argumente werden von Praktikern für die Verwendung von Marktpreisen[3] als Verrechnungspreise ins Feld geführt. Verrechnungspeise, die Marktpreise sind, führen i. a. zu einer Gewinnverteilung zwischen den an der Produktion beteiligten Teilbereichen. Unternehmungen, die ihre Sparten als Erfolgszentren behandeln und die Leistung der Spartenmanager anhand des Spartenerfolges messen wollen, verwenden häufig marktpreisorientierte Verrechnungspreise.

Marktpreise sorgen dafür, daß die eigenen Sparten dem gleichen Wettbewerbsdruck ausgesetzt sind wie ihre Konkurrenten, die keine Möglichkeit interner Bezüge haben.

Bezogen auf Marketingdivisionen wird besonders das Argument ins Feld geführt, daß durch Verrechnungspreise auf Marktbasis "Preisschleuderei" der Vertriebsbereiche für Endprodukte verhindert würde, da die verfügbare Spanne für die Preissetzung durch Marktpreise für Zwischenprodukte verkleinert wird. Nachteilig wirkt sich der Verlust von Kosteninformationen aus, da im marktpreisorientier-

---

1) Vgl. National Industrial Conference Board [Transfer Pricing], S. 14.

2) Vgl. Solomons [Performance], S. 175; vgl. auch S. 247 dieser Arbeit.

3) Es sei darauf hingewiesen, daß die meisten der in der Praxis verwendeten Marktpreise <u>nicht</u> einem vollkommenen Markt entstammen.

ten[1] Verrechnungspreis u. U. keine Teilkosten ausgewiesen werden.

Im folgenden seien kurz die spezifischen Vor- und Nachteile verschiedener marktpreisorientierter Verrechnungspreise genannt:

Aktueller Marktpreis

Vorteile:

- erzeugt Wettbewerbsdruck
- erlaubt interne und externe Vergleiche der Effizienz mit anderen Sparten und Unternehmungen
- verringert Streitigkeiten zwischen Sparten, da Marktpreise allgemein anerkannt werden
- wird beim Leistungsaustausch zwischen Sparten, die rechtlich selbständig sind, von den Steuerbehörden anerkannt

Nachteile:

- u. U. Zeitaufwand und hohe Kosten für die Ermittlung des aktuellen Marktpreises, wenn sich Marktpreise häufig ändern
- aktuelle, stark schwankende Marktpreise können zu Fehlentscheidungen führen, wenn sie als Basis für Entscheidungen über die Stillegung von Betriebsteilen oder die Eigenfertigung von Produkten dienen
- Listenpreise sind keine echten Preise, da häufig für jeden Marktteilnehmer individuelle Rabatte und Skonti gewährt werden, deren Höhe für Dritte nur schwer feststellbar ist
- für manche Zwischenprodukte gibt es keine Marktpreise.

1) Häufig werden marktpreisorientierte Verrechnungspreise aus Zwischenproduktmärkten abgeleitet, die keine vollkommenen Märkte sind.

Um Absatz- bzw. Beschaffungskosten verringerter Marktpreis

Bei internen Transfers werden Beschaffungs- und Absatzkosten vermieden.[1] Der Berücksichtigung dieser Ersparnis werden folgende Vorteile zugerechnet:

- Anreiz, die eigenen Kapazitäten voll auszunutzen; die Indifferenz zwischen externem und internem Bezug wird durch den Abschlag aufgehoben
- Ersparnisse für die Käufersparte

Nachteile:

- Schwierigkeiten, einen fairen Abschlag zu bestimmen
- willkürlich gesetzte Abschläge können zu Konflikten führen
- Verzerrung der Vergleichsbasis zu externen Unternehmungen der gleichen Branche.

Durchschnittlicher Marktpreis

Der Vorteil bei der Verwendung durchschnittlicher Marktpreise besteht in der Verringerung des internen Verwaltungsaufwandes. Nachteilig wirkt die Verringerung des Wettbewerbsdruckes.

Marktpreis ähnlicher Produkte

Diese Methode ähnelt sehr dem kostenorientierten Verrechnungspreis mit Gewinnaufschlag. Hier wird, ausgehend vom Marktpreis eines ähnlichen Produktes, durch "hypothetische" Kostenkonstruktion der Preis des eigenen Produktes ermittelt, während beim kostenorientierten Verrechnungspreis sich der Zuschlag aus der Schätzung der Gewinnspanne bei ähnlichen Produkten ergibt. Der Vorteil dieser Methode beruht auf ihrer Plausibilität für alle Beteiligten.

1) Interne Transportkosten werden vernachlässigt.

Meistbegünstigung

Die Anwendung der Meistbegünstigungsklausel besagt, daß einem internen Nachfrager der niedrigste aller Preise eingeräumt wird, der einem externen Abnehmer eingeräumt wurde.[1] Damit wird zumindest die Demotivation interner Abnehmer vermieden, wenn sie schlechter als externe Kunden gestellt würden.

Zusammenfassung

Im Hinblick auf die theoretischen Bedingungen, unter denen Marktpreise angewendet werden dürfen, ist es erstaunlich, daß in der Praxis Marktpreise nahezu unabhängig vom Beschäftigungsgrad des internen Anbieters als Verrechnungspreise benutzt werden[2], wobei oft noch interner Bezugszwang besteht. Dies ist aber von geringer Bedeutung, da den marktpreisorientierten Verrechnungspreisen in der Praxis kaum eine kurzfristige Lenkfunktion zukommt.[3] Die Koordination erfolgt, wie bereits an anderer Stelle gesagt, durch zentrale Stabsstellen oder Ausschüsse. Drumm vermutet allenfalls langfristige Lenkungsabsichten.[4] So könnten marktpreisorientierte Lenkpreise bei der unternehmungsinternen Kapitallenkung unter langfristigen Gesichtspunkten zu brauchbaren Nährungslösungen führen. Ähnlich ist die Wahl zwischen Fremdbezug und Eigenfertigung auf dieser Basis zu beurteilen. Darüber hinaus zwingt die Anwendung von Rentabilitätsziffern u. U. zum Verzicht auf Verrechnungspreise, die bei kurzfristiger Betrachtung allokationstheoretisch richtig sind, da solche Verrech-

1) Vgl. Drumm [Stand], S. 99.

2) Vgl. Drumm [Stand], S. 100.

3) Vgl. Drumm [Theorie], S. 264.

4) Vgl. zu den folgenden Ausführungen Drumm [Stand], S. 100; vgl. auch S. 243 dieser Arbeit.

nungspreise zu einem Gewinnausweis führen, der nicht als Basis für isolierte Wirtschaftlichkeitsüberlegungen geeignet ist.[1)]

3. Ausgehandelte Verrechnungspreise

Der Verrechnungspreis wird zwischen den Sparten selbständig ausgehandelt. Nur wenn keine Einigung erzielt werden kann, wird eine zentrale Schlichtungsinstanz eingeschaltet.

Vorteile:

- das Verfahren stimmt überein mit der Managementphilosophie autonomer Sparten
- Flexibilität der Preisgestaltung je nach Beschäftigungsgrad

Nachteile:

- Zeitverluste und Konflikte durch den Preisaushandlungsprozeß
- Vorteile für den besseren "Händler" und nicht für den guten Spartenmanager
- interne Machtpositionen können ausgenutzt werden.

II. Verbreitung der Systeme

Bei einem Überblick über die von der Praxis verwirklichten Verrechnungspreissysteme drängt sich der Eindruck auf, daß jedes Unternehmen sein eigenes System verwirklicht hat. Dies ist nicht weiter verwunderlich, wenn man bedenkt, welch unterschiedliche Zielsetzungen in den verschiedenen Unternehmungen verfolgt werden. Es lassen sich jedoch drei Grundformen von Verrechnungspreisen erkennen, die auf

---

1) Vgl. dazu S. 213 ff. dieser Arbeit.

- Kosten
- Marktpreisen oder
- Verhandlungsergebnissen (zwischen den beteiligten Einheiten)

basieren.

In der Studie von Mautz (1968) findet sich folgende Tabelle über die Verbreitung einzelner Verrechnungspreissysteme in 404 amerikanischen Unternehmungen:

Methode	Gesellschaften, die die Methode verwenden	
	Anzahl	%
1. Kosten der liefernden organisatorischen Teilbereiche	134	19,76
2. Aktueller Marktpreis, zu dem die Gesellschaft von außen kauft oder nach außen verkauft	128	18,88
3. Aktueller Marktpreis, ohne daß Geschäfte der Gesellschaft zu diesem Preis getätigt werden	53	7,82
4. Zwischen den organisatorischen Einheiten ausgehandelter Preis	160	23,60
5. Kosten plus festem oder proportionalem Aufschlag	143	21,09
6. Sonstige Methoden	60	8,85
	678	100,00

Tab. 8: Verbreitung der verschiedenen Methoden der Verrechnungspreisbildung für Produkte, die von einer organisatorischen Einheit zu einer anderen transferiert werden (USA 1968)[1]

Aus der Studie von Mautz geht nicht hervor, ob bei dem Verrechnungspreis "Kosten plus festem oder proportionalem Aufschlag" (Pos. 5) dieser Aufschlag zentral vergeben wird oder Gegenstand von Verhandlungen zwischen den beteiligten

1) Vgl. Mautz [Reporting], S. 36 und S. 246.

Einheiten ist. Falls letzteres der Fall ist, könnte der Anteil der ausgehandelten Verrechnungspreise größer sein. Die marktpreisorientierten oder ausgehandelten Verrechnungspreise übertreffen mit ca. 50 % Anteil die auf Kosten basierenden Systeme (ca. 41 %). Dies könnte als Bevorzugung von Systemen interpretiert werden, die den organisatorischen Einheiten größere Autonomie einräumen oder zumindest von ihrer Konzeption her diesen Eindruck erwecken.

Die von Okpechi 1976 bei 200 Firmen[1] durchgeführte Erhebung deutet an, daß seit der Untersuchung von Mautz (1968) eine Verschiebung zu Gunsten kostenorientierter Systeme eingetreten ist.[2] 66 % der Verrechnungspreise basierten auf Kosten, während nur 34 % vom Marktpreis abgeleitet oder ausgehandelt wurden. Da in der Studie von Okpechi ausschließlich Firmen mit Spartenstruktur berücksichtigt wurden, während Mautz diese Einschränkung nicht machte, kann die Bevorzugung von Kostenpreisen u. U. auf die Organisationsstruktur zurückgeführt werden.[3]

1) Vgl. Okpechi [Conflict], S. 64 ff. Die Antwortrate betrug 31,5 % (= 63 Firmen).

2) Wegen der unterschiedlichen Erhebungsmethoden, des unterschiedlichen Umfanges und der Art der Stichprobe sind die Studien von Mautz und Okpechi nur begrenzt vergleichbar.

3) Die Überlegungen auf S. 94 dieser Arbeit sprechen allerdings gegen eine solche Schlußfolgerung.

Methode	Anzahl	%
1. Vollkosten	80	32
2. Vollkosten plus Aufschlag	40	15
3. Standardkosten	48	19
4. Grenzkosten	0	0
5. Standardkosten plus Aufschlag	0	0
6. Marktpreis	32	13
7. Marktpreis minus Vertriebskosten	10	4
8. Ausgehandelter Marktpreis	43	17
9. andere Methoden	0	0
	253[1)]	100

Tab. 9: Verbreitung von Verrechnungspreisarten nach Okpechi[2)]

Betrachtet man die Ergebnisse der Studie von Drumm[3)], so erhalten wir für den deutschen Bereich die in Tab. 10 wiedergegebene Verbreitung von Verrechnungspreissystemen. Der Anteil kostenorientierter Systeme fällt mit ca. 45,8 % ähnlich groß wie in der Studie von Mautz aus.

In der Zusammenstellung von Mautz, Drumm und Okpechi und in den zuvor in der Literaturübersicht dargestellten anderen Studien fällt auf, daß die "theoretisch richtigen" Grenzkosten und Knappheitspreise[4)], bis auf wenige Ausnahmen, in der Praxis keine Verwendung finden. Über die Ursachen für diese Erscheinung kann man nur Vermutungen anstellen. Folgende Gründe könnten in Betracht kommen:

1) 65 Firmen haben diese Frage beantwortet, einige Firmen verwenden mehr als ein Verfahren.

2) Vgl. Okpechi [Conflict], S. 87.

3) Vgl. dazu Drumm [Stand], S. 96.

4) Bei den in der Praxis verwendeten Marktpreisen handelt es sich häufig nicht um die theoretisch richtigen Verrechnungspreise, da die Zwischenproduktmärkte häufig keine echten Wettbewerbsmärkte sind.

	Voraus-setzungen	Leistungs-art	Anzahl	Anteil (%)
I. Kostenorientierte Verrechnungspreise				
1. a) Grenzkosten (rein informativ)	UV	alle Erz.	1	
b) Grenzkosten	U, kein MP	Halberz.	1	
2. Grenzkosten + getrennte Fixkosten-umlage je Monat	UV	Halberz.	1	
3. Vollkostenbewertung	UV	Halb- + Enderz.	3	
4. Vollkosten + Gewinnaufschlag	UV	Halberz.	3	
5. a) Vollkosten + Gewinnaufschlag	UV	Halb- + Enderz.	1	
b) kalkulatorische Zinsen	UV	Halberz.	1	
SUMME "kostenorientierte Verrechnungspreise			11	45,8
II. Marktpreisorientierte Verrechnungspreise				
6. externe Marktpreise unkorrigiert	UV	Enderz.	1	
7. externe Marktpreise ./. entfallende Beschaffungsnebenkosten	UV	Enderz.	2	
8. eigene Listenpreise ./. entfallende Beschaffungsnebenkosten	UV	Enderz.	-	
9. eigene Listenpreise ./. Kosten des eigenen Vertriebs	UV	Enderz.	6	
10. Marktpreise mit Sonderkonditionen wie "Meistbegünstigung"	UV	Enderz.	2	
SUMME "marktpreisorientierte Verrechnungspreise"			11	45,8
III. Sonstige Verrechnungspreise				
11. Knappheitspreis	V, Spitzen-mengen	Halberz.	1	
12. Gewinnpoolung	UV	Enderz.	1	
SUMME "sonstige Verrechnungspreise"			2	8,3
			24	100,0

V = gilt nur bei Vollbeschäftigung (Engpaßsituation); U = gilt nur bei Unterbeschäftigung; UV = gilt unabhängig von der Beschäftigung.
Erz. = Erzeugnis; MP = Marktpreis.

Tab. 10: Verrechnungspreissysteme in deutschen Unternehmungen[1)]

1) Vgl. Drumm Stand , S. 96.

1. Der Verrechnungspreis dient in der Praxis nicht als Instrument zur kurzfristigen Koordination; diese wird durch andere organisatorische Instrumente wie Planung und Koordinationsausschüsse erreicht. Die Berichte aus der Praxis scheinen dies zu bestätigen:
Bei BBC[1)], Bertelsmann[2)] und BASF[3)] findet die Abrechnung zwischen den Erfolgsbereichen wie zwischen rechtlich selbständigen Firmen statt. Allerdings wird nicht der aktuelle, sondern ein abgeleiteter Marktpreis angewandt, der für jeweils ein Planjahr beibehalten wird. Treten Engpässe auf, so findet eine zentrale Zuteilung der Zwischenproduktmengen statt. Der Verrechnungspreis hat also keine kurzfristige Koordinationsfunktion. Er dient lediglich zur Erfolgsaufspaltung. Der Marktpreis eignet sich besonders gut für diesen Zweck, da ein Gewinnausweis auf dieser Basis, also in Anlehnung an den Wettbewerbsprozeß der Marktwirtschaft, am ehesten von den Spartenmanagern anerkannt wird. Die Mengenkoordination wird mit Hilfe von spartenübergreifenden Koordinationsausschüssen bewältigt; somit besteht nicht die Gefahr einer Fehllenkung, falls der Marktpreis nicht unter echten Wettbewerbsbedingungen zustandekommt. Kalkulationen auf der Basis von Grenzkosten treten nur sporadisch auf und dienen zur Beantwortung bestimmter Einzelfragen. Typisch ist die Frage, ob ein Verkaufsgeschäft angesichts nicht ausgelasteter Kapazitäten noch zu einem gegebenen Preis getätigt werden soll oder nicht. Liegt der Preis über den Grenzkosten der Sparte, die auch Verrechnungspreise mit Gewinn- oder Gemeinkostenanteilen der Vorstufen enthalten, so erübrigt sich eine weitere Rechnung: Der Abschluß des Geschäftes ist empfehlenswert. Erst wenn der Preis die Grenzkosten der Sparte unterschreitet, findet eine produktbezogene

1) Vgl. Gälweiler [Brown, Boveri & Cie], S. 279 ff.
2) Vgl. o. V. [Bertelsmann], S. 133 ff.
3) Vgl. Selinger [BASF], S. 17 ff.; Bleicher [BASF], S. 23 ff.

Gesamtrechnung statt. Dabei werden die Verrechnungspreise durch die Grenzkosten der einzelnen Stufen ersetzt.[1)]

2. Die Praxis verzichtet weitgehend auf die für den Ansatz von Knappheitspreisen notwendigen Optimierungsrechnungen. Borchers weist in diesem Zusammenhang darauf hin, daß komplexe Optimierungsrechnungen in der Praxis nicht durchführbar seien, da sich die wirtschaftlichen Parameter zu schnell änderten.[2)] Drumm berichtet ebenfalls, daß Unternehmungen nur in geringem Ausmaß Optimierungsversuche unternehmen. Statt dessen versuchen sie, möglichst alle Aufträge anzunehmen. Interne Engpässe werden durch verschiedene Maßnahmen bewältigt[3)], z. B. durch Verlängerung von Lieferzeiten, Änderung der Auftragsreihenfolge, Lohnaufträge an externe Unternehmungen und externen Zukauf von knappen Zwischenprodukten.

3. Auch wenn bei einzelnen Produkten zu geringe oder negative Deckungsbeiträge auftreten, wird häufig auf Programmänderungen verzichtet. Zwei Gründe werden hierfür genannt:[4)]

   - Angestrebt wird eine langfristige Maximierung des <u>kunden</u>bezogenen Deckungsbeitrages; gegenüber Großabnehmern ließe sich keine Programmänderung durchsetzen.

   - Für die Fertigungskapazität, die durch Eliminierung eines solchen einzelnen Produktes frei wird, läßt sich selten kurzfristig eine alternative Verwendung finden.

4. Knappheitspreise scheinen bei einigen Unternehmungen unerwünscht zu sein, da sie zu starken Schwankungen des Spartengewinns führen würden. So werden in einer

---

1) Vgl. dazu Borchers [Bereichsabgabepreis], S. 164.

2) Vgl. Borchers [Bereichsabgabepreis], S. 163.

3) Drumm [Theorie], S. 261.

4) Vgl. Drumm [Theorie], S. 262.

Unternehmung der chemischen Industrie beim Auftreten von Engpässen zwar spezifische Deckungsbeiträge ermittelt, interner Lieferant und Abnehmer rechnen aber nur zu den üblichen Verrechnungspreisen ab.[1)] Der Ausweis einer Knappheitsrente wird so vermieden. Darüber hinaus erscheint im Monatsbericht der Sparten, die wegen der Engpaßsituation nicht beliefert wurden, ein Hinweis auf die Ursache ihrer verringerten Beschäftigung. Auf diese Weise soll verhindert werden, daß der ausgewiesene Spartenerfolg falsch interpretiert wird.

Die Verrechnungspreise haben also keine Koordinationsfunktion. Dies wird auch von Drumm[2)] betont, der feststellt, daß Produktions- und Absatzplanung wie auch die Investitionsplanung nicht durch etwa bestehende Lenkpreise beeinflußt werden. Die Vorplanung erfolgt auf Teilbereichsebene, während die Teilpläne von zentralen Instanzen oder Koordinationsstäben, die den Sparten zugeordnet sind, aufeinander abgestimmt werden.[3)]

D. Geltungsdauer und Geltungsbereich

Die Geltungsdauer der Lenkpreise beträgt meistens ein Jahr und stimmt häufig mit der kurzfristigen Planungsperiode der Unternehmung überein.[4)] Durch diese Festlegung auf ein Jahr verliert der Verrechnungspreis seine kurzfristige, aktuelle Koordinationsfunktion.

Der Geltungsbereich von Lenkpreisen ist im allgemeinen auf die beiden ersten Gliederungsstufen - Sparten und Untersparten - beschränkt. Innerhalb Sparten bzw. Untersparten

1) Persönliche Information an den Verfasser.

2) Vgl. Drumm [Theorie], S. 262.

3) Vgl. Drumm [Theorie], S. 262.

4) Vgl. Selinger [BASF], S. 22; vgl. auch Drumm [Theorie], S. 264.

werden keine Lenkpreise gebildet.[1] Damit deckt dieses Lenkprinzip nur einen kleinen Teil des in einer Unternehmung bestehenden Gesamtkoordinationsbedarfes, da innerhalb von Sparten ähnliche Koordinationsprobleme bestehen wie in Unternehmungen mit Funktionalstruktur. Man kann Sparten unter diesem Aspekt auch als "teilautonome Funktionsorganisationen" bezeichnen, die zu einer Gesamtunternehmung zusammengefaßt wurden.

Berücksichtigt man die zuvor erwähnte zeitliche Fixierung des Lenkpreises sowie den Eingriff von Stabsstellen der Zentrale in die Produktionsprogramm- und Investitionsplanung, so kann in der Praxis kaum noch von einem Beitrag des Lenkpreises zur Koordination gesprochen werden.

E. Organisation der Verrechnungspreisbildung

In den von Drumm untersuchten Firmen wird die Mehrzahl aller Verrechnungspreise von zentralen Stellen oder durch direkten Kontakt der Sparten miteinander gebildet.[2] Gründe für die zentrale Festlegung der Preise liegen in der Zentralisierung von Planung, Lenkung und Informationsverarbeitung.

Auch bei der Verrechnungspreisbildung auf Spartenebene behält sich die Zentrale das Recht vor, bei Uneinigkeit über Verrechnungspreise und/oder Liefermengen eine endgültige Entscheidung zu treffen.

---

1) Vgl. Drumm [Theorie], S. 264 f.

2) Vgl. Drumm [Theorie], S. 269.

F. Ziele der Verrechnungspreisbildung

I. Ziele

Nur wenn bekannt ist, welche Ziele mit der Bildung von Verrechnungspreisen verfolgt werden, läßt sich beurteilen, ob das jeweils adäquate Verrechnungspreissystem eingesetzt wurde. In den theoretischen Arbeiten zur Verrechnungspreisbildung dominierte das Ziel der kurzfristigen Allokation der Ressourcen. Die Praxis scheint dagegen eine Vielzahl von Zielen mit Hilfe der Verrechnungspreisbildung zu verfolgen, wie verschiedene Studien zeigen.

So führten die Antworten von 113 schwedischen Firmen in Arvidssons Studie 1969 zu folgendem Zielkatalog:[1)]

Zweck	Nennungen: Anzahl	Nennungen: % der Gesamtnennung
1. Berechnung des Ergebnisses, Verantwortungskontrolle	96	36,0
2. Einzelkalkulation von Produkten	32	12,0
3. Anreiz, Kostenmitverantwortung	28	10,5
4. Laufende Kalkulation, Vereinf. d. Buchführung	26	9,8
5. Externe Vergleiche	26	9,8
6. Nachweis der Wirtschaftlichkeit	11	4,1
7. Externe Preisfindung	11	4,1
8. Bewertung von Lager- und Zwischenprodukten	8	3,0
9. Steuerliche Zwecke	10	3,8
10. Investitionsrechnung	7	2,6
11. Ermöglichung der Dezentralisierung[2)]	5	1,9
12. Kontrolle von Lieferanten	5	1,9
13. Rechnerische Abgrenzung von Bereichen	2	0,1
	267[3)]	100,0

Tab. 11: Zielkatalog bei Arvidsson

1) Arvidsson [Internpriser], S. 29.

2) Leider fehlt in Arvidssons Studie eine Trennung der Stichprobe nach Sparten- und Funktionalorganisation. Somit kann keine genaue Begründung für den niedrigen Anteil des Zieles 11. gegeben werden.

3) Mehrfachnennungen waren zulässig.

Die genannten Ziele überschneiden sich teilweise. So könnten die Ziele 1, 3, 5 und 6 das Ziel der Leistungs- und Erfolgskontrolle verfolgen, während die Ziele 2, 4 und 10 eher Steuerungsfunktionen dienen.

Drumm stellt auf der Grundlage von Äußerungen verschiedener Praktiker folgenden Katalog von Zielen und Zwecken der Verrechnungspreisbildung in deutschen Unternehmungen zusammen:[1)]

1. Optimierung des Periodenerfolges mit Hilfe von Verrechnungspreisen[2)]
2. Optimale Nutzung der Ressourcen[3)]
3. Kontrolle der Eigenverantwortlichkeit von Teilbereichsinstanzen[4)]
4. Verteilung des Gesamterfolges auf verschiedene Teilbereiche[5)]
5. Verursachungsgerechte Verteilung der Kosten auf die Teilbereiche[6)]
6. Kontrolle der Faktorverbräuche einzelner Teilbereiche im Rahmen von Budgetsystemen[7)]

---

1) Drumm [Stand], S. 91.

2) Vgl. Weber [Konzernverrechnungspreise], S. 21; Gödde [Konzernverrechnungspreise], S. 38 f.; Hay [Konzernverrechnungspreise], S. 42; Solaro [Verrechnungspreise], S. 45.

3) Vgl. Gödde [Konzernverrechnungspreise], S. 40; Hay [Konzernverrechnungspreise], S. 42; Vellmann [Verrechnungs-System], S. 69 f.

4) Vgl. Weber [Konzernverrechnungspreise], S. 22; Schnauffer [Verrechnungspreisbildung], S. 31; Hay [Konzernverrechnungspreise], S. 42; Solaro [Verrechnungspreise], S. 45.

5) Vgl. Schnauffer [Verrechnungspreisbildung], S. 31; Hay [Konzernverrechnungspreise], S. 42; Heyn [Verrechnungspreise], S. 62; Vellmann [Verrechnungs-System], S. 69 f.

6) Vgl. Gödde [Konzernverrechnungspreise], S. 38 f.

7) Vgl. Pogrzeba [Leistungsverflechtung], S. 29.

7. Rationalisierung unternehmungsinterner Abrechnungen[1)]
8. Minimierung der Steuerbelastung[2)]

Auch in deutschen Unternehmungen wird mit Hilfe der Verrechnungspreisbildung eine Vielzahl von Zwecken verfolgt. Es ist kaum anzunehmen, daß ein einziger Verrechnungspreis diese Aufgaben erfüllt. Getrennte Doppel- oder Mehrfachrechnungen mit unterschiedlichen Verrechnungspreisen werden erforderlich.

Ziel 7 dient rein rechentechnischen Zwecken, während Ziel 8 steuertaktische Erwägungen berücksichtigt. Beide Ziele dienen primär nicht zur Beeinflussung des Verhaltens der Mitarbeiter und zur Koordination des Austausches von Zwischenleistungen; Auswirkungen auf Koordination und Motivation lassen sich jedoch nicht ausschließen.[3)]

Ziele 1 und 2 sind nahezu identisch und entsprechen der Zieldiskussion in der theoretischen Literatur. Bei den Zielen 3 und 4 überwiegen Motivations- und Kontrollaspekte. Zu den Zielen 4 und 5 muß allerdings gesagt werden, daß es weder ein objektives Kriterium für die Deckungsbeitragsverteilung auf einzelne Produktionsstufen, noch ein objektives Kriterium für die Umlage echter Gemeinkosten gibt. Ziel 6 weist darauf hin, daß der Verrechnungspreis lediglich Bestandteil eines komplexen Koordinations- und Motivationssystems, nämlich des Budgets, ist und somit nur rein rechentechnische Abgrenzungsaufgaben erfüllt.

Betrachtet man die zwei Studien gemeinsam, so scheinen drei Aspekte bei der Lenkpreisbildung zu dominieren:

---

1) Vgl. Solaro [Verrechnungspreise], S. 45.

2) Vgl. Haefner [Konzernverrechnungspreise], S. 83; Lappen [Konzernverrechnungspreise].

3) Vgl. zu einer möglichen Verhaltensbeeinflussung den Hinweis von Fantl auf S. 11 dieser Arbeit.

Koordination bzw. Allokation, Motivation und Kontrolle[1]) (vgl. Tab. 12).

	Arvidsson	Drumm
Allokation/Koordination	2, 4, 8, 10	1, 2
Motivation	1, 3, 11	3, 4, 5
Kontrolle	1, 5, 6, 13, 12	3, 4, 5, 6
Sonstige Ziele	9, 7	

Tab. 12: Ziele der Verrechnungspreisbildung

II. Eignung der praktisch verwendeten Verrechnungspreise

Wie die vorhergehende Diskussion zeigt, wird das kurzfristige Allokationsziel im allgemeinen nicht mit der Hilfe von Verrechnungspreisen erreicht. Unter bestimmten Voraussetzungen scheint es möglich, daß langfristige Allokationsziele verwirklicht werden. Ob das Ziel "Motivation" erreicht wird, läßt sich nicht ohne weiteres klären; vielmehr wären dazu empirische Untersuchungen notwendig. Da die Motivation nur eine intervenierende Variable ist, ließe sich ihre Auswirkung nur an der Leistungssteigerung oder dem vermehrten Auffinden neuer Geschäftsalternativen durch die Spartenleiter messen. Es dürfte kaum möglich sein, den Einfluß von Verrechnungspreisen isoliert von anderen Einflüssen, die auf Spartenleiter einwirken, zu messen. Da weder die Variablen "Leistungsanstrengung" und "Innovation" noch die Variable "Motivation" direkt erfaßbar sind, soll an dieser Stelle ersatzweise untersucht werden, ob die (vermuteten) Voraussetzungen zur Leistungsmotivation - Autonomie und Erfolgszurechnung - durch die Verrechnungs-

---

1) Motivations- und Kontrollaspekte überschneiden sich häufig. Eindeutige Ergebniszurechnung erhöht sicherlich die Leistungsmotivation, da zwischen Anstrengung und Ergebnis ein direkter Zusammenhang besteht, gleichzeitig eröffnet sich auch eine Kontrollmöglichkeit. Es hängt von der Art der Kontrolle ab, ob der positive Motivationsaspekt erhalten bleibt.

preise der Praxis erfüllt sind. Als repräsentativ für die in der Praxis verwendeten Preise sollen hier kostenorientierte Verrechnungspreise mit Aufschlag sowie Markt- und Verhandlungspreise betrachtet werden.

1. Kostenorientierter Verrechnungspreis mit Aufschlag

Der kostenorientierte Verrechnungspreis mit Aufschlag führt zwar zu einer Steigerung des Erfolges der Liefersparte mit dem Volumen der internen Lieferungen, jedoch fördert er keine Anstrengungen zur Kosteneinsparung. Falls der Gewinnanteil als fester Prozentsatz auf die Kosten verrechnet wird, dann lohnt sich sogar eine Inflationierung der Berechnungsbasis; dies macht unter Umständen zusätzliche, die Autonomie einschränkende Kontrollen notwendig. Die Leistungsbeurteilung proportional zur Volumensteigerung ist jedoch auch nicht gerechtfertigt, da der liefernde Bereich selten aktiv zur Volumenausweitung beiträgt. Kostenorientierte Verrechnungspreise mit Aufschlag eignen sich daher nicht zur Erfolgszurechnung. Wird der Verrechnungspreis innerhalb eines Beurteilungssystems benutzt, so hat er keine echte Erfolgszurechnungsfunktion. Er dient lediglich dazu, einzelne Budgetbereiche rechentechnisch voneinander abzugrenzen. Dabei kann dann nicht mehr der absolute Gewinn oder eine Renditekennziffer zur Beurteilung dienen, sondern die Abweichung vom Plangewinn bzw. der Planrendite wäre der Maßstab.

Larson[1)] weist in seiner Studie darauf hin, welche Bedeutung die richtige Anwendung des Beurteilungskriteriums hat, wenn kostenorientierte Verrechnungspreise mit Aufschlag verwendet werden: Fehlt ein echter Marktpreis, wird die Setzung des Verrechnungspreises durch die Zentrale

1) Larson [Investigation], S. 53 ff.

von den betroffenen Spartenmanagern als relativ willkürlich empfunden. Dient in dieser Situation der Spartengewinn weiterhin als Hauptbeurteilungskriterium, so kommt es zu einer Verschärfung der Konflikte zwischen Spartenmanagern und der Geschäftsleitung sowie auch innerhalb der Gruppe der Spartenmanager. Als Konsequenz verzichten die meisten von Larson untersuchten Firmen auf das Beurteilungskriterium "Gewinn" und ziehen Budgetvarianzen (Soll-Ist-Vergleich) als Maßstab zur Leistungsbeurteilung heran. Das heißt aber, daß die Koordination der Aktivitäten der einzelnen Divisionen auf das Gesamtziel durch Budgets bewirkt wird. Dem Verrechnungspreis kommt in diesem Zusammenhang keine Koordinationsfunktion zu. Er dient lediglich zur rechentechnischen Abgrenzung der einzelnen Spartenbudgets voneinander.

Ob allerdings die Zielgröße "Abweichung vom Plangewinn" in einem System, das Gewinne auf Vorstufen weiterverrechnet, andere Motivationswirkungen zeigt als die Vorgabe der Zielgröße "Abweichung von den budgetierten Kosten" in einem System, das auf die interne Gewinnumlage verzichtet, läßt sich analytisch nicht entscheiden.

Werden die Gewinnaufschläge der Kosten-Plus-Preise zentral festgelegt, wie dies in der Praxis häufig geschieht, so können sie wohl kaum einen Beitrag zur Gewährung von Entscheidungsautonomie leisten. Die Situation wäre anders, wenn der Aufschlag frei zwischen den Parteien ausgehandelt würde.

2. Marktpreis

Der Marktpreis scheint der Verrechnungspreis zu sein, der gleichermaßen Allokations- und Motivationszielen genügt. Er bewirkt eine leistungsproportionale Gewinnzurechnung;

Einschränkungen der Entscheidungsautonomie treten nicht auf. Diese Eigenschaften hat der marktorientierte Verrechnungspreis allerdings nur, wenn

- ein echter externer Wettbewerbsmarkt besteht,
- stets der aktuelle Marktpreis als Verrechnungspreis dient,
- alle Sparten autonom über externe Ein- und Verkäufe von Zwischenprodukten entscheiden können.

In der Regel sind, wie schon an anderer Stelle gesagt, diese Voraussetzungen nicht erfüllt. Da ein echter externer Wettbewerbsmarkt für Zwischenprodukte fehlt, würde der daraus abgeleitete Marktpreis zu falschen Entscheidungen führen. Deshalb legen Unternehmungen ihren marktorientierten Verrechnungspreis für eine längere Zeit fest und führen internen Belieferungs- und Bezugszwang ein. Damit verliert aber der auf dieser Basis ausgewiesene Gewinn seinen Leistungsbezug. Von Entscheidungsautonomie kann bei Bezugs- bzw. Lieferzwang auch nicht mehr gesprochen werden. Somit dient der Marktpreis lediglich als Instrument zur Erfolgsspaltung.

3. Verhandlungspreis

Der Verhandlungspreis scheint am ehesten geeignet, die Delegation von Entscheidungen zu fördern. Wird aber in der Leistungsbeurteilung allein das Gewinnziel betont, so besteht die Gefahr, daß es zu langwierigen Verhandlungen und Konflikten zwischen den Abteilungen kommt. Hier könnte die von Okpechi und Albach vorgeschlagene Berücksichtigung von Interdependenzmaßen[1] eine Abhilfe schaffen.

---

1) Vgl. zu einer möglichen Operationalisierung von Interdependenzmaßen S. 205 f. dieser Arbeit.

Treten Verrechnungspreiskonflikte auf, so wird die Autonomieeigenschaft des Verhandlungspreises durch Redelegation an zentrale Instanzen wieder aufgehoben.[1]

4. Zusammenfassung

Die Ausführungen zur Praxis der Verrechnungspreisbildung zeigen, daß weder die von der Praxis selbst gesteckten Ziele noch die von der Theorie entwickelten Ansprüche an Verrechnungspreise auch nur annähernd erfüllt werden. Es soll daher darauf hingewiesen werden, daß die isolierte Betrachtung des Verrechnungspreises, losgelöst von allen anderen organisatorischen Instrumenten und Einflüssen, nicht sinnvoll ist. Dies wird auch von der Praxis erkannt, wie z. B. der Bericht Vellmanns[2] über die Anwendung der Kriterien zur Erfolgsmessung bei der Henkel & Cie GmbH zeigt: "Die Ergebnisse auf Verrechnungspreisbasis, die in einer Nebenrechnung dargestellt werden, bleiben jedoch problematisch, weil in den meisten Fällen echte Wettbewerbssituationen und vergleichbare Marktpreise fehlen."[3]

Als Grundrechnung arbeitet die Spartenerfolgsrechnung der Henkel & Cie GmbH daher ohne den Ausweis interner Zwischengewinne.[4] Es handelt sich also im Grunde um eine Produkterfolgsrechnung.[5] Die Beurteilung und Steuerung der Er-

---

1) Vgl. Weber [Konzernverrechnungspreise], S. 24; Heyn [Verrechnungspreise], S. 63; Drumm [Theorie], S. 265 f.

2) Vellmann [Spartenerfolgsrechnung].

3) Vellmann [Spartenerfolgsrechnung], S. 266.

4) Vgl. Vellmann [Spartenerfolgsrechnung], S. 266.

5) Vellmann [Spartenerfolgsrechnung], S. 269.

folgseinheiten basiert auf einem differenzierten System quantitativer Größen und qualitativer Berichte. Dazu dienen bei Henkel umfangreiche monatliche Berichte, die eine Kommentierung ausgewählter monatlicher quantitativer Zielgrößen einschließen.[1)]

Die Spartenerfolgsrechnung, die bei Henkel praktiziert wird, ist im Grunde genommen eine Produkterfolgsrechnung, wie sie unabhängig von der Organisationsform - Sparten- oder Funktionalstruktur - durchgeführt werden kann. Vellmann sieht lediglich einen Unterschied im möglichen Grad der Verantwortungsdelegation bei divisionaler Gliederung.[2)] Das heißt, Ergebnisverantwortung wird im vollen Bewußtsein der begrenzten Beeinflußbarkeit des Ergebnisses durch den Spartenleiter delegiert. Der zwangsläufig demotivierende Effekt einer ausschließlich ergebnisorientierten Beurteilung wird gemildert durch eine differenzierte und detaillierte Erfolgsanalyse.

Die Gesamtsteuerung erfolgt somit in einem permanenten Prozeß der Planung und Kontrolle. Dies entspricht in etwa der zuvor angedeuteten Einbindung des Verrechnungspreises in einen Budgetierungsprozeß.

G. Aussagefähigkeit der Berichte über die praktische Anwendung von Verrechnungspreisen

Aus den Berichten der Praxis läßt sich eine Diskrepanz zwischen Zielvorstellung und Zielverwirklichung bei der Gestaltung von Verrechnungspreisen erkennen. Es gibt allerdings eine Reihe von Hinweisen, daß den Anwendern von Verrechnungspreisen diese Mängel durchaus bewußt sind.

---

1) Vellmann [Spartenerfolgsrechnung], S. 267.

2) Vellmann [Spartenerfolgsrechnung], S. 269.

Wie die Diskussion zeigt, kann man Verrechnungspreise nicht isoliert betrachten, vielmehr müssen sie als Bestandteil eines Verrechnungspreissystems verstanden werden, zu dem u. a. die Beurteilungskriterien für den Erfolg der Sparten, das System der Kostenumlagen, die Gewinnzurechnung und die Art der Planung und Budgetierung gehören. Erst aus dem Zusammenwirken dieser Komponenten ließe sich schließen, ob eine bestimmte Verrechnungspreisart richtig verwendet wird. Insofern sind die hier dargestellten Berichte aus der Praxis zur Beurteilung von Verrechnungspreisen wenig geeignet, da sie nur Arten und Verbreitung verschiedener Verrechnungspreise, nicht aber das gesamte Verrechnungspreissystem darstellen.

Fünfter Teil: Verrechnungspreise in Spartenorganisationen - ein mehrdimensionaler Ansatz

A. Grenzen bisheriger theoretischer und praktischer Lösungsansätze

Die Probleme, welche bei der Anwendung verschiedener Verrechnungspreismodelle in Spartenorganisationen auftreten, wurden im dritten und vierten Teil dieser Arbeit erörtert. Die wesentlichen Probleme der Verrechnungspreisbildung unter Koordinations- und Motivationsaspekten sollen hier kurz zusammengefaßt werden.

I. Koordination

Die meisten theoretischen Verrechnungspreismodelle beschränken sich auf den Koordinationsaspekt der Mengenabstimmung zwischen organisatorischen Einheiten und der Zuteilung der vorhandenen Gesamtkapazität auf einzelne organisatorische Einheiten zum Zwecke der Optimierung des Produktionsprogramms der Gesamtunternehmung. Neben diesem kurzfristigen Lenkaspekt gibt es Versuche, die unter Einbeziehung der Entscheidungen über das Investitionsprogramm Lenkpreise unter langfristigen Koordinationsaspekten herleiten wollen.[1] Allerdings fehlt noch eine entsprechende, durchformulierte Theorie für langfristige Verrechnungspreise. Das Koordinationsziel soll in beiden Fällen - kurz- und langfristig - allein durch die Anwendung von Preisen erreicht werden.
Die Diskussion des Konzeptes der wertmäßigen Kosten[2] führte jedoch zu dem Ergebnis, daß Kostenwerte i. a. keine geeig-

---

1) Vgl. zu einem solchen Versuch Franke - Laux [Abschreibungen]; einen entsprechenden Hinweis gibt Drumm [Stand], S. 102; vgl. S. 243 dieser Arbeit.

2) Vgl. S. 148 dieser Arbeit.

neten Koordinationsinstrumente sind. Darüber hinaus übersehen diese Ansätze, daß in den meisten praktischen Ausformungen des Spartenprinzips eine Vielzahl weiterer koordinationsrelevanter Tatbestände existiert, deren Abstimmung nicht allein durch Preise zu bewältigen ist.

So werden für komplexere Koordinationsprobleme in vielen Firmen Instanzen eingerichtet (Integratoren), deren Aufgabe darin besteht, neben der Mengenabstimmung alle übrigen Aktivitäten der Abteilungen zu koordinieren. Dabei zeigen Ergebnisse praktischer Erhebungen, daß das "Mengenproblem" meist die geringsten Schwierigkeiten bei der Koordination bereitet. In einigen Fällen wird diese Mengenabstimmung offensichtlich sogar durch ein lineares Programmierungsmodell gelöst.[1] Solche zentralen Produktionsplanungssysteme haben die Aufgabe, die Aktivitäten der Einzelbereiche im Sinne des Gesamtoptimums festzulegen. Verrechnungspreise sind jedoch für solche Systeme ohne Bedeutung, da mit der Mengenallokation die mengenmäßige Koordinationsaufgabe bereits gelöst ist.

Die Analyse der in der Praxis angewendeten Systeme zeigt, daß sie nicht der <u>kurzfristigen</u> Koordination dienen.[2] Allenfalls langfristige Aspekte scheinen eine Rolle zu spielen. Jedoch stellen solche <u>langfristig</u> wirksamen Verrechnungspreise keine nützliche Entscheidungsinformation für Spartenleiter dar, wenn diese nicht autonom über Investitionen entscheiden dürfen. In der Regel legt die Zentrale fest, welche Investitionen durchgeführt werden; die Mitwirkung der Spartenleiter beschränkt sich häufig auf die Vorbereitung und Beantragung von Investitionsvorhaben.

---

1) Vgl. Gorzny [Zusammenarbeit]; vgl. zu einem ähnlichen Vorschlag Hoitsch [Rechenmodell]; vgl. ebenfalls die in Unternehmung C geübte Praxis der Produktionsprogrammplanung, S. 298 dieser Arbeit.

2) Vgl. den vierten Teil dieser Arbeit.

Zusammenfassend läßt sich sagen:

a) Verrechnungspreise behandeln nur einen geringen Teil aller koordinationsrelevanten Tatbestände - nämlich die Mengenabstimmung - in Spartenorganisationen.

b) Bei der Lösung des mengenmäßigen Koordinationsproblems erweisen sich Verrechnungspreise aus entscheidungslogischer Sicht als überflüssig.

II. Motivation

Trotz ihres geringen Beitrages zur Koordination werden in der Praxis Verrechnungspreise benutzt, vor allem um Gewinnanteile auf Teilbereiche zu verrechnen. Dabei ist man sich in der Praxis durchaus darüber im klaren, daß es sich bei den nicht theoriekonform gebildeten Preisen nicht um Lenkpreise handelt. So schreibt Borchers: "Dem marktorientierten BAP[1] kommt also keine Lenkungsfunktion im Schmalenbachschen Sinne zu. Vielmehr muß man ihn als mittelbares Führungsinstrument und als ein Element zur Motivation der Bereichsleitung über seine Funktion der Einkommensverteilung ansehen."[2]

Die Funktion der Einkommensverteilung wird von den allokationstheoretisch richtigen Verrechnungspreisen i. a. nur sehr schlecht erfüllt[3], es entstehen entweder keine Gewinne oder nur engpaßbezogene Knappheitsrenten. Die von der Praxis verwendeten Methoden - kostenorientierter Preis plus Gewinnaufschlag, Marktpreis[4] und Verhandlungspreis - garantieren

---

1) BAP = Bereichsabgabepreis

2) Borchers [Bereichsabgabepreis], S. 161 (Unterstreichungen durch den Verfasser dieser Arbeit).

3) Eine Ausnahme bildet der Marktpreis bei echtem Wettbewerbsmarkt für Zwischenprodukte.

4) Hier ist der abgeleitete "nicht echte" Marktpreis gemeint.

eine Gewinnaufteilung. Allokationstheoretisch sind diese Verfahren alle anfechtbar. In Bezug auf ihre Motivationswirkung erscheinen sie mehr oder weniger plausibel; eine leistungsproportionale Einkommensverteilung gewährleisten sie jedoch nicht.[1] Welche motivierende Wirkung Borchers im Zusammenhang mit der Funktion der Einkommensverteilung sieht, bleibt unklar; hierüber kann man nur spekulieren.

Vermutlich dient die Gewinnzurechnung in der Praxis dazu, in der Phase der Planung und Budgetierung das von der Geschäftsleitung gesetzte Anspruchsniveau gegenüber den Spartenleitern plausibel zu machen und durchzusetzen.[2] Verrechnungspreise haben damit keine Koordinationsfunktion, sondern lediglich die Aufgabe, die Erstellung eines Gewinnbudgets zu ermöglichen. Verrechnungspreise sollten daher so gebildet werden, daß ihre Herleitung für Spartenleiter plausibel ist. Durch Bildung von gewinnorientierten Kennziffern, wie z. B. RoI[3] oder Umsatzrentabilität, läßt sich unter Hinweis auf in der Branche übliche oder erwartete Rentabilitätskennziffern die Höhe der Gewinnvorgabe rechtfertigen. Die Leistungsbeurteilung erfolgt auf der Basis eines Soll-Ist-Vergleiches. Darüber hinaus läßt sich innerhalb eines Systems von budgetierten Gewinnbeiträgen der einzelnen Sparten die unmittelbare Folge einer Gewinnabweichung vom Budget für die Gesamtunternehmung leicht einsehbar machen. Der Spartenleiter erkennt den Leistungsbeitrag, den er zu erbringen hat. Sollte dies die alleinige Zeilsetzung sein, so müßten zur Beurteilung von Verrechnungspreissystemen völlig neue Effizienzkriterien herangezogen werden.

---

1) Vgl. S. 260 ff. dieser Arbeit.

2) Vgl. dazu auch S. 280 f. dieser Arbeit.

3) Vgl. dazu auch S. 90 dieser Arbeit.

B. Ein Verrechnungspreissystem auf motivationstheoretischer Basis

I. Vorbemerkungen

Die vorangegangene Darstellung und Diskussion theoretischer Verrechnungspreismodelle hat deutlich gemacht, daß das Verrechnungspreissystem innerhalb einer Organisation nicht isoliert betrachtet werden darf. Vielmehr muß das System mit anderen organisatorischen Instrumenten abgestimmt werden. Dabei ist zu beachten, daß zu einem solchen Verrechnungspreissystem eine Vielzahl von Verrechnungspreisarten gehören kann, die man drei Gruppen zuordnen kann:

- Verrechnungspreise für den Leistungsaustausch zwischen Sparten,
- Verrechnungspreise für die Beanspruchung zentraler Ressourcen (z. B. Kapital),
- Verrechnungspreise zur Umlage von Gemeinkosten.

Welche Auswirkungen die einzelnen Verrechnungspreisarten auf den Erfolgsausweis und damit auf das Verhalten des Spartenleiters haben, hängt von einer Reihe von Faktoren ab, die hier im Rahmen eines Verrechnungspreissystems untersucht werden sollen. Verrechnungspreise sind eine spezielle Form von Rechnungsweseninformationen. Sie haben Einfluß auf die Leistungsbeurteilung der Spartenleiter und damit auf ihr Verhalten. Werden Verrechnungspreise in ein System zur Leistungsbeurteilung einbezogen, das an der Höhe des Spartengewinns anknüpft, so entstehen u. U. Konflikte zwischen Spartenleitern und Zentrale, da die Gewinnzurechnung auf einzelne Sparten mittels Verrechnungspreisen wegen der bestehenden Interdependenzen häufig von den Spartenleitern als ungerecht empfunden wird.[1] Verrechnungspreise

---

1) Vgl. Salter [Compensation], S. 97 ff.

müssen daher unter Berücksichtigung von Interdependenzen innerhalb des gesamten Systems der Leistungsmessung und -belohnung betrachtet werden. Hopwood[1] hat den Zusammenhang der unvollkommenen Erfassung der individuellen Leistung des Managers mit dem System der Belohnung und Leistungsmessung in Hinblick auf das von der Organisation erwartete Verhalten durch folgende Abbildung dargestellt (vgl. Abb. 43). Bestehende organisatorische Interdependenzen, die den individuellen Leistungsbeitrag des Spartenmanagers beeinflussen, können dabei als eine Ursache - neben den anderen möglichen Ursachen - für die begrenzte Genauigkeit der Leistungsmessung gelten. Wesentliches Er-

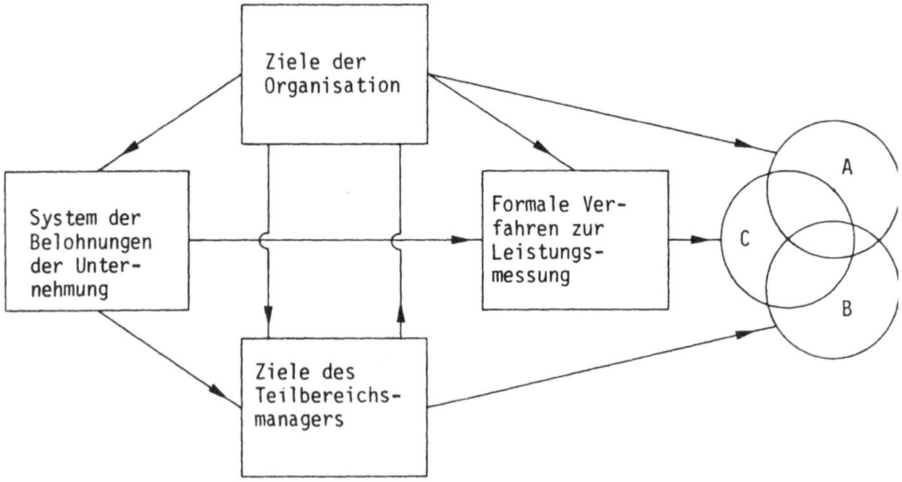

A: Verhaltensaspekte, die zur Erreichung der Organisationsziele notwendig sind
B: Verhaltensaspekte, die Teilbereichsmanager im Interesse ihrer eigenen Ziele verfolgen
C: Vom Rechnungswesen erfaßte Verhaltensaspekte

Abb. 43: Leistungsmessungs- und Belohnungsprozeß mit unvollkommener Erfassung der individuellen Leistung[2]

---

1) Vgl. Hopwood [Accounting], S. 108 ff.

2) Vgl. Hopwood [Accounting], S. 108.

gebnis der Betrachtungen von Hopwood ist es, daß erfaßtes (C), tatsächliches (B) und erwartetes Verhalten (A) sich nicht decken. Daraus leitet er aber nicht die Forderung nach "besseren" Leistungsmaßstäben ab, sondern er plädiert für eine differenzierte Anwendung von Maßstäben im Bewußtsein ihrer Unvollkommenheit. Die Art der Anwendung dieser Maßstäbe wird seiner Ansicht nach wesentlich durch den Führungsstil bestimmt, der sich nicht allein auf quantitative Dimensionen konzentriert (budget constrained style of evaluation), sondern der nach Ursachen und Zusammenhängen, die das jeweilige Ergebnis beeinflussen (profit conscious style of evaluation) fragt.[1] Die Anwendung von Verrechnungspreisen verlangt ebenfalls ein solches Vorgehen. Verrechnungspreise müssen daher als Bestandteil eines umfassenden Verrechnungspreissystems gesehen werden, das auch den Einfluß der Verrechnungspreise auf die Leistungsbeurteilung berücksichtigt, wenn Interdependenzen zwischen organisatorischen Einheiten bestehen.

Im folgenden werden die Komponenten des Verrechnungspreissystems

- Grad der internen Leistungsverflechtung,
- Entscheidungskompetenz,
- Situationsbedingungen,
- Beurteilungskriterium,
- Verrechnungspreis,

betrachtet. Es sei vorausgeschickt, daß es sich dabei um eine vereinfachte Betrachtung des Verhaltens von Spartenleitern handelt, bei der Aspekte der Verrechnungspreisbildung im Vordergrund stehen. Selbstverständlich wirkt eine Vielzahl anderer Variablen auf das Verhalten von Spartenleitern ein, doch werden diese Größen hier nicht näher betrachtet (vgl. Abb. 44 auf S. 286 dieser Arbeit).

---

1) Hopwood [Accounting], S. 108 ff.

II. Grad der internen Leistungsverflechtung

Die Variable "Grad der internen Leistungsverflechtung" soll das technische und organisatorische Umfeld der Verrechnungspreisanwendung charakterisieren. Im Vordergrund stehen Fragen nach dem Umfang des internen Leistungsaustausches, der Organisationsstruktur und der Art der verwendeten Verrechnungspreise.

III. Entscheidungskompetenz

Die Diskussion um die koordinierende Wirkung des Verrechnungspreises ist von vornherein sinnlos, wenn dem betroffenen Entscheider nicht der notwendige Entscheidungsspielraum gewährt wird, um auf eine Verrechnungspreisinformation (Höhe des Verrechnungspreises) entsprechend zu reagieren. Es stellt sich die Frage nach dem Kompetenzspielraum des Spartenleiters.

In der Praxis werden häufig kostenorientierte Verrechnungspreise mit Gewinnaufschlag verwendet. Unterstellen wir, daß die Annahme, diese Preise dienten einem langfristigen Koordinationsaspekt, richtig ist[1], so ist die Anwendung dieses Preises dann nicht sinnvoll, wenn der Leiter der Sparte nicht das Recht hat, solche langfristigen Entscheidungen zu treffen.[2] Im allgemeinen besteht für ihn nur die Möglichkeit, über den kurzfristigen Faktoreinsatz bei gegebener Ausstattung mit Potentialfaktoren zu entscheiden. In engpaßfreien Situationen wären dann die Grenzkosten bzw. die aktuellen Marktpreise die richtige Entscheidungsgrundlage. Findet dennoch eine Abrechnung zu einem vollkosten-

---

1) Vgl. dazu S. 243 dieser Arbeit.

2) Allerdings könnte ein solcher Verrechnungspreis immerhin eine Signalwirkung haben, die den Spartenleiter zu Vorschlägen für langfristige Investitionen anregt.

orientierten Verrechnungspreis mit Aufschlag statt, so läßt sich vermuten, daß der Gestalter des Verrechnungspreissystems u. U. keine Koordinationsziele, sondern Motivationsziele verfolgt.

Folgende Fragen sind daher zu beantworten:

i) Welche Entscheidungen fallen in den Kompetenzbereich des Leiters einer Sparte? Mit dieser Frage kann man sich nur empirisch auseinandersetzen.

ii) Welche Informationen benötigt der Leiter einer Sparte, um

a) die ökonomisch richtige Alternative wählen zu können,

b) motiviert zu sein, die richtige Wahl zu realisieren,

c) motiviert zu sein, neue Alternativen zu entwickeln und Informationen an die Zentrale weiterzuleiten, die zwar nicht ihm, aber doch der Gesamtunternehmung nützen?

Die erste Frage wurde bereits im dritten Teil dieser Arbeit untersucht, während die beiden letzten Fragen nur aufgrund einer empirischen Studie zu beantworten sind. Sie lassen sich auch so formulieren: Ist die <u>entscheidungslogisch</u> richtige Information <u>kompatibel</u> mit dem Beurteilungskriterium? Veranlaßt sie den Spartenleiter dazu, die entscheidungslogisch richtige Handlung auszuführen? Letztlich zielen diese Fragen auf die Klärung des Zusammenhangs von Entscheidungsautonomie und Leistungsmotivation ab.

iii) Warum wird statt des entscheidungslogisch gebotenen Verrechnungspreises in der Praxis häufig ein anderer Verrechnungspreis verwendet? Zur Beantwortung dieser Frage muß geklärt werden, welche Verrechnungspreise in bestimmten Situationen tatsächlich Anwendung finden. Dieser Zusammenhang wurde nur in wenigen Berichten über die Praxis berücksichtigt.

IV. Situationsbedingungen

Neben der organisatorischen Beschränkung durch den Kompetenzspielraum können auch technische Ursachen und ökonomische Bedingungen das Entscheidungsfeld und die Handlungskomponente des Entscheiders so determinieren, daß eine Reaktion auf eine Änderung des Verrechnungspreises nicht möglich ist. Wegen der fehlenden Einflußmöglichkeiten könnte eine solche Situation demotivierend wirken. Zu diesem Bereich gehören:

a) Flexibilität des Produktionsprogrammes
b) Marktsituation und vertragliche Bedingungen.

a) Flexibilität des Produktionsprogrammes

Eine kurzfristige Änderung des Gütereinsatzes in organisatorischen Teilbereichen ist nur möglich, wenn diese Teilbereiche nicht durch feste Mengenrelationen an andere Teilbereiche gebunden sind. Es müssen Puffer zwischen dem Teilbereich und der übrigen Organisation bestehen. Innerhalb des Teilbereiches müssen Einsatzfaktoren austauschbar sein. Dabei sind die Kosten des Austausches (Rüstzeiten, Änderung der Maschinenausrüstung etc.) zu berücksichtigen. Für viele Produktionsstrukturen sind diese Voraussetzungen nicht erfüllt. Man denke an die integrierte Prozeßtechnologie der chemischen Industrie oder an die Fließband- oder Transferstraßenfertigung in anderen Industriebereichen. Das Produktionsprogramm kann hier nur simultan für alle Bereiche geplant werden. Lediglich im Bereich der Einzel- und Werkstättenfertigung könnte der Verrechnungspreis u. U. noch eine koordinierende Wirkung haben.

Mit der technischen Flexibilität des Produktionspotentials ist das Engpaßproblem verwandt. Grenzkosten und Schattenpreise werden als das Mittel zur optimalen Programmgestaltung unter Restriktionen genannt und in der Literatur breit diskutiert. Wenn nun die Produktionsstruktur kurzfristige Anpassungen nicht zuläßt, so ist jede weitere Diskussion um Verrechnungspreise, die gerade die Aufgabe erfüllen sollen, in Engpaßsituationen optimale Anpassungsentscheidungen sicherzustellen, überflüssig.

b) Marktsituation und Vertragsbedingungen

Neben den technischen Restriktionen werden in den meisten Verrechnungspreismodellen auch Marktrestriktionen vernachlässigt. Die Auswirkungen von Marktinterdependenzen, z. B. die zeitliche Interdependenz[1)] von Preisen oder die kundenbezogene Interdependenz von Preisen[2)], werden nicht beachtet. Deshalb löst die Praxis das Engpaßproblem häufig auf anderen Wegen.

Ebenso hat der Verrechnungspreis keine Koordinationsfunktion, wenn auf der Absatz- und Bezugsseite langfristige Verträge über Mengen oder Preise getroffen werden, die der Spartenleiter nicht beeinflussen kann.

V. Beurteilungskriterium[3)]

Das Beurteilungskriterium beeinflußt das Verhalten des Spartenleiters auf zwei Wegen. Erstens über die intrinsische Belohnung (IB), die er aus seinem Rollenverhalten (IB_R) und aus der Erfüllung seiner Aufgabe (IB_S) ableitet, und zweitens auf dem Wege über extrinsische Belohnungen (EB_j),

1) Beliebige Preissprünge sind wegen der zeitlichen Interdependenz der Preise nicht bei allen Produkten möglich.

2) Kauft ein Abnehmer verschiedene Produkte, so kann es in bezug auf diesen Abnehmer zu einem Erlösverbund für diese Produktpalette kommen.

3) Vgl. dazu auch die Darstellung des Motivationsmodells auf S. 41 ff. dieser Arbeit.

die ihm die Organisation gewährt. Unterstellen wir einmal, die Belohnungen (IB, EB) seien groß genug, um eine entsprechende Wirkung auf das Verhalten ausüben zu können, so kommt es im Zusammenhang mit Verrechnungspreisen darauf an, festzustellen, inwieweit Vergleichsmaßstäbe und Beurteilungskriterien von Verrechnungspreisen abhängig sind.

Die Leistungs- und Erfolgsbeurteilung erfolgt in drei Schritten:

i) Festlegung der Soll-Größen:

Soll-Größen können auf verschiedenen Wegen gefunden werden. Häufig läßt man sich bei der Festlegung der Soll-Größen von externen Vergleichsmaßstäben leiten. Daneben spielt das Anspruchsniveau der Unternehmungsleitung eine wesentliche Rolle bei der Bestimmung der Höhe von Soll-Größen. Bezogen auf die Aufgaben eines Stelleninhabers ergibt sich die Soll-Größe durch die Festlegung der relevanten Beurteilungskriterien und ihre Gewichtung.

ii) Messung des Ist-Ergebnisses:

Falls Interdependenz zwischen organisatorischen Einheiten besteht, kann die Zurechnung des Handlungsergebnisses auf die zu beurteilende Instanz oder Person besondere Schwierigkeiten verursachen. Verrechnungspreise haben einen wesentlichen Einfluß auf die Genauigkeit der Zurechnung.

iii) Soll-Ist-Vergleich:

Die Ist-Ergebnisse werden den Soll-Größen gegenübergestellt. Beurteilt wird die Höhe der Soll-Ist-Differenz. Sie kann durch eine "falsche" Sollvorgabe oder durch Abweichungen der Ist-Leistung erklärt werden.

Verrechnungspreise beeinflussen die einzelnen Schritte der Leistungsbeurteilung auf unterschiedliche Weise:

a) Relevante Beurteilungskriterien

Die Beurteilungskriterien lassen sich je nach dem Grad ihrer Abhängigkeit vom Verrechnungspreis in zwei Gruppen einteilen. Überwiegend abhängig vom Verrechnungspreis sind: Gewinn, RoI, RI[1], Kosten, interne Erlöse, Deckungsbeitrag, durchschnittlich gebundenes Kapital (dies gilt insbesondere für das Umlaufvermögen), Investitions- und Rationalisierungsvorschläge von seiten der Sparten, intern ausgetauschte Menge von Zwischenprodukten.
Überwiegend unabhängig vom Verrechnungspreis sind: Qualität von Forschung und Entwicklung, Marktanteil, externer Umsatz, Personalpolitik, Fluktuation, Einhaltung des Budgets.

Je nachdem in welchem Umfang vom Verrechnungspreis (un-)-abhängige Kriterien benutzt werden, relativiert sich der Einfluß des Verrechnungspreises auf das Beurteilungskriterium. Werden die einzelnen Kriterien zusätzlich gewichtet und beachtet man, daß der Gewinnbeitrag aus Innenumsätzen auch in Mischformen der Spartenstruktur selten 30 % übersteigt, so kann sich der Einfluß des Verrechnungspreises wesentlich verringern.

b) Vergleichsmaßstab

Als Vergleichsmaßstäbe für die Setzung von Soll-Größen schlägt Poensgen[2] folgende Größen vor:

i) Vergleich mit Plan- oder Prognosegrößen

---

1) RI = Residual Income

2) Poensgen [Geschäftsbereichsorganisation], S. 274.

ii) Vergleich mit anderen Sparten oder ähnlichen Unternehmungen der Branche

iii) Vergleich mit dem Ergebnis des Vorjahres oder anderen Daten der Vergangenheit.

i) Plan- oder Prognosegrößen werden im allgemeinen in Form eines Budgets als Sollgrößen vorgegeben. Die Beurteilung beruht im wesentlichen auf der Höhe der Abweichungen vom Soll-Gewinn. Kostenorientierte Verrechnungspreise mit Gewinnaufschlag dienen dazu, die Erstellung eines Gewinnbudgets zu ermöglichen. Da diese Verrechnungspreise häufig für den gesamten Budgetzeitraum in konstanter Höhe festgelegt werden, gehen von internen Lieferungen keine Preisabweichungen aus. Sofern die geplanten internen Mengen ausgetauscht werden, entstehen auch keine Mengenabweichungen infolge interner Umsätze. Verrechnungspreise haben in diesem Rahmen keine Koordinationsfunktion - die Planmengen liegen bereits fest -, sie dienen nur der rechentechnischen Abgrenzung, um die Aufstellung getrennter Gewinnbudgets für jede Sparte zu ermöglichen. Um die Gewinnvorgabe jedem einzelnen Spartenleiter plausibel zu machen, wird dieses Verfahren häufig von einer Kapitalverteilungsrechnung begleitet, die einzelnen Sparten Anteile am Gesamtkapital zurechnet. Aus zugerechnetem Kapital und Gewinnbudget läßt sich für jede Sparte der RoI errechnen. Ist der "Soll-RoI" für die Gesamtunternehmung bekannt, so liegt bei Befolgung des beschriebenen Rechenganges auch der "Soll-RoI" für jede Sparte fest. Der "Soll-RoI" für die Gesamtunternehmung wird häufig aus der geplanten Ausschüttungs- und Investitionspolitik abgeleitet.

Haben die Spartenleiter also die Höhe des Gesamt-RoI, die Methode der Kapitalzurechnung und der Verrechnungspreisermittlung akzeptiert, so müssen sie zwangsläufig auch den ihnen jeweils vorgegebenen "Soll-RoI" akzeptieren. Somit könnten Verrechnungspreise in der Phase der Budgeterstellung eine motivierende Wirkung haben, indem sie dazu beitragen, daß die Höhe des Gewinnbudgets von jedem Spartenleiter akzeptiert wird.

ii) Beim Vergleich mit anderen Sparten oder ähnlichen Unternehmungen könnten Verrechnungspreise in Höhe der Grenzkosten oder der wertmäßigen Kosten (Knappheitspreise) das Ergebnis des Vergleiches verfälschen, da der Spartengewinn infolge eines betriebsinternen Engpasses oder interner Überkapazität, die nicht vom Spartenleiter zu verantworten ist, zu niedrig oder zu hoch ausgewiesen wird. Die Verwendung von marktähnlichen Preisen, kostenorientierten Preisen mit Aufschlag oder Kostenumlagen könnte als Versuch interpretiert werden, die Vergleichbarkeit zu verbessern. Ob Spartenleiter Anspruchsniveaus, die auf solche Art festgelegt werden, akzeptieren, kann nur empirisch beantwortet werden.

iii) Der Vergleich mit dem Vorjahr bleibt von der Höhe der Verrechnungspreise unbeeinflußt, wenn nicht die Basis der Verrechnungspreisbildung zwischenzeitlich geändert wird. Allerdings eignen sich Knappheitspreise <u>nicht</u> für solche Zeitvergleiche, da es zu Gewinnänderungen kommt, die nicht durch externe Einflüsse, sondern allein von der internen Knappheitssituation bestimmt werden. Knappheitspreise erfüllen also bei Vergleichen mit Vergangenheitsdaten keine Motivationsfunktion.

c) <u>Abbildung des Handlungsergebnisses (Ist-Größe)</u>

Die Abbildung des Handlungsergebnisses wird in interdependenten Situationen erheblich vom Verrechnungspreis beeinflußt. Allerdings kann, wie zuvor dargestellt, durch eine entsprechende Wahl des Vergleichskriteriums dieser Einfluß relativiert werden.

Die Diskussion theoretischer Verrechnungspreissysteme[1] zeigt, daß es kein objektives Kriterium zur Leistungszurechnung bei interdependenten Handlungen gibt.[2] Daher schlagen einige Autoren vor, auf die Ergebnisverteilung mittels Verrechnungspreisen gänzlich zu verzichten und andere Maßstäbe zu entwickeln.[3] Dagegen hat Albach[4] angeregt, als Beurteilungsmaßstab den "Beitrag zu Verbundeffekten" ergänzend hinzuzuziehen. Er nennt die Größen:

- Anteil der internen Lieferungen an den Gesamtlieferungen,
- Verhältnis von freigesetzten zu in Anspruch genommenen Mitteln,
- Verhältnis der an andere Sparten abgegebenen Mitarbeiter, insbesondere Führungskräfte, zur Zahl der von anderen Sparten erhaltenen Mitarbeiter,
- Zahl der für andere Sparten entwickelten Produkte und Verfahren,
- Auftragsvolumen, an deren Erfüllung auch andere Sparten beteiligt waren,
- Anteil der Produktionskapazitäten, die für die Belieferung anderer Sparten in Anspruch genommen werden.

---

1) Vgl. dazu S. 100 ff. dieser Arbeit.

2) Alchian und Demsetz sprechen in diesem Fall von "Teamproduction"; vgl. Alchian - Demsetz [Production], S. 779 f.

3) Vgl. Watson - Baumler [Context], S. 472: "It may be, for example, that accounting data are completely irrelevant or unimportant in the more difficult integrating situations. Alternatively we may find some accounting data useful and other accounting data less useful. It may even be that we need to develop new kinds of data for these thougher areas." (Unterstreichung durch den Verfasser.) Vgl. auch Hayes [Contingency], S. 38: "The overall implications of the study for managerial accounting are severe, for they suggest a major reorientation from the narrow examination of surrogates to the evaluation of the underlying causal variables."

4) Vgl. Albach [Lenkpreise], S. 229 f.

Der Vorschlag, für interdependente Situationen differenzierte Beurteilungskriterien heranzuziehen, scheint eine Möglichkeit zu sein, das Konfliktpotential der alleinigen Beurteilung nach Bereichsergebnissen zu mindern. Allerdings setzt dieses Vorgehen eine relativ genaue Kenntnis über das Ausmaß der Interdependenzen seitens der Zentrale voraus. Eine Koordination über Verrechnungspreise erfolgt in diesem Falle nicht mehr, ihre Bedeutung wird durch die Anwendung der oben genannten Ersatzkriterien geschmälert.

Zusammenfassend läßt sich sagen, daß Leistungsergebnisse aus interdependenten Prozessen nicht objektiv auf die am Leistungsprozeß Beteiligten aufgeteilt werden können und daher Ersatzkriterien, vor allem unter dem Gesichtspunkt ihrer "Akzeptierbarkeit" für die Beteiligten, ausgesucht werden sollten.

VI. Verrechnungspreis

Bei der Betrachtung der Systemkomponente "Verrechnungspreis" müssen zwei Dimensionen unterschieden werden: Verfahren zur Bestimmung des Verrechnungspreises (man könnte auch von der "Organisation der Verrechnungspreisbildung" sprechen) und die Art des Verrechnungspreises.

Im Zusammenhang mit der Verrechnungspreisbildung werden die Auswirkungen eines organisatorischen Prozesses auf das Verhalten untersucht. Dabei steht nicht die Höhe des Verrechnungspreises im Vordergrund, obwohl sie das Endresultat dieses Prozesses ist und zugleich Hauptkonfliktgrund sein kann, sondern die Verhaltensänderung, die aus der Beteiligung oder Ausschließung der Spartenleiter folgt. Die Analyse dieses Sachverhaltes kann auf der Grundlage der Partizipationstheorie und ähnlicher Ansätze der Budgettheorie[1] erfolgen.

Durch Übertragung der Ansätze der partizipartiven Budgettheorie auf den Prozeß der Verrechnungspreisbildung lassen sich Hypothesen entwickeln, die dann einem empirischen Test unterzogen werden können. Die Arbeiten von Okpechi und Arvidsson weisen auf die Bedeutung der Beteiligung der Spartenleiter am Prozeß der Verrechnungspreisbildung hin.

In stark interdependenten Situationen findet im allgemeinen eine zentrale Koordination statt; Verrechnungspreise spielen dabei keine Rolle.[2] Vielmehr wird in der engpaßfreien Situation der Umfang des internen Leistungsaustausches zentral auf der Basis von Grenzkosten festgelegt. Diesem allokationstheoretisch richtigen Schritt folgt dann eine Gewinnallokation mit Hilfe von allokationstheoretisch "falschen" Verrechnungspreisen, die nur noch die Funktion der Gewinnverteilung erfüllen. Es handelt sich dabei vor allem um kostenorientierte Verrechnungspreise mit Gewinnaufschlag oder um marktorientierte Verrechnungspreise ("Pseudomarktpreise"), welche die Aufstellung von Gewinnbudgets für einzelne Sparten gestatten.[3] Es scheint demnach so, als ob die Praxis in etwa dem von Hurwicz vorgeschlagenen Weg bei der Ressourcen- und Gewinnallokation folgt:[4] In einem

---

1) Vgl. dazu Stedry [Budget]; Argyris [Budgets]; Hofstede [Game]; Rappaport [Approach].

2) Vgl. S. 253 ff. dieser Arbeit.

3) Vgl. S. 280 und S. 295 dieser Arbeit.

4) Vgl. Hurwicz [Design], S. 26: "Thus one could ask them to play the market game, but only for the purpose of determining the proper labor input level, following which a noncompetitive 'surplus-sharing' rule would be implemented."

ersten Schritt erfolgt die Allokation der Ressourcen nach den von der Theorie vorgeschlagenen Regeln (z. B. auf der Basis echter Marktpreise oder Grenzkosten), dann schließt sich eine Gewinnverteilung nach Nicht-Wettbewerbsregeln an (z. B. mit Hilfe von Verrechnungspreisen, die Gewinn- oder Gemeinkostenanteile enthalten).

Durch die Vorgabe von budgetierten Verrechnungspreisen auf Vollkostenbasis mit Gewinnaufschlag oder von "Pseudomarktpreisen" im Rahmen eines Budgetierungssystems ist die Gewinnverteilung von vornherein festgelegt. Da viele Unternehmungen im Verrechnungspreis auch den Anteil der variablen Kosten getrennt ausweisen, ist es in der engpaßfreien Situation dennoch möglich, die richtigen Entscheidungen zu treffen.

VII. Verrechnungspreissystem

Die bisher behandelten Komponenten sind Bestandteil des Verrechnungspreissystems, wie es in Abb. 44 wiedergegeben ist. Die Darstellung beschränkt sich auf den Motivationsaspekt, da in dieser Arbeit die Auffassung vertreten wird, daß Verrechnungspreise nur in wenigen Fällen eine Koordinationsfunktion wahrnehmen.

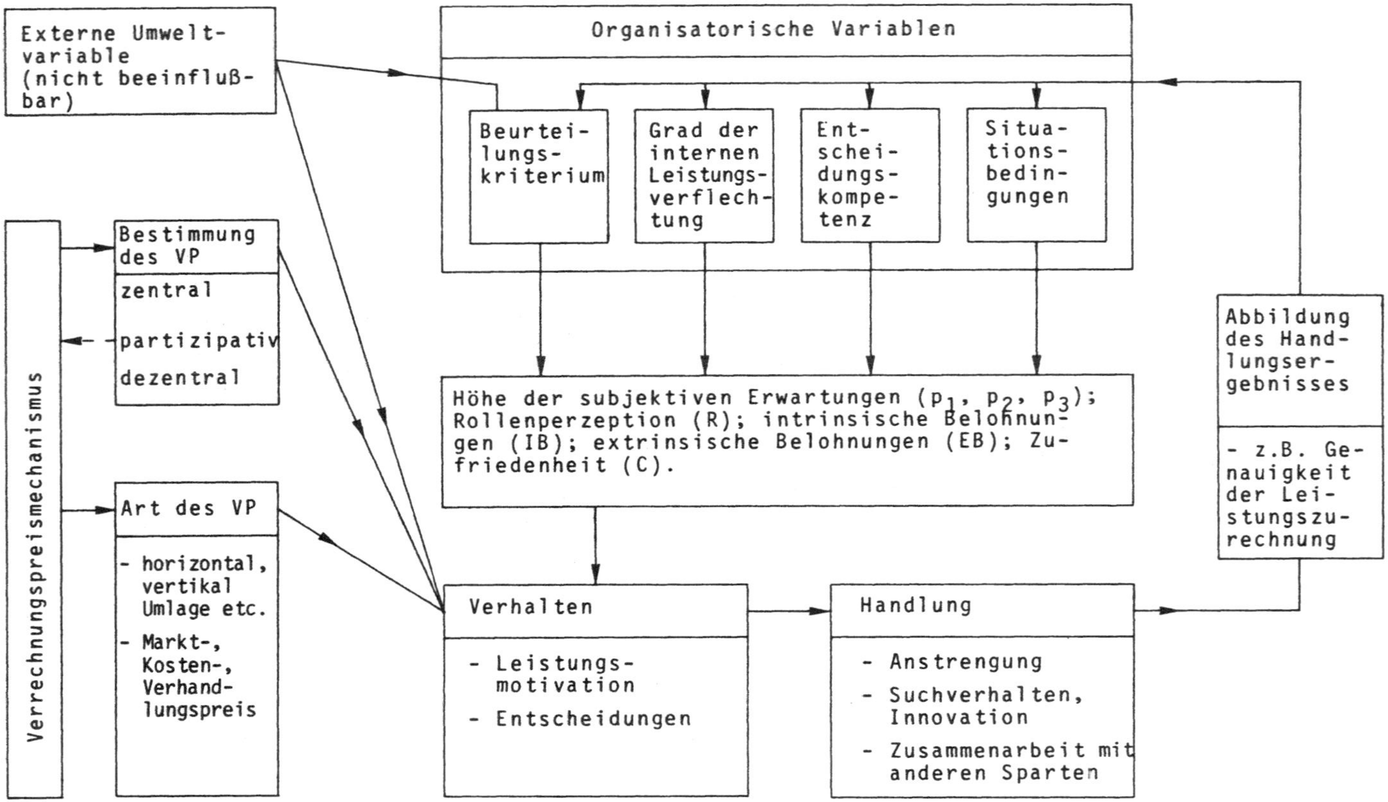

Abb. 44: Das vorgeschlagene Modell der Wirkungsweise eines Verrechnungspreissystems

C. Ergebnisse einer eigenen empirischen Untersuchung

I. Ziel der empirischen Untersuchung

Die empirische Untersuchung sollte einen Hinweis darauf geben, ob in der Praxis bei der Bildung von Verrechnungspreisen Motivationsaspekte eine größere Bedeutung haben als Koordinationsaspekte. Darüber hinaus sollte untersucht werden, ob das hier dargestellte Konzept eines Verrechnungspreissystems eine Grundlage für die Erklärung von Methoden zur Verrechnungspreisbildung in der Praxis sein kann.

II. Vorgehensweise

Die Befragung wurde hauptsächlich in Form persönlicher Interviews auf der Grundlage zweier Fragebögen (siehe Anhang) durchgeführt. Vorausgegangene Studien zeigten, daß es im deutschen Raum relativ schwierig sein würde, von einer größeren Anzahl Firmen Antworten zum Fragenkomplex "Verrechnungspreise" zu erhalten[1], weil Verrechnungspreise offensichtlich zum sensitiven Bereich der Firmeninterna gezählt werden. Aus diesem Grunde wurde von vornherein darauf verzichtet, Fragebögen an eine größere Zahl von Firmen zu verschicken.
Ein weiterer Grund dafür, persönliche Interviews zu bevorzugen, lag in der Tatsache, daß sich die Entwicklung eines motivationsorientierten Verrechnungspreissystems erst im Anfangsstadium befindet. Somit war die Möglichkeit gegeben, über die gestellten Fragen hinaus noch zusätzliche Erkenntnisse über die Handhabung von Verrechnungspreisen zu gewinnen.

---

1) Vgl. Drumm [Theorie], S. 260; Drumm hatte 24 Unternehmungen in seiner Stichprobe.

Die Auswahl der Firmen entspricht nicht den Anforderungen, die an die Zusammensetzung einer Zufallsstichprobe gestellt werden. Vielmehr wurden durch persönliche Kontakte neun Gesprächstermine vermittelt. Die Anzahl der Firmen entspricht nicht den Anforderungen, die an die Größe einer Stichprobe gestellt werden. Eine statistische Auswertung erschien daher nicht sinnvoll.[1] Die folgenden Ergebnisse können daher keinen Anspruch auf Allgemeingültigkeit erheben. Vielmehr sollten die Auswertungen der Antworten als eine Art von Fallstudien betrachtet werden, die in explorativen Untersuchungen dieser Art dazu dienen können, den aufgezeigten theoretischen Rahmen abzustützen. In diesem Sinne sind die folgenden Auswertungen zu sehen. Sie dienen zur Aufstellung weiterer Hypothesen und zeigen, ob der gewählte Ansatz zur Erforschung der Motivationsfunktion des Verrechnungspreises geeignet ist. Es wurden Interviews in neun Firmen durchgeführt, die im folgenden mit den Buchstaben A bis I gekennzeichnet wurden.

In der Regel handelt es sich bei den Interviewpartnern um Angehörige des Rechnungswesens der jeweiligen Unternehmung. Es gelang nicht - wie geplant - Spartenleiter in den einzelnen Firmen zu befragen.

---

1) Es gibt zwar Methoden zur Auswertung von Stichproben kleinen Umfangs, jedoch war ihre Anwendung bei der Vielzahl der betrachteten Variablen nicht sinnvoll. Vgl. dazu Siegel [Statistics], 6. Kapitel.

Bezeichnung	Jahres-Umsatz[1] in Mrd. DM	Branche
A	4,3[2]	Industrieanlagen- und Maschinenbau
B	4,0[2]	Stahlverarbeitung
C	1,4[2]	Stahlherstellung
D	4,1[2]	Stahlherstellung und -verarbeitung
E	3,4	Industrieanlagen- und Elektromaschinenbau
F	1,5	Papierverarbeitung
G	0,4	Chemie
H	2,1[2]	Industrieanlagen- und Maschinenbau
I	8,0	Chemie

Tab. 13: Liste der besuchten Firmen

Es wurden zwei Fragebögen[3] entwickelt. Ein Fragebogen war an die Leiter des Rechnungswesens oder an Personen, die das Verrechnungspreissystem gestaltet hatten oder verwalteten, gerichtet. Der zweite Fragebogen wandte sich an Sparten- und Bereichsleiter oder allgemein an Leiter von organisatorischen Teileinheiten - Verantwortungszentren -, für die ein eigener Gewinn ausgewiesen wird. Beide Fragebögen waren nahezu identisch. Es bestand lediglich folgender Unterschied:

---

1) Es handelt sich um den Jahresumsatz aus den Jahren 1976 oder 1977. Die Jahre wurden willkürlich gewählt, um eine Identifizierung der Firmen zu verhindern. Ebenso wurden die Zahlen gerundet.

2) Die besuchten Unternehmen waren jeweils rechtlich und wirtschaftlich selbständige Einheiten innerhalb eines Konzerns.

3) Siehe den Fragebogen im Anhang auf S. 348 dieser Arbeit. Der Fragebogen D für Spartenleiter wurde später nur in einer abgekürzten Version (ohne Teil I) verwendet, da sich keine Spartenleiter fanden, die zu einem Interview bereit waren.

- Rechnungswesenleiter wurden nach Zahlen und Eindrücken gefragt, die jeweils die Gesamtunternehmungen betrafen, während Spartenleiter Zahlen und Eindrücke jeweils nur für ihren eigenen Bereich nennen mußten.

Es war geplant, mehrere Unternehmungen zu befragen; in einer Unternehmung sollten jeweils der Leiter des Rechnungswesens und mehrere Spartenleiter befragt werden. Dabei war es u. a. von Interesse, die Übereinstimmung in der Einschätzung des Verrechnungspreissystems durch zentrale und dezentrale Einheiten zu untersuchen.

Die Gliederung des Fragebogens folgte der Aufgliederung in die einzelnen Komponenten[1] des dargestellten Verrechnungspreissystems:

I. Grad der internen Leistungsverflechtung (Struktur)
II. Beurteilungskriterien
III. Entscheidungsbefugnisse
IV. Technisch-ökonomische Umstände
V. Organisation des Verrechnungspreisbildungsprozesses

III. Verrechnungspreissysteme in den untersuchten Unternehmungen

Die empirische Untersuchung ließ sich nicht in der geplanten Weise durchführen, da nur Mitglieder des Rechnungswesens interviewt werden konnten und nicht in jedem Interview alle Fragen beantwortet wurden.

Die Tatsache, daß Aussagen von Spartenleitern fehlen, stellt eine besonders schwerwiegende Einschränkung des Vorhabens dar, weil die Befragung mit dem Ziel durchgeführt wurde, Aussagen über den Einfluß von Verrechnungspreissystemen

---

1) Vgl. dazu S. 273 ff. dieser Arbeit.

auf das Verhalten von Spartenleitern zu gewinnen. Die folgenden Ausführungen beschränken sich deshalb auf eine Darstellung der in den neun Unternehmungen bestehenden Verrechnungspreissysteme.

Unternehmung A

Unternehmung A hatte einen Jahresumsatz von ca. 4,3 Mrd. DM und gehört zu einem Konzern. Innerhalb der Unternehmung wird jedoch ein Verrechnungspreissystem benutzt, das nicht von der Konzernzugehörigkeit[1] beeinflußt ist.

Organisation und Struktur

Die Unternehmung A ist in 15 Geschäftsbereiche gegliedert. Der Anteil des Innenumsatzes beträgt gemessen am Außenumsatz 3,7 % und am Gesamtumsatz 3,6 %.[2] Vom Gesamtumsatz entfallen 14,8 % auf Umsätze mit dem übrigen Konzern, die bis auf wenige Ausnahmen zu Marktpreisen abgerechnet werden.

Verrechnungspreis

Grundsätzlich wird innerhalb der Unternehmung A zu ausgehandelten, marktorientierten Preisen abgerechnet. In der Verrechnungspreisrichtlinie ist folgendes festgelegt: "Die Preise für die Lieferungen und Leistungen, die zu den Hauptumsätzen[3] gehören, werden durch entsprechende Vereinbarungen zwischen den Geschäftsbereichen ausgehandelt. Die Höhe der Preise wird dabei durch die in der Verhandlung ausgewogenen wirtschaftlichen Interessen der Vertragspartner

---

1) Dies gilt bis auf eine Ausnahme, in der eine Sparte überwiegend an eine Konzerngesellschaft liefert. Siehe S. 292 dieser Arbeit.

2) Gesamtumsatz = Summe aus Innen- und Außenumsatz. Die Prozentanteile des Innenumsatzes (U_I) am Außenumsatz (U_A) bzw. Gesamtumsatz (U_G) lassen sich ineinander umrechnen:

$$a = \frac{U_I}{U_A} = 3{,}7\ \% \qquad b = \frac{U_I}{U_A + U_I} = 3{,}6\ \% \qquad b = \frac{a}{1+a}$$

3) Hauptumsätze sind die Lieferungen und Leistungen, die zum Fertigungs- und Absatzprogramm des liefernden Geschäftsbereichs gehören.

bestimmt." Ein Bezugszwang besteht nicht. Auch für selbsterstellte Produkte wird ein bestimmter Mindestumfang an Fremdbezügen angestrebt, um stets über aktuelle Marktpreise und Technologien genau informiert zu sein.

Die Abwicklung interner Lieferungen läuft nach folgendem Schema ab: Es besteht eine Meldepflicht gegenüber der Zentralstelle für Einkauf, wenn das gewünschte Produkt auch von anderen Geschäftsbereichen produziert wird oder wenn es sich um größere Aufträge handelt. Bei größeren Abschlüssen hat die Einkaufsstelle eine Art von Koordinationsfunktion; sie ist verantwortlich für die Gestaltung von Rahmenabschlüssen. Bei internen Lieferungen koordiniert sie die Kontakte zwischen den Geschäftsbereichen. Jeder Geschäftsbereich hat das Recht bei gegebenen Konditionen in ein konzernexternes Geschäft einzusteigen. Die externen Angebotsunterlagen dürfen eingesehen werden. Erst nachdem sichergestellt ist, daß kein anderer Geschäftsbereich das Produkt liefern will, darf der Einkauf extern erfolgen. Für Investitionsgüter gilt eine weitere Ausnahme, sie dürfen nur zentral und nach Genehmigung durch die Geschäftsleitung eingekauft werden.

Von dieser Praxis der Marktpreisorientierung wird in einem Fall abgewichen. Es handelt sich um den technologischen, stark interdependenten Leistungsaustausch eines Geschäftsbereiches von A mit einer Konzerngesellschaft. 28 % des Umsatzes dieses Geschäftsbereiches gehen an diese Gesellschaft. Wegen des Umfanges der Investitionen besteht ein langfristiger Werkvertrag zwischen beiden Einheiten mit Bezugs- und Lieferzwang. Der Abnehmer bezahlt dem Lieferanten die geplanten Fixkosten - inklusive der geplanten Kapital- und Personalkosten - zuzüglich der proportionalen Standardherstellkosten. Er ist auch für die Planung des Leistungsaustausches verantwortlich.

Neben den "horizontalen Verrechnungspreisen" gibt es "vertikale Verrechnungspreise" für die Beanspruchung finanzieller Mittel. Die Berechnung erfolgt auf der Basis marktüblicher Zinsen. Weiterhin werden die Gemeinkosten der Zentrale durch Kostenumlagen den Geschäftsbereichen belastet.

Entscheidungskompetenzen

Die Entscheidungskompetenz wurde mit Hilfe von 23 Items erfaßt. Jedes Item hat fünf Ausprägungen, wobei die Ausprägung mit dem Wert 1 dem größten Kompetenzspielraum des Spartenleiters und die Ausprägung mit dem Wert 5 dem kleinsten Kompetenzspielraum entspricht. In Unternehmung A wurde auf diese Weise ein Wert von 1,96 Punkten für den Kompetenzspielraum ermittelt. Bei Sachinvestitionen liegt das Betragslimit für große Geschäftsbereiche bei 50 TDM. Finanzinvestitionen sind nicht gestattet. Darüber hinaus besteht für eine Vielzahl von Aktivitäten die Pflicht, die Geschäftsleitung zu informieren. Bei der Planung von Investitionen spielen Verrechnungspreise keine Rolle. Die Steuerung der Sparten erfolgt über Budgets, an deren Planung die Spartenleiter beteiligt sind. Dies geschieht in Form einer jährlichen Ergebnisplanung, die von den Spartenleitern gegenüber der Geschäftsleitung zu erläutern ist. Darüber hinaus müssen auch mittel- und langfristige Planungen vorgelegt werden. Die Geschäftsleitung wird bei der Analyse und Kontrolle der Spartenpläne durch vier Stabsstellen - sogenannte Bereichsreferate - unterstützt.

Situationsbedingungen

Das Programm der Unternehmung A besteht überwiegend aus auftragsbezogener Einzel- und Serienfertigung, die flexibel an Kundenwünsche angepaßt werden kann. Die Produktpalette ist relativ heterogen. Verrechnungspreise haben keinen Einfluß auf die Zusammenstellung des Produktionsprogramms.

In Engpaßsituationen orientiert man sich bei Entscheidungen über die Änderung des Produktionsprogrammes am kundenbezogenen Deckungsbeitrag oder es werden Überstunden gefahren.

Organisation der Verrechnungspreisbildung

Die Spartenleiter sind nicht an der Festlegung der Regeln zur Verrechnungspreisbildung beteiligt. Die Regeln werden von der Abteilung Rechnungswesen bestimmt, während der zentrale Einkauf die Anwendung überwacht. Kommt es nicht zur Einigung über einen Preis, so entscheidet die Geschäftsleitung.

Beurteilungskriterium

Die Leistungsbeurteilung der Spartenleiter orientiert sich an der Abweichung vom geplanten Gewinn und der geplanten Verzinsung des den Sparten jeweils zugerechneten Eigenkapitals. Das den Sparten zugerechnete Eigenkapital ergibt sich als Summe aus 50 % des einer Sparte zugerechneten Anlagevermögens und den Rücklagen in der Bilanz der Sparten. Die Sollwerte werden auf der Basis von Vergangenheitsdaten und der erwarteten Preis- und Lohnentwicklung festgelegt.

Beurteilung des Systems

Angesichts des geringen Innenumsatzes von 3,6 % am Gesamtumsatz hat die Höhe des Verrechnungspreises nur einen geringen Einfluß auf die Höhe der Spartengewinne. Da aber nicht die absolute Höhe des Gewinns, sondern die Abweichung vom Plangewinn als Beurteilungskriterium dient, dürfte sich der Einfluß der Verrechnungspreise kaum noch bemerkbar machen, wenn bei der Aufstellung des Sollbudgets die marktorientierten Verrechnungspreise richtig vorausgeschätzt wurden.

Die Vorgabe einer Sollverzinsung auf das zugerechnete Eigenkapital gibt einen Hinweis auf die These, daß durch Zurechnung von Kapitalanteilen und Gewinnen eine Spartenrentabilität ausgewiesen werden soll, die dazu dient, das Anspruchsniveau der Geschäftsleitung durch Vergleich mit anderen Rentabilitätskennziffern plausibel zu machen.

Bemerkenswert ist, daß man in der Sparte mit hohem Interdependenzgrad zu anderen Bereichen vom marktorientierten Preis abweicht und einen kostenorientierten Preis wählt und die Koordinationsfunktion auf einen der beiden Bereiche fest überträgt.

Unternehmung B

Unternehmung B gehört ebenfalls zu einem Konzern und setzte ca. 4,0 Mrd. DM um. Der Schwerpunkt liegt auf der Stahlverarbeitung. Der größte Teil des Einkaufs und Verkaufs wird mit Konzernunternehmungen getätigt.

Organisation und Struktur

Innerhalb der Unternehmung B existieren mehrere Produktgruppen. Davon haben 3 Produktgruppen eine ähnliche technische Ausstattung; sie vertreiben ihre Produkte gemeinsam durch zwei Verkaufsabteilungen, die nach Marktkriterien (Art der Kunden) gegliedert sind. Die übrigen Produktgruppen haben jeweils eigene Verkaufsabteilungen. Alle Produktgruppen stellen selbständige organisatorische Einheiten dar

Verrechnungspreise

Der Verrechnungspreis zwischen den Produktgruppen ist kostenorientiert; er wird aus einer Normalkostenrechnung auf der Basis der Vollkosten bei Normalbeschäftigung abgeleitet. Das Mengen- und Zeitgerüst für die Kostenplanung wird von den Abteilungen "Technik" und "Betriebswirtschaft" der einzelnen Produktgruppen erstellt. Die Zentralabteilung für Technik und Betriebswirtschaft überwacht diese Aufschreibungen. Ausgehend von diesen Werten wird für jede Kostenstelle ein Budget auf der Basis von Normalkosten bei Normalbeschäftigung erstellt, das auch die Verrechnungspreise enthält. Abweichungen vom Budget werden den Kostenstellen angelastet. Eine Sonderregelung gilt für die drei technisch verwandten Produktgruppen. Hier gehen die Kosten der technisch effizientesten Produktionsanlage in den Verrechnungspreis für alle Produktgruppen ein. Auf diese Weise soll ein ständiger Rationalisierungsdruck auf die übrigen Produktgruppen ausgeübt werden.

Bemerkenswert ist, daß in der Unternehmung B früher ein Marktpreissystem benutzt wurde. Dieser Marktverrechnungspreis wurde aus folgenden Gründen abgeschafft:

- Der Marktpreis unterlag kurzfristigen, starken Schwankungen. Der Verwaltungsaufwand zur laufenden Anpassung war außerordentlich hoch.
- Es stellte sich heraus, daß es sich beim externen Markt nicht um einen vollkommenen Markt handelte. Häufiges Auftreten von "Spitzenmengen" führte zu "falschen Marktpreisen" und damit intern zu falschen Allokationsentscheidungen.
- Die Anwendung der Marktpreise führte intern zu Problemen, da häufig die "Echtheit" der Preise umstritten war und der Wunsch bestand, externe Käufe zu tätigen. Dies sollte wegen der hohen Fixkosten und des damit verbundenen Zwangs zur Kapazitätsauslastung vermieden werden.

Entscheidungskompetenzen

Die Entscheidungskompetenz der Leiter der Produktgruppen bewegt sich nur innerhalb des vorgegebenen Budgetrahmens. Im Durchschnitt wurde der Umfang der Entscheidungsbefugnisse mit 3,27 Punkten bewertet. Die Koordination von Mengenströmen und Investitionen erfolgt durch die Zentralabteilungen.

Situationsbedingungen

Es handelt sich um eine vertikal integrierte Serienproduktion. 90 % der Produktion erfolgen auftragsgebunden; Engpässe werden durch Verlängerung der Lieferzeiten, Überstunden und Änderung der Auftragsfolge bewältigt. Für Änderungen des Produktionsprogrammes wird eine 6monatige Vorlaufzeit benötigt.

Auf der Einkaufsseite bestehen langfristige Bezugsverträge. Auf der Verkaufsseite werden häufig langfristige Rahmenverträge mit größeren Kunden geschlossen.

Organisation der Verrechnungspreisbildung

Die Verrechnungspreise werden zentral von der Abteilung "Kaufmännische Betriebswirtschaft" ermittelt und in Form von Preislisten intern veröffentlicht.

Beurteilungskriterium

Beim dargestellten Verzicht auf die Orientierung an Marktpreisen wurde auch die gewinnorientierte Beurteilung der Leiter der einzelnen Produktgruppen aufgegeben. Heute erfolgt die Beurteilung nach Kostenkriterien; die monatlichen Ist-Kosten werden den Normalkosten gegenübergestellt.

Beurteilung des Systems

Es handelt sich bei dem in Unternehmung B praktizierten System um eine Standardkostenrechnung[1], in der Verbrauchs-

---

1) Vgl. zum Begriff Schweitzer - Hettich - Küpper [Kostenrechnung], S. 238 ff.

güter zu Festpreisen bewertet werden. Verrechnungspreise haben daher nur abrechnungstechnische Funktionen; die Mengenkoordination erfolgt zentral. Lediglich im Fall der drei ähnlichen Produktgruppen scheint man Motivationsziele zu verfolgen, indem man durch die Wahl der Kostenvorgabe versucht, Rationalisierungsdruck auszuüben. Bemerkenswert ist, daß gerade der hohe Interdependenzgrad dazu geführt hat, ein vorhandenes marktpreisorientiertes System wieder aufzugeben.

Unternehmung C

Unternehmung C gehört ebenfalls zu einem Konzern und setzt 1,4 Mrd. DM um. Haupttätigkeitsgebiet ist die Stahlherstellung. Nahezu die gesamte Produktion wird an eine Konzernunternehmung geliefert. Unternehmung C könnte daher insgesamt eher als eine Sparte innerhalb des Gesamtkonzerns bezeichnet werden. Beide an der Transaktion beteiligten Firmen sind jedoch rechtlich selbständig.

Organisation und Struktur

Innerhalb der Unternehmung C folgt die Organisationsstruktur der Kostenstellengliederung, die entsprechend der Struktur des Produktionsprozesses aufgebaut ist.

Verrechnungspreise

Innerhalb der Unternehmung C wird wegen des hohen Grades der Leistungsverflechtung ein Cost-Center-System praktiziert. Die Mengenkoordination erfolgt mit Hilfe eines linearen Programmierungsmodells, in dem die Leistungsverflechtungen abgebildet sind. Verrechnungspreise haben hier weder Koordinations- noch Motivationsfunktion.

Die "externen" Verkäufe an den zum Konzern gehörenden Abnehmer werden zu Plan-Vollkosten abgerechnet. Eine Verzin-

sung des von der Unternehmung C eingesetzten Kapitals in Höhe der Rendite festverzinslicher Papiere ist in den Plan-Vollkosten enthalten.
Anhand des Vergleiches von Plan- mit Istkosten und des Vergleiches mit den Kosten anderer Betriebe der gleichen Branche (Betriebsvergleich) wird festgestellt, ob die Unternehmung C ihren "externen" Abnehmer zu wettbewerbsfähigen Preisen (= Vollkostenverrechnungspreis) beliefert.

In der Vergangenheit wurde zwischen den beiden Konzerngesellschaften zu Marktpreisen abgerechnet, die von Preisen ähnlicher Produkte abgeleitet wurden. Dieses System wurde abgeschafft, da die Marktpreise der ähnlichen Produkte relativ häufig und stark schwankten. Außerdem sollte nach einer Umstrukturierung der Anteilsverhältnisse der Gewinnanteil aus Zulieferungen mit Hilfe von kostenorientierten Verrechnungspreisen genau und dauerhaft fixiert werden.

Entscheidungskompetenzen

Die Entscheidungskompetenz der Kostenstellenleiter innerhalb von C war gering (3,59 Punkte). Betrachtet man die Gesamtunternehmung C, so läßt sich sagen, daß sie sich in völliger Abhängigkeit von ihrem "externen Abnehmer" befindet. C könnte in Bezug auf diesen "externen Abnehmer" als "Cost-Center" bezeichnet werden, da die abnehmende Unternehmung die gesamte Produkt- und Absatzplanung für C durchführt und Abweichungen von den Plankosten trägt, wenn diese durch Beschäftigungsabweichungen hervorgerufen werden.

Situationsbedingungen

Das Produktionsprogramm kann nur langfristig geändert werden. Zusätzlich bestehen für die gesamte Produktion Abnahmeverträge. Damit ist insgesamt eine geringe Flexibilität gegeben.

Beurteilungskriterien

Beurteilungskriterien, sowohl für die Kostenstellenleiter als auch für die Geschäftsleitung von C, sind die Einhaltung von Kostenvorgaben und die Erzielung von Rationalisierungserfolgen.

Beurteilung des Systems

Innerhalb von C findet eine zentrale Festlegung der zwischen den Kostenstellen ausgetauschten Zwischenproduktmengen statt, Verrechnungspreise haben nur abrechnungstechnische Funktionen.

Bezogen auf die Gesamtunternehmung besteht für die Geschäftsführung von C keine Gewinnverantwortung. Die in den Vollkosten verrechnete kalkulatorische Verzinsung muß wohl eher als kalkulatorische Kostenart denn als Gewinnanteil interpretiert werden.

Als Ursache für die Anwendung dieses vollkostenorientierten Verrechnungspreises kann die völlige Abhängigkeit der Unternehmung C von ihrem "externen Abnehmer" vermutet werden.

Unternehmung D

Unternehmung D hatte einen Jahresumsatz von ca. 4,1 Mrd. DM und ist im Bereich der Stahlherstellung und -verarbeitung tätig. Die Interviewergebnisse beziehen sich auf die Verrechnungspreispraxis in einer Niederlassung dieser Unternehmung sowie zwischen verschiedenen Niederlassungen. Der Fragebogen wurde nicht ausgefüllt, weil der Interviewpartner seine eigene Sicht darstellen wollte.

Organisation und Struktur

Die Unternehmung D ist in 7 rechtlich selbständige Firmen (Beteiligungen) und 3 rechtlich nicht selbständige Niederlassungen gegliedert. Auf der Ebene der Niederlassungen wird eine Ergebnisverantwortung praktiziert, die jedoch häufig durch Eingriffe der Zentrale eingeschränkt wird. Jede Niederlassung wird von einem 6köpfigen, funktional gegliederten Werkvorstand geleitet, der für das Ergebnis gesamtverantwortlich zeichnet.

Es sind drei Arten von Leistungsverflechtungen zu unterscheiden:

- Lieferungen, die innerhalb einer Niederlassung zwischen den Werken dieser Niederlassung stattfinden
- Lieferungen zwischen verschiedenen Niederlassungen
- Lieferungen zwischen Niederlassungen und Beteiligungen.

Die folgenden Ausführungen zur Verrechnungspreisbildung beziehen sich auf die beiden letztgenannten Arten von Lieferbeziehungen.

Verrechnungspreise

Bei der Kostenrechnung der Unternehmung D handelt es sich um eine Standardkostenrechnung auf Vollkostenbasis, neben der eine Deckungsbeitragsrechnung durchgeführt wird. Die Deckungsbeitragsrechnung wurde zusätzlich eingerichtet, um in Phasen schlechter Absatzbedingungen für jede Produktlinie die Konzerngrenzkosten ermitteln zu können. Für eine einzelne Produktlinie legt die Konzernzentrale bei Existenz freier Kapazitäten auf der Grundlage von Konzerngrenzkosten das Produktionsprogramm für alle Niederlassungen und Beteiligungen fest; die dezentralen Einheiten haben in dieser Situation keine Entscheidungsautonomie. Verrechnungspreisen kommt mithin keine Lenkfunktion zu.

In der Unternehmung D werden drei Arten von Verrechnungspreisen unterschieden. Ihre Anwendung hängt ab von der Art des internen Auftrages und davon, ob eine Leistungsverflechtung bereits vorhanden ist oder erst durch eine Neuinvestition entsteht.

Einzelgeschäfte

Alle Aufträge für die interne Erstellung von Anlagen (Lieferungen für das Anlagevermögen) werden als Einzelgeschäfte bezeichnet. Der interne Auftraggeber muß das Projekt "öffentlich" ausschreiben. Der Auftrag wird an den preisgünstigsten Anbieter - unabhängig davon, ob er zum Konzern gehört oder nicht - vergeben. Finden sich keine externen Anbieter, so wird ein kostenorientierter Verrechnungspreis mit Gewinnaufschlag gebildet. Grundlage für die Ermittlung des Gewinnanteils sind Preislisten für ähnliche Produkte. Es gehört zur Bezugspolitik, einen gewissen Mindestumfang von Aufträgen extern zu vergeben, um über Preise und Technik der Konkurrenz informiert zu sein.

Bestehende Lieferbeziehungen

Bestehen zwischen Niederlassungen bereits Leistungsverflechtungen, so wird ein interner Bezugs- und Belieferungszwang eingeführt. Die Leistungen werden auf der Basis eines vollkostenorientierten Verrechnungspreises, der in der Unternehmung D als "Funktionspreis" bezeichnet wird, abgerechnet. Der "Funktionspreis" hat die Aufgabe, den Erlös auf die an der Herstellung des Endproduktes beteiligten organisatorischen Einheiten zu verteilen. Er hat keine Koordinationsfunktion, da die internen Aufträge von der Konzernzentrale unter Zugrundelegung der Grenzkosten festgelegt werden.
Die Erlösverteilung mit Hilfe des "Funktionspreises" wird im folgenden Beispiel dargestellt:

Sicht der Gesamtunternehmung:

- Erlös aus dem Verkauf einer Mengeneinheit des Endproduktes		700,- DM
- Vollkosten bei Normalbeschäftigung pro Mengeneinheit des Endproduktes in der Endstufe (B)	400,- DM	
- Vollkosten bei Normalbeschäftigung pro Mengeneinheit des Endproduktes in der Vorstufe (A)	200,- DM	
- Gesamtkosten bei Normalbeschäftigung	600,- DM	600,- DM
- Stückgewinn der Gesamtunternehmung bei Normalbeschäftigung		100,- DM

Ermittlung der Vollkostenanteile:

- Kostenanteil B	400,- DM	66 2/3 %
- Kostenanteil A	200,- DM	33 1/3 %
- Gesamtkosten	600,- DM	100 %

Erlöszurechnung:

- Erlösanteil B = 66 2/3 x 700/100	466 2/3 DM
- Erlösanteil A = 33 1/3 x 700/100	233 1/3 DM
- Gesamterlös	700 DM

Gewinnzurechnung:

- zugerechneter Gewinn	466 2/3 - 400 =	66 2/3 DM
- zugerechneter Gewinn	233 1/3 - 200 =	33 1/3 DM
- Stückgewinn	700 - 600 =	100 DM

Die Abweichungen der Ist-Kosten von den Plankosten bei Normalbeschäftigung werden nicht umverteilt.

...

An dieser Stelle soll, bereits im Vorgriff auf den Abschnitt "Beurteilung des Systems", auf einige gravierende Nachteile des Funktionspreises hingewiesen werden, wenn er im Zusammenhang mit einer am Gewinn orientierten Leistungsbeurteilung angewendet wird:

i) Die Planung der Vollkosten muß besonders genau erfolgen. Es besteht die Gefahr, daß die einzelnen Abteilungen ihre Kostenbasis inflationieren, um einen höheren Anteil am Erlös zu erhalten.

ii) Die Gewinnzurechnung ist nicht leistungsproportional, weil Kosteneinsparungen bzw. Erlössteigerungen der verursachenden Stelle nicht allein zugute kommen.

iii) Da der "Funktionspreis" eine Proportionalisierung der Fixkosten beinhaltet, kann es bei der Erlöszurechnung zu Konflikten kommen, wenn die Vollkosten der einzelnen Abteilungen bei Normalbeschäftigung unterschiedliche Fixkostenanteile enthalten. Dies führt dazu, daß bei Geschäften, für welche die Vollkostenrechnung keinen Stückgewinn für die Gesamtunternehmung mehr ausweist, die jedoch noch einen Deckungsbeitrag erbringen, der Abteilung mit dem niedrigeren Fixkostenanteil ein negativer Deckungsbeitrag und der Abteilung mit dem hohen Fixkostenanteil ein positiver Deckungsbeitrag zugerechnet wird. Diese Zurechnung bewirkt zwar keine falschen Entscheidungen, da die Konzernleitung festlegt, ob das Geschäft getätigt wird; es entstehen jedoch Motivationsprobleme, da die Abteilung mit dem negativen Deckungsbeitrag die zentrale Produktionsanweisung nur ungern befolgen wird, wie das folgende Beispiel zeigt:

Sicht der Gesamtunternehmung:

- Erlös pro Mengeneinheit		500
- Vollkosten der Endstufe (B)	400	
- Vollkosten der Vorstufe (A)	200	./. 600
- Verlust bei Normalbeschäftigung		- 100

Berücksichtigung der variablen Kosten:

- Erlös pro Mengeneinheit		500
- 30 % der Vollkosten von B sind variabel: 0,3 x 400	120	
- 90 % der Vollkosten von A sind variabel: 0,9 x 200	180	
- variable Kosten pro Stück insges.	300	./. 300
- Deckungsbeitrag für die Gesamtunternehmung		+ 200

Die Erlöszurechnung führt jedoch zu folgendem Ergebnis:

	A	B	Summe
+ zugerechneter Erlös	166 2/3	333 1/3	500
- variable Kosten	180	120	300
= Deckungsbeitrag	- 13 1/3	+213 1/3	200

Die dargestellte Gewinnzurechnung führt nur dann nicht zu Motivationsproblemen, wenn die betroffenen Fertigungsstufen den gleichen Fixkostenanteil pro Mengeneinheit haben oder wenn in allen Abteilungen noch ein positiver Deckungsbeitrag vorhanden ist.

Zuordnung von Neuinvestitionen

Kann eine Neuinvestition von mehreren organisatorischen Einheiten genutzt werden, so wird eine gemeinsame Anlage für alle betroffenen Einheiten errichtet, um die Vorteile der Größendegression nutzen zu können. Diese Anlage wird der organisatorischen Einheit zugeordnet, die den größten Anteil von Zwischenprodukten aus der neuen Anlage bezieht. Die übrigen Kostenstellen sollen dennoch so gestellt werden, als ob sie die Investition selbst durchgeführt hätten. Sie werden nur mit den Grenzkosten und einem Anteil an den Fixkosten belastet, der bereits gemeinsam mit der Investitionsentscheidung festgelegt wird. Der Verteilungsschlüssel konnte im Interview nicht in Erfahrung gebracht werden.

Entscheidungskompetenz

Die Entscheidungskompetenzen in den Niederlassungen der Unternehmung D sind außerordentlich gering. Sie beschränken sich auf Maßnahmen zur Einhaltung oder Unterschreitung der geplanten Herstellkosten. Entscheidungen über Produktionsprogramme und Investitionen werden nur zentral gefällt. Darüber hinaus ist auch der Einkauf zentralisiert.

Beurteilungskriterium

Der Werksvorstand wird auf der Basis des geplanten Niederlassungsgewinnes beurteilt. Das System birgt allerdings einige Probleme in sich, wie die folgenden Ausführungen zeigen.

Beurteilung des Systems

Der zugerechnete Gewinn stellt keine geeignete Grundlage für eine Leistungsbeurteilung dar. Interessant sind daher die Begründungen, die in der Unternehmung D zugunsten des Verrechnungspreissystems ins Feld geführt werden:

1) Für die Abteilungen müßte ein Gewinn ausgewiesen werden, damit nicht das Gefühl aufkäme, "umsonst zu arbeiten".
2) Die Erlöszurechnung nach einem Vollkostenschlüssel und die zentrale Zuteilung von Produktionsaufträgen auf der Basis der Konzerngrenzkosten sichert den Einfluß der Zentrale.

3) Die Zentrale will Konflikte innerhalb der Unternehmung durch Gewinnzurechnung verringern.

4) Die Verkäufer der Endstufen sollen ein Gefühl für die Kosten bekommen. Durch Zuweisung von Gewinnanteilen an die Vorstufen soll ein psychologischer Druck erzeugt werden, der leichtfertige Preissenkungen verhindern helfen soll.

Das beschriebene System der Ergebnisverteilung dient nicht der Koordination. Vermutlich wird das Ziel der Leistungsmotivation verfolgt. Ob dieser Ansatz zum Ziel führt, ist allerdings fraglich. Mit Sicherheit tritt bei zentral vorgegebenen Geschäften, die in manchen Abteilungen negative Deckungsbeiträge hervorrufen, eher eine demotivierende Wirkung ein. In allen anderen Situationen, in denen positive Deckungsbeiträge auftreten, wird es entscheidend von den Abteilungsleitern abhängen, ob sie das System als gerecht empfinden. Interviews mit Abteilungsleitern zur Klärung dieser Frage waren leider nicht möglich.

Unternehmung E

Unternehmung E ist im Bereich des Industrieanlagenbaues und der Elektrotechnik tätig. Der Jahresumsatz betrug ca. 3,4 Mrd. DM. Es gelang in diesem Fall, ausnahmsweise Antworten von zwei Spartenleitern zu erhalten.

Organisation und Struktur

Unternehmung E ist in 24 Geschäftsbereiche gegliedert, die von 5 Vorstandsmitgliedern betreut werden. Die jeweils einem der fünf Vorstandsmitglieder zugeordneten Geschäftsbereiche werden als Geschäftsbereichsgruppen bezeichnet. Die Zusammenfassung erfolgt nach technologischen Gesichtspunkten, die Ergebnisverantwortung bleibt jedoch bei den Leitern der Geschäftsbereiche. Der Anteil der Innenumsätze an den Gesamtumsätzen der Geschäftsbereichsgruppen liegt zwischen 10 % und 26 %. Innerhalb der Geschäftsbereichsgruppen übersteigt kein Innenumsatzanteil eines Geschäftsbereiches 39 %. Es ist erklärtes Ziel der Unternehmungsleitung, auch auf dieser Ebene den Anteil der Außenumsätze durch organisatorische Maßnahmen, wie z. B. durch Zusammenlegung von Geschäftsbereichen, zu erhöhen.

Verrechnungspreis

Die Verrechnungspreisrichtlinie legt den Marktpreis als Grundsatz fest: "Innerhalb der Unternehmung (E) sind Lieferungen und Leistungen zwischen den Geschäftsbereichen grundsätzlich zu marktgerechten Preisen und Bedingungen abzurechnen, die vor Auftragsabschluß zwischen den beteiligten Stellen zu vereinbaren sind."[1] Es gelten die gleichen Einkaufsgrundsätze wie für Einkäufe bei externen Firmen. Diese generelle Regel verlangt stets eine schriftliche Vereinbarung zwischen den Geschäftsbereichen, wie dies gegenüber externen Dritten auch üblich ist.

Der marktgerechte Verrechnungspreis wird unter Berücksichtigung von Abschlägen für eingesparte Vertriebs- und Transportkosten ermittelt. Das Lagerrisiko trägt stets der Lieferant, wenn nichts anderes vereinbart wird. Bei der Preisstellung sind Menge, Qualität, Lieferzeit, Lieferbereitschaft, Preisbindungsdauer und Gewährleistungspflichten zu berücksichtigen. Können sich zwei Geschäftsbereiche nicht einigen, so legt die Abteilung "Zentrale Betriebswirtschaft" den Preis fest. Fehlen Marktpreise, so werden die Verrechnungspreise aus den Herstellkosten abgeleitet. Muß der abnehmende Geschäftsbereich gegenüber externen Kunden Fixpreisangebote und verbindliche Liefertermine abgeben, so werden die internen Lieferungen in gleicher Weise limitiert. Im übrigen gelten intern die gleichen Lieferungs- und Zahlungsbedingungen wie für externe Kunden.

---

1) Verrechnungspreisrichtlinie der Unternehmung E.

Ausgenommen von dieser Regelung sind Großaufträge, die 5 Mio. DM überschreiten und deren interner Zulieferungsanteil mehr als 20 % des Auftragswertes ausmacht. Hier müssen die Geschäftsbereiche unter Federführung eines Geschäftsbereiches das Angebot gemeinsam ausarbeiten. Bei Geschäften dieses Umfanges ist der Vorstand einzuschalten.

Entscheidungskompetenzen

Die Bereichsleiter empfinden ihre Entscheidungsautonomie als groß (1,23 und 1,3 Punkte), während aus der Sicht der Zentrale eine stärkere Einschränkung gesehen wird (2,1 Punkte). Dieses Phänomen läßt sich wohl aus der Sicht der Zentrale wie folgt erklären: Die Unternehmungsleitung trifft strategische Entscheidungen, die festlegen, in welchen Bereichen schwerpunktmäßig Forschungs- und Entwicklungsarbeiten zu leisten sind. Aus den Forschungsergebnissen entstehen zwangsläufig die für die Bereichsleiter möglichen Investitionsalternativen. Die Bereichsleiter glauben nun autonom hierüber zu entscheiden, obwohl die Zentrale im Rahmen der Forschungs- und Entwicklungsplanung zuvor schon eine Grundsatzentscheidung getroffen hat, die jedoch nicht als unmittelbare Einschränkung der Entscheidungsautonomie empfunden wird.

Situationsbedingungen

Die Produktionsstruktur kann als flexibel bezeichnet werden. Qualitative und quantitative Änderungen des Produktionsprogrammes sind innerhalb von 2 bis 4 Wochen möglich. Auftragsorientierte Einzelfertigung und marktorientierte Serienfertigung dominieren. Überstunden, Änderung der Auftragsfolge, Verlängerung der Lieferzeiten und externe Lohnaufträge helfen Kapazitätsengpässe zu bewältigen. Reichen diese Maßnahmen nicht aus, so orientiert man sich bei den Optimierungsversuchen an der Bedeutung des Kunden für die langfristige Entwicklung der Unternehmung.

Beurteilungskriterium

Beide Spartenleiter hielten den Gewinn und die Umsatzrendite für die wichtigsten Beurteilungskriterien. Sie gehen nach ihrer Ansicht mit 70 % in die Gesamtbeurteilung ein. Es folgten Marktanteil und Produktentwicklung (zusammen 20 %) und die Verzinsung des eingesetzten Kapitals (10 %). Diese Reihenfolge stimmt mit der Sicht der Zentrale überein. Die Größen haben keinen Einfluß auf die Zuteilung von Investitionsmitteln, die sich ausschließlich an strategischen Gesichtspunkten (Produktlebenszyklus, langfristige Planung) orientiert.

Auch hinsichtlich der Vergleichskriterien herrschte weitgehende Übereinstimmung. In etwa gleichwertig wurde der Vergleich mit dem Vorjahr, mit anderen Sparten, anderen Unternehmungen und dem Budget eingeschätzt. Die Sollwerte des Budgets ergeben sich aus der geplanten Ausschüttungspolitik. Die Geschäftsbereiche werden durch monatliche Soll-Ist-Vergleiche und Kontrolle ihrer Investitionsprojekte gesteuert. Daneben findet im jährlichen Zyklus für jeden Geschäftsbereich eine Planungskonferenz mit der Unternehmungsleitung statt, so daß monatlich jeweils 2 Geschäftsbereiche der Unternehmungsleitung ihre Pläne vortragen.

Beurteilung des Systems

Die Spartenleiter sind mit dem System zufrieden. Der Marktpreis wird akzeptiert, da echte Fremdbezugsmöglichkeiten existieren. Das System wurde im Vergleich zu einem früher praktizierten Kostenpreis bevorzugt. Der Kostenpreis hatte zu permanenten Diskussionen geführt, da sich jeder übervorteilt fühlte. Zentrale Umlagen werden ebenfalls akzeptiert, da bei einem Kostenanteil von 2 - 3 % niemand glaubt, sich selbst besser mit diesen Dienstleistungen versorgen zu können. Unternehmung E hat sozusagen kein "Verrechnungspreisproblem", da die Situationsbedingungen und der Kompetenzspielraum mit dem Marktpreisprinzip kompatibel sind.

Unternehmung F

Unternehmung F ist im Bereich der Papierverarbeitung tätig. Der Umsatz betrug 1,5 Mrd. DM.

Struktur und Organisation

Die Unternehmung gliedert sich in elf Produktbereiche, von denen mehr als die Hälfte rechtlich selbständig ist bzw. in die rechtliche Selbständigkeit überführt werden soll. Dargestellt wird hier die Verrechnungspreispraxis zwischen den rechtlich nicht selbständigen Produktbereichen A und B sowie die Verrechnungspreisbildung innerhalb von A (also zwischen verschiedenen Produktionsstufen).[1)] Für die Produktbereiche A und B wird ein getrenntes Ergebnis ausgewiesen. Außerdem versucht man ebenfalls, für die vier Produktionsstufen (Werke) getrennt Ergebnisse auszuweisen, für die jeweils die Leiter der Werke verantwortlich sind. Neben den Werksleitern gibt es für die zwei Zwischen- und die vier Endmärkte jeweils einen Verkaufsleiter.

Verrechnungspreis

Der Verrechnungspreis (t) für den Leistungsaustausch zwischen der Stufe 1 und den Folgestufen 2 und 3 ergibt sich als $t = \min(t', t'')$. Der Preis t' errechnet sich aus dem Einstandspreis für den Haupteinsatzstoff der Stufe 1 im Vormarkt I und den geplanten Herstellkosten der Stufe 1. Der Preis t" entspricht dem aktuellen Marktpreis im Zwischenmarkt I. Auf diese Weise sollen, nach Auskunft des Interviewpartners der Unternehmung F, die starken Preisschwankungen des Vormarktes I und des Zwischenmarktes I ausgeschaltet werden. Der Verrechnungspreis ist überwiegend marktorientiert.

---

1) Siehe dazu Abb. 45 dieser Arbeit.

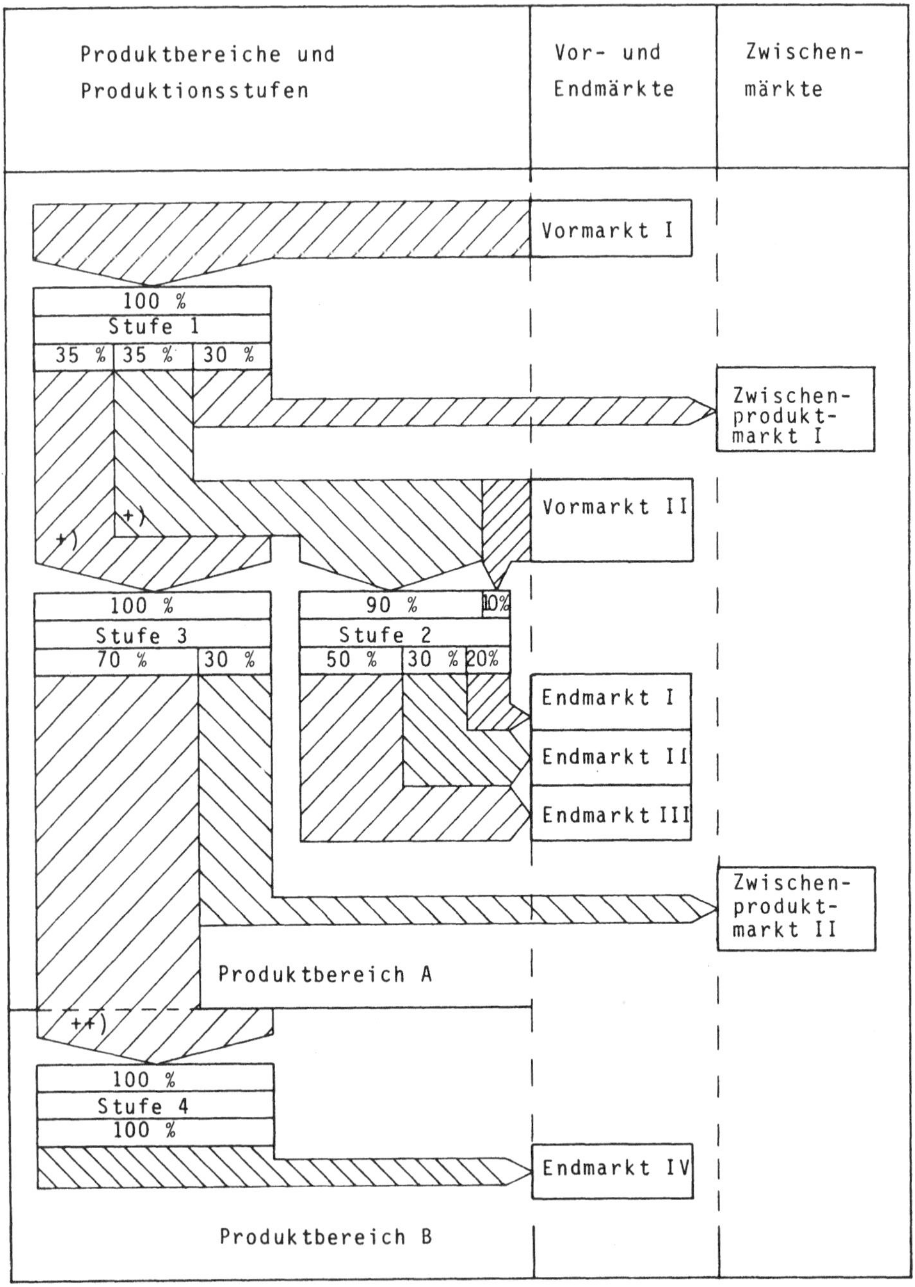

Abb. 45: Technische Verflechtung der Produktbereiche A, B und ihrer Produktionsstufen.

(+) = Abrechnung zu t = min (t', t")
(++) = Abrechnung zu Standardvollkosten plus Gewinnanteil

Der Verrechnungspreis zwischen den Stufen 3 und 4 (gleichzeitig Verrechnungspreis zwischen Produktbereich A und Produktbereich B) basiert auf Standardvollkosten bei Normalbeschäftigung und einem Gewinnaufschlag. Der Gewinnaufschlag wird aus der Sollverzinsung des in der Stufe 3 eingesetzten Kapitals bei Normalbeschäftigung errechnet. Stufe 3 erzielt bei Normalbeschäftigung also einen Plangewinn. Abweichungen des Gewinnes, die infolge einer Abweichung der Beschäftigung auftreten, werden von B (Stufe 4) getragen. Ein marktorientierter Verrechnungspreis in Anlehnung an den aktuellen Preis im Zwischenmarkt II wurde nicht gebildet, da dieser Marktpreis kurzfristigen starken Schwankungen unterliegt. Verrechnungspreise haben in diesem System keine Koordinationsfunktion. Die Abstimmung der Produktionspläne für die vier Stufen und die Belieferung der sechs Märkte (Zwischenmarkt I, II, Endmarkt I-IV) erfolgt durch den zentralen Verkaufsleiter. Er wird bei seiner Entscheidung durch das Rechnungswesen unterstützt, d. h. es existiert eine Koordination, die beide Produktbereiche A und B einschließt. Zum Zeitpunkt der Befragung war daher bereits geplant, die Produktbereiche A und B zu vereinigen. Es soll in Zukunft nur ein gesamtverantwortlicher Produktbereichsleiter beide Bereiche leiten; ihm unterstehen dann direkt die 4 Werks- und die 6 Verkaufsleiter. Das Verrechnungspreissystem soll beibehalten werden, obwohl es keinerlei Koordinationsfunktion hat. Es dient ausschließlich der Gewinnverteilung.

Beurteilungskriterium

Für Werksleiter wurden die Kriterien Kosteneinhaltung (30 %), Rationalisierungserfolg (60 %) sowie Personal- (10 %) und Produktentwicklung (10 %) genannt, während Verkaufsleiter zu 50 % nach dem Marktanteil, zu 30 % nach der Abweichung vom Budget und zu 20 % nach der Umsatzrendite beurteilt werden.

Beurteilung des Systems

Auskünfte über die Einstellung der Spartenleiter erbrachte dieses Interview nicht. Hier konnten nur Eindrücke über die Handhabung von Verrechnungspreisen innerhalb einer Sparte gewonnen werden.

Bemerkenswert ist, daß ein hoher Innenumsatz verbunden mit dem Wunsch, die bereichsübergreifende Koordination zu verbessern, zur Zusammenlegung von Produktbereichen führte. Die Integration über Bereichsgrenzen hinweg war mit Hilfe von Verrechnungspreisen allein nicht möglich. Innerhalb des Produktbereiches erfolgt eine Gewinnzurechnung, obwohl die Beurteilung auf der Basis von Budgetvarianzen stattfindet. Folgende Gründe werden für die Gewinnallokation ins Feld geführt:

- Man möchte den Integrationsvorteil auch bei den Vorstufen (z. B. Stufe 1) ausweisen, da andere Hersteller solche Vorstufen nicht betreiben.
- Den Verkäufern soll klargemacht werden, welcher Beitrag zur Deckung der Fixkosten notwendig ist. Die Vollkosten sollen quasi als "psychologische Preisuntergrenze" fungieren.
- Auf Werksebene soll auch den Werksleitern das Gefühl gegeben werden, daß sie zum Gesamtgewinn beitragen.

Faßt man die Argumente zusammen, könnte man vermuten, daß Gewinnzurechnung ein Mittel ist, um anspruchsvolle Gewinnbudgets durchzusetzen. Die Forderung nach Kostensenkung bzw. Absatz einer bestimmten Menge zu gegebenen Preisen läßt sich mit Hinweis auf die Gewinnsituation u. U. leichter rechtfertigen.

Unternehmung G

Unternehmung G setzte ca. 0,4 Mrd. DM um und ist der chemischen Industrie zuzuordnen. Das Interview erbrachte lediglich Auskünfte über eine Verrechnungspreisart, da nur zwischen zwei Sparten nennenswerte Lieferbeziehungen bestehen. Sie machen ca. 2,5 % des Außenumsatzes der Unternehmung G aus. Bezogen auf die beiden Sparten gilt, daß die liefernde Sparte ca. 30 % ihrer Umsätze mit der abnehmenden Sparte tätigt. Diese Lieferungen entsprechen 17 % der gesamten Einkäufe der abnehmenden Sparte.

Struktur, Organisation und Verrechnungspreis

Die Unternehmung G besteht aus Sparten, die bis auf die genannte Ausnahme weitgehend unabhängig voneinander sind. Bei dem Zwischenprodukt handelt es sich um ein Gut, das auf den internationalen Rohstoffmärkten gehandelt wird. Dieser Zwischenproduktmarkt erfüllt die Bedingungen eines vollkommenen Marktes. Obwohl also eine echte externe Alternative besteht, sind beide Bereiche zum internen Leistungsaustausch verpflichtet. Abgerechnet wird zum aktuellen Marktpreis. Eine interne Koordinationsfunktion hat der Marktverrechnungspreis jedoch nicht. Vielmehr planen die beiden Bereiche die Kapazitätsauslastung gemeinsam. Sie gehen dabei von einem gemeinsam festgelegten, für das Planjahr erwarteten durchschnittlichen Marktpreis aus. Die Erfolgsdifferenz zu diesem durchschnittlichen Marktpreis wird in den Spartenberichten getrennt ausgewiesen. Sie soll nicht die Leistungsbeurteilung der Spartenleiter verfälschen, da man der Ansicht ist, daß der Absatzerfolg in hohem Maße eine Funktion des stark fluktuierenden Preises ist und daher nicht unmittelbar von den Spartenleitern beeinflußt werden kann.

Beurteilung des Systems

Obwohl es sich beim externen Zwischenproduktmarkt um einen vollkommenen Markt handelt, bildet man einen vom aktuellen Marktpreis abweichenden durchschnittlichen Marktpreis, der für die gesamte Planungsperiode fixiert wird. Hierdurch wird die Mengenkomponente der Kosten für den Stoffeinsatz der Abnehmersparte bzw. für den Erlös der Liefersparte besonders betont. Damit hat der Verrechnungspreis in Unternehmung G überwiegend Motivationsfunktionen. Er soll den Spartenleitern einen Anreiz zur Kosteneinsparung bei Produktion und Verbrauch des Zwischenproduktes geben. Externe Preisschwankungen werden ausgeschaltet.

Unternehmung H

Unternehmung H setzte 2,1 Mrd. DM um. Sie gehörte zu einem Konzern. Untersucht wurde die Verrechnungspreispraxis innerhalb der Unternehmung H, die unabhängig vom Gesamtkonzern unternehmungsintern festgelegt wird.

Struktur und Organisation

Die gewinnverantwortlichen Geschäftsbereiche der Unternehmung H sind nach dem Spartenprinzip gebildet und umfassen alle Funktionen - Einkauf, Produktion und Verkauf - für eine Produktgruppe. Jeder Geschäftsbereich wird von einem Geschäftsbereichsvorstand geführt, der im allgemeinen aus mehreren Personen besteht, die innerhalb des Geschäftsbereiches für einzelne Funktionen verantwortlich sind. Der Sprecher des Geschäftsbereichsvorstandes ist nicht weisungsberechtigt gegenüber den anderen Mitgliedern des Geschäftsbereiches. Die Gewinnverantwortung bezieht sich damit auf den gesamten Vorstand eines Geschäftsbereiches.

Die Verrechnungspreisbildung ist abhängig von den bestehenden Interdependenzen. Folgende Formen treten auf:

a) Eine Produktgruppe wird ausschließlich intern an andere Sparten verkauft.

b) Eine Produktgruppe wird nur zum Teil (max. zu 20 %) intern verkauft.

c) Produktionskapzität wird intern langfristig an andere Sparten verpachtet (Fertigungsvertrag).

Verrechnungspreise

a) Auf der Basis von Ist-Vollkosten werden Verrechnungspreise frei zwischen den Sparten ausgehandelt. In der Regel einigt man sich auf die Teilung des Rohertrages (oder des Verlustes). Die Sparte, die das Endprodukt verkauft, nennt den Endpreis. Durch retrograde Kalkulation über die Kosten der jeweils beteiligten Sparten wird der Stückgewinn ermittelt. Auf dieser Basis findet dann eine Verhandlung über die Verteilung des Stückgewinnes statt. Die Sparten entscheiden somit gemeinsam, ob ein Geschäft getätigt werden soll. Falls es zu keiner Einigung kommt, führt die Unternehmungsleitung aufgrund eines Vorschlages des Vorstandsstabes eine Einigung herbei. Prinzipiell hat die liefernde Sparte in diesen Fällen das Recht des letzten Eintritts ("take it or leave it").

b) Wird eine Produktgruppe überwiegend extern verkauft, so wird der extern erzielte Marktpreis unter Abzug von entfallenden Vertriebsnebenkosten zum Verrechnungspreis für interne Lieferungen.

c) In einigen Fällen wurden von einem Geschäftsbereich für andere Geschäftsbereiche erhebliche Produktionskapazitäten bereitgehalten. Diese Situation ergab sich als Folge einer vor einiger Zeit durchgeführten Reorganisation, die historisch gewachsene Produktionsverflechtungen nicht beachten konnte. Für diese Fälle wurden unter Anleitung der Zentrale zwischen den Sparten Verträge ausgehandelt, die eine Erstattung der Fixkosten für die Vorstufe sichern. Für nicht beanspruchte Kapazität ist eine "Strafe" zu zahlen, die den geplanten Gewinnentgang der Vorstufe deckt. Mit dieser Lösung waren die Beteiligten jedoch nicht zufrieden, da nach ihrer Ansicht

- die Vorstufe vom Zwang zur effizienten Nutzung der Kapazität befreit wird,
- die Folgestufen in Zeiten schlechter Beschäftigung durch die Strafe für ungenutzte Kapazität zusätzlich belastet werden,
- die Verträge nicht freiwillig geschlossen wurden. (Es bestand keine alternative Verwendungsmöglichkeit für die Kapazitäten.)

Von Bedeutung dürfte nur der erste Einwand sein.

Der Verrechnungspreis erfüllt in den Fällen a) und c) keine Koordinationsfunktion. Lediglich im Fall b) kann ihm eine koordinierende Wirkung zugeschrieben werden. Allerdings wird in Zeiten niedriger Beschäftigung auch diese Funktion aufgehoben. Es werden dann zentrale Produktionsanweisungen gegeben; externe Bezüge von Zwischenprodukten werden soweit wie möglich eingeschränkt, um nicht ausgelastete Kapazitäten besser zu nutzen. Der Verrechnungspreis wird dabei unter Anleitung der Zentrale ausgehandelt und liegt in der Regel zwischen dem Marktpreis und den Grenzkosten. Der Marktpreis wird nicht gewählt, weil sonst ein Anreiz zur internen Auftragserteilung fehlen würde. Ebenso greift der Vorstand der Gesamtunternehmung ein, wenn größere Aufträge, die im Unternehmen ausgeführt werden könnten, extern vergeben werden sollen.

Der marktorientierte Verrechnungspreis, der bei geringem internen Leistungsaustausch zur Anwendung kommt, ist von der Beschäftigung abhängig. Tritt Unterbeschäftigung auf, kommt es zu zentralen Produktionsanweisungen, die auch die vorher relativ große Entscheidungsautonomie (1,86 Punkte) der Spartenvorstände aufhebt. Es verbleibt dann allein die Aufgabe der Gewinnallokation.

Verrechnungspreise haben keinen Einfluß auf Investitionsentscheidungen; diese werden auf der Basis einer Rechnung aus Gesamtunternehmungssicht vom Vorstand getroffen. Geschäftsbereichsvorstände entscheiden nur über ein relativ kleines Investitionsbudget innerhalb eines vorgegebenen Betragslimits.

Situationsbedingungen

Es liegt eine flexible auftragsorientierte Einzelfertigung und marktorientierte Serienfertigung vor. Die mengenmäßige Anpassung erfolgt kurzfristig, während art- und typenmäßige Änderungen Entwicklungszeiten von mehr als einem Jahr erfordern. Der Verrechnungspreis hat keinen Einfluß auf die Programmzusammensetzung; Engpässe werden durch Überstunden, Zukauf und Verlängerung der Lieferzeit überwunden. Bei allen Überlegungen stehen die Kundentreue und der Rohertrag aus der Vollkostenrechnung im Vordergrund.

Organisation der Verrechnungspreisbildung

Es gibt keine schriftlichen Richtlinien, vielmehr orientiert man sich an Usancen, die sich im Laufe der Zeit zwischen den Spartenvorständen eingespielt haben. Dementsprechend hoch ist auch der Einfluß der Spartenvorstände auf die Handhabung und Ausgestaltung des Systems.

Beurteilungskriterien

Das Beurteilungskriterium für den gesamten Geschäftsbereichsvorstand setzt sich aus mehreren Einzelkriterien zusammen. Dominierendes Kriterium ist der absolute Gewinn. Er geht mit einem Gewicht von 50 % in das Beurteilungskriterium ein. Daneben rangieren Umsatz, Umsatzrendite, Produktentwicklung, Planerfüllung und Verzinsung des eingesetzten Kapitals. Ein Teil der Bezüge jedes Mitgliedes eines Geschäftsbereichsvorstandes wird als Tantieme gezahlt, die nach einer Formel berechnet wird, die auf dem erzielten Gewinn und Umsatz basiert. Für einzelne Vorstandsmitglieder wird der Einfluß von Gewinn und Umsatz auf die Tantieme unterschiedlich gewichtet. So überwiegt bei dem für den Verkauf des Geschäftsbereiches zuständigen Vorstandsmitglied der Einfluß des Umsatzes.

Ob die erzielten Ergebnisse der einzelnen Geschäftsbereiche als gut oder schlecht einzustufen sind, richtet sich nach dem Vergleichsmaßstab, der zu je 35 % aus dem Vorjahresergebnis und dem geplanten Ergebnis besteht. Der Vergleich mit anderen Geschäftsbereichen der Unternehmung und mit Vergleichszahlen der Branche, in der die einzelnen Geschäftsbereiche tätig sind, gehen zu je 15 % in den Vergleichsmaßstab ein.

Beurteilung des Systems

Durch die Wahl der Vergleichsmaßstäbe und den relativ geringen Innenumsatz wird der Einfluß des Verrechnungspreises auf das Beurteilungskriterium erheblich eingeschränkt. Dies und die starke Beteiligung der Spartenvorstände an der Preisbildung mag die relative Zufriedenheit mit dem System begründen, wenn man von der Handhabung der internen Verpachtung von Kapazitäten absieht.

Unternehmung I

Unternehmung I hatte einen Jahresumsatz von mehr als 8 Mrd. DM. Haupttätigkeitsgebiet ist die Chemie.

Struktur und Organisation

Das Unternehmen ist in Sparten, Zentralbereiche und Werksverwaltungen gegliedert. Jede Sparte umfaßt die Funktionen Produktion, Vertrieb, Anwendungstechnik, Forschung und Entwicklung sowie die Spartenverwaltung. Die Werke sind den Sparten zugeordnet. Dies schlägt sich u. a. in der Kapitalverteilungsrechnung nieder. Durch verschiedene Zentralausschüsse bzw. -konferenzen wird die Abstimmung der verschiedenen Funktionen über alle Bereiche hinweg sichergestellt.

Eine wesentliche interne Leistungsverflechtung besteht nur für zwei Sparten. Beide erzielen 40 - 60 % ihres Umsatzes - je nach Beschäftigung - intern. Es besteht Bezugs- bzw. Lieferzwang. Die Koordination erfolgt durch die Zentralkommission für Produktion.

Verrechnungspreise

Bemerkenswert am Verrechnungspreissystem der Unternehmung I ist, daß es beim Übergang von der Funktional- zur Spartenorganisation nicht geändert wurde. Das bestehende System wurde lediglich durch die Kapitalverteilungsrechnung[1] ergänzt und an die Stelle der kalkulatorischen Zinsen trat die Sollverzinsung.

Zur Anwendung kommt ein zweistufiger Verrechnungspreis. Der Abnehmer bezahlt die Ist-Herstellungskosten ohne Fixkostenanteil. Die Fixkosten, inklusive Sollverzinsung der Anlage, werden nach der durchschnittlichen Beanspruchung der Anlage durch den Abnehmer in den letzten drei Jahren verrechnet. Bei Investitionen wird dieser Schlüssel vorher vereinbart.

---

1) Mit Hilfe der Kapitalverteilungsrechnung wird nach verschiedenen Schlüsseln, die sich nach der Art der Aktiva orientieren, das gesamte Vermögen auf die Sparten verteilt.

Beurteilungskriterium

Beurteilungskriterium ist die Verzinsung des in der Sparte eingesetzten Kapitals.

Beurteilung des Systems

Die Effizienz der Produktion wird auf zwei Wegen kontrolliert:

- Man kennt die Herstellkosten vergleichbarer Produktionen der Konkurrenz.
- Man vergleicht die Ist-Herstellkosten mit den Plankosten.

In bezug auf den internen Lieferanten hat das Verrechnungssystem somit keine Motivationsfunktion, da ihm nur Ist-Herstellkosten und die Fixkosten erstattet werden. In bezug auf die Empfängersparte kann man eine Motivationswirkung vermuten. Durch die Zurechnung des Kapitals auf einzelne Produktlinien läßt sich jeweils ein getrenntes Ergebnis ausweisen und die mit dieser Produktlinie verbundene Kapitalrendite kann errechnet werden. Koordinationswirkung hat der Verrechnungspreis nicht. In Engpaßsituationen erfolgt eine zentrale Produktionsanweisung auf der Basis relativer Deckungsbeiträge. Die Leistungsbeurteilung der Spartenleiter basiert auf der Kapitalverzinsung. Allerdings erfolgt ein differenzierter Vergleich in bezug auf den Sektor, in dem eine Sparte tätig ist, d. h. die Rendite vergleichbarer Unternehmen dient als Maßstab.

IV. Ergebnisse

Die im folgenden dargestellten Ergebnisse aus der Untersuchung der Verrechnungspreissysteme in neun deutschen Unternehmungen können wegen der methodischen Beschränkungen und des kleinen Umfangs der Stichprobe keinen Anspruch auf Allgemeingültigkeit erheben.

1. Koordination

a) Kurzfristiger Aspekt

Nur in drei Fällen (A, E, H) konnte dem Verrechnungspreis eine gewisse Koordinationsfunktion zuerkannt werden. In allen Fällen existierte dabei ein externer Zwischenmarkt, der für alternative Lieferungen und/oder Beschaffungen zugänglich war. Dennoch verließ sich keine Unternehmung ausschließlich auf die Koordination durch interne Preise. Vielmehr bestand in der Regel zumindest eine Meldepflicht gegenüber der Zentrale, wenn externe Bezüge geplant waren. Bei Unterbeschäftigung ließ sich eine Tendenz feststellen, auf zentrale Produktionsprogrammplanung überzugehen.

In allen übrigen Fällen hatte der Verrechnungspreis keine Koordinationsfunktion. In der Regel war dies auf einen fehlenden externen Markt zurückzuführen, von dem verläßliche Lenkpreise hätten abgeleitet werden können. Wenn überhaupt externe Märkte bestanden, handelte es sich um Märkte, in denen die Zwischenproduktpreise starken Schwankungen unterlagen.

In allen Fällen, für die kein Marktpreis vorliegt, findet eine zentrale Programmplanung (B, C, D, F, I) oder eine Planung durch direkte gegenseitige Abstimmung zwischen den Sparten statt (E teilweise, A, H, G). Das Fehlen eines echten externen Marktpreises korrespondiert häufig mit einem hohen Interdependenzgrad der Produktionsstufen. Aus der zentralen Programmplanung werden keine Schattenpreise abgeleitet. Selbst wenn man z. B. spezifische Deckungsbeiträge ermittelt, werden diese nicht den Sparten vorgegeben. Auf jeden Fall fließen Knappheitspreise nicht in die Erfolgsrechnung einer Sparte ein.

b) Langfristiger Aspekt

In keinem der Unternehmen hatten Verrechnungspreise Einfluß auf Investitionsentscheidungen. Solche Entscheidungen werden immer von der Zentrale projektbezogen unter Berücksichtigung strategischer Gesichtspunkte gefällt. Die aktuelle Gewinnsituation der Sparte ist dabei ohne Einfluß. Es werden in der Regel bereichsübergreifende Investitionsrechnungen durchgeführt, die auf den mit der Investition verbundenen Ein- und Auszahlungen beruhen. Wertmäßige Kosten sind für diese Entscheidungen ohne Bedeutung.

2. Motivation

Bei der zentralen Produktionszuweisung spielen die in der Theorie vorgeschlagenen Verrechnungspreise keine Rolle. Es werden kostenorientierte Preise mit Gewinnaufschlag und "Pseudomarktpreise" gebildet, um eine Gewinnverteilung auf vorgelagerte Produktionsstufen zu ermöglichen (B, C, insbesondere D, F). Die zentrale Produktionsplanung korrespondiert in der Regel mit einem Budgetsystem, das für die kommende Periode Plangewinne ausweist. Ergänzt wird dieses Budgetsystem durch eine Kapitalverteilungsrechnung. Einzelnen Sparten werden nach bestimmten Schlüsseln Anteile am Gesamtkapital zugerechnet. Mit Hilfe des zugerechneten Spartenkapitals und des Plangewinns der Sparte lassen sich Planrendite-Kennziffern ermitteln. Die Leistungsbeurteilung knüpft an der Höhe der Abweichung vom Plangewinn bzw. der Planrendite an. Verrechnungspreise haben also insofern eine Motivationswirkung, als sie bei bestehenden Leistungsverflechtungen eine Gewinnzurechnung ermöglichen, die dann die Aufstellung von Gewinnbudgets gestattet.

D. Zusammenfassung und Konsequenzen für weitere Forschungsarbeiten

Die Theorie der Verrechnungspreise führte zu dem Ergebnis, daß - abgesehen von dem Fall eines gegebenen Marktpreises für Zwischenprodukte - Verrechnungspreise nicht gleichzeitig die beiden Funktionen der Koordination und Gewinnallokation erfüllen können. Da in den meisten Unternehmungen ein ausgebautes Planungssystem existiert und neben dem internen Preis eine Vielzahl anderer koordinationsrelevanter Tatbestände vorliegt, erfolgt die Koordination durch direkte Abstimmung oder zentrale Planung (ausgenommen hiervon sind nur Zwischenprodukte mit echten Marktpreisen). Daran schließt sich eine Gewinnverteilung mit Hilfe von kostenorientierten Preisen mit Gewinnaufschlag, "Pseudomarktpreisen", Deckungsbeitragssplitting etc. an. Wenn die Annahme richtig ist, daß die Gewinnverteilung der Durchsetzung des Anspruchsniveaus mittels "Gewinnbudgets" dient, dann sollte sich die Forschung weniger auf den Koordinationsaspekt von internen Preisen konzentrieren als auf den Vergleich der motivierenden Wirkung verschiedener Budgetarten: Kostenbudget vs. Gewinnbudget. Dabei kommt der Phase der Budgetaufstellung besondere Bedeutung zu. Hat man sich einmal auf einen bestimmten Verrechnungspreis geeinigt, so ergibt sich der Plangewinn bei der Budgetaufstellung ohne weitere interne Konflikte. Im Hinblick auf diese Funktion sollten verschiedene Verrechnungspreisarten sowie Gewinnverteilungs- und Kapitalzurechnungsmethoden untersucht werden. Das Idealziel der dezentralen Allokation und der autonomen Entscheidungsfreiheit der Spartenleiter scheint mit den heute bekannten Methoden leider nicht erreichbar zu sein. Dies mag zum Teil daran liegen, daß das Problem der Verrechnungspreisbildung in vertikal integrierten Großunternehmungen auftritt, deren interne Leistungsströme aus Mängeln des Marktes entstanden sind. Unter diesem Aspekt scheint es von vornherein problematisch, zum Zwecke der Koordination über den Verrechnungspreis einen Allokationsmechanismus einzuführen, dessen Mängel gerade zur Entstehung dieser interdependenten Systeme geführt haben.

Literaturverzeichnis:

Abdel-khalik, A. R.; Lusk, E. J.: Transfer Pricing. A Synthesis. In: The Accounting Review. Vol. 49, 1974, S. 8 - 23.

Abdel-Khalik, A. R.; Lusk, E. J. : Transfer Pricing. A Synthesis. A Reply. In: The Accounting Review. Vol. 50, 1975, S. 355 - 358.

Adam, D.; Röhrs, W.: Ein Algorithmus zur Dekomposition linearer Planungsprobleme. In: Zeitschrift für Betriebswirtschaft. 37. Jg., 1967, S. 395 - 417.

Adam, D.: Koordinationsprobleme bei dezentralen Entscheidungen. In: Zeitschrift für Betriebswirtschaft. 39. Jg., 1969, S. 615 - 632.

Adam, D.: Entscheidungsorientierte Kostenbewertung. Wiesbaden 1970.

Albach, H.: Die Koordination der Planung im Großunternehmen. In: Rationale Wirtschaftspolitik und Planung in der Wirtschaft von heute. Schriften des Vereins für Sozialpolitik, Neue Folge, Band 45, hrsg. von E. Schneider, Berlin 1967, S. 332 - 438.

Albach, H.: Innerbetriebliche Lenkpreise als Instrument dezentraler Unternehmensführung. In: Zeitschrift für betriebswirtschaftliche Forschung. 26. Jg., 1974, S. 216 - 242.

Alchian, A. A.; Demsetz, H.: Production, Information Costs, and Economic Organization. In: American Economic Review. Vol. 62, 1972, S. 777 - 795.

Ansoff, H. I.: Corporate Strategy. An Analytical Approach to Business Policy for Growth and Expansion, New York u. a. O. 1965.

Anthony, R. N.; Dearden, J.; Vancil, R. F.: Management Control Systems. Homewood, Ill. 1972.

Argyris, C.: The Impact of Budgets on People. New York 1952.

Arpan, J. S.: International Intracorporate Pricing. Non-American Systems and Views. New York u. a. O. 1972.

Arvidsson, G.: Internpriser, Styrning, Motivation, Resultatbedömning. Stockholm 1971.

Arvidsson, G.: A Summary of "Transfer Prices, Planning, Motivation, Profitability Analysis". Veröffentlicht in Schwedisch als: Styrning, Motivation, Resultatbedömning. Stockholm 1971. In: Arvidsson, G.: Internal Transfer Negotiations. Eight Experiments. Stockholm 1973, S. 167 - 187.

Arvidsson, G.: Internal Transfer Negotiations. Eight Experiments. Stockholm 1973.

Athans, M.: Theory and Applications Survey of Decentralized Control Methods. In: Annals of Economic and Social Measurement. Vol. 4, 1975, S. 345 - 355.

Atkins, D. R.: The Hybridisation of Administered Budget Controls. In: Working Paper. Center for Industrial Economic and Business Research. University of Warwick, Coventry 1973.

Atkins, D. R.: Managerial Decentralization and Decomposition in Mathematical Programming. In: Operations Research Quarterly. Vol. 25, 1974, S. 615 - 624.

Atkinson, J.: Einführung in die Motivationsforschung. 1. Auflage, Stuttgart 1975. (Deutsche Übersetzung von: An Introduction to Motivation. New York 1964.)

Bailey jr., D. A.; Boe, W. J.: Goal and Resource Transfers in the Multigoal Organization. In: The Accounting Review. Vol. 51, 1976, S. 559 - 573.

Baumol, W. H.; Fabian, T.: Decomposition, Pricing for Decentralization and External Economics. In: Management Science. Vol. 11, 1964, S. 1 - 32.

Beckmann, M. J.: Lineare Planungsrechnung. Ludwigshafen 1959.

Betriebswirtschaftlicher Ausschuß des Zentralverbandes der Elektrotechnischen Industrie e. V.: ZVE Kennzahlensystem. Frankfurt 1970.

Bleicher, K.: Koordinationsorgane. In: Handwörterbuch der Organisation, hrsg. von E. Grochla, Stuttgart 1969, Sp. 899 - 909.

Bleicher, K.: Systeme der Abteilungsgliederung. In: Handwörterbuch der Organisation, hrsg. von E. Grochla, Stuttgart 1969, Sp. 45 - 55.

Bleicher, K.: Interview mit dem Vorsitzenden des Vorstandes der Brown, Boveri & Cie AG, Mannheim, Prof. Eberhard Schmidt. In: Zeitschrift für Organisation. 41. Jg., 1972, S. 282 - 286.

Bleicher, K.: Interview mit dem Vorstandsmitglied der Dresdner Bank AG, Prof. Dr. K. F. Hagenmüller. In: Zeitschrift für Organisation. 45. Jg., 1976, S. 257 - 262.

Bleicher, K.: Interview mit dem Vorsitzenden des Vorstandes der BASF Aktiengesellschaft, Herrn Prof. Dr. rer. nat. Matthias Seefelder. In: Zeitschrift für Organisation. 46. Jg., 1977, S. 23 - 28.

Bleicher, K.: ZO-Interview mit Hermann Hofmann, Vorstandsmitglied und Leiter der Hauptverwaltung der Bertelsmann AG. In: Zeitschrift für Organisation. 46. Jg., 1977, S. 136 - 140.

Borchers, W.: Bereichsabgabepreis im divisionalisierten Großunternehmen. In: Zeitschrift für betriebswirtschaftliche Forschung. Kontaktstudium. 30. Jg., 1978, S. 157 - 164.

Bower, J. L.: Managing the Resource Allocation Process. A Study of Corporate Planning and Investment. Boston 1970.

Buhr, W.: Dualvariable als Kriterien unternehmerischer Planung. Meisenheim 1967.

Buhr, W.: Die Bestimmung von Verrechnungspreisen mit Hilfe der Dualvariablen des mathematischen Programmierens. In: Zeitschrift für die gesamte Staatswissenschaft. 123. Jg., 1967, S. 418 - 449.

Burns, T. J. (Hrsg.): The Behavioral Aspects of Accounting Data for Performance Evaluation. Columbus, Ohio 1970.

Butler, W. J.; Dearden, J.: Managing a Worldwide Business. In: Harvard Business Review. Vol. 43, No. 3, 1965, S. 93 - 102.

Campbell, J. P.; Dunnette, M. D.; Lawler, E. E.; Porter, L. W.: Antecedent Attitudes of Effective Managerial Performance. In: Organizational Behavior and Human Performance. Vol. 2, 1967, S. 122 - 142.

Campbell, J. P.; Dunnette, M. D.; Lawler, E. E.; Weick jr., K. E.: Managerial Behavior, Performance, and Effectiveness. New York u. a. O. 1970.

Caplan, E. H.: Behavioral Assumptions of Management Accounting. In: The Accounting Review. Vol. 41, 1966, S. 496 - 509.

Caplan, E. H.: Behavioral Assumptions of Management Accounting. Report of a Field Study. In: The Accounting Review. Vol. 43, 1968, S. 342 - 362.

Caswell, W. C.: Taking Stock of Divisionalization. In: Journal of Business. Vol. 29, 1956, S. 160 - 171.

Charnes, A.; Stedry, A. C.: The Attainment of Organization Goals through Appropriate Selection of Subunit Goals. In: Operational Research and the Social Sciences, hrsg. von J. R. Lawrence, London 1966, S. 147 - 164.

Charnes, A.; Clower, R. W.; Kortanek, K. O.: Effective Control through Coherent Decentralization with Preemptive Goals. In: Econometrica. Vol. 35, 1967, S. 294 - 320.

Clayden, R.: A New Way to Measure and Control Divisional Performance. In: Accounting for Managerial Decision Making, hrsg. von D. T. DeCoster, K. V. Ramanathan und G. L. Sundem, Los Angeles 1974, S. 435 - 448.

Coenenberg, A. G.: Die Kommunikation in der Unternehmung. Wiesbaden 1966.

Danert, G.; Drumm, H. J.; Hax, K. (Hrsg.): Verrechnungspreise. Opladen 1973.

Dantzig, G. B.; Wolfe, P.: Decomposition Principle for Linear Programms. In: Operations Research. Vol. 8, No. 1, 1960, S. 101 - 111.

Dantzig, G. B.: Lineare Programmierung und Erweiterung. Berlin u. a. O. 1966.

Dean, J.: Decentralization and Intracompany Pricing. In: Harvard Business Review. Vol. 33, No. 4, 1955, S. 65 - 74.

Dean, J.: Profit Performance Measurement of Division Managers. In: The Controller (heute: Financial Executive). Vol. 25, 1957, S. 423 - 449.

Dearborn, D. C.; Simon, H. A.: Selective Perception. A Note on the Departmental Identification of Executives. In: Sociometry. Vol. 21, 1958, S. 140 - 144.

Dearden, J.: Interdivisional Pricing. In: Harvard Business Review. Vol. 38, No. 1, 1960, S. 117 - 125.

Drenkard, F. J.: Das Organisationsprinzip der Farbwerke Hoechst AG. In: Zeitschrift für Organisation. 40. Jg., 1971, S. 277 - 281.

Drucker, P. F.: Praxis des Management. 3. Aufl., Düsseldorf 1962. (Deutsche Übersetzung von: The Practice of Management. New York 1954.)

Drucker, P. F.: Management: Tasks, Responsibilities, Practices. New York 1973.

Drucker, P. F.: Neue Management-Praxis. Zweiter Band: Methoden. Düsseldorf u. a. O. 1974. (Deutsche Übersetzung von: Management: Tasks, Responsibilities, Practices. New York 1973.)

Drumm, H. J.: Theorie und Praxis der Lenkung durch Preise. In: Zeitschrift für betriebswirtschaftliche Forschung. 24. Jg., 1972, S. 253 - 267.

Drumm, H. J.: Probleme der Kalkulation und Bestandsbewertung bei Lenkungs- und Verrechnungspreisen. In: Zeitschrift für Betriebswirtschaft. 42. Jg., 1972, S. 471 - 492.

Drumm, H. J.: Zu Stand und Problematik der Verrechnungspreisbildung in deutschen Industrieunternehmungen. In: Verrechnungspreise, hrsg. von G. Danert, H. J. Drumm und K. Hax, Opladen 1973, S. 91 - 102.

Eisenführ, F.: Zur Entscheidung zwischen funktionaler und divisionaler Organisation. In: Zeitschrift für Betriebswirtschaft. 40. Jg., 1970, S. 725 - 746.

Eisenführ, F.: Lenkungsprobleme der divisionalisierten Unternehmung. In: Zeitschrift für betriebswirtschaftliche Forschung. 26. Jg., 1974, S. 824 - 842.

Eisenführ, F.; Puck, G.: Das System XPER.D. Ein neuer Ansatz für Unternehmensspiele. In: Zeitschrift für betriebswirtschaftliche Forschung. 26. Jg., 1974, S. 591 - 612.

Elben, W.: Entscheidungstabellentechnik. Berlin u. a. O. 1973.

Fantl, I. L.: Transfer Pricing. Treat Carefully. In: The CPA Journal. Vol. 66, No. 12, 1974, S. 42 - 46.

Fieten, R.: Die Gestaltung der Koordination betrieblicher Entscheidungssysteme. Bern u. a. O. 1977.

Forehand, G. A.; Haller, G. B. von: Environmental Variation in Studies of Organizational Behavior. In: Readings in Organizational Behavior and Human Performance, hrsg. von L. L. Cummings und W. E. Scott jr., Homewood, Georgetown 1969, S. 3 - 23.

Forrester, J. W.: Industrial Dynamics. Cambridge, Mass. 1961.

Franke, G.; Laux, H.: Die Bemessung von Abschreibungen für Entscheidungsrechnungen. In: Zeitschrift für Betriebswirtschaft. 40. Jg., 1970, S. 399 - 420.

Frese, E.: Kontrolle und Unternehmungsführung. Wiesbaden 1968.

Frese, E.: Die hierarchische Struktur des Entscheidungssystems in der Unternehmung. Unveröffentlichte Habilitationsschrift. Köln 1970.

Frese, E.: Heuristische Entscheidungsstrategien der Unternehmungsführung. In: Zeitschrift für betriebswirtschaftliche Forschung. 23. Jg., 1971, S. 283 - 307.

Frese, E.: Organisation und Koordination. In: Zeitschrift für Organisation. 41. Jg., 1972, S. 404 - 411.

Frese, E.: Zum Vergleich von Führungsmodellen. In: Unternehmungsführung. Festschrift für Erich Kosiol, hrsg. von J. Wild, Berlin 1974, S. 221 - 250.

Frese, E.: Koordination. In: Handwörterbuch der Betriebswirtschaft. 4. Aufl., hrsg. von E. Grochla und W. Wittmann, Stuttgart 1975, Sp. 2263 - 2273.

Frese, E.: Sparten-Organisation. Analyse einer aktuellen Organisationskonzeption. Arbeitsbericht Nr. 5/75. Lehrstuhl für Industriebetriebslehre, RWTH Aachen. Unveröffentlichte Arbeit. Aachen 1975.

Frese, E.: Koordination von Entscheidungen in Sparten-Organisationen. In: Betriebswirtschaftliche Forschung und Praxis. 27. Jg., 1975, S. 217 - 234.

Frese, E.: Grundlagen der Organisation. Die Organisationsstruktur der Unternehmung. Wiesbaden 1980.

Frese, E.; Glaser, H.: Modelle zur pretialen Lenkung. Arbeitsbericht Nr. 5/78. Lehrstuhl für Industriebetriebslehre, RWTH Aachen. Unveröffentlichte Arbeit. Aachen 1978.

Frese, E.; Glaser, H.: Verrechnungspreise. In: Handwörterbuch der Organisation. 2. Aufl., hrsg. von E. Grochla, Stuttgart 1980 (im Druck).

Friedmann, M.: Die Theorie der Preise. München 1977. (Deutsche Übersetzung von: Price Theory. Chicago 1962.)

Fromm, A.: Ein Vergleich von Schattenpreisen in linearen und nichtlinearen Programmen. In: Zeitschrift für Betriebswirtschaft. 46. Jg., 1976, S. 763 - 776.

Gälweiler, A.: Grundlagen der Divisionalisierung. In: Zeitschrift für Organisation. 40. Jg., 1971, S. 55 - 66.

Gälweiler, A.: Die Organisation von Brown, Boveri & Cie AG. In: Zeitschrift für Organisation. 41. Jg., 1972, S. 279 - 286.

Galbraith, J.; Cummings, L.: An Empirical Investigation of the Motivational Determinants of Task Performance. Interactive Effects between Instrumentality-Valence, Motivation, and Ability. In: Organizational Behavior and Human Performance, Vol. 2, 1967, S. 237 - 257.

Galbraith, J. R.: Organization Design. An Information Processing View. In: Organizational Planning. Cases and Concepts, hrsg. von J. W. Lorsch und P. R. Lawrence, Homewood, Ill. 1972, S. 49 - 74.

Gödde, A.: Konzernverrechnungspreise in der Stahlindustrie. In: Verrechnungspreise, hrsg. von G. Danert, H. J. Drumm und K. Hax, Opladen 1973, S. 37 - 40.

Geoffrion, A. M.: Elements of Large-Scale Mathematical Programming. In: Management Science. Vol. 16, 1970, S. 652 - 691.

Georgopoulos, B. S.; Mahoney, G. M.; Jones, N. W.: A Pathgoal Approach to Productivity. In: Journal of Applied Psychology. Vol. 41, 1957, S. 345 - 353.

Goggin, W. C.: How the Multidimensional Structure Works at Dow Corning. In: Harvard Business Review, Vol. 52, No. 1, 1974, S. 54 - 65.

Gould, J. R.: Internal Pricing in Firms when there are Costs of Using an Outside Market. In: Journal of Business. Vol. 37 , 1964, S. 61 - 67.

Gordon, M. J.: A Method of Pricing for a Socialist Economy. In: The Accounting Review. Vol. 45, 1970, S. 427 - 443.

Gorzny, K.: Vor allem: Zusammenarbeit. Das Teilsystem Produktionsplanung. In: Der Lichtbogen, hrsg. von Chemische Werke Hüls AG, 25. Jg., Nr. 18, 1976, S. 32 - 33.

Gray, R. E.; Green, H. B.: Cash Throw-off: A Resource Allocation Strategy. In: Business Horizons, Vol. 19, No. 3, 1976, S. 29 - 33.

Greer, H. C.: Divisional Profit Calculation. Notes on the Transfer Price Problem. In: NAA Bulletin. Vol. 43, No. 2, 1962, S. 5 - 12.

Grochla, E.: Theoretische Grundlagen der divisionalisierten Organisation. In: Divisionalisierung als organisatorisches Konzept für Unternehmen. Heft 147 der Arbeitsgemeinschaft für Rationalisierung des Landes NRW. Dortmund 1972, S. 5 - 19.

Hackman, J. R.; Porter, L. W.: Expectancy Theory Predicitions of Work Effectiveness. In: Organizational Behavior and Human Performance. Vol. 3, 1968, S. 417 - 426.

Hackman, J. R.; Lawler III, E. E.: Employee Reactions to Job Characteristics. In: Journal of Applied Psychology Monograph. Vol. 55, 1971, S. 259 - 286.

Hadley, G.: Linear Programming. Reading, Mass. u. a. O. 1962.

Hadley, G.: Nonlinear and Dynamic Programming. Reading, Mass. 1964.

Haefner, K. H.: Konzernverrechnungspreise in steuerlicher Sicht. In: Verrechnungspreise, hrsg. von G. Danert, H. J. Drumm und K. Hax, Opladen 1973, S. 83 - 87.

Hanan, M.: Reorganize Your Company around Markets. In: Harvard Business Review, Vol. 52, No. 6, 1974, S. 63 - 74.

Harrmann, A.: Zu einem operablen Transfer-Preissystem. Eine literaturkritische Studie. In: Der Betrieb. 24. Jg., 1971, S. 201 - 204.

Hartmann, P.: Divisionsorganisation in Produktionsunternehmen. Bochum 1974.

Hasenack, W.: Ertragsbildungsanalyse und Erfolgsspaltung als Probleme. In: Betriebswirtschaftliche Forschung und Praxis. 6. Jg., 1954, S. 276 - 295.

Hass, J. E.: Transfer Pricing in a Decentralized Firm. In: Management Science. Vol. 14, 1968, S. B-310 - B-331.

Hass, J. E.: Decentralized Decision-Making. Non-Linear Decomposition Procedures and Their Uses. Ph. D. Diss., Carnegie Mellon University 1969.

Hass, J. E.: Decomposition Processes and Their Use in Joint Decision Making. In: Interorganizational Decision Making, hrsg. von M. Tuite, R. Chisholm und M. Radnor, Chicago 1972, S. 112 - 126.

Hax, H.: Kostenbewertung mit Hilfe der mathematischen Programmierung. In: Zeitschrift für Betriebswirtschaft. 35. Jg., 1965, S. 197 - 210.

Hax, H.: Die Koordination von Entscheidungen. Ein Beitrag zur betriebswirtschaftlichen Organisationslehre. Köln u. a. O. 1965.

Hax, H.: Kommunikation. In: Handwörterbuch der Organisation, hrsg. von E. Grochla, Stuttgart 1969, Sp. 825 - 831.

Hay, P. H.: Konzernverrechnungspreise in der Röhrenindustrie. In: Verrechnungspreise, hrsg. von G. Danert, H. J. Drumm und K. Hax, Opladen 1973, S. 41 - 44.

Hayes, D. C.: The Contingency Theory of Managerial Accounting. In: The Accounting Review. Vol. 52, 1977, S. 22 - 39.

Heal, G. M.: Planning without Prices. In: Review of Economic Studies. Vol. 36, 1969, S. 347 - 362.

Heinemann, H.: Ein allgemeines Dekompositionsverfahren für lineare Optimierungsprobleme. In: Zeitschrift für betriebswirtschaftliche Forschung. 22. Jg., 1970, S. 302 - 317.

Heinen, E.: Das Zielsystem der Unternehmung. Wiesbaden 1966.

Henderson, B. D.; Dearden, J.: New System for Divisional Control. In: Harvard Business Review, Vol. 44, No. 5, 1966, S. 144 - 160.

Henderson, J. M.; Quandt, R. E.: Mikroökonomische Theorie. 3. Aufl., München 1973.

Henderson, J. M.; Quandt, R. E.: Mikroökonomische Theorie. 2. Aufl., Berlin u. a. O. 1970.

Heyn, P.: Verrechnungspreise in der Chemischen Industrie. In: Verrechnungspreise, hrsg. von G. Danert, H. J. Drumm und K. Hax, Opladen 1973, S. 61 - 65.

Hill, W.; Fehlbaum, R.; Ulrich, P.: Organisationslehre 1. Bern u. a. O. 1974.

Hirshleifer, J.: On the Economics of Transfer Pricing. In: Journal of Business. Vol. 29, 1956, S. 172 - 184.

Hirshleifer, J.: Economics of the Divisionalized Firm. In: Journal of Business. Vol. 30, 1957, S. 96-108.

Hirshleifer, J.: Internal Pricing and Decentralized Decisions. In: Management Controls, hrsg. von C. P. Bonini, R. K. Jaedicke und H. M. Wagner, New York u. a. O. 1964, S. 27 - 37.

Hofstede, G. H.: The Game of Budget Control. Assen 1968.

Hoitsch, H. J.: Ein Rechenmodell zur Planung und Kontrolle des Erfolgs in divisionalisierten Industrieunternehmungen. In: Journal für Betriebswirtschaft. 3. Jg., 1976, S. 129 - 162.

Hopwood, A.: Accounting and Human Behavior. London 1975.

Hörner, W.: Zurechnung. In: Handwörterbuch der Betriebswirtschaft. 4. Aufl., hrsg. von E. Grochla und W. Wittmann, Stuttgart 1976, Sp. 4752 - 4767.

Houdek, W.: Innerbetriebliche Verrechnungspreise als Steuerungs- und Kontrollinstrumente im Betrieb. Diss., München 1971/72.

House, R. J.; Wahba, M. A.: Expectancy Theory as a Predictor of Job Performance, Satisfaction and Motivation. An Integrative Model and a Review of the Literature. Working Paper 72-21, Faculty of Management Studies. University of Toronto 1972.

Hurwicz, L.: The Design of Mechanisms for Resource Allocation. In: The American Economic Review. Papers and Proceedings. Vol. 63, No. 2, 1973, S. 1 - 30.

Ijiri, Y.: Discussion. The Human Problems of Transfer Pricing. In: The Behavioral Aspects of Accounting Data for Performance Evaluation, hrsg. von T. J. Burns, Columbus, Ohio 1970.

Irish, R. R.: The Measurement of Divisional Performance in Terms of Accounting Data. Ph. D. Diss., The University of Texas at Austin 1970.

Jaensch, G.: Optimale Produktionssteuerung bei unvollständiger Information der Unternehmensleitung. In: Produktionstheorie und Produktionsplanung, hrsg. von A. Moxter, D. Schneider und W. Wittmann, Köln u. a. O. 1966, S. 195 - 229.

Jennergren, L. P.: Studies in the Mathematical Theory of Decentralized Resource Allocation. Unpubl. Ph. D. Diss., Graduate School of Business, Stanford University 1971.

Jennergren, L. P.: A Price Schedules Decomposition Algorithm for Linear Programming Problems. In: Econometrica. Vol. 41, 1973, S. 965 - 980.

Kappler, E.: Motivierung durch Kostenwertvorgabe? Einige Überlegungen zu möglichen Auswirkungen der Kostenwertvorgabe in Organisationen. In: Zeitschrift für betriebswirtschaftliche Forschung. 26. Jg., 1974, S. 335 - 352.

Kern, W.: Gestaltungsmöglichkeiten und Anwendungsbereich betriebswirtschaftlicher Planungsmodelle. In: Zeitschrift für handelswissenschaftliche Forschung. 14. Jg., 1962, S. 167 - 179.

Kieser, A.; Kubicek, H.: Organisation. Berlin u. a. O. 1977.

Kilger, W.: Schmalenbachs Beitrag zur Kostenlehre. In: Zeitschrift für betriebswirtschaftliche Forschung. 25. Jg., 1973, S. 522 - 548.

Kilger, W.: Flexible Plankostenrechnung. Theorie und Praxis der Grenzplankostenrechnung und Deckungsbeitragsrechnung. 6. Aufl., Opladen 1974.

Kilger, W.: Einführung in die Kostenrechnung. Opladen 1976.

Kirsch, W.: Die Koordination von Entscheidungen in Organisationen. In: Zeitschrift für betriebswirtschaftliche Forschung. 23. Jg., 1971, S. 61 - 82.

Kirsch, W.: Planung. Kapitel einer Einführung. München 1975.

Kirsch, W.; Gabele, E.; Börsig, C.; Dumont Du Voitel, R.; Esser, W. M.; Knopf, R.: Reorganisationsprozesse in Unternehmen. Bericht aus einem empirischen Forschungsprojekt. München 1975.

Koch, H.: Planungsprobleme bei unvollständigem Entscheidungsfeld. Die Problematik des Opportunitätskostenprinzips. In: Zeitschrift für Betriebswirtschaft. 47. Jg., 1977, S. 353 - 384.

Köhler, R.: Profit-Center. In: Marketing, hrsg. von L. G. Poth, Neuwied 1978, Abschnitt 4.2.4., S. 1 - 41.

Köhler, R.; Uebele, H.: Planung und Entscheidung im Absatzbereich industrieller Großunternehmen. Arbeitsbericht Nr. 77/9. Institut für Wirtschaftswissenschaften, RWTH Aachen.

König, K.: Das Batâ Vertriebssystem. Diss., Köln 1942.

Koontz, H.; O'Donell, C.: Management. A Systems and Contingency Analysis of Managerial Functions. Sixth Ed., New York u. a. O. 1976.

Koopmanns, T. C.: Analysis of Production as an Efficient Combination of Activities. In: Activity Analysis of Production and Allocation, hrsg. von T. C. Koopmanns, New York u. a. O., S. 33 - 97.

Kornai, J.; Liptak, T.: Two-Level Planning. In: Econometrica. Vol. 33, 1965, S. 141 - 169.

Kosiol, E. u. a.: Kollegien als Organisationsformen der Entscheidung, Beratung und Information. In: Organisation des Entscheidungsprozesses, hrsg. von E. Kosiol, Berlin 1959, S. 107 - 214.

Kosiol, E.: Erkenntnisgegenstand und methodologischer Standort der Betriebswirtschaftslehre. In: Zeitschrift für Betriebswirtschaft. 31. Jg., 1961, S. 129 - 136.

Kosiol, E.: Organisation der Unternehmung. Wiesbaden 1962.

Kosiol, E.: Kollegien. In: Handwörterbuch der Organisation, hrsg. von E. Grochla, Stuttgart 1969, Sp. 817 - 825.

Kriebel, C.; Lave, L. B.: Conflict Resolution within Economic Organizations. In: Behavioral Science. Vol. 14, 1969, S. 183 - 196.

Kröske, J.: Die Verwendungsmöglichkeiten von Lenkpreisen in der Programmplanung. Diss., Frankfurt am Main 1971.

Künzi, H. P.; Krelle, W.: Nichtlineare Programmierung. Berlin u. a. O. 1962.

Lappen, H.: Konzernverrechnungspreise in steuerlicher Sicht. In: Verrechnungspreise, hrsg. von G. Danert, H. J. Drumm und K. Hax, Opladen 1973, S. 87 - 90.

Larson, R. L.: A Behavioral Investigation of the Pricing of Intra-Company Transfers and the Operation of the Industrial Firm Organized under the Profit Center Concept. DBA Thesis, University of Oregon 1970.

Larsson, L.; Sundquist, L.; Arvidsson, G.: Internprissätting-Metoder vid Avräkning av Internprestationer i 235 Större Svenska Företag. EFI Memo, Stockholm 1971.

Lawler, E. E.: Pay and Organizational Effectiveness. A Psychological View. New York 1971.

Lawler, E. E.: Motivierung in Organisationen. Bern u. a. O. 1977. (Deutsche Übersetzung von: Motivation in Work Organizations. Belmont, Cal. 1973.)

Lawrence, P. R.; Lorsch, J. W.: Organization and Environment. Managing Differentiation and Integration. Homewood, Ill. 1969.

Lindfors, G. V. (Hrsg.): Intercollegiate Case Clearing House. Intercollegiate Bibliography, Vol. I - X, 1967, und Vol. XI - XIII, Boston, Mass. 1970.

Loehmann, E.; Whinston, A.: A New Theory of Pricing and Decision Making for Public Investment. In: The Bell Journal of Economics and Management Science. Vol. 2, 1971, S. 606 - 625.

Lorsch, J. W.: Product Innovation and Organization. New York u. a. O. 1965.

Louis jr., R. D. St.: Mathematical Programming and Decentralization. Ph. D. Diss., Purdue University 1972.

Lüder, K.: Investment-Center-Kontrollverfahren zur Steuerung dezentralisierter Großunternehmen. In: Rechnungswesen und Betriebswirtschaftspolitik, hrsg. von M. Layer und H. Strebel, Berlin 1969, S. 305 - 319.

Machlup, F.: Theories of the Firm. Marginalist, Behavioral, Managerial. In: The American Economic Review, Vol. 57, 1967, S. 1 - 33.

Mahoney, T. A.; Weitzel, W.: Management-Modelle der Effizienz von Organisationen. In: Elemente der organisatorischen Gestaltung, hrsg. von E. Grochla, Reinbek 1978, S. 176 - 190.

Malinvaud, E.: Decentralized Procedures for Planning. In: Activity Analysis in the Theory of Growth and Planning, hrsg. von E. Malinvaud und M. O. L. Bacharach, London 1967, S. 170 - 208.

Manes, R. P.: Birch Paper Company Revisited. An Exercise in Transfer Pricing. In: The Accounting Review, Vol. 45, 1970, S. 565 - 572.

March, J. G.; Simon, H. A.: Organizations. New York 1958.

Marschak, T. A.: Economic Theory and Management Control. In: Management Controls, hrsg. von C. P. Bonini, R. K. Jaedicke und H. M. Wagner, New York u. a. O. 1964, S. 81 - 87.

Martin, G. R.: Accounting Data and their Decision Use. An Empirical Study of Transfer Prices and their Use in Management Decisions. Ph. D. Diss., University of California, Berkely 1967.

Maslow, A. H.: Motivation and Personality. 2. Aufl., New York u. a. O. 1970.

Mautz, R. K.: Financial Reporting by Diversified Companies. New York 1968.

Mayer, G. in Zusammenarbeit mit Gabele, E.: Der Prozeß der Divisionalisierung. Eine explorative Studie über Reorganisationen von 13 Großunternehmen. München 1975.

Meier, A.: Koordination. In: Handwörterbuch der Organisation, hrsg. von E. Grochla, Stuttgart 1969, Sp. 893 - 899.

Meller, F.: Sparten- und Funktionenorganisation. In: Zeitschrift für Organisation. 39. Jg., 1970, S. 348 - 353.

Meyer, H. H.; Kay, E.; French jr., J. R. P.: Split Roles in Performance Appraisal. In: Readings in Organizational Behavior and Human Performance, hrsg. von L. L. Cummings und W. E. Scott jr., Homewood, Georgetown 1969, S. 714 - 721.

Morgenstern, O.: Prolegomena to a Theory of Organization. The Rand Corporation, RM 734. Santa Monica 1951.

Morris, W. T.: Decentralization in Management Systems. Ohio 1968.

National Association of Cost Accountants: Accounting Intra-Company Transfers. Research Series No. 30. New York 1957.

National Industrial Conference Board: Interdivisional Transfer Pricing. Studies in Business Policy No. 122. New York 1967.

Naylor, T. H.; Vernon, J. M.: Microeconomics and Decision Models of the Firm. New York u. a. O. 1969.

Newmann, W. H.; Summer, C. A.; Warren, K. E.: The Process of Management. Concepts, Behavior and Practice. 2. Aufl., Englewood Cliffs, N. J. 1967.

Okpechi, S. O.: Interdivisional Transfer-Pricing. A Conflict Resolution Approach. Ph. D. Diss., Ohio State University 1976.

Opfermann, K.; Reinermann, H.: Opportunitätskosten, Schattenpreise und optimale Geltungszahl. In: Zeitschrift für Betriebswirtschaft. 35. Jg., 1965, S. 211 - 235.

Ophir, T.: Decentralizing Decisions on Capital Expenditures. A Proposal. In: Journal of Industrial Economics. Vol. 15, No. 3, 1967, S. 177 - 188.

o. V.: Die Neuorganisation des Hauses Siemens. In: Zeitschrift für Organisation. 39. Jg., 1970, S. 337 - 347.

o. V.: Der interessante Fall. Chemische Werke Hüls. In: Wirtschaftswoche. 26. Jg., 1972, S. 26 ff.

o. V.: 15 Jahre Erfahrung mit der Geschäftsbereichsorganisation bei der Standard Elektrik Lorenz AG. Stuttgart. In: Zeitschrift für Organisation. 45. Jg., 1976, S. 133 - 143.

o. V.: Bertelsmann - Die Organisation der Gruppe. In: Zeitschrift für Organisation. 46. Jg., 1977, S. 133 - 143.

o. V.: Manager und Märkte. In: Die Zeit, Nr. 3, vom 13.08.1978, S. 22.

Poensgen, O. H.: Geschäftsbereichsorganisation. Opladen 1973.

Pogrzeba, R.: Innerbetriebliche Leistungsverrechnung im Volkswagenwerk. In: Verrechnungspreise, hrsg. von G. Danert, H. J. Drumm und K. Hax, Opladen 1973, S. 27 - 30.

Pondy, L. R.: Organizational Conflict. Concepts and Models. In: Administrative Science Quarterly. Vol. 10, 1967, S. 298 - 320.

Porter, L. W.; Lawler III, E. E.: Managerial Attitudes and Performance. Homewood, Ill. 1968.

Pugh, D. S.; Hickson, D. J. u. a.: A Conceptual Scheme for Organizational Analysis. In: Administrative Science Quarterly. Vol. 8, 1963/64, S. 289 - 315.

Rappaport, A.: A Capital Budgeting Approach to Divisional Planning and Control. In: Financial Executive. Vol. 36, 1968, S. 61 - 69.

Reber, G.: Motivation. In: Handwörterbuch der Betriebswirtschaft. 4. Aufl., hrsg. von E. Grochla und W. Wittmann, Stuttgart 1975, Sp. 2716 - 2723.

Reichmann, T.: Planung, Steuerung und Kontrolle mit Hilfe von Kennzahlen. In: Zeitschrift für betriebswirtschaftliche Forschung. 28. Jg., 1976, S. 705 - 723.

Riedel, H.: Organisatorische Neuordnung im F&G-Konzern. In: Zeitschrift für Organisation. 45. Jg., 1976, S. 21 - 32.

Roberts, E. B.; Abrams, D. I.; Weil, H. B.: A Systems Study of Policy Formulation in a Vertically Integrated Firm. In: Management Science. Vol. 14, 1968, S. B-674 - B-694.

Rockness, H. O.: Expectancy Theory in a Budgetary Setting. An Experimental Examination. In: The Accounting Review. Vol. 52, 1977, S. 893 - 903.

Ronen, J.; McKinney III, G.: Transfer Pricing for Divisional Autonomy. In: Journal of Accounting Research. Vol. 8, 1970, S. 99 - 112.

Ronen, J.: Social Costs and Benefits and the Transfer Pricing Problem. In: The Journal of Public Economics. Vol. 3, 1974, S. 71 - 82.

Ronen, J.: Transfer Pricing. A Synthesis. A Comment. In: The Accounting Review. Vol. 50, 1975, S. 351 - 354.

Ronen, J.; Livingstone, J. L.: An Expectancy Theory Approach to the Motivational Impacts of Budgets. In: The Accounting Review. Vol. 50, 1975, S. 671 - 685.

Rosen, J. B.: Primal Partition Programming for Block Diagonal Matrices. In: Numerische Mathematik. 6. Jg., 1964, S. 250 - 260.

Ruefli, T. W.: Behavioral Externalities in Decentralized Organizations. In: Management Science. Vol. 9, 1971, S. B-649 - B-657.

Ruefli, T. W.: A Generalized Goal Decomposition Model. In: Management Science. Vol. 17, 1971, S. B-505 - B-518.

Salter, M. S.: Tailor Incentive Compensation to Strategy. In: Harvard Business Review. Vol. 51, No. 2, 1973, S. 94 - 102.

Selinger, K.: Die Organisation der BASF Gruppe. In: Zeitschrift für Organisation. 46. Jg., 1977, S. 17 - 22.

Shackleton, K.: Management Accounting and Behavioral Science. In: Management Decision. Vol. 1, 1977, S. 126 - 149.

Shapley, L. S.: A Value for n-Person Games. In: Contributions to the Theory of Games, Vol. II, hrsg. von H. W. Kuhn und A. W. Tucker, Princeton 1953.

Shillinglaw, G.: Guides to Internal Profit Measurement. In: Harvard Business Review. Vol. 35, No. 2, 1967, S. 82 - 94.

Shillinglaw, G.: Toward a Theory of Divisional Income Measurement. In: The Accounting Review. Vol. 37, 1962, S. 208 - 216.

Shubik, M.: Incentives, Decentralized Control. The Assignment of Joint Costs and Internal Pricing. In: Management Controls, hrsg. von C. P. Bonini u. a., New York u. a. O. 1964, S. 205 - 226.

Siegel, S.: Nonparametric Statistics for the Behavioral Sciences. New York 1956.

Silverman, G. J.: Primal Decomposition of Mathematical Programs by Resource Allocations. In: Operations Research. Vol. 20, 1972, S. 58 - 93.

Simon, H. A.: The New Science of Management Decision. New York 1960.

Solaro, D.: Verrechnungspreise in der Elektroindustrie. In: Verrechnungspreise, hrsg. von G. Danert, H. J. Drumm und K. Hax, Opladen 1973, S. 45 - 49.

Solomons, D.: Divisional Performance: Measurement and Control. Homewood, Ill. 1965.

Solomons, D.: Intra Corporate Conflict in International Business. In: Topics in Accounting and Planning, hrsg. von R. Mattessich, Vancouver 1972.

Schiefer, G.: Zur Theorie und Praxis der iterativen Optimierung großer linearer Systeme. Mit einer Diskussion der planungsorganisatorischen Aspekte iterativer Planungsmethoden. Hannover 1975.

Schmalenbach, E.: Über Verrechnungspreise. In: Zeitschrift für handelswissenschaftliche Forschung. 3. Jg., 1908/09, S. 165 - 185.

Schmalenbach, E.: Grundlagen der Selbstkostenrechnung und Preispolitik. 5. Aufl., Leipzig 1930.

Schmalenbach, E.: Selbstkostenrechnung und Preispolitik. 6. Aufl., Leipzig 1934.

Schmalenbach, E.: Pretiale Wirtschaftslenkung, Band 1. Die optimale Geltungszahl. Bremen-Horn 1947.

Schmalenbach, E.: Pretiale Wirtschaftslenkung, Band 2. Pretiale Lenkung des Betriebes. Bremen-Horn 1948.

Schmalenbach, E.: Kostenrechnung und Preispolitik. 8. Aufl., Köln u. a. O. 1963.

Schmidt, G.: Organisation. Methode und Technik. Gießen 1975.

Schnauffer, H.: Probleme der Verrechnungspreisbildung in der Automobilindustrie. In: Verrechnungspreise, hrsg. von G. Danert, H. J. Drumm und K. Hax, Opladen 1973, S. 31 - 35.

Schneider, D.: Die Preistheorie und die preispolitischen Folgen vertikaler Unternehmenskonzentration. In: Zeitschrift für betriebswirtschaftliche Forschung. 18. Jg., 1966, S. 140 - 157.

Schneider, D.: Die Theorie der Verrechnungspreise heute. In: Liiketaloudellinen Aikakauskirja. 16. Jg., Nr. 11, 1967, S. 106 - 124.

Schweitzer, M.; Hettich, G. O.; Küpper, H. U.: Systeme der Kostenrechnung. München 1975.

Stackelberg, H. von: Grundlagen einer reinen Kostentheorie. Wien 1932.

Staehle, W. H.: Zielvorgabe, Koordination und Kontrolle dezentraler Organisationseinheiten mit Hilfe von Kennzahlsystemen. In: Management International Review. Vol. 9, 1969, S. 63 - 73.

Stedry, A.: Budget Control and Cost Behavior. Englewood Cliffs, N. J. 1960.

Stedry, A.: Aspiration Levels, Attitudes and Performance in a Goal Oriented Situation. In: Industrial Management Review. Vol. 3, No. 2, 1962, S. 60 - 72.

Stieglitz, H.: On Concepts of Corporate Structure. In: The Conference Board Record. Vol. 11, No. 2, 1974, S. 7 - 13.

Steiner, M.: Die Berücksichtigung sozialer und psychologischer Phänomene in der Unternehmensrechnung. In: Personal- und Sozialorientierung der Betriebswirtschaftslehre, Bd. 2, hrsg. von G. Reber, Stuttgart 1977, S. 1 - 26.

Stone, W.: Management Practices with Respect to Internal Transfer Pricing in Large Manufacturing Companies. Unpubl. Ph. D. Diss., University of Pennsylvania 1957.

Strutz, H.: Umweltveränderungen und organisatorischer Wandel. In: Zeitschrift für Organisation. 46. Jg., 1977, S. 305 - 309.

Takahashi, I.: Variable Separation Principle for Mathematical Programming. In: Journal of Operational Research Society, Japan. Vol. 6, 1964, S. 82 - 105.

Thompson, J. D.: Organizations in Action. New York u. a. O. 1967.

Vellmann, K.: Das Verrechnungs-System der Henkel-Gruppe. In: Verrechnungspreise, hrsg. von G. Danert, H. J. Drumm und K. Hax, Opladen 1973, S. 67 - 82.

Vellmann, K.: Spartenerfolgsrechnung als Lenkungsinstrument. Erfahrungen mit der Spartenerfolgsrechnung bei Henkel & Cie GmbH. In: Betriebswirtschaftliche Forschung und Praxis. 27. Jg., 1975, S. 254 - 269.

Vroom, V.: Work and Motivation. New York 1964.

Walker, A. H.; Lorsch, J. W.: Organizational Choice: Product versus Function. In: Harvard Business Review, Vol. 46, No. 6, 1968, S. 129 - 138.

Walton, R. E.: Theory of Conflict in Lateral Organizational Relationships. In: Operational Research and Social Sciences, hrsg. von J. R. Lawrence, London 1966, S. 401 - 426.

Watson, D. J. H.: Contingency Formulations of Organizational Structure: Implications for Managerial Accounting. In: Managerial Accounting. The Behavioral Foundations, hrsg. von J. L. Livingstone, Columbus, Ohio 1975.

Watson, D. J. H.; Baumler, J. V.: Transfer Pricing. A Behavioral Context. Working Paper No. 120. College of Commerce and Administration, University of Illinois at Urbana-Champaign 1973.

Watson, D. J. H.; Baumler, J. V.: Transfer Pricing. A Behavioral Context. In: The Accounting Review, Vol. 50, 1975, S. 446 - 474.

Weber, H.: Funktionsorientierte und produktorientierte Organisation der industriellen Unternehmung. In: Zeitschrift für Betriebswirtschaft. 38. Jg., 1968, S. 587 - 604.

Weber, P. J.: Konzernverrechnungspreise in der Automobilindustrie. In: Verrechnungspreise, hrsg. von G. Danert, H. J. Drumm und K. Hax, Opladen 1973, S. 21 - 25.

Weitzman, M.: Iterative Multilevel Planning with Production Targets. In: Econometrica. Vol. 38, 1970, S. 50 - 56.

Welge, M. K.: Profit-Center-Organisation. Wiesbaden 1975.

Whinston, A.: Price Guides in Decentralized Organizations. In: New Perspectives in Organization Research, hrsg. von W. W. Cooper, H. J. Leavitt und M. W. Shelly, New York u. a. O. 1964, S. 405 - 448.

Wilde, H.: Erfahrungen mit der Spartenorganisation bei AEG-Telefunken. In: Divisionalisierung als organisatorisches Konzept für die Unternehmung, hrsg. von E. Grochla, F. Meller und H. Wilde, Dortmund 1973, S. 33 - 50.

Williamson, O. E.: Corporate Control and Business Behavior. Englewood Cliffs, N. J. 1970.

Wöhe, G.: Einführung in die Allgemeine Betriebswirtschaftslehre. 11. Aufl., München 1975.

Zannetos, Z. S.: On the Theory of Divisional Structures. Some Aspects of Centralization and Decentralization of Control and Decision Making. In: Management Science. Vol. 12, 1965, S. B-49 - B-68.

Anhang: Fragebogen[1]

1) Es handelt sich um den Fragebogen für Leiter des Rechnungswesens bzw. für den Gestalter des Verrechnungspreissystems. Der Fragebogen für Spartenleiter ist ähnlich aufgebaut. Vgl. dazu S. 289 dieser Arbeit.

R

Leiter des Rechnungswesens
==========================

Interview am ____________ Firma: ____________________

Ort ______________________ Anschrift: ________________

Telefon: __________________

Interview-Partner

Name: ____

Anschrift: _______________________________________

Telefon: ________________

Stellung in der Unternehmung: _____________________

____

Aufgabenbereich: _________________________________

____

____

Persönlich ausgehändigte Unterlagen:

Organigramm ○

VRP-Richtlinie ○

Sonstiges: ____________________

____

____

Fragen zu Verrechnungspreisen an Leiter des Rechnungswesens

I. Struktur

R 1. Bitte skizzieren Sie grob die Organisationsstruktur (Organigramm) Ihrer Unternehmung. Kennzeichnen Sie Ihre Stellung.

R 2. Welche Funktionen befinden sich im Verantwortungsbereich der Sparten und welche Funktionen werden zentral verwaltet?

	nur im Bereich der Sparten	überwiegend im Bereich der Sparten	Sparten und Zentrale gemeinsam	überwiegend im Bereich der Zentrale	völlig zentral
Funktionen:	1	2	3	4	5
Vertrieb					
Einkauf					
Produktion					
Personal					
Investitionsplanung					
Investitionsentsch.					
Forschung + Entwicklung					
Finanzierung					
Recht					
EDV					
sonstige: (bitte ergänzen)					

R 3. Bitte kennzeichnen Sie in der folgenden Übersichtsmatrix (S. 5 des Fragebogens) für jede Sparte

I. a) die drei umsatzstärksten Produktgruppen, die von den Sparten extern, d. h. im Markt verkauft werden. Falls Sie die Namen dieser Produktgruppen nicht nennen möchten, so tragen Sie bitte statt dessen die Bezeichnungen A, B, C in die Übersichtsmatrix ein.

b) die drei Produktgruppen, die den höchsten Anteil an den internen Liefermengen (= internen Verkäufen) der Sparten innerhalb Ihrer Unternehmung haben. Falls Sie die Namen dieser Produktgruppen nicht nennen möchten, so tragen Sie bitte statt dessen die Buchstaben D, E, F ein. Falls intern und extern verkaufte Produktgruppen identisch sind, bitte keine neuen Buchstaben einführen.

II. Nennen Sie den Prozentanteil jeder Produktgruppe am Gesamtumsatz der Unternehmung. Als Gesamtumsatz wird die Summe der Umsätze aller Produktgruppen, die in- und extern verkauft werden, bezeichnet.

III. Bitte kennzeichnen Sie durch Eintragen des entsprechenden Prozentanteils, ob die Produktgruppe nur extern, nur intern oder in- und extern verkauft wird. Beachten Sie bitte beim Eintragen der Prozentzahlen, daß sich die drei Alternativen gegenseitig ausschließen.

IV. Kennzeichnen Sie bitte durch die Buchstaben "e" oder "i", welcher Verrechnungspreis (im folgenden als VRP abgekürzt) für die einzelnen Produkte benutzt wird.

Sollten Sie einen Verrechnungspreis verwenden, der hier nicht genannt ist, so tragen Sie ihn bitte in der Tabelle unter "Sonstige" ein.

Beispiel:

I	II % vom Gesamtumsatz	III % e	 % i	IV Marktpreis	 Vollkosten	 ...	+) ++) +++) Sonstige VRP:
Produktgruppe A	20	100	-	e	-	-	-
" " B	20	-	100	-	i	-	-
" " C	30	30	70	e	i	-	-
Sonstige Produkte	30	40	60	e	i	-	-
	100 %						

1. Produktgruppe A wird nur extern zum Marktpreis verkauft.
2. Produktgruppe B wird nur intern zu Vollkosten verkauft.
3. Produktgruppe C wird zu 30 % extern zum Marktpreis und zu 70 % intern zu Vollkosten verkauft.
4. Die sonstigen Produkte haben einen Anteil von 30 % am Gesamtumsatz der Sparte, davon werden 40 % extern zum Marktpreis und 60 % intern zu Vollkosten verkauft.

Fußnoten zur Übersichtsmatrix auf Seite 5:

1) Deckungsbeitragssplitting: Falls das DB-Splitting angewendet wird, dienen die Grenzkosten oder die variablen Kosten als Verrechnungspreis. Der gesamte Deckungsbeitrag wird daher erst in der Endstufe beim Verkauf des Produktes realisiert. Dieser DB wird auf alle an der Herstellung beteiligten Sparten nach einem bestimmten Schlüssel verteilt (gesplittet).

2)3)4) Falls Sie Verrechnungspreise benutzen, die hier nicht genannt sind, so tragen Sie diese bitte unter "Sonstige VRP" ein.

Bitte erklären Sie kurz diese Verrechnungspreise und ihre Anwendung auf der folgenden Seite.

1) ____________________

____

____

____

2) ____________________

____

____

____

3) ____________________

____

____

____

Leistungsaustausch (extern und intern)

		Sparte 1 A	B	C	D	E	F	Sparte 2 A	B	C	D	E	F
Sonstige VRP	4)												
Sonstige VRP	3)												
Sonstige VRP	2)												
IV. Art des Verrechnungspreises	R 9 Knappheitspreise (Opportunitätskosten)												
	R 8 Variable - oder Grenzkosten plus Deckungsbeitragssplitting[1])												
	R 7 Variable - oder Grenzkosten plus periodische Fixkostenvergütung												
	Variable - oder Grenzkosten plus Fixkostenbeitrag pro Einheit												
	Variable oder Grenzkosten												
	R 6 Plan-Vollkosten und Gewinnanteil												
	Plan-Vollkosten												
	R 6 Normal/Standard-Vollkosten und Gewinnanteil												
	Normal/Standard-Vollkosten												
	R 6 Ist-Vollkosten und Gewinnanteil												
	Ist-Vollkosten												
	R 5 zwischen den Sparten ausgehandelter Preis												
	Marktpreis eines ähnlichen Produktes												
	um Absatz oder Beschaffungskosten korrigierter Marktpreis												
	Marktpreis												
III. %-Anteil von Innen- und Außenumsatz einer Produktgruppe	% i												
	% e												
II.	%-Anteil der Produktgruppe am Gesamtumsatz der Unternehmung												
I. Bezeichnung der Produktgruppe		Sparte 1 A	B	C	D	E	F	Sparte 2 A	B	C	D	E	F

Leistungsaustausch (extern und intern)

Abschnitt		Verrechnungspreis	Sparte 3 A	B	C	D	E	F	Sparte 4 A	B	C	D	E	F
IV. Art des Verrechnungspreises	Sonstige VRP	4)												
	Sonstige VRP	3)												
	Sonstige VRP	2)												
	R 9	Knappheitspreise (Opportunitätskosten)												
	R 8	Variable - oder Grenzkosten plus Deckungsbeitragssplitting[1])												
	R 7	Variable - oder Grenzkosten plus periodische Fixkostenvergütung												
		Variable - oder Grenzkosten plus Fixkostenbeitrag pro Einheit												
		Variable oder Grenzkosten												
	R 6	Plan-Vollkosten und Gewinnanteil												
		Plan-Vollkosten												
	R 6	Normal/Standard-Vollkosten und Gewinnanteil												
		Normal/Standard-Vollkosten												
	R 6	Ist-Vollkosten und Gewinnanteil												
		Ist-Vollkosten												
	R 5	zwischen den Sparten ausgehandelter Preis												
		Marktpreis eines ähnlichen Produktes												
		um Absatz oder Beschaffungskosten korrigierter Marktpreis												
		Marktpreis												
III.	%-Anteil von Innen- und Außenumsatz einer Produktgruppe	% i												
		% e												
II.		%-Anteil der Produktgruppe am Gesamtumsatz der Unternehmung												
I.		Bezeichnung der Produktgruppe												

Leistungsaustausch (extern und intern)

I. Bezeichnung der Produktgruppe		Sparte 5	A	B	C	D	E	F	Sonstige Sparten
IV. Art des Verrechnungspreises	Sonstige VRP 4)								
	Sonstige VRP 3)								
	Sonstige VRP 2)								
	R 9 Knappheitspreise (Opportunitätskosten)								
	R 8 Variable - oder Grenzkosten plus Deckungsbeitragssplitting[1]								
	R 7 Variable - oder Grenzkosten plus periodische Fixkostenvergütung								
	Variable - oder Grenzkosten plus Fixkostenbeitrag pro Einheit								
	Variable oder Grenzkosten								
	R 6 Plan-Vollkosten und Gewinnanteil								
	Plan-Vollkosten								
	R 6 Normal/Standard-Vollkosten und Gewinnanteil								
	Normal/Standard-Vollkosten								
	R 6 Ist-Vollkosten und Gewinnanteil								
	Ist-Vollkosten								
	R 5 zwischen den Sparten ausgehandelter Preis								
	Marktpreis eines ähnlichen Produktes								
	um Absatz oder Beschaffungskosten korrigierter Marktpreis								
	Marktpreis								
III.	%-Anteil von Innen- und Außenumsatz einer Produktgruppe: i %								
	%-Anteil von Innen- und Außenumsatz einer Produktgruppe: e %								
II.	%-Anteil der Produktgruppe am Gesamtumsatz der Unternehmung								100 %

R 4. a) Bitte nennen Sie die drei Arten von Einsatzgütern (Rohstoffe, Zwischenprodukte), die den höchsten Anteil an den Herstellkosten jeder Sparte haben (siehe Tabelle auf der folgenden Seite).
Falls Sie die Produktgruppen nicht benennen möchten, so verfahren Sie bitte wie in Frage R 3.

b) Bitte nennen Sie von den Einsatzgütern, die intern bezogen, d. h. von anderen Sparten gekauft werden, für jede Sparte die drei Produktgruppen mit dem jeweils höchsten Kostenanteil.

c) Nennen Sie bitte auch Dienstleistungen, die Sie von der Zentrale oder anderen Sparten beziehen (z. B. EDV).

I Bezeichnung des Einsatzgutes	II %-Anteil des Einsatzgutes an den Gesamtkosten für Ersatzgüter der Unternehmung	III %-Anteil interner und externer Einkäufe je Einsatzgut % i	 % e	IV bitte nennen Sie den Verrechnungspreis, falls er ihnen bekannt ist:
Sparte 1				
A				
B				
C				
D				
E				
F				
Sparte 2				
A				
B				
C				
D				
E				
F				
Sparte 3				
A				
B				
C				
D				
E				
F				
Sparte 4				
A				
B				
C				
D				
E				
F				
Sparte 5				
A				
B				
C				
D				
E				
F				

R 5. Werden Verrechnungspreise zwischen den Sparten ausgehandelt?

Nein ☐ bitte weitergehen zur Frage R 6.

Ja ☐ bitte beschreiben Sie kurz, wie die Verrechnungspreise ausgehandelt werden:

- Welche Partner sind beteiligt? ____________________

____

- Sind Mitglieder oder Beauftragte der Gesamtunternehmungsleitung (Zentrale) beteiligt?
  Nein ☐ Ja ☐ Falls ja, welche? ______________

____

- Werden Kosteninformationen bei diesen Verhandlungen ausgetauscht? Nein ☐ Ja ☐

____

____

- Besteht die Möglichkeit, die Verhandlungen abzubrechen und die Produkte am Markt zu kaufen bzw. verkaufen? Nein ☐ Ja ☐

____

____

- Gibt es eine Instanz, die angerufen werden kann, wenn keine Einigung über den Verrechnungspreis zustande kommt? Nein ☐ Ja ☐

____

____

- Wie ist diese Instanz zusammengesetzt?

____

____

R 6. Werden "Vollkosten-Plus-Gewinnanteile" als Verrechnungspreise verwendet?

Nein ☐ bitte weitergehen zur Frage R 7.

Ja ☐ bitte beschreiben Sie kurz:

- Auf welcher Grundlage wird der Gewinnanteil ermittelt?

____

____

- Wer bestimmt endgültig die Höhe des Gewinnanteils?

____

____

____

R 7. Wird eine periodische Fixkostenvergütung gezahlt?

Nein ☐ bitte weitergehen zur Frage R 8.

Ja ☐ bitte beschreiben Sie kurz,

- wie die Fixkostenvergütung festgesetzt wird.

____

____

- wer die Fixkostenvergütung festsetzt.

____

____

R 8. Wird Deckungsbeitragssplitting praktiziert?

Nein ☐ bitte weitergehen zur Frage R 9.

Ja ☐ bitte erläutern Sie kurz, wie und durch wen der Verteilungsschlüssel festgelegt wird.

____

____

R 9. Werden Knappheitspreise (Opportunitätskosten) als VRP verwendet?

Nein ☐ bitte weitergehen zur Frage R 10.

Ja ☐ bitte beantworten Sie kurz:

- In welchen Situationen kommt es zur Anwendung von Knappheitspreisen (Opportunitätskosten) als VRP?

____

____

____

- Wie oft werden Knappheitspreise (Opportunitätskosten) als VRP verwendet?

nie	1	2	3	4	5	sehr häufig

- Wie werden die Knappheitspreise ermittelt/ berechnet? ____________________

____

____

II. Erfolgskriterien

R 10. Nach welchen Größen wird der Erfolg der Spartenleiter beurteilt? Bitte kreuzen Sie jeweils das zutreffende Kriterium an. Falls mehrere Kriterien verwendet werden, so nennen Sie bitte die Gewichtszahl, mit der das einzelne Kriterium Ihrer Ansicht nach in das Gesamturteil eingeht.

	Nein	Ja	%
Verzinsung des eingesetzten Kapitals (RoI)	☐	☐	___
Restgewinn (RI)[1]	☐	☐	___
Gewinn (G)	☐	☐	___
Umsatz (U)	☐	☐	___
Umsatzrendite (G/U)	☐	☐	___
Marktanteil	☐	☐	___
Kosten(-einhaltung)	☐	☐	___
Rationalisierungserfolge	☐	☐	___
Abweichung vom Budget (Budgetvarianz)	☐	☐	___
Personalentwicklung	☐	☐	___
Produktentwicklung	☐	☐	___
Sonstige: (bitte nennen)			
____________________	☐	☐	___
____________________	☐	☐	___
____________________	☐	☐	___
			100 %

Fußnote 1): Restgewinn = Gewinn minus Verzinsung auf das eingesetzte Kapital.

R 11. a) Glauben Sie, daß diese Kriterien für eine gerechte Beurteilung der Leistung der Spartenleiter geeignet sind?

völlig ungeeignet für eine gerechte Beurteilung	1	2	3	4	5	vollkommen geeignet für eine gerechte Beurteilung

b) Welche anderen Kriterien würden Sie vorschlagen?

____

____

c) Welche Kriterien von den unter R 10, Seite 9, genannten Kriterien würden Sie streichen?

____

____

R 12. Zu welchen Größen werden die Erfolgskriterien in Beziehung gesetzt?
Falls mehrere existieren, nennen Sie bitte jeweils die prozentuale Gewichtszahl der Bezugsgröße

	Nein	Ja	%
Vergleich mit dem Vorjahr	☐	☐	___
Vergleich mit anderen Sparten	☐	☐	___
Vergleich mit anderen Unternehmungen	☐	☐	___
Vergleich mit branchenspezifischen Zahlen	☐	☐	___
Vergleich mit den Sollwerten des Budgets	☐	☐	___
Sonstige:			
____________________	☐	☐	___
____________________	☐	☐	___
____________________	☐	☐	___

R 13. a) Werden die Bezüge von den Erfolgskriterien beeinflußt?

es besteht kein Einfluß	1	2	3	4	5	es besteht ein starker Einfluß

b) Durch welches Erfolgskriterium wird der variable Anteil der Spartenleiterbezüge am stärksten beeinflußt? (Bitte wählen Sie eines der Erfolgskriterien aus Frage R 10.)

____

____

c) Welche Konsequenzen werden aus positiv ausgefallenen Erfolgskriterien abgeleitet?

- Karrierevorteile:	keine	1	2	3	4	5	starke
- gesteigertes Ansehen bei der Gesamtunternehmungsleitung:	kein	1	2	3	4	5	stark
- gesteigertes Ansehen bei Spartenleiterkollegen:	kein	1	2	3	4	5	stark
- verbessertes Klima für zukünftige Investitionsanträge bei der Zentrale:	kein	1	2	3	4	5	stark
- persönliche Befriedigung mit der vollbrachten Leistung:	keine	1	2	3	4	5	starke

- sonstige positive Konsequenzen (bitte nennen):

______________________	keine	1	2	3	4	5	starke
______________________	keine	1	2	3	4	5	starke

d) Welche Konsequenzen folgen aus negativ ausgefallenen Erfolgskriterien?

- Karrierenachteile:	keine	1	2	3	4	5	starke
- verringertes Ansehen bei der Gesamtunternehmungsleitung:	kein	1	2	3	4	5	stark
- verringertes Ansehen bei Spartenkollegen:	kein	1	2	3	4	5	stark
- verschlechtertes Klima für zukünftige Investitionsanträge:	kein	1	2	3	4	5	stark
- persönliche Unzufriedenheit mit der erbrachten Leistung:	keine	1	2	3	4	5	starke

- sonstige negative Konsequenzen (bitte nennen):

______________________	keine	1	2	3	4	5	starke
______________________	keine	1	2	3	4	5	starke

e) Bitte gewichten Sie die einzelnen Konsequenzen gemäß ihrer Bedeutung, indem Sie der Konsequenz mit der größten Bedeutung eine 1 zuweisen und alle weniger wichtigen mit aufsteigenden Zahlen versehen:

Konsequenzen:	Rangzahl:
Bezüge	___
Karriere	___
Ansehen bei der Zentrale	___
Ansehen bei Kollegen	___
Klima für Investitionsanträge	___
Persönliche Leistung	___
Sonstiges:	___

R 14. Wie oft findet ein Vergleich des Erfolgskriteriums mit den Bezugsgrößen statt?

Häufigkeit:		Welche Kriterien? (bitte nennen)
monatlich	☐	________________
vierteljährlich	☐	________________
halbjährlich	☐	________________
jährlich	☐	________________
________	☐	________________

R 15. Werden die Erfolgskriterien, die Sie in Frage R 10 ankreuzten, von der Höhe der Verrechnungspreise beeinflußt?

gar nicht	1	2	3	4	5	sehr stark

R 16. Halten Sie den Einfluß, den die Verrechnungspreise auf das Verrechnungspreissystem ausüben, für gerechtfertigt?

in keinem Fall	1	2	3	4	5	vollkommen gerechtfertigt

R 17. Wenn Sie jetzt noch einmal den Zusammenhang zwischen den Verrechnungspreisen und den Beurteilungskriterien, mit denen die Spartenleiter sich konfrontiert sehen, überdenken, würden Sie sich wünschen,

	Nein	Ja
1. das jetzige System von Verrechnungspreisen und Erfolgskriterien beizubehalten?	☐	☐
2. den (die) VRP(s) beizubehalten, aber andere oder zusätzliche Beurteilungskriterien zu wählen? Welche (bitte nennen)?	☐	☐

____

____

Warum (bitte erläutern)?

____

____

3. die jetzigen Beurteilungskriterien beizubehalten, aber andere VRP(s) zu wählen?	☐	☐

Welche (bitte nennen)? ______________

____

Warum (bitte kurz erläutern)?

____

____

4. VRP <u>und</u> Beurteilungskriterien zu ändern?	☐	☐

Welchen neuen VRP? ______________

Welche neuen oder anderen Beurteilungskriterien? ______________

____

Warum? ______________

R 18. Wird ein

	Nein	Ja
a) zu niedriger VRP im internen Verkauf	☐	☐
b) zu hoher VRP beim internen Bezug	☐	☐

als Begründung für niedrige Gewinne oder negative Planabweichungen akzeptiert?

III. Entscheidungsbefugnisse

R 19. a) Welche von den folgenden Entscheidungen können Spartenleiter in eigener Verantwortung treffen?

b) Bitte numerieren Sie die einzelnen Entscheidungsaufgaben fortlaufend mit einer Rangzahl gemäß der Bedeutung, die diese Aufgabe für Sie hat. Mit 1 wird die wichtigste Aufgabe bezeichnet.

b) Rangzahl		a) vollkommen in der Verantwortung der Spartenleiter				fällt nicht in den Bereich der Spartenleit
___	Erweiterungsinvestitionen bis+) ____ DM	1	2	3	4	5
___	Rationalisierungsinvestitionen bis++) ____ DM	1	2	3	4	5
___	Ersatzinvestitionen bis+++) ____ DM	1	2	3	4	5
___	Wahl des Produktionsverfahrens	1	2	3	4	5
___	Produktionsniveau/Beschäftigung	1	2	3	4	5
___	Produktionsprogramm	1	2	3	4	5
___	Kostenniveau der Produktion	1	2	3	4	5
___	Wahl der Einsatzfaktoren	1	2	3	4	5
___	Wahl der Bezugsquellen	1	2	3	4	5
___	Entscheidung über Eigenproduktion/Fremdbezug	1	2	3	4	5
___	Entwicklung neuer Produkte	1	2	3	4	5
___	Einführung neuer Produkte	1	2	3	4	5
___	Aufsuchen/Verlassen von Märkten	1	2	3	4	5
___	Änderungen der Produktqualität	1	2	3	4	5
___	Festlegung des Produktpreises für externe Verk.	1	2	3	4	5
___	Festlegung der Absatzmenge für externe Verkäufe	1	2	3	4	5
___	Festlegung des Produktpreises für interne Verk.	1	2	3	4	5
___	Einstellungen/Entlassungen aller zur Sparte gehörigen Mitarbeiter	1	2	3	4	5
___	Vorbereitung des Budgets	1	2	3	4	5
___	Genehmigung der Budgets untergeordneter Stellen	1	2	3	4	5
___	Festlegung der Ausgaben für Forschung+Entwicklung	1	2	3	4	5
___	Festlegen des Mindest- bzw. Maximallagerbestandes	1	2	3	4	5
	Sonstige Befugnisse (bitte nennen):					
___	________________________	1	2	3	4	5
___	________________________	1	2	3	4	5
		vollkommen in der Verantwortung der Spartenleiter				fällt nicht in den Bereich der Spartenleit

+)++)+++) Falls Ihre Unternehmung andere Limitierungskriterien benutzt, so nennen Sie diese bitte:

+) ________________________

++) ________________________

+++) ________________________

R 20. a) Welchen Einfluß hat der Verrechnungspreis auf die von den Spartenleitern zu treffenden oder vorzubereitenden Investitionsentscheidungen?

gar keinen Einfluß	1	2	3	4	5	sehr starken Einfluß

b) Falls durch eine Investitionsentscheidung andere Sparten betroffen sind,

	Nein	Ja
- werden dann Liefervereinbarungen zu festen Preisen und Mengen zur Grundlage der Investitionsentscheidung gemacht? (Falls solche Vereinbarungen getroffen werden, wie lange gelten sie?) ____________	☐	☐
- wird eine Fixkosten-Pauschale vereinbart, die von den Empfängersparten zu zahlen ist?	☐	☐
- werden Kostenverteilung und Gewinnbeteiligung im voraus gemeinsam mit der Investitionsentscheidung getroffen?	☐	☐
- wird die Vorteilhaftigkeit der Teilbereichsinvestition im Rahmen einer Rechnung ermittelt,		
. die die gesamte Unternehmung einbezieht	☐	☐
. oder die nur Teilbereichszahlen und Verrechnungspreis berücksichtigt?	☐	☐

R 21. Wird für jede Sparte ein Budget für das jeweils kommende Jahr erstellt?

Nein ☐ bitte gehen Sie zur Frage R 22.

Ja ☐ bitte beantworten Sie folgende Fragen:

- Werden die Spartenleiter an der Planung von Sollwerten für das Budget beteiligt?

gar nicht	1	2	3	4	5	sie erstellen das Budget selbst

- Die Planwerte ergeben sich als Folge eines Verhandlungsprozesses zwischen dem Spartenleiter und der Gesamtunternehmungsleitung:
  Nein ☐ Ja ☐

IV. Technisch-ökonomische Umstände

R 22. Welche Produktionsverfahren herrschen in Ihrer Unternehmung vor?

		nur auftragsorientiert				nur marktorientiert
Einzelfertigung	☐	1	2	3	4	5
Serienfertigung	☐	1	2	3	4	5
Fließbandfertigung	☐	1	2	3	4	5
Transferstraße	☐	1	2	3	4	5
chem. Prozeßtechnologie	☐	1	2	3	4	5
Sonstige: ____________						
____________	☐	1	2	3	4	5

R 23. a) Wie oft findet eine <u>mengenmäßige</u> Änderung des Produktionsprogramms im Durchschnitt statt?

wöchentlich ☐ 14tägig ☐ monatl. ☐
vierteljährl. ☐ halbjährl. ☐ jährl. ☐
noch seltener ☐ (bitte nennen: ____________)

b) Wie oft findet eine <u>typen- oder artmäßige</u> Änderung des Produktionsprogramms im Durchschnitt statt?

wöchentlich ☐ 14tägig ☐ monatl. ☐
vierteljährl. ☐ halbjährl. ☐ jährl. ☐
noch seltener ☐ (bitte nennen: ____________)

Ist es schwierig, eine Änderung in der Produktion durchzuführen?

	sehr leicht				sehr schwierig	die Änderung ist mit Kosten verbunden: sehr wenig				sehr stark
Mengenänderung	1	2	3	4	5	1	2	3	4	5
Qualitäts- oder Designänderung am Produkt	1	2	3	4	5	1	2	3	4	5
Fertigung anderer Produkte	1	2	3	4	5	1	2	3	4	5

R 24. Von wem geht in der Regel die Initiative zur Änderung von Produktionsprogrammen aus?

Titel/Bezeichnung ____________________

Abteilung ____________________

R 25. Spielt die Höhe oder die Änderung des Verrechnungspreises eine Rolle bei der Auslösung von Entscheidungen zur Programmänderung (mengen- und typenmäßig)?

der VRP hat keinen Einfluß	1	2	3	4	5	hängt nur vom VRP ab

R 26. Dienen Verrechnungspreise als Grundlage für die Bestimmung

	Nein	Ja
- der zu produzierenden Menge?	☐	☐
- der zu beschaffenden Menge?	☐	☐
- der Preise für Endprodukte?	☐	☐
- der Preise für interne Lieferungen?	☐	☐

R 27. Falls die Mengen nicht aufgrund der VRP festgelegt werden, wie wird statt dessen die Menge festgelegt?

____

____

____

R 28. a) Können in der Produktion Kapazitätsengpässe auftreten?

nie	1	2	3	4	5	sehr häufig

b) Gefährden diese Engpässe die Produktions- bzw. Absatzziele einzelner Sparten oder der gesamten Unternehmung?

gar keine Gefährdung	1	2	3	4	5	sehr starke Gefährdung

R 29. Falls keine Engpässe auftreten, erklären Sie bitte, warum kein Engpaßproblem in Ihrer Unternehmung existiert.

____

____

R 30. Falls in Ihrer Unternehmung Engpässe auftreten, mit welchen Mitteln versuchen Sie diese Probleme zu bewältigen?

		in % aller Fälle
- Überstunden	☐	____
- interner Kapazitätskauf	☐	____
- Verlängerung der Lieferzeit	☐	____
- externe Lohnaufträge	☐	____
- Änderung der Auftragsfolge	☐	____
- externer Zukauf von Teilen	☐	____
- Sonstiges: ________	☐	____
____________	☐	____
		100 %

R 31. Falls nicht alle Aufträge genommen werden können, nach welchen Kriterien wird dann das optimale Produktionsprogramm ermittelt?

- nach dem Umsatz einzelner Produkte ☐
- nach dem Rohertrag aufgrund der Vollkostenkalkulation ☐
- nach dem Deckungsbeitrag einzelner Produkte ☐
- nach dem Deckungsbeitrag einzelner Kunden oder Kundengruppen ☐

R 32. Wird der VRP als Datum in diesen Optimierungsversuchen berücksichtigt? Nein ☐ Ja ☐

R 33. a) Bestehen wichtige langfristige Bezugsverpflichtungen oder -verträge für

	Nein	Ja	%-Anteil
- interne Lieferanten	☐	☐	____
- externe Lieferanten	☐	☐	____

und welchen Prozentanteil haben diese Lieferungen am Wert der gesamten Einsatzfaktoren Ihrer Unternehmung?

b) Wurden Preis (Nein ☐, Ja ☐) oder Mengen für interne Lieferungen (Nein ☐, Ja ☐) in diesem Vertrag fixiert?

R 34. a) Gibt es langfristige Lieferverpflichtungen oder -verträge für

	Nein	Ja	%-Anteil
- interne Käufer	☐	☐	____
- externe Käufer	☐	☐	____

und welchen Prozentanteil haben diese Lieferungen am Gesamtumsatz der Unternehmung?

b) Wurden Preise (Nein ☐, Ja ☐) oder Mengen für interne Käufe (Nein ☐, Ja ☐) in diesem Vertrag fixiert?

R 35. a) Ändern sich externe Absatzpreise als Reaktion auf eine Änderung der internen Verrechnungspreise?

- nie ☐
- hängt von der Marktsituation ab ☐
- falls die Marktsituation eine Absatzpreiserhöhung nicht zuläßt, erhebe ich Widerspruch gegen die VRP-Erhöhung ☐
- immer ☐
- hängt davon ab, wieviel % der Herstellkosten vom VRP abhängen ☐
- Absatzpreis- und VRP-Änderung erfolgen gleichzeitig ☐
- Sonstiges ____________________

____________________ ☐

R 36. a) Wie stark sind die einzelnen Sparten Ihrer Unternehmung untereinander verflochten?

nicht verflochten	1	2	3	4	5	sehr stark verflochten

b) Glauben Sie, daß das VRP-System dieser Verflechtung

nur unzureichend gerecht wird?	1	2	3	4	5	vollkommen gerecht wird?

V. Organisation des VRP-Bildungsprozesses

R 37. Gibt es eine schriftliche Richtlinie, die Regeln und Methoden zur Bildung von VRP für die gesamte Unternehmung einheitlich festlegt?

Nein ☐ Ja ☐

R 38. a) Wurden oder werden Spartenleiter an der Entwicklung dieser Regeln beteiligt?

gar nicht beteiligt	1	2	3	4	5	sehr stark beteiligt

b) Glauben Sie, daß eine Beteiligung der Spartenleiter an der Entwicklung der VRP-Regeln wichtig ist?

nicht wichtig	1	2	3	4	5	sehr wichtig

R 39. Auf welcher Ebene der Unternehmung werden die VRP-Regeln festgelegt?

____

____

R 40. a) Wie lange ist im Durchschnitt eine einmal festgelegte <u>Höhe</u> des VRP gültig? ________________

b) Welche Umstände können eine Änderung der Höhe des VRP vor Ablauf dieser Zeit rechtfertigen?

____

____

____

R 41. a) Wurde(n) früher bereits einmal ein anderes (andere) VRP-System(e) in Ihrer Unternehmung benutzt?

Nein ☐ Ja ☐

b) Welches (welche) System(e) wurde(n) benutzt?

____

____

c) Warum sind Sie auf das heutige System übergegangen?

- interne Gründe ☐, welche? (z. B. Zurechnungsprobleme, häufige Konflikte, Reorganisation) ________________

____

____

- externe Gründe ☐, welche? (Anpassung an geänderte Marktsituation usw.) ________________________

____

____

R 42. Erlauben es die heutigen VRP den Spartenleitern, Entscheidungen zu treffen, die gleichzeitig für die Sparte und die Gesamtunternehmung den höchstmöglichen wirtschaftlichen Erfolg garantieren?

auf keinen Fall möglich	1	2	3	4	5	beide Ziele lassen sich gleichzeitig verwirklichen

R 43. a) Wie oft kommt es wegen der VRP zu Unstimmigkeiten mit:

zwischen den Sparten: ☐

nie	1	2	3	4	5	sehr oft

zwischen den Sparten und der Zentrale oder deren Beauftragte: ☐

nie	1	2	3	4	5	sehr oft

b) Was sind Anlässe für solche Unstimmigkeiten?

____

____

____

R 44. Falls es zu keiner Einigung über die Höhe des VRP und die Liefermenge kommt, welche Regelung tritt dann in Kraft? __________________________

____

____

R 45. a) Empfinden Sie die Beteiligung der Spartenleiter an der Festlegung der <u>Höhe</u> des VRP als wichtig?

ohne Bedeutung	1	2	3	4	5	sehr wichtig

b) Glauben Sie, daß die Spartenleiter ausreichend an der Bildung und Festlegung der <u>Höhe</u> von Verrechnungspreisen beteiligt werden?

keine Beteiligung	1	2	3	4	5	vollkommen ausreichende Beteiligung

c) Sind Sie mit dem VRP-System, das in Ihrer Unternehmung verwendet wird, zufrieden?

gar nicht zufrieden	1	2	3	4	5	sehr zufrieden

d) Sind <u>die Spartenleiter</u> mit dem VRP-System, das in Ihrer Unternehmung verwendet wird, zufrieden?

gar nicht zufrieden	1	2	3	4	5	sehr zufrieden

DITZEN, ULRICH
BETRIEBLICHE SOZIALPLÄNE
VORAUSSETZUNGEN, WIRKUNGEN UND DARAUS ABGELEITETE ANSÄTZE ZUR VERBESSERUNG DES SCHUTZES VON ARBEITNEHMERN VOR DEN SOZIALEN FOLGEN DES TECHNISCH-WIRTSCHAFTLICHEN WANDELS

Das Rechtsinstitut des betrieblichen Sozialplanes wird verschiedentlich als die wichtigste neue Bestimmung des Betriebsverfassungsgesetzes von 1972 bezeichnet. Zudem wird vielerorts mit dieser Mitbestimmungsregelung die Erwartung verbunden, Rationalisierungslasten und beschäftigungspolitische Risiken gleichmässiger zu verteilen. Solche Ansprüche werden in der vorliegenden, interdisziplinär angelegten Untersuchung vor dem Hintergrund jüngster Ergebnisse der Arbeitsmarkt- und Berufsforschung mit rechtlichen Voraussetzungen und ökonomischen Bedingungen konfrontiert, unter denen Sozialpläne aufgestellt werden.
In anbetracht klar zu tage tretender Schwächen des Gesetzestextes und seiner praktischen Umsetzung werden Fortentwicklungsansätze diskutiert, die sich an dem österreichischen und englischen Arbeitsrecht orientieren.

Frankfurt/M., Bern 1980, 202 S.
Europäische Hochschulschriften: Reihe 5, Volks- und Betriebswirtschaft, Bd 283
ISBN 3-8204-6829-3 br. sFr. 40.--

HEMBACH, KLAUS
DER STELLENWERT VON WIRKUNGSANALYSEN FÜR DIE REGIONALPOLITIK
EINE SYSTEMATISIERUNG DER PROBLEMATIK AM BEISPIEL DER REGIONALEN WIRTSCHAFTSPOLITIK

Ausgehend von einem Modell politischer Planung und Entscheidung wird die Frage nach dem "Nutzen" von Analysen über die Wirkungen staatlicher Handlungsprogramme für zukünftiges politisches Handeln gestellt. Die Problematik der "Verwertbarkeit" derartiger Wirkungsanalysen wird am Beispiel des Politikfeldes Regionalpolitik und speziell der regionalen Wirtschaftspolitik systematisiert, die Ergebnisse sind - zumindest tendenziell - auf andere Politikbereiche übertragbar. Es werden sowohl die Leistungsfähigkeit und praktische Relevanz der wissenschaftlichen Bemühungen als auch die Verwertungsbedingungen im politisch-administrativen System thematisiert.

Frankfurt/M., Bern 1980, 279 S.
Europäische Hochschulschriften: Reihe 5, Volks- und Betriebswirtschaft, Bd 274
ISBN 3-8204-6783-1 br. sFr 48.--

MÜNSTER, ANNE-MARIE
QUALIFIKATIONSÄNDERUNGEN BEI DER RATIONALISIERUNG UND VERLAGERUNG VON PRODUKTIONEN
UNTERSUCHT AM BEISPIEL DER ELEKTRONIK

Am Beispiel der Umstellung von der Elektromechanik auf die Elektronik in der elektrotechnischen Industrie zeigt die Untersuchung die Auswirkungen von Rationalisierung und Verlagerung für die Beschäftigten. Die Anwendung der Mikroelektronik führt nicht nur zur Reduktion menschlicher Arbeit, sondern auch zur Entwertung von Qualifikationen in den traditionellen Industrieländern. Die neu entstehenden Qualifikationsanforderungen an Arbeitskräfte wurden in Betrieben an traditionellen Standorten in Industrieländern und an neuen Standorten in Niedriglohnländern untersucht.

Frankfurt/M., Bern 1980, 173 S.
Europäische Hochschulschriften: Reihe 22, Soziologie, Bd 17
ISBN 3-8204-6049-7 br. sFr. 37.--

MÜLLER-WAACK, GERHARD
DIE AUSKUNFTSPFLICHT DER VERWALTUNGSBEHÖRDEN IM ZUSAMMENHANG MIT VERWALTUNGSVERFAHREN

Auskünfte der Verwaltungsbehörden an Verwaltungsbeteiligte spielen angesichts der weitreichenden Abhängigkeit des Bürgers von der Verwaltung und der zunehmenden Gesetzesflut eine immer größere Rolle. Die Verpflichtung der Behörden zur Auskunftserteilung ist gesetzlich nur unzureichend geregelt. Hauptanliegen der Untersuchung ist daher neben einer Darstellung der verfahrensgesetzlichen Normierungen eine Definition der Auskunftspflichten aus allgemeinen Prinzipien des Verwaltungs- und Verfassungsrechts.

Frankfurt/M., Bern 1980, 266 S.
Europäische Hochschulschriften: Reihe 2, Rechtswissenschaft, Bd 253
ISBN 3-8204-6082-9 br. sFr 53.--

Printed by
CPI books GmbH, Leck

FSC
www.fsc.org
MIX
Papier | Fördert
gute Waldnutzung
FSC® C083411

Kolibri 360 GmbH
Ferdinand-Jühlke-Straße 7
99095 Erfurt, Deutschland
produktsicherheit@kolibri360.de